Beeinträchtigung von Gläubigerforderungen durch Insolvenz- und Restrukturierungspläne

Von Philipp Sebastian Schade

Carl Heymanns Verlag 2025

Zitiervorschlag: *Schade, P.*, Beeinträchtigung von Gläubigerforderungen durch Insolvenz- und Restrukturierungspläne (KTS Bd. 74), S. 1

Bibliografische Information der Deutschen Nationalbibliothek
Die Deutsche Nationalbibliothek verzeichnet diese Publikation in der Deutschen Nationalbibliografie; detaillierte bibliografische Daten sind im Internet über http://dnb.d-nb.de abrufbar.

ISBN 978-3-452-30618-0

Zugl.: Dissertation der Juristischen Fakultät der Universität Heidelberg, 2025

www.wolterskluwer.com

Umschlagkonzeption: Martina Busch, Grafikdesign, Homburg Kirrberg
Satz: R. John + W. John GbR, Köln
Druck und Weiterverarbeitung: SDK Systemdruck Köln GmbH & Co. KG

Gedruckt auf säurefreiem, alterungsbeständigem und chlorfreiem Papier.

Vorwort

Das Insolvenzrecht im weiteren Sinne befindet sich im Umbruch. Das Gesetz über den Stabilisierungs- und Restrukturierungsrahmen eröffnet den Unternehmen gegenüber der Insolvenzordnung neue Möglichkeiten, sich zu sanieren. Das wesentliche Instrument der Sanierung ist der Restrukturierungsplan. Er kann – einem Insolvenzplan sehr ähnlich – die Rechte von planbetroffenen Gläubigern auch gegen deren Willen gestalten. Die Arbeit untersucht, ob sich die Gestaltung von Rechten durch Insolvenz- oder Restrukturierungspläne gegen den Willen des Inhabers rechtfertigen lässt.

Die juristische Fakultät der Universität Heidelberg hat diese Arbeit im Sommersemester 2025 als Dissertation angenommen.

Mein herzlicher Dank gilt meinem Doktorvater, Herrn Prof. Dr. *Andreas Piekenbrock*. Ich hätte mir keine bessere Betreuung wünschen können. Ebenso herzlicher Dank gilt Herrn Prof. Dr. *Thomas Lobinger*, an dessen Lehrstuhl ich in dieser Zeit arbeiten durfte. Die Mitarbeit an seinem Lehrstuhl empfand ich als Privileg. Prof. Dr. *Hanno Kube*, LL.M. (Cornell) hat nicht nur das Zweitgutachten ausgesprochen zeitnah erstellt, sondern fand auch vorab Zeit für eine kritische Diskussion meiner Thesen, die mir sehr half. Prof. Dr. *Christoph A. Kern*, LL.M. (Harvard) danke ich für den Vorsitz in der Disputation. Den Herren Prof. Dr. *Reinhard Bork* und Prof. Dr. Dres. h.c. *Rolf Stürner* gebührt schließlich Dank für die Aufnahme der Arbeit in die Schriftenreihe.

Meine Kollegen vom Lehrstuhl von Prof. Dr. *Lobinger* und meine Freunde trugen mit ihrer Diskussionsbereitschaft und ihren Freundschaften einen nicht unwesentlichen Anteil an der Fertigstellung dieser Arbeit bei, namentlich *Matthias Hülskamp*.

Ebenso bin ich für meine Familie sehr dankbar. Meine Eltern standen mir immer mit Rat und Tat zur Seite.

Widmen möchte ich die Arbeit meiner Frau *Lena Schade*.

Braunschweig, im September 2025 *Philipp Schade*

Inhaltsübersicht

Inhalt

Einleitung

Ein Insolvenzplan kann die subjektiven Rechte eines Gläubigers gestalten. Beispielsweise kann der Plan die Forderung eines Insolvenzgläubigers gemäß § 224 Alt. 1 InsO kürzen oder gemäß Alt. 2 stunden. Der Insolvenzplan entfaltet gemäß §§ 254b, 254 Abs. 1 InsO seine Wirkung auch gegenüber Gläubigern, die dem Plan widersprechen. Die Bindung von Gläubigern, die dem Plan widersprechen, ist an Voraussetzungen geknüpft. Die Voraussetzungen hängen davon ab, ob der Plan einen ablehnenden Gläubiger innerhalb einer mehrheitlich zustimmenden Gruppe oder die Gläubiger einer mehrheitlich ablehnenden Gruppe bindet. Für einen einzelnen Minderheitengläubiger ergeben sich die materiellen Voraussetzungen aus einem Zusammenspiel der §§ 243 ff., 251 InsO. Danach gilt: Erstens müssen die abstimmenden Gruppen gemäß § 245 Abs. 1 Nr. 3 InsO dem Plan mehrheitlich mit den erforderlichen Mehrheiten zustimmen. Zweitens darf der Minderheitengläubiger gemäß § 251 Abs. 1 Nr. 2 InsO durch den Plan voraussichtlich nicht schlechter stehen als er ohne den Plan stünde. Für die Bindung einer ganzen Gruppe von Gläubigern gegen deren Willen sind die Voraussetzungen gemäß § 245 InsO höher. Für die Bindung einer ablehnenden Gruppe müssen wiederum gemäß § 245 Abs. 1 Nr. 3 InsO die abstimmenden Gruppen mehrheitlich für den Plan stimmen. Ebenso dürfen die Mitglieder der Gruppe gemäß § 245 Abs. 1 Nr. 1 InsO durch den Plan voraussichtlich nicht schlechter stehen als sie ohne den Plan stünden. Im Gegensatz zur Bindung eines Minderheitengläubigers steht den Gläubigern einer ablehnenden Gruppe gemäß § 245 Abs. 1 Nr. 2 InsO zusätzlich eine angemessene Beteiligung am wirtschaftlichen Wert des Plans zu. Dafür dürfen andere Gläubiger gemäß § 245 Abs. 2 S. 1 Nr. 1 InsO keine Werte erhalten, die den vollen Betrag ihres Anspruchs übersteigen. Darüber hinaus dürfen gemäß § 245 Abs. 2 S. 1 Nr. 2 InsO nachrangige Gläubiger und der Schuldner bzw. Anteilsinhaber grundsätzlich keine Werte erhalten. Letztlich dürfen gemäß § 245 Abs. 2 S. 1 Nr. 3 InsO gleichrangige Gläubiger wirtschaftlich nicht besser stehen als die Mitglieder der ablehnenden Gruppe.

Gegenstand dieser Arbeit ist die Frage, ob sich diese unfreiwillige Bindung von Gläubigern oder Gläubigergruppen rechtfertigen lässt. Es ist rechtfertigungsbedürftig, warum Gläubiger eine Gestaltung ihres subjektiven Rechts gegen ihren Willen hinnehmen müssen. Die Wirkung des Insolvenzplans steht insoweit im Spannungsfeld mit der Privatautonomie. Die Privatautonomie ist zum einen die Grundlage der Rechtsgeschäftslehre des Zivilrechts. Sie erfährt zudem durch Art. 14 und Art. 2 Abs. 1 GG verfassungsrechtlichen Schutz. Die Arbeit sucht daher nach einem privatrechtlichen und einem verfassungsrechtlichen Geltungsgrund, um die Bindung eines Plans zu erklären. Vor allem für das Zivilrecht geht es um eine Suche nach Strukturen, Prinzipien oder Wertungen, in die sich die unfreiwillige Bindung von Gläubigern einfügen lässt.

Die Untersuchung umfasst auch die Wirkung eines Restrukturierungsplans. Auch ein Restrukturierungsplan kann gemäß § 7 Abs. 2 StaRUG Forderungen gestalten und ist unter gewissen Voraussetzungen gemäß § 67 Abs. 1 S. 2 StaRUG nicht auf die Zustimmung des betroffenen Gläubigers oder der betroffenen Gruppe angewiesen.

Kapitel 1 Privatrechtliche Rechtfertigung von Insolvenz- und Restrukturierungsplänen

A. Privatrechtlicher Geltungsgrund des Insolvenzplans

I. Unterscheidung zwischen Verfahrensrecht und materiell-rechtlichem Zuweisungsmaßstab

Es liegt nahe, den Insolvenzplan mit dem Regelinsolvenzverfahren zu vergleichen. Denn auch das Regelinsolvenzverfahren weist den Gläubigern ihre Rechte aufgrund des Gleichbehandlungsgrundsatzes in veränderter Gestalt neu zu. Ist diese Zuweisung gerechtfertigt, könnten die Gestaltungsmöglichkeiten des Insolvenzplans aus dem gleichen Grund legitim sein.

Verfehlt wäre es jedoch, die Gestaltungswirkung des Insolvenzplans mit dem Regelinsolvenzverfahren als solchem in Gänze zu vergleichen. Gegenstand der Untersuchung sind die materiell-rechtlichen Wirkungen des Insolvenzplans für die Forderungen der Gläubiger. Der Insolvenzplan gestaltet die subjektiven Rechte der Gläubiger. Er bestimmt, welche Befugnis ein Gläubiger gegenüber dem Schuldner hat. Dementsprechend kommt es für den Vergleich mit dem Regelinsolvenzverfahren bei diesem auch nur auf solche Normen an, die die subjektiven Rechte der Gläubiger gestalten. Dafür kommt es auf die Unterscheidung zwischen materiell-rechtlichen und verfahrensrechtlichen Normen an.[1] Denn die Legitimation des materiellen Rechts und des Verfahrensrechts kann auseinanderfallen.[2] Zwar kann die Unterscheidung zwischen materiellem Recht und Verfahrensrecht nicht immer trennscharf erfolgen.[3] Dennoch folgt die Arbeit ihr im Grundsatz.

1. Trennung von materiellem Recht und Verfahrensrecht

Im Anschluss an *Häsemeyer* ist das »Insolvenzverfahrensrecht [...] die Summe aller Rechtssätze, mit deren Hilfe beim wirtschaftlichen Zusammenbruch eines Schuldners subjektive Rechte zu Gunsten der Berechtigten realisiert werden.«[4] Diese Definition

1 *Berges*, KTS 1960, 1 (1 ff.); *Häsemeyer,* Insolvenzrecht, Rn. Vor. 3.01.

2 *Häsemeyer,* Insolvenzrecht, Rn. 3.01: »In der Rechtsanwendung sind freilich beide Wirkungsbereiche abzugrenzen. Für sie bestehen Eigengesetzlichkeiten, die in die Gesetzesauslegung und –anwendung eingehen.«; vgl. *Häsemeyer*, AcP 1988, 140 (154) für ein Beispiel eines ungeklärten Verhältnisses zwischen materiellem und prozessualem Recht: Das Widerspruchsrecht von Gläubigern im Konkursverfahren.

3 *Häsemeyer,* Insolvenzrecht, Rn. 3.01; *Schellhammer,* Zivilprozess, Rn. 3, der dies auf Überschreitungen des Gesetzgebers zurückführt, da die Rechtsgebiete eigentlich »sich leicht trennen« lassen.

4 *Häsemeyer,* Insolvenzrecht, Rn. 3.02.

klammert aus dem Verfahrensrecht alle Normen aus, die subjektive Rechte zuweisen und ihre Reichweite bestimmen. Das Verfahrensrecht setzt das Bestehen subjektiver Rechte voraus und regelt ihre prozessuale Verwirklichung.[5] Das Verfahrensrecht in der InsO dient damit dem gleichen Zweck wie jedes Zivilverfahren.[6] Es dient grundsätzlich dem Schutz und der Verwirklichung materieller Rechtsverhältnisse.[7] Über den Geltungsgrund einer Norm, die ein Recht materiell-rechtlich zuweist, trifft das Verfahrensrecht keine Aussage.[8] Das Verfahrensrecht setzt die materiellen Rechte voraus.[9] Die Legitimation einer materiell-rechtlichen Zuweisung ist dem Verfahrensrecht vorgelagert.[10] Das Verfahrensrecht der InsO erfreut sich häufiger Erwähnung und kennt unterschiedliche Bezeichnungen[11]. Beispiele für verfahrensrechtliche Normen sind die §§ 85–90 InsO sowie § 240 ZPO.[12]

2. Materielles Recht

a) Der Gleichbehandlungsgrundsatz

Zum materiellen Recht gehört der Gleichbehandlungsgrundsatz. Der Gleichbehandlungsgrundsatz weist im Insolvenzrecht subjektive Rechte zu.[13] Dieser ungeschriebene[14] Grundsatz ordnet grundsätzlich an, die Forderungen der Gläubiger eines gemeinsamen Schuldners anteilig zu erfüllen, wenn der Schuldner insolvent ist.[15] Die

5 *Gaul*, ZZP 112 1999, 135 (150 f.); *Schellhammer*, Zivilprozess, Rn. 3.

6 *Häsemeyer*, Insolvenzrecht, Rn. 3.02; vgl. *Brinkmann/Zipperer*, ZIP 2011, 1337 (1338).

7 *Häsemeyer*, Insolvenzrecht, Rn. 3.02; vgl. *Henckel*, Prozessrecht, S. 58 ff.; *Jauernig*, JuS 1971, 329 (331); vgl. *Pawlowski*, ZZP 80 1967, 345 (345 ff.); vgl. auch *Gaul*, AcP 1968, 27 (47 ff.) mit dem Schwerpunkt auf der Frage, wie sich die Verwirklichung materieller Rechtsverhältnisse zur Wahrung der objektiven Rechtsordnung verhält.

8 Vgl. *Hoffmann*, Prioritätsgrundsatz, S. 4 ff., der den Gleichbehandlungsgrundsatz als Maßstab »materieller Verteilungsgerechtigkeit« bezeichnet; zur Rechtszuweisung durch das materielle Recht *Hoffmann*, Zession, S. 35 ff. mit weiteren Nachweisen.

9 *Gaul*, ZZP 112 1999, 135 (150 f.): »Ist die Zwangsvollstreckung durch den erstrebten materiellen Rechtserfolg determiniert […]«; *Schellhammer*, Zivilprozess, Rn. 3.

10 *Gaul*, ZZP 112 1999, 135 (150 f.); vgl. *Schellhammer*, Zivilprozess, Rn. 3.

11 *Häsemeyer*, Insolvenzrecht, Rn. 3.06. spricht von einem »Gesamtverfahren[]«; *Wegener*, Minderheitenschutz, S. 38 spricht von einem »Gesamtvollstreckungsverfahren«; *Nachtmann*, Fiskusvorrecht, S. 41 spricht vom »Chancengleichheitsprinzip«.

12 *Häsemeyer*, Insolvenzrecht, Rn. 3.07.

13 *Hoffmann*, Prioritätsgrundsatz, S. 4 f.

14 *Paulus*, NZI 2015, 1001 (1005); dagegen verortet MüKoInsO/*Stürner*, Einleitung, Rn. 62, den Gleichbehandlungsgrundsatz in den §§ 1, 38 ff., 120 f., 174 ff., 187 ff., 224, 226, 245 Abs. 2 Nr. 3, 294 InsO. Die genannten Normen äußern sich jedoch nicht ausdrücklich zur gleichmäßigen Befriedigung der Insolvenzgläubiger. § 1 S. 1 InsO schreibt nur die gemeinschaftliche (und nicht gleichmäßige) Befriedigung vor. Auch aus § 226 Abs. 1 InsO lässt sich der Grundsatz der gleichmäßigen Befriedigung nicht eindeutig ableiten. § 226 Abs. 1 InsO schreibt für das Insolvenzplanverfahren die Gleichbehandlung von Beteiligten nur innerhalb der jeweiligen Abstimmungsgruppe im Sinne des § 222 InsO vor. Die Gleichbehandlung der Gläubiger wird im Insolvenzplanverfahren dadurch in geringerem Maße als im Regelinsolvenzverfahren verwirklicht. Siehe S.32.

15 MüKoInsO/*Ganter/Bruns*, § 1, Rn. 52.

Forderung geht mit ihrem unerfüllt bleibenden Anteil nicht gemäß § 275 Abs. 1 BGB unter.[16] Für diesen Teil der Forderung wirkt der Gleichbehandlungsgrundsatz als rechtshemmende Einwendung.[17] Er verbietet zum gegenwärtigen Zeitpunkt eine überanteilige Erfüllung aus der Insolvenzmasse. Nach Aufhebung des Verfahrens können die Gläubiger ihre Forderungen gemäß § 201 Abs. 1 InsO grundsätzlich wieder geltend machen.[18] Systematisch ist der Gleichbehandlungsgrundsatz dem Leistungsstörungsrecht zuzuordnen.[19] Der Gleichbehandlungsgrundsatz bestimmt die Reichweite der subjektiven Rechte der Gläubiger und dient nicht deren Verwirklichung. Gemäß der hier verwendeten Definition ist der Gleichbehandlungsgrundsatz kein Teil des Verfahrensrechts.

Der Gleichbehandlungsgrundsatz nimmt im Regelinsolvenzverfahren die Rolle ein, die die Gestaltungsbefugnisse des Insolvenzplans im Insolvenzplanverfahren übernehmen. Sie bestimmen jeweils für ihren Anwendungsbereich, welche subjektiven materiellen Rechte ein Gläubiger hat. Wenn die Arbeit im Folgenden in Bezug auf den Gleichbehandlungsgrundsatz im Regelinsolvenzverfahren und in Bezug auf die Gestaltungsbefugnisse des Planverfahrens vom Verteilungsmaßstab spricht, ist die materiellrechtliche Zuweisung von subjektiven Rechten an die Gläubiger durch die Rechtsordnung gemeint.

Der Gleichbehandlungsgrundsatz gilt im Regelinsolvenzverfahren nicht ausnahmslos.[20] Die Insolvenzordnung kennt eine Vielzahl von Ungleichbehandlungen[21] und ist eine Ordnung mit »Privilegien«[22].[23] Die privatrechtliche Rechtfertigung der unterschiedlichen Gläubigerränge ist umstritten.[24] Sie ist nicht Gegenstand der Untersuchung. Wenn die Unterschiede privatrechtlich ungerechtfertigt sind, setzen sich diese Inkonsequenzen in dieser Untersuchung fort.

b) Zeitpunkt

Für die Zuweisung der subjektiven Rechte an die Gläubiger durch den Gleichbehandlungsgrundsatz ist von Bedeutung, ab wann der Verteilungsmaßstab gilt. Der Gleichbehandlungsgrundsatz löst einen Verteilungskonflikt auf. Damit stellt sich die Frage, ab wann ein Verteilungskonflikt vorliegt. Unbestritten gilt der Gleichbehandlungsgrundsatz innerhalb eines eröffneten Insolvenzverfahrens.[25] Die Eröffnungsgründe für

16 *Hoffmann,* Prioritätsgrundsatz, S. 390 f., 396.

17 Vgl. *Hoffmann,* Prioritätsgrundsatz, S. 4: »Das Einzelzwangsvollstreckungsverfahren wird gewissermaßen gegen den [...] materiell-rechtlich erheblichen [...] Einwand, dass der Schuldner möglicherweise materiell insolvent ist, immunisiert.«

18 Uhlenbruck/*Wegener,* § 201 InsO, Rn. 1.

19 Vgl. *Hoffmann,* Prioritätsgrundsatz, S. 222, 390 f.

20 *Hoffmann,* Prioritätsgrundsatz, S. 228 ff.

21 Ungleichbehandlung meint hier nur die unterschiedliche Behandlung zweier Vergleichsgruppen. Ob die Ungleichbehandlung zulässig oder unzulässig, vielleicht sogar geboten ist, ist damit nicht gesagt; Vgl. *Bauer,* Ungleichbehandlung, S. 82 ff.; *Bauer*, ZInsO 2010, 1917 (1919).

22 *Hoffmann,* Prioritätsgrundsatz, S. 5, der ebenso von »Privilegienordnung« spricht.

23 *Hoffmann,* Prioritätsgrundsatz, S. 4 f.; MüKoInsO/*Stürner*, Einleitung, Rn. 62.

24 *Hoffmann,* Prioritätsgrundsatz, S. 273 ff.

25 *Thole*, Gläubigerschutz, S. 68.

ein Insolvenzverfahren gemäß §§ 17–19 InsO dienen daher als Anknüpfungspunkte für die Suche nach dem materiell-rechtlichen Zeitpunkt,[26] ab dem der Gleichbehandlungsgrundsatz seine Wirkung entfaltet.[27]

aa) Zahlungsunfähigkeit gemäß § 17 InsO

Gemäß § 17 Abs. 1 InsO ist der allgemeine Eröffnungsgrund die Zahlungsunfähigkeit. Sie liegt gemäß § 17 Abs. 2 S. 1 InsO vor, wenn der Schuldner nicht in der Lage ist, seine fälligen Zahlungspflichten zu erfüllen.[28] Es ist hinreichend, wenn das liquide Vermögen des Schuldners nicht ausreicht, um die Zahlungspflichten zu erfüllen.[29] Auf eine Überforderung des gesamten Vermögens kommt es nicht an.[30] Ein Eröffnungsgrund liegt also auch vor, wenn der Schuldner nach Durchführung des Gesamtverfahrens alle Forderungen voll erfüllen kann.[31] Denn die Gläubiger haben ein Recht auf Erfüllung zum Zeitpunkt der Fälligkeit ihrer Forderungen. Zu diesem Zeitpunkt kann der Schuldner nicht alle fälligen Forderungen aus seinem liquiden Vermögen bedienen.[32] Materiell-rechtlich liegt damit ein Verteilungskonflikt vor. Auf den Einwand, nach Verwertung der Gegenstände werde in Zukunft genug Vermögen vorliegen, kann sich der Schuldner nicht berufen.[33] Die Knappheit des liquiden Vermögens reicht aus, um den Gleichbehandlungsgrundsatz zur Anwendung zu bringen.[34] Für die Eröffnung des Verfahrens knüpft das Gesetz in § 17 Abs. 2 S. 1 InsO nur an die fälligen Forderungen an.[35] Die Erfüllung der noch nicht fälligen Forderungen ist nicht geschuldet, weshalb sie bei Begründung des Verteilungskonflikts keine Berücksichtigung finden.[36]

Anders ist es bei der Auflösung des Verteilungskonflikts.[37] Liegt ein Verteilungskonflikt vor, ordnet § 41 Abs. 1 InsO an, auch die nicht fälligen Verbindlichkeiten als fällig zu behandeln.[38] Sie nehmen dann an der Verteilung des Erlöses teil.[39] § 41 Abs. 1 InsO ordnet als Teil des Gleichbehandlungsgrundsatzes gleichermaßen die anteilige Erfüllung für fällige und nicht fällige Forderungen an.[40] Aus Sicht der

26 Vgl. *Berges*, BB 1985, 673 (677), der überzeugend zwischen Verfahrenseröffnung und materieller Insolvenz unterscheidet; ebenso *Grünewald,* Mehrheitsherrschaft, S. 166, 170, 178.
27 *Haas*, NZI 1999, 209 (211); *Thole*, Gläubigerschutz, S. 68.
28 MüKoInsO/*Eilenberger,* § 17, Rn. 6.
29 *Thole*, Gläubigerschutz, S. 71.
30 Vgl. schon zur KO: *Hahn,* Materialien IV, S. 292.
31 Vgl. *Hoffmann,* Prioritätsgrundsatz, S. 60.
32 Vgl. *Hoffmann,* Prioritätsgrundsatz, S. 60.
33 *Hahn*, Materialien IV, S. 292.
34 *Hoffmann,* Prioritätsgrundsatz, S. 60.
35 MüKoInsO/*Eilenberger,* § 17, Rn. 6.
36 Vgl. *Hoffmann,* Prioritätsgrundsatz, S. 221 f.
37 *Hoffmann,* Prioritätsgrundsatz, S. 221.
38 MüKoInsO/*Bitter,* § 41, Rn. 1.
39 MüKoInsO/*Bitter,* § 41, Rn. 1.
40 *Hoffmann,* Prioritätsgrundsatz, S. 221; vgl. auch *Muthorst,* ZIP 2009, 1794 (1795), der den Einbezug nicht fälliger Forderung auf § 1 S. 1 InsO zurückführt. Zweck des Verfahrens sei es, die Haftung für die Gesamtheit der Gläubiger zu verwirklichen.

Gläubiger fälliger Forderungen könnte die Fälligkeit ein Unterscheidungskriterium sein, welches eine vorrangige Erfüllung gebietet. Dies wäre aber nicht sachgerecht. Mit einer hohen Wahrscheinlichkeit könnte der Schuldner die später fällig werdenden Verbindlichkeiten nicht begleichen, weshalb sie leer ausgingen.[41] Fällige und nicht fällige Forderungen sind daher vergleichbar von der Vermögensknappheit des Schuldners betroffen.[42] § 41 InsO ist daher im Hinblick auf Gläubiger fälliger Forderungen gerechtfertigt.[43]

Auch die Konkursordnung und die Vergleichsordnung kannten in der Insolvenz des Schuldners die Fälligstellung noch nicht fälliger Forderungen gemäß § 65 KO und § 30 VerglO.[44] Sie unterschieden sich von der Insolvenzordnung jedoch in der Bestimmung der Insolvenzmasse.[45] Während § 35 Abs. 1 InsO den Neuerwerb von Vermögen nach der Eröffnung des Verfahrens zur Insolvenzmasse zählt, war dies in der Konkursordnung gemäß § 1 Abs. 1, § 3 Abs. 1 KO noch nicht der Fall.[46] Der Neuerwerb stand in der Konkursordnung gemäß § 1 KO Neugläubigern des Schuldners zu, die nach Eröffnung eines Konkursverfahrens Gläubiger desselben wurden.[47]

Im Hinblick auf die Fälligstellung nicht fälliger Forderungen durch § 41 Abs. 1 InsO überzeugt es, den Neuerwerb zur Insolvenzmasse zu zählen.[48] Ohne eine Fälligstellung noch nicht fälliger Forderungen wäre das gegenwärtige Vermögen nur unter den Gläubigern fälliger Forderungen zu verteilen. Danach wäre der Verteilungskonflikt zunächst aufgelöst. Ohne eine Restschuldbefreiung blieben die Forderungen bei einem natürlichen Schuldner mit ihrem noch nicht bewirkten Anteil übrig und es käme zu einem neuen Verteilungskonflikt, sobald der Schuldner wieder Vermögen erlangt. Wenn zu diesem Zeitpunkt nun andere bisher nicht fällige Forderungen fällig wurden, nähmen diese Forderungen bei dem erneuten Verteilungskonflikt an der Verteilung teil. Der Neuerwerb an Vermögen käme also Stück für Stück den ursprünglich nicht fälligen Forderungen zugute. Wenn § 41 InsO nicht fällige Forderungen durch eine Fälligstellung schützt und diese aus Gleichheitsgründen schon an der ersten Verteilung teilhaben lässt, muss der Neuerwerb erst recht zur Insolvenzmasse zählen.

§ 41 InsO bedarf aber auch gegenüber dem Schuldner einer Rechtfertigung, der nun Verbindlichkeiten vor ihrer eigentlichen Fälligkeit erfüllen muss.[49] Gerechtfertigt ist § 41 InsO wegen der Prognose, dass ein Warten bis zur eigentlichen Fälligkeit für die

41 *Hoffmann,* Prioritätsgrundsatz, S. 222.

42 *Hoffmann,* Prioritätsgrundsatz, S. 222.

43 *Hoffmann,* Prioritätsgrundsatz, S. 222; wohl auch in diesem Sinne *Jungmann,* KTS 2024, 163 (164), dem es um den »wirtschaftlichen Wert« nicht fälliger Forderungen geht, der schon zum Zeitpunkt der Verfahrenseröffnung bestehe.

44 MüKoInsO/*Bitter,* § 41, Rn. 3.

45 Vgl. MüKoInsO/*Peters,* § 35, Rn. 7.

46 *Dieckmann,* in: Insolvenzrecht, 127 (127); *Hoffmann,* Prioritätsgrundsatz, S. 226; *Müller,* Verband, S. 25; *Körner,* Schuldbefreiungsanspruch, S. 35 f.

47 *Körner,* Schuldbefreiungsanspruch, S. 36.

48 Kritik erfährt die Regelung im Hinblick auf die Neugläubiger, die zum Zeitpunkt der Verfahrenseröffnung noch keinen Vermögensanspruch besaßen und denen nun keine Masse zur Befriedigung ihrer Ansprüche zur Verfügung steht: *Hoffmann,* Prioritätsgrundsatz, S. 226.

49 *Hoffmann,* Prioritätsgrundsatz, S. 63.

Gläubiger keine Änderung herbeiführt.[50] Diese Wertung steht im Einklang mit verschiedenen Normen des Schuldrechts, die die Fälligkeit einer Forderung von der absehbaren Leistungsunfähigkeit des Schuldners bedingen.[51] So findet sich ein ähnlicher Gedanke auch in § 323 Abs. 4 BGB.[52] Nach § 323 Abs. 4 BGB kann ein Gläubiger von einem Vertrag schon vor Fälligkeit der Forderung zurücktreten, wenn die Voraussetzungen des Rücktritts offensichtlich eintreten werden.[53] Ebenso erlaubt § 490 Abs. 1 BGB die vorzeitige Kündigung eines Darlehens, wenn eine Verschlechterung der Vermögensverhältnisse die Rückzahlung gefährdet.[54] Dieser Grundgedanken findet auch Rückhalt in der Auslegung von § 314 BGB.[55]

bb) Überschuldung

Für juristische Personen und Gesellschaften ohne Rechtspersönlichkeit im Sinne von § 19 Abs. 3 InsO ist die Überschuldung gemäß § 19 Abs. 1 InsO ebenfalls ein Eröffnungsgrund.[56] Eine Überschuldung hat gemäß § 19 Abs. 2 S. 1 InsO zwei Voraussetzungen.[57] Erstens darf die Fortführung des Unternehmens in den nächsten zwölf Monaten nicht überwiegend wahrscheinlich sein (negative Fortführungsprognose).[58] Die Fortführungsprognose ist positiv, wenn der Schuldner mit überwiegender Wahrscheinlichkeit in der Lage sein wird, in den nächsten zwölf Monaten alle fälligen Verbindlichkeiten zu begleichen.[59] Zweitens müssen alle bestehenden Verbindlichkeiten vom gesamten Vermögen des Schuldners nicht mehr gedeckt sein (rechnerische Überschuldung).[60] Im Gegensatz zur Zahlungsunfähigkeit nach § 17 Abs. 2 S. 1 InsO erfordert die Überschuldung gemäß § 19 Abs. 2 S. 1 InsO keine gegenwärtige Geldilliquidität.[61] Zum Zeitpunkt der Überschuldung gibt es daher Forderungen, die in den kommenden Monaten fällig würden und die der Schuldner noch vollständig erfüllen könnte.

Gegenüber den Gläubigern dieser Forderungen ist zu rechtfertigen, warum dennoch schon ein Verteilungskonflikt vorliegt, der gemäß § 41 InsO zu einer Gleichbehand-

50 *Hoffmann,* Prioritätsgrundsatz, S. 63, 222.
51 Vgl. Staud/*Schwarze*, § 323, Rn. 159: »Es entspricht aber einem auf allen Gebieten des Rechts Anerkennung findenden Rechtsgedanken, dass uU schon die Gefahr einer Rechtsverletzung in ihren Auswirkungen der vollendeten Rechtsverletzung gleichkommen kann und dann rechtlich der Verletzung vollständig oder teilweise gleichzustellen ist.«
52 *Hoffmann,* Prioritätsgrundsatz, S. 63, 222.
53 Staud/*Schwarze*, § 323, Rn. 161.
54 BeckOKBGB/*Rohe,* § 490, Stand: 01.05.2024, Rn. 6 ff., 2.
55 Vgl. BeckOKBGB/*Lorenz,* § 314, Stand: 01.05.2024, Rn. 13.
56 MüKoInsO/*Drukarczyk/Schüler,* § 19, Rn. 1.
57 BeckOKInsO/*Wolfer*, § 19, Stand: 15.04.2024, Rn. 8.
58 BeckOKInsO/*Wolfer*, § 19, Stand: 15.04.2024, Rn. 8.
59 BeckOKInsO/*Wolfer*, § 19, Stand: 15.04.2024, Rn. 15 f.; für die Kodifizierung des Zeitraums von 12 Monaten insbesondere: *Brinkmann,* NZI 2019, 921 (924), dem es um die Einrichtung eines »Restrukturierungsfenster[s]« geht; ebenso *Brinkmann,* in: Überschuldung, 67 (75 f.).
60 BeckOKInsO/*Wolfer*, § 19, Stand: 15.04.2024, Rn. 18 f.
61 BeckOKInsO/*Wolfer*, § 19, Stand: 15.04.2024, Rn. 4.

lung mit noch nicht fälligen Forderungen führt. Die rechnerische Überschuldung und die Fortführungsprognose lassen auf einen kommenden Verteilungskonflikt des gesamten Vermögens und des Geldvermögens schließen.[62] Ab dem Zeitpunkt der Geldilliquidität ist, wie bei der Zahlungsunfähigkeit, die Gleichbehandlung der fälligen und der nicht fälligen Forderungen gleichheitsgerecht.

Die vorzeitige Fälligstellung von Forderungen bedarf wiederum auch gegenüber dem Schuldner einer Rechtfertigung.[63] Die Fälligstellung ist durch die Prognose gerechtfertigt, die nicht fälligen Forderungen würden bei ihrer Fälligkeit vollständig ausfallen.[64] Der Verweis auf § 323 IV BGB ist im Gegensatz zur Zahlungsunfähigkeit bei der Überschuldung mit größerer Vorsicht zu betrachten. § 323 IV BGB fordert als Wahrscheinlichkeit die Offensichtlichkeit der Nichtleistung. Bestehen noch bis zu 12 Monate, in denen die finanziellen Verhältnisse des Schuldners sich bessern können, ist es eher fernliegend, von Offensichtlichkeit zu sprechen. Schädlich wäre dies indes nur, wenn der Gesetzgeber die Fälligstellung in § 41 InsO an die gleichen Voraussetzungen wie in § 323 IV BGB knüpfen müsste. Das ist aufgrund der unterschiedlichen Zwecksetzungen nicht der Fall. § 41 InsO behandelt die Frage, welche Forderungen bei der Verteilung des Vermögens Berücksichtigung finden.[65] Die Norm betrifft damit das Verhältnis der Insolvenzgläubiger zueinander, welches sich auf die Fälligkeit der Forderungen gegenüber dem Schuldner auswirkt. § 323 IV BGB regelt das Verhältnis zwischen Gläubiger und Schuldner im Falle der Leistungsstörung.[66] Außerdem ist zumindest § 490 BGB im Vergleich zu § 323 IV BGB offener formuliert und taugt dazu, die Überschuldung als Zeitpunkt der materiellen Insolvenz zu stützen.

cc) Drohende Zahlungsunfähigkeit

Auch die drohende Zahlungsunfähigkeit ist gemäß § 18 InsO ein Eröffnungsgrund.[67] Die drohende Zahlungsunfähigkeit liegt gemäß § 18 Abs. 2 S. 1 InsO vor, wenn der Schuldner voraussichtlich nicht in der Lage sein wird, die bestehenden Zahlungspflichten im Zeitpunkt der Fälligkeit zu erfüllen.[68] Grundsätzlich ist gemäß § 18 Abs. 2 S. 2 InsO ein Prognosezeitraum von 24 Monaten zugrunde zu legen.[69]

62 Vgl. *Piekenbrock*, in: Überschuldung, 13 (13): »[e]ine konkursmäßige Verteilung [ist] indiziert […], sobald das Vermögen nicht mehr zur vollständigen Befriedigung aller Gläubiger ausreicht.«

63 *Hoffmann*, Prioritätsgrundsatz, S. 63.

64 *Hoffmann*, Prioritätsgrundsatz, S. 63.

65 *Muthorst*, ZIP 2009, 1794 (1795).

66 BeckOKBGB/*Schmidt*, § 323, Stand: 01.05.2024, Rn. 1.

67 Uhlenbruck/*Mock*, § 16 InsO, Rn. 5.

68 Uhlenbruck/*Mock*, § 18 InsO, Rn. 18.

69 *Schönfelder*, NZI 2022, 49 (49).

(1) Materielle Insolvenz

Die drohende Zahlungsunfähigkeit erfährt in jüngerer Zeit verstärkt Kritik.[70] Die drohende Zahlungsunfähigkeit sei systemfremd, weil sie kein Zeitpunkt materieller Insolvenz sei.[71] Das zeige sich an der Fähigkeit des Schuldners, zum Zeitpunkt der drohenden Zahlungsunfähigkeit noch alle fälligen Verbindlichkeiten zu erfüllen.[72] In der Tat ist im Zeitpunkt der drohenden Zahlungsunfähigkeit noch nicht sicher, ob es zu einer Geldilliquidität kommt. In dieser Eigenschaft unterscheidet sich die drohende Zahlungsunfähigkeit aber nicht von der Überschuldung gemäß § 19 Abs. 2 S. 1 InsO.[73] Auch bei der Überschuldung ist es für den Schuldner möglich, die finanzielle Lage in den nächsten 12 Monaten wieder zu stabilisieren. Dennoch ist die Überschuldung nicht der gleichen Kritik ausgesetzt.[74] Grund dafür mag die Prognosegrundlage bei der Berechnung der Überschuldung sein. Die rechnerische Überschuldung und der geringere Betrachtungszeitraum bei der Fortführungsprognose sind eine vertrauenswürdigere Grundlage für den Eintritt des prognostizierten Verteilungskonflikts.[75] Dieser Unterschied ist indes nur ein gradueller, kein kategorischer.

Reicht ein bevorstehender Verteilungskonflikt aus, um schon zum gegenwärtigen Zeitpunkt eine anteilige Erfüllung anzuordnen, ist die drohende Zahlungsunfähigkeit nicht systemfremd. Mit welcher Wahrscheinlichkeit der Verteilungskonflikt bevorstehen muss, um alle gegenwärtig fälligen und noch nicht fälligen Forderungen gleich zu behandeln, ist eine rechtspolitische Frage[76] und bleibt ausgespart. Der Gesetzgeber hält durch die Einführung des § 18 InsO die drohende Zahlungsunfähigkeit für einen Zeitpunkt, indem der Verteilungskonflikt mit einer hinreichenden Wahrscheinlichkeit bevorsteht.

70 *Grünewald*, Mehrheitsherrschaft, S. 180, 355 ff.; zur Kritik als »nicht taugliches Instrument« für den Gläubigerschutz: *Thole*, Gläubigerschutz, S. 77; *Neuberger*, ZIP 2019, 1549 (1550 f.), der vor allem die Ungeeignetheit der Prognose kritisiert; vor Anpassung der Prognosezeiträume von drohender Zahlungsunfähigkeit und Überschuldung durch das SanInsFog *Piekenbrock*, NZI-Beilage 2019, 47 (48), der der drohenden Zahlungsunfähigkeit »keine große praktische Bedeutung« beimisst und sich daher für eine Aufhebung ausspricht.

71 *Grünewald*, Mehrheitsherrschaft, S. 180; vgl. auch *Bork*, ZRI 2021, 345 (348).

72 *Grünewald*, Mehrheitsherrschaft, S. 180.

73 *Brosent*, Insolvenzen, S. 198; vgl. KarstenSchmidt/*Karsten Schmidt*, § 18, Rn. 7; vgl. Ganter, FS Wimmer, 187 (214), der allen drei Insolvenzgründen ab Eröffnung eines Verfahrens zuspricht, eine »Vermögensinsuffizienz, und damit die Schmälerung des Wertes der Forderungen« zum Gegenstand zu haben; vgl. auch *Thole*, ZInsO 2019, 1622 (1625), der (vor dem SanInsFoG) den Unterschied zwischen Überschuldung und drohender Zahlungsunfähigkeit in der rechnerischen Überschuldung sieht; insofern leuchtet es nicht ein, wenn *Grünewald*, Mehrheitsherrschaft, S. 168 die Überschuldung einem Zeitpunkt zuordnet, zu dem der Schuldner nicht mehr alle fälligen Forderungen befriedigen kann.

74 Die zeitliche Vorverlagerung der materiellen Insolvenz durch die Überschuldung ist sogar Zweck: Zur KO: *Hahn*, Materialien IV, S. 390; in diesem Sinne auch *Bork*, ZIP 2019, S1 (S3); ebenso *Thole*, ZInsO 1622 (1627): »auf Gläubigerschutz ausgerichtet«.

75 *Thole*, Gläubigerschutz, S. 77 f.

76 Vgl. *Haas*, FS Kayser, 309 (319 f.).

(2) Disposition über den Gleichbehandlungsgrundsatz

§ 18 InsO könnte als Zeitpunkt einer materiellen Insolvenz aber aus anderem Grunde abzulehnen sein. § 18 InsO ist kein obligatorischer Eröffnungsgrund.[77] Das Gericht eröffnet ein Insolvenzverfahren wegen § 18 InsO nur, wenn der Schuldner dies beantragt. Ob er dies tut, steht zu seiner Disposition.[78] Ihm obliegt keine Pflicht.[79]

Wenn er sich gegen eine Eröffnung entscheidet, gibt es einen Zeitraum von bis zu 12 Monaten (Monate 24-13 vor Zahlungsunfähigkeit), in dem der Schuldner fällige Verbindlichkeiten noch vollständig erfüllt, bis eine Überschuldung vorliegt.[80] Liegt keine rechnerische Überschuldung vor, beträgt der Zeitraum sogar 24 Monate bis zum Eintritt der Zahlungsunfähigkeit. Dieser Fall ist denkbar, aber atypisch.[81] Jedenfalls ist die Befriedigung einer Forderung bis zum Vorliegen eines zwingenden Eröffnungsgrunds grundsätzlich nicht anfechtbar.[82] Entscheidet sich der Schuldner dagegen in den gleichen Fällen stattdessen dazu, gemäß § 18 Abs. 1 InsO die Eröffnung des Insolvenzverfahrens zu beantragen, gilt im dann eröffneten Verfahren der Gleichbehandlungsgrundsatz. Die Forderungen sind dann gemäß § 41 InsO mit allen noch nicht fälligen Forderungen in gleicher Weise zu erfüllen. Dies kann zu einer erheblich geringeren Erfüllungsquote führen.

Der Schuldner hat damit die Befugnis, über die materiell-rechtliche Zuweisung von subjektiven Rechten zu entscheiden.[83] Es leuchtet nicht ein, warum ihm diese Befugnis zukommt.

(3) Lösungsmöglichkeiten

Eine frühe Verfahrensöffnung hat jedoch einen ökonomischen Vorteil.[84] Bei einem Schuldner, dem die Insolvenz droht, ist bei einer frühen Eröffnung im Zweifel noch mehr Masse vorhanden als bei einer späten Eröffnung. Dieser Vorteil hat indes keine Bedeutung für die Frage, wie die vorhandene Masse gerecht zu verteilen ist.[85] Es ist ein rein vollstreckungsrechtlicher oder sanierungstechnischer Vorteil.[86]

Es gibt für die Rechtsordnung de lege ferenda zwei Möglichkeiten, die Vorteile einer frühen Verfahrenseröffnung zu behalten, ohne dem Schuldner gleichzeitig die ungerechtfertigte Befugnis einzuräumen, über die Geltung des Gleichbehandlungsgrund-

77 Uhlenbruck/*Mock*, § 18 InsO, Rn. 2 f.

78 BeckOKInsO/*Wolfer*, § 18, Stand: 15.04.2024, Rn. 1.

79 BeckOKInsO/*Wolfer*, § 18, Stand: 15.04.2024, Rn. 1.

80 *Ganter*, FS Wimmer, 187 (214 f.).

81 Vgl. *Piekenbrock,* NZI-Beilage 2019, 47 (48), der sich auf die Überschuldung und das Verhältnis zwischen drohender Zahlungsunfähigkeit und Überschuldung vor Anpassung der Prognosezeiträume durch das SanInsFoG bezieht.

82 Vgl. zum System der Insolvenzanfechtung: BeckOKInsO/*Raupach,* Stand: 15.04.2024, Rn. 7.

83 Vgl. *Smid,* ZInsO 2021, 117 (120), der dies jedoch nicht diskutiert.

84 BT-Drs. 12/2443, S. 84, 114; *Ehlers,* ZInsO 2005, 169 (175).

85 Vgl. *Schäfer/Ott,* Analyse, XVIII: »Eine Gesellschaft mit effizienzsteigernden Rechtsnormen muss noch nicht gerecht sein.«, sowie weiter unten: »Effizienz ist mit einem Zustand der ungerechten Verteilung vereinbar.«

86 Vgl. *Ehlers,* ZInsO 2005, 169 (175).

satzes in zeitlicher Hinsicht zu entscheiden. Einmal könnte die drohende Zahlungsunfähigkeit wie die anderen Eröffnungsgründe zur Beantragung der Eröffnung verpflichten. Dann liefen Eröffnungsgrund des Verfahrens und Anordnung der Gleichbehandlung wieder zwingend gleich. Die drohende Zahlungsunfähigkeit wäre dann ein Zeitpunkt materieller Insolvenz. Dieser Weg ist wegen des Abstandsgebots der Restrukturierungsrichtlinie abgeschnitten, wenn die drohende Zahlungsunfähigkeit weiter als Zugangsvoraussetzung zum Restrukturierungsrahmen dienen soll.[87]

Andererseits könnte das Gesetz zwischen der vollstreckungsrechtlichen Eröffnung des Insolvenzverfahrens und der Anordnung des Gleichbehandlungsgrundsatzes im Rahmen der Verteilung unterscheiden. Die Eröffnung des Insolvenzverfahrens wegen drohender Zahlungsunfähigkeit führte dann nicht zwingend zur Geltung des Gleichbehandlungsgrundsatzes für alle Gläubiger. Bei Eröffnung des Verfahrens wegen drohender Zahlungsunfähigkeit müssten alle Forderungen, die bis zum Eintritt der Überschuldung fällig und erfüllt würden, vom Gleichbehandlungsgrundsatz ausgenommen sein und stattdessen eine vorrangige Erfüllung genießen.

II. Geltungsgrund des Gleichbehandlungsgrundsatzes

Der Insolvenzplan und der Gleichbehandlungsgrundsatz weisen in ihrem jeweiligen Anwendungsbereich den Gläubigern ihre subjektiven Rechte zu. Der inhaltliche Geltungsgrund des Gleichbehandlungsgrundsatzes könnte dazu taugen, auch die Verteilung des Insolvenzplans zu rechtfertigen.

Der Grundsatz der Gläubigergleichbehandlung ist nicht gänzlich unbestritten.[88] Die ganz herrschende Meinung erkennt ihn jedoch an. Dabei streiten verschiedene Auffassungen um die richtige Begründung. Die richtige Begründung des Gleichbehandlungsgrundsatzes legt seinen tatsächlichen Geltungsgrund offen. Nur dieser kommt in Betracht, um ihn auf den Insolvenzplan zu übertragen.

1. Öffentlich-rechtliche Legitimationsgründe

Zum Teil gehen Stimmen in der Literatur davon aus, der Gleichbehandlungsgrundsatz diene zumindest auch dazu, Allgemeinwohlziele zu verwirklichen. So diene das Insolvenzverfahren dazu, den sozialen Frieden zu wahren.[89] Ebenso habe es aus wirtschafts-

87 Siehe S. 84.

88 *Knospe*, ZInsO 2014, 861 (861), der den Gleichbehandlungsgrundsatz als »Zauberstab« bezeichnet und ihn als »leitideelle Auffangregelung« (870) versteht, die insgesamt zu einer »nicht hinnehmbaren Gläubigerungleichbehandlung« (876) zulasten der Sozialversicherungsträger führt.

89 *von Campe*, Insolvenzanfechtung, S. 5; *Eichberger*, Konkursanfechtung, S. 15; *Jeremias*, Insolvenzaufrechnung, S. 115 f.; *Koziol*, Gläubigeranfechtung, S. 16 f.; *Pfefferle*, Konkursanfechtung, S. 131, der von »mehr oder weniger großen Schäden für die gesamte Volkswirtschaft« spricht; *Ruzik*, Finanzmarktintegration, S. 647; *Wegener*, Minderheitenschutz, S. 42 f.; *Wiringer-Seiler*, Anfechtungsrecht, S. 94.

politischer Perspektive die Aufgabe, überlebensunfähige Unternehmen aus dem Markt auszuscheiden.[90]

Zur privatrechtlichen Rechtfertigung des Gleichbehandlungsgrundsatzes taugt die Verfolgung eines öffentlichen Zwecks jedoch nicht.[91] Denn solche Begriffe sind nicht bestimmt genug, um die privatrechtliche Gestaltung des subjektiven Rechts gegenüber anderen privatrechtlichen Gestaltungsmöglichkeiten zu rechtfertigen.[92] Jede Norm dient in letzter Konsequenz dem sozialen Frieden.[93]

2. Verfahrenstheorie

Die sogenannte Verfahrenstheorie vollzieht keine Trennung[94] zwischen materiellem Recht und Verfahrensrecht.[95] Sie geht davon aus, der Gleichbehandlungsgrundsatz sei ein verfahrensrechtliches Prinzip.[96] Wenn dem so wäre, bestimmte ein verfahrensrechtliches Prinzip die Höhe der geschuldeten Erfüllung einer Forderung.[97] Dann wiese das Verfahrensrecht selbst die subjektive Rechtsposition zu und diente nicht lediglich deren Verwirklichung. Wäre der Gleichbehandlungsgrundsatz nur verfahrensrechtlich und nicht materiell-rechtlich fundiert, könnte das Verfahrensrecht theoretisch ein Ergebnis herbeiführen, das dem materiellen Recht widerspräche. Dies ist unvereinbar mit dem Zweck von Verfahrensrecht, der Durchsetzung der subjektiven Rechte, wie sie sich aus dem materiellen Recht ergeben, zu dienen. Außerdem erschöpft sich die verfahrensrechtliche Begründung des Gleichbehandlungsgrundsatzes in einem schlichten Verweis auf die positive Rechtslage, ohne die Geltung des Grundsatzes stimmig in das materielle Recht einzufügen.[98]

3. Privatautonome Ansätze

Andere Auffassungen versuchen, den Gleichbehandlungsgrundsatz auf den Willen der beteiligten Gläubiger zurückzuführen.

90 *Flessner*, KTS 2010, 127 (143), *Paulus*, ZRI 2021, 45 (45 f.); *Wegener*, Minderheitenschutz, S. 43 f.
91 In Bezug auf den sozialen Frieden: *Bauer*, Ungleichbehandlung, S. 65; *Hoffmann*, Prioritätsgrundsatz, S. 194; *Thole*, Gläubigerschutz, S. 63; *Weiland*, Gleichbehandlungsgrundsatz, S. 10, 21.
92 In Bezug auf den sozialen Frieden *Bauer*, Ungleichbehandlung, S. 65; *Hoffmann*, Prioritätsgrundsatz, S. 194; *Weiland*, Gleichbehandlungsgrundsatz, S. 10, 21.
93 Vgl. *Bauer*, Ungleichbehandlung, S. 65; *Hoffmann*, Prioritätsgrundsatz, S. 194.
94 Siehe S. 3.
95 Vgl. *Berger*, ZZP 121 2008, 407 (414); *Weidmüller*, Rückschlagsperre, S. 54 f.
96 *Berger*, ZZP 121 2008, 407 (414); *Weidmüller*, Rückschlagsperre, S. 54 f.; den Gleichbehandlungsgrundsatz wohl auch als verfahrensrechtliches Prinzip ansehend *Ernst*, SJZ 2010, 389, (394 f.), der den Gleichbehandlungsgrundsatz als Ausfluss der Pflicht des Konkursverwalters »zu unparteilichem, neutralem Verhalten« sieht.
97 Vgl. *Hoffmann*, Prioritätsgrundsatz, S. 207 f.
98 *Hoffmann*, Prioritätsgrundsatz, S. 207 f.

So müsse beispielsweise jeder Gläubiger wissen, neben ihm gebe es noch andere Gläubiger seines Schuldners.[99] Jeder Gläubiger wisse zudem, ihm stehe dem Grundsatz nach kein »besseres Recht« als den anderen Gläubigern zu.[100] Daher einige sich jeder Gläubiger konkludent mit dem Schuldner, mit anderen Gläubigern gleich behandelt zu werden, sollte der Schuldner in die Insolvenz fallen.[101] Die Annahme einer solchen Abrede ist eine Fiktion.[102] Selbst wenn jeder Gläubiger annähme, ihm stünde an sich kein besseres Recht zu, kann er eine Bevorzugung faktisch wollen.[103] Halten Autoren diesen Willen aus Wertungsgesichtspunkten für unbeachtlich,[104] legitimiert sich der Gleichbehandlungsgrundsatz durch ebendiese Wertungsgesichtspunkte und nicht durch den für unbeachtlich erklärten Willen der Gläubiger.[105]

Verbreiteter ist die Vorstellung, der Gleichbehandlungsgrundsatz sei das Ergebnis einer hypothetischen Abrede der Gläubiger untereinander.[106] Die Abrede beruhe auf dem Willen aller Gläubiger, weil der Gleichbehandlungsgrundsatz für alle wirtschaftlich vorteilhaft sei. Eine tatsächliche Vereinbarung komme nicht zustande, weil die Transaktionskosten eines solchen Vertrages »prohibitiv« hoch wären.[107] Vertreter dieser Auffassung beziehen die hypothetische Vereinbarung teilweise ausdrücklich auf die Gleichbehandlung der Gläubiger,[108] teilweise ausdrücklich nur auf das Gesamtverfahren.[109] Dabei ist auch bei Letzteren die Geltung des Gleichbehandlungsgrundsatzes mitgemeint, was aus den Begründungen hervorgeht.[110] Dem Willen der Gläubiger entspreche der Gleichbehandlungsgrundsatz, weil dieser für sie als Kollektiv wirtschaftli-

99 Vgl. *Bauer,* Ungleichbehandlung, S. 69 f.; *Bauer,* ZInsO 2008, 119 (124); *Wiringer-Seiler*, Anfechtungsrecht, S. 97.

100 *Grünewald,* Mehrheitsherrschaft, S. 117, 174; dieser Gedanke liegt auch unterschwellig zugrunde, wenn die Autoren von dem Wissen eines Gläubigers von anderen Gläubigern auf die Abrede über den Gleichbehandlungsgrundsatz schließen: vgl. *Bauer,* Ungleichbehandlung, S. 69 f.; *Bauer,* ZInsO 2008, 119 (124); *Wiringer-Seiler*, Anfechtungsrecht, S. 97.

101 *Bauer*, Ungleichbehandlung, S. 81 stützt den Gleichbehandlungsgrundsatz sowohl auf eine konkludente Abrede der Gläubiger wie auch auf den Gedanken der Ausgleichshaftung und Art. 14 Abs. 1 GG; für die Kreditvergabe im Handelsverkehr *Berges*, FS KO, 363 (373); *Brinkmann*, Kreditsicherheiten, S. 305 ff., der dies auf Kreditgläubiger beschränkt.

102 *Hoffmann*, Prioritätsgrundsatz, S. 201.

103 *Hoffmann*, Prioritätsgrundsatz, S. 201.

104 *Wiringer-Seiler,* Anfechtungsrecht, S. 97.

105 Vgl. für die hypothetische Gläubigerabrede *Hoffmann*, Prioritätsgrundsatz, S. 203.

106 *Eidenmüller*, Unternehmenssanierung, S. 19 ff.; *Thole*, Gläubigerschutz, S. 52, 64; *von Wilmowsky*, Kreditsicherungsrecht, S. 261, *von Wilmowsky*, WM 1997, 1461 (1472); *Wiringer-Seiler*, Anfechtungsrecht, S. 94; vgl. *Krumm*, Steuervollzug, 28 (28 ff.); *Schmidt*, Analyse, S. 44 ff., 50 ff.; ähnlich auch *Berges*, BB 1985, 673 (677), der den Konkurs »schiedsrechtlich als Absprache zu einer sich verfahrensrechtlich selbstorganisierenden Verlustminderung« versteht.

107 *Eidenmüller*, Unternehmenssanierung, S. 21.

108 *Thole*, Gläubigerschutz, S. 64.

109 *Eidenmüller*, Unternehmenssanierung, S. 19 ff.

110 *Eidenmüller*, Unternehmenssanierung, S. 20: »Gleichzeitig entlastet es [gemeint ist: »ein Kollektivverfahren«] jeden allerdings auch von dem Risiko, leer auszugehen, verringert also Risikokosten.«

che Vorteile[111] verspreche.[112] Der Gleichbehandlungsgrundsatz und das Gesamtverfahren führten zu einem geschonten Verbrauch des Schuldnervermögens.[113] Dadurch stehe mehr Masse für die Gläubiger zu ihrer Befriedigung zur Verfügung.[114]

Diese Auffassung trennt nicht hinreichend zwischen materiellem Recht und Verfahrensrecht. Viele wirtschaftliche Vorteile des Insolvenzrechts finden ihre Ursache im Verfahrensrecht und nicht in der Art, wie der Gleichbehandlungsgrundsatz die subjektiven Rechte der Gläubiger zuweist. Daher beruhen viele der angeführten wirtschaftlichen Vorteile nicht auf dem Gleichbehandlungsgrundsatz. Sofern der Gleichbehandlungsgrundsatz tatsächlich wirtschaftliche Vorteile herbeiführt, ziehen daraus nie alle Gläubiger einen Nutzen. Daher taugen sie nicht, um eine hypothetische Abrede der Gläubiger über den Gleichbehandlungsgrundsatz zu rechtfertigen.

a) Vermeidung kumulierender Kosten

Viele einzelne Verfahren produzieren bei den Gläubigern und beim Schuldner mehr Kosten als ein gemeinschaftliches Verfahren.[115] Diese Kosten entfallen jedoch nicht durch die Geltung des Gleichbehandlungsgrundsatzes.[116] Sie entfallen durch die Anordnung eines gemeinschaftlichen Verfahrens.[117] Die Vermeidung von mehreren Verfahren zwingt nicht, den Erlös auch gleichmäßig zu verteilen.[118]

Die Insolvenzmasse wäre im gleichen Maße geschützt, wenn die Gesamtvollstreckung nicht zu einer anteiligen Erfüllung der Forderungen, sondern zu einer Erfüllung anhand eines schuldrechtlichen Prioritätsprinzips führte.[119] Dann hätte der Schuldner zum Beispiel ältere Forderungen vor jüngeren zu erfüllen. Weil die Erfüllung aber gemeinschaftlich erfolgt, kommt es nicht zu einem Aufzehren der Masse durch frustrierte Erkenntnis- und Vollstreckungsverfahren. Das Verteilungsverfahren gemäß §§ 872 ff. ZPO ist ein Beispiel für eine gemeinschaftliche Befriedigung, für die gleichzeitig der Prioritätsgrundsatz als Verteilungsmaßstab gilt.[120]

111 Vgl. zu den wirtschaftlichen Vorteilen eines Gesamtverfahrens und einer vor Eintritt des Verteilungskonflikts feststehenden Verteilungsregel ohne die Einkleidung in eine Gläubigerabrede *Drukarczyk*, KTS 1983, 183 (188 ff.).

112 *Eidenmüller*, Unternehmenssanierung, S. 20.

113 *Eidenmüller*, Unternehmenssanierung, S. 20.

114 *Eidenmüller*, Unternehmenssanierung, S. 21.

115 *Eidenmüller*, Unternehmenssanierung, S. 20.

116 *Hoffmann*, Prioritätsgrundsatz, S. 204.

117 *Drukarczyk*, KTS 1983, 183 (188, 192); *Hoffmann*, Prioritätsgrundsatz, S. 204.

118 *Hoffmann*, Prioritätsgrundsatz, S. 204; vgl. *Knospe*, Insolvenzanfechtung, S. 73: »So ergeben sich zumindest denklogisch bei der Wahrung der gemeinschaftlichen Befriedigung der Gläubiger, wie sie § 1 InsO vorschreibt, sicherlich auch andere Möglichkeiten der gleichmäßigen Befriedigung«.

119 Vgl. *Hoffmann*, Prioritätsgrundsatz, S. 204, der in diesem Beispiel eine Priorität nach Forderungsanmeldungszeitpunkt wählt; vgl. *Nachtmann*, Fiskusvorrecht, S. 44: »Die Schichten sind zwar insofern unabhängig voneinander, als aus der ersten Schicht keine gleichmäßige, proportionale Befriedigung der Gläubiger in der zweiten Schicht gefolgert werden kann.«

120 *Paulus*, NZI 2015, 1001 (1005).

b) Überwachungskosten

Ebenso besteht die Vorstellung, der Gleichbehandlungsgrundsatz verringere Überwachungskosten.[121] Wenn ein verfügungs- und einzelzwangsvollstreckungsrechtlicher Prioritätsgrundsatz in der Insolvenz gälte, hätten die Gläubiger ein großes Interesse an einer schnellen Erfüllung oder Vollstreckung.[122] Um dies zu erreichen, wären sie angehalten, den Schuldner dauerhaft zu überwachen und seine Liquiditätsverhältnisse im Auge zu behalten.[123] Die dadurch entstehenden Kosten wären Überwachungskosten.[124] Diese Kosten entfallen tatsächlich nicht durch die Durchführung eines Gesamtverfahrens.[125] Denn auch in einem Gesamtverfahren kann die Verteilung des Erlöses anhand einer Priorität erfolgen.[126] Als Beispiel nehme man an, die Forderungen würden in zeitlicher Reihenfolge der Anmeldung der Forderung (oder Beantragung der Insolvenz) nach befriedigt.[127]

Diese Kosten entfallen in der Tat, wenn der Schuldner die Forderungen anteilig erfüllt. Dem hält *Hoffmann* entgegen, eine Überwachung der Gläubiger entfalte auch wirtschaftliche Vorteile.[128] Es käme zu einer sorgfältigeren Vergabe von Krediten.[129] Ebenso käme es seltener zu Überkreditierungen.[130] Es sei also zweifelhaft, ob der Wegfall der Überwachungskosten tatsächlich einen wirtschaftlichen Vorteil verursache.[131]

Auf die Klärung dieser wirtschaftlichen Frage kommt es indes nicht an. Denn die Überwachungskosten entfallen vielleicht bei Anordnung des Gleichbehandlungsgrundsatzes. Der Grund dafür liegt aber nicht in der anteiligen Erfüllung. Sie entfallen, weil der Verteilungsmaßstab im Vorhinein feststeht[132] und eine Handlung der Gläubiger die Erfüllungsreihenfolge unberührt lässt.[133] Eine Überwachung hat keinen Einfluss auf die Erfüllung der Gläubiger und lohnt deshalb nicht.[134] Diese Wirkung hat nicht ausschließlich der Gleichbehandlungsgrundsatz. Die gleiche Wirkung besteht, wenn das Gesetz den Erlös nach Priorität der zeitlichen Entstehung der Forderung verteilt. Auch dann haben die Gläubiger durch eine ständige Überwachung des Schuldners nichts zu gewinnen. Ihr Rang in der Befriedigungsreihenfolge steht schon fest. Der Gleichbehandlungsgrundsatz ist hinreichende, aber nicht notwendige Bedingung, um die Überwachungskosten zu verhindern.

121 *Eidenmüller*, Unternehmenssanierung, S. 20.
122 *Eidenmüller*, Unternehmenssanierung, S. 20.
123 *Eidenmüller*, Unternehmenssanierung, S. 20.
124 Vgl. *Eidenmüller*, Unternehmenssanierung, S. 20.
125 *Hoffmann*, Prioritätsgrundsatz, S. 205.
126 *Hoffmann*, Prioritätsgrundsatz, S. 204.
127 *Hoffmann*, Prioritätsgrundsatz, S. 204.
128 *Hoffmann*, Prioritätsgrundsatz, S. 205; vgl. *Thole*, Gläubigerschutz, S. 65.
129 *Hoffmann*, Prioritätsgrundsatz, S. 205; vgl. *Thole*, Gläubigerschutz, S. 65.
130 *Hoffmann*, Prioritätsgrundsatz, S. 205.
131 *Hoffmann*, Prioritätsgrundsatz, S. 205.
132 *Drukarczyk*, KTS 1983, 183 (190 f.).
133 *Drukarczyk*, KTS 1983, 183 (190 f.).
134 *Drukarczyk*, KTS 1983, 183 (190 f.).

c) Sicherung der Masse

Für einen insolventen Schuldner gibt es einen Anreiz, mit seinem verbliebenen Vermögen riskant umzugehen, weil er wenig zu verlieren und viel zu gewinnen hat.[135] Der Übergang des Verwaltungs- und Verfügungsrechts gem. § 80 Abs. 1 InsO und die Beschlagnahme der Insolvenzmasse hindern den Schuldner daran, das Vermögen zu verschleudern.[136] Es geht dabei um die Sicherung der Masse,[137] die nichts mit dem Verteilungsmaßstab zu tun hat. Die daraus resultierende Masseerhaltung kann kein Gegenstand einer hypothetischen Gläubigervereinbarung sein.

d) Ausfallrisiko

Letztlich sei der Gleichbehandlungsgrundsatz für die Gläubiger von Vorteil, weil dadurch niemand einen vollständigen Ausfall seiner Forderung erleide.[138] Einige Autoren sprechen an dieser Stelle von einem Vorteil der Gesamtvollstreckung.[139] Diese Bezeichnung ist unpräzise, weil eine Gesamtvollstreckung nicht zwingend den Gleichbehandlungsgrundsatz als Verteilungsmaßstab voraussetzt.[140]

Fraglich ist jedoch, ob die anteilige Erfüllung wirklich ein wirtschaftlicher Vorteil ist. Die anteilige Erfüllung geht zugunsten der Gläubiger, die bei Geltung eines anderen Verteilungsmaßstabes leer ausgingen. Sie geht umgekehrt aber auch zu Lasten der Gläubiger, deren Forderung bei Geltung eines anderen Verteilungsmaßstabes eine höhere Erfüllung erhielten.[141] Der vollstreckungsrechtliche Prioritätsgrundsatz ist für zumindest einen Gläubiger zwingend vorteilhafter als der Gleichbehandlungsgrundsatz.[142]

Zwar weiß unter der Geltung des verfügungs- und einzelzwangsvollstreckungsrechtlichen Prioritätsgrundsatzes kein Gläubiger, ob er zu den vollständig befriedigten Gläubigern zählt.[143] Die vollständige Erfüllung ist also risikobehaftet.[144] Kein Gläubiger kann ausschließen, erst nach den anderen Gläubigern Erfüllung zu erlangen. Der Gleichbehandlungsgrundsatz schließt daher einen gänzlichen Ausfall der Forderung aus, sofern es überhaupt Vermögen zu verteilen gibt. Mit diesem Vorteil geht jedoch der Nachteil einher, keine vollständige Erfüllung der Forderung zu erlangen.

135 *Eidenmüller*, Unternehmenssanierung, S. 22 f.
136 *Eidenmüller*, Unternehmenssanierung, S. 23.
137 So auch schon zu § 6 Abs. 1 KO: BVerfGE 51, 405 (408) – Gemeinschuldner.
138 *Eidenmüller*, Unternehmenssanierung, S. 20; *von Wilmowsky*, Kreditsicherungsrecht, S. 261.
139 So aber *Eidenmüller*, Unternehmenssanierung, S. 20; *Schäfer*, Unternehmensrestrukturierung, Erster Teil.A.I.3a), der in der Fußnote der Aussage die Trennung zwischen gemeinschaftlicher Befriedigung und Gleichbehandlung jedoch nennt; auch *Wegener*, Minderheitenschutz, S. 37 schließt ohne Begründung von der gemeinschaftlichen Befriedigung auf die anteilige.
140 Vgl. *Hoffmann*, Prioritätsgrundsatz, S. 4, 204.
141 *Hoffmann*, Prioritätsgrundsatz, S. 203.
142 *Eichberger*, Konkursanfechtung, S. 12.
143 *Eidenmüller*, Unternehmenssanierung, S. 20.
144 *Eidenmüller*, Unternehmenssanierung, S. 20.

Daher ist fraglich, ob dieser Umstand dazu führt, eine hypothetische Abrede der Gläubiger über den Gleichbehandlungsgrundsatz anzunehmen.[145] Unter Geltung des verfügungs- und einzelzwangsvollstreckungsrechtlichen Prioritätsgrundsatzes bestünde für einen Gläubiger die Gefahr, mit seiner Forderung voll auszufallen.[146] Es sind dennoch mehrere Gründe denkbar, deretwegen ein Gläubiger sich auf dieses Risiko einließe. Der Gleichbehandlungsgrundsatz entspricht nicht dem Willen eines Gläubigers, der aus eigenen finanziellen Gründen auf die volle Erfüllung angewiesen ist. Erhält er nur einen Teil seiner Forderung, fällt er selbst in die Insolvenz. Er bevorzugt Verteilungsmaßstäbe, die ihm eine volle Erfüllung seiner Forderung zumindest ermöglichen, wenn auch nicht garantieren. Die meisten Gläubiger möchten eine möglichst hohe Erfüllung ihrer Forderung. Wenn sie sich zwischen einer risikofreien, anteiligen Erfüllung und einer risikobehafteten, vollständigen Erfüllung entscheiden müssen, kommt es darauf an. Welchen Verteilungsmaßstab ein Gläubiger dann bevorzugt, ist im Ausgangspunkt eine Frage des Erwartungswerts. Der Erwartungswert hängt auch davon ab, in welchem Maße die Gläubiger ihre Befriedigungschancen selbst beeinflussen können. Nach dem vollstreckungsrechtlichen Prioritätsgrundsatz werden schnell vollstreckende Gläubiger ganz oder zumindest höher befriedigt als langsam vollstreckende Gläubiger.[147] Zumindest in deren Interesse läge die geordnete Verwertung also nicht.[148] Sie haben nichts davon, dass die Masse insgesamt zu einer höheren Befriedigungsquote aller Gläubiger führt, wenn ihre individuelle Quote geringer ist.

Unter den Insolvenzgläubigern kann es also Gläubiger geben, die keine Gleichbehandlung wünschen.[149] Ansichten, die den entgegenstehenden Willen solcher Gläubiger mit einem Verweis auf § 242 BGB oder auf die Wohlfahrtssteigerung der hypothetischen Abrede überwinden,[150] entfernen sich vom Willen der Gläubiger als Legitimationsgrundlage der Abrede.[151]

Um den wirtschaftlichen Vorteil einer anteiligen Erfüllung dennoch nachzuweisen, verweist beispielsweise *Eidenmüller* auf das Gefangenendilemma.[152] Das Gefangenendilemma ist ein Modell aus der Spieltheorie. Die Polizei fängt zwei Verbrecher, denen bisher jedoch nur ein Vergehen nachzuweisen ist. Streiten beide Verbrecher das Verbrechen ab, bekommen sie nach einer hypothetischen Rechtsordnung jeweils eine Freiheitsstrafe von 2 Jahren. Gesteht nur einer der beiden das Verbrechen, erhält er eine niedrige Strafe von beispielsweise einem Jahr oder er kommt gänzlich straffrei davon. Der Schweigende bekommt stattdessen eine Strafe von 5 Jahren. Gestehen beide, bekommen sie jeweils eine Strafe von 3 Jahren. Unter diesen Voraussetzungen ist es für den Verbrecher individuell betrachtet immer besser, zu gestehen. Gesteht der andere Verbrecher auch, droht ihm sonst eine Strafe von 5 Jahren. Gesteht der andere Bankräuber nicht, winkt die Straffreiheit. Das Gestehen ist für das Individuum eine

145 *Eichberger*, Konkursanfechtung, S. 12; *Hoffmann*, Prioritätsgrundsatz, S. 203.
146 *Eidenmüller*, Unternehmenssanierung, S. 20.
147 *Eichberger*, Konkursanfechtung, S. 12.
148 *Eichberger*, Konkursanfechtung, S. 12.
149 *Hoffmann*, Prioritätsgrundsatz, S. 203.
150 *Wiringer-Seiler*, Anfechtungsrecht, S. 95 ff.
151 Gegen die Anwendung von § 242 BGB als Grundlage einer Interessengemeinschaft *Eichberger*, Konkursanfechtung, S. 12 f.; ebenso *Hoffmann*, Prioritätsgrundsatz, S. 203.
152 Das Beispiel richtet sich nach *Eidenmüller*, Unternehmenssanierung, S. 19.

sogenannte dominante Strategie.[153] Nun führt die dominante Strategie des Individuums immer zu einer Lösung, die für das Kollektiv nicht am besten ist.[154] Denn bei einer Addition der Strafen beider Beschuldigten wäre ein gemeinsames Schweigen besser. Es ist außerdem davon auszugehen, dass beide Individuen die für sich dominante Strategie wählen.[155] Dann kommt es immer zu einer Freiheitsstrafe von 3 Jahren pro Beschuldigten, da beide gestehen. Unter dieser Annahme wäre die kollektive Lösung durch gemeinsames Schweigen wiederum der individuell dominanten Strategie überlegen.[156] Die Insolvenz stelle für die Gläubiger ein entsprechendes Gefangenendilemma dar.[157] Die Verteilung der Insolvenzmasse nach dem verfügungs- und einzelzwangsvollstreckungsrechtlichen Prioritätsgrundsatz stelle die individuell dominante Strategie dar, während die Verteilung nach dem Gleichbehandlungsgrundsatz der Kollektivlösung entspreche.[158] Der Vergleich mit dem Gefangenendilemma soll ein Argument für den Gleichbehandlungsgrundsatz sein, weil durch ihn alle kollektiv aber auch individuell besser stünden.[159]

Der Vergleich trägt nicht.[160] Dem Gefangenendilemma liegt die Annahme zugrunde, jeder Beteiligte verfolge die dominante Strategie. Dadurch stehe er letztlich schlechter, als wenn er die kollektive Strategie verfolgte. Das gilt für die Gläubiger unter Geltung des Prioritätsgrundsatzes nicht.[161] Es gibt immer mindestens einen Gläubiger, für den die Geltung des Prioritätsgrundsatzes zu einer höheren Verteilungsquote führt.[162]

Ebenso dient das spieltheoretische Modell der Überfischung nicht als Argument für den Gleichbehandlungsgrundsatz. Bei der Überfischung geht es um Fischer, die alle einen ungehinderten Zugriff auf einen Teich voller Fische haben.[163] Nun stünden alle Fischer kollektiv besser, wenn sie nicht unbegrenzt den Teich leer fischten.[164] Stattdessen sollten sie sich zurückhalten, um den Fischen Zeit zu geben.[165] Baut sich der Fischbestand dadurch wieder auf, können die Fischer auf Dauer mehr Fische herausfischen.[166] Das spieltheoretische Modell der Überfischung taugt ebenfalls nicht, um den Gleichbehandlungsgrundsatz zu begründen. Denn das Modell legt als Ziel des Fischers fest, auf Dauer möglichst viele Fische zu fischen. In dieser Lage befindet sich der Gläubiger eines insolventen Schuldners nicht. Die Forderung ist von Anfang an begrenzt. Beim Überfischungsmodell müsste es also um einen Fischer gehen, der nur 10 Fische fischen darf. Man stelle sich vor, der Teich enthalte 20 Fische und noch andere

153 *Ostrom,* Allmende, S. 6.
154 *Ostrom,* Allmende, S. 6; *Schäfer/Ott,* Analyse, S. 71; vgl. *Eidenmüller,* ZHR 160 1996, 343 (350).
155 *Ostrom,* Allmende, S. 6.
156 *Schäfer/Ott,* Analyse, S. 71.
157 *Eidenmüller*, Unternehmenssanierung, S. 19 f.
158 Vgl. *Eidenmüller*, Unternehmenssanierung, S. 20.
159 *Eidenmüller*, Unternehmenssanierung, S. 20: »Es kommt zu einem Wettlauf, bei dem keiner gewinnt«.
160 *Schäfer,* Unternehmensrestrukturierung, Zweiter Teil.B.II.1.b)bb).
161 *Schäfer,* Unternehmensrestrukturierung, Zweiter Teil.B.II.1.b)bb).
162 *Schäfer,* Unternehmensrestrukturierung, Zweiter Teil.B.II.1.b)bb).
163 *de Weijs*, EBOLR 2013, 201 (208).
164 *de Weijs*, EBOLR 2013, 201 (208 f.).
165 *de Weijs*, EBOLR 2013, 201 (208 f.).
166 Vgl. *de Weijs*, EBOLR 2013, 201 (208 f.).

4 Fischer wollten jeweils 10 Fische fischen. Dann gäbe es verschiedene Möglichkeiten, wie der Fischer an seine 10 Fische kommt. So kann eine gemeinsame und verzögerte Fischerei ihm zugutekommen, wenn die anderen Fischer den Teich sonst vor ihm leer fischten. Wenn er aber vor den anderen Fischern seine 10 Fische fischen kann, kann ihm die folgende Überfischung egal sein.

Beide Modelle zeigen daher, wie gemeinsames Handeln ein Gesamtziel insgesamt effizienter erreicht. Sie zeigen, wie kollektives Handeln eine gemeinsame Ressource steigern oder schonen kann.[167] Sie zeigen nicht, warum sie die jeweiligen Beteiligten auf ein kollektives Handeln einlassen sollen, wenn egoistisches Handeln ihr individuelles Ziel effektiver verfolgt.[168]

Die Einwände gegen die Annahme einer hypothetischen Abrede lösen sich auch dann nicht auf, wenn die hypothetische Abrede zu einem anderen Zeitpunkt stattfindet.[169] Denkbar ist, die Einigung der Gläubiger zu einem Zeitpunkt zu konstruieren, zu dem die konkrete Position der einzelnen Gläubiger in der späteren Insolvenz noch gänzlich unbekannt ist.[170] Dieser Gedanke geht auf die Gerechtigkeitstheorie von *Rawls* zurück.[171] Der Wille der Beteiligten sei zu einem Zeitpunkt zu beurteilen, zu dem die Beteiligten unter dem Schleier des Nichtwissens seien (»veil of ignorance«).[172] *Hoffmann* weist zu Recht darauf hin, eine solche Einigung sei keine privatautonome Einigung im Sinne des geltenden Privatrechts mehr.[173] Es gehe um eine kontrafaktische Einigung, um eine Rechtsordnung als solche zu legitimieren.[174] Die Begründung entspreche einer Rechtfertigung für dispositives Recht.[175]

Darüber hinaus zwingt der »veil of ignorance«, wenn man ihn wie die Gegenauffassung versteht, nur zu einer Regelung, die die Beteiligten im Zeitpunkt der hypothetischen Abrede gleichbehandelt. In welcher Art und Weise sie dies tut, ist offen. Es kann auch eine Regel sein, die die Beteiligten im späteren Insolvenzfall nicht gleichbehandelt. Denn auch wenn die Beteiligten nicht wissen, zu welchem Gläubigerrang und in welcher tatsächlichen Lage sie später sein werden, kann es Gläubiger geben, die lieber eine hohe als eine anteilige Erfüllung befürworten und die Geltung des vollstreckungsrechtlichen Prioritätsgrundsatzes befürworten. Letztlich kann sich bei einer solchen Interpretation jede gleichheitsgerechte Regel »auf den Willen« der Beteiligten stützen. Der begrenzte Nutzen dieses Gedankenmodells zeigt sich zum Beispiel bei *Tollenaar*, der die Creditor's Bargain Theorie[176] weiterentwickelt.[177] Nach ihm entspricht ein mit dem deutschen Planverfahren vergleichbarer Mehrheitsentscheid dem hypothetischen Willen der Gläubiger.[178] Sein Modell verzichtet für einzelne Minderheitengläubiger

167 Vgl. *de Weijs*, EBOLR 2013, 201 (207 ff.).
168 *Hoffmann*, Prioritätsgrundsatz, S. 203.
169 *Hoffmann*, Prioritätsgrundsatz, S. 203 f.
170 *Schmidt*, Analyse, S. 44.
171 Vgl. *Schmidt*, Analyse, S. 52; *Hoffmann*, Prioritätsgrundsatz, S. 204.
172 *Rawls*, Theory, S. 136 f.
173 *Hoffmann*, Prioritätsgrundsatz, S. 204.
174 *Hoffmann*, Prioritätsgrundsatz, S. 204.
175 Vgl. Prioritätsgrundsatz, S. 203 f.
176 *Jackson*, Logic, S. 10 ff.
177 *Tollenaar*, Proceedings, 2.105 ff.; 3.107 ff.
178 *Tollenaar*, Proceedings, 3.203.

sogar auf einen Minderheitenschutz[179] im Sinne des Schlechterstellungsverbots nach § 251 Abs. 1 Nr. 2 InsO. Der Mehrheitsentscheid reiche, um unwillige Gläubiger gegen ihren Willen an den Plan zu binden.[180] Das gilt sogar, wenn der Plan einen geringeren Wertzufluss verspricht als die Liquidation.[181] Denn die Mehrheit werde gute Gründe für ihre Entscheidung haben.[182] Für einen Gläubiger sei es wahrscheinlicher, in der Mehrheit zu landen als in der Minderheit, weshalb es dem hypothetischen Willen der Gläubiger entspreche, durch Mehrheitsentscheid zu entscheiden.[183] Auch diese Annahme ist eine Fiktion. Niemand kann den Willen von Gläubigern in einem vorrechtlichen Zustand deuten. Einen Willen dahingehend anzunehmen, die Gläubiger verzichteten auf jeglichen Minderheitenschutz, obwohl sie das Risiko tragen, eine Minderheit zu werden, überzeugt nicht.

e) Zwischenergebnis

Der Gleichbehandlungsgrundsatz lässt sich nicht auf den konkreten oder hypothetischen Willen der Gläubiger stützen. Ein Gesamtverfahren bietet wirtschaftliche Vorteile. Der Gleichbehandlungsgrundsatz als Verteilungsmaßstab bietet dagegen keine wirtschaftlichen Vorteile, die die Annahme einer gemeinsamen Abrede der Gläubiger im Vorhinein der Insolvenz des Schuldners über den Gleichbehandlungsgrundsatz rechtfertigen. Die privatautonomen und willensorientierten Ansätze sind nicht in der Lage, den Gleichbehandlungsgrundsatz zu rechtfertigen.

4. Interessengemeinschaft

Eine ähnliche Begründung des Gleichbehandlungsgrundsatzes stützt sich auf die Figur der schlichten Interessengemeinschaft[184].[185] Die Ansprüche der Gläubiger seien nur noch anteilig zu erfüllen, weil diese eine Interessengemeinschaft bildeten.[186] Eine Interessengemeinschaft liege unter den Gläubigern eines insolventen Schuldners vor, weil

179 *Tollenaar,* Proceedings, 8.177, 8.182.
180 *Tollenaar,* Proceedings, 8.177.
181 *Tollenaar,* Proceedings, 8.177.
182 *Tollenaar,* Proceedings, 8.177.
183 *Tollenaar,* Proceedings, 3.113.
184 *Würdinger*, Theorie, S. 18, 63 ff.; *Wüst*, Interessengemeinschaft, S. 85 f.; *Wüst,* FS Wiese, 649 (654 f.); *Behmer*, Sanierungsvergleich, S. 37 ff.; *Eidenmüller*, Unternehmenssanierung, S. 597 ff.; *Grünewald,* Mehrheitsherrschaft, S. 184; *Hueck*, Der Grundsatz der gleichmäßigen Behandlung im Privatrecht (1958), S. 141 f.; *Weidmüller,* Rückschlagsperre, S. 52 f.
185 *Hueck,* Grundsatz, S. 141 f.; *Weidmüller,* Rückschlagsperre, S. 52 f., die den Gedanken der Interessengemeinschaft mit der Vorstellung verbindet, der Gleichbehandlungsgrundsatz im Insolvenzrecht sei ein rein formales Ordnungsprinzip (S. 54); ähnlich *Berges,* KTS 1957, 49 (53): »Die tatsächliche, auf objektiver Grundlage bestehende, materiell-rechtliche schlichte Rechtsgemeinschaft mit den daran geknüpften unentziehbaren anteilsmäßigen Befriedigungsrechten der Gläubiger kommt mithin erst durch die effektive Beseitigung der Verfügungs- und Verpflichtungsmacht des Gemeinschuldners zustande.«
186 *Weidmüller,* Rückschlagsperre, S. 52 f.

alle das Interesse einer möglichst hohen Erfüllung teilten.[187] Teile der Literatur vertraten schon vor Einführung des Unternehmensstabilisierungs- und -restrukturierungsgesetz (StaRUG)[188] die Auffassung, die Figur der Interessengemeinschaft rechtfertige einen Mehrheitsentscheid bei Sanierungsverträgen schon vor der Eröffnung eines Insolvenzverfahrens.[189] Daher findet eine ausführliche Auseinandersetzung mit dieser Lehre im Zusammenhang mit dem StaRUG und somit an anderer Stelle statt.[190] Für die Geltung des Gleichbehandlungsgrundsatzes taugt die Interessengemeinschaft im Ergebnis nicht. Die Gläubiger teilen kein gemeinsames Interesse.[191] Jeder Gläubiger hat im Zweifel für sich das Interesse, eine möglichst hohe Erfüllungsquote seiner Forderung zu erlangen. An der Erfüllung der Forderungen anderer Gläubiger hat ein Gläubiger im Zweifel kein Interesse. Damit stehen sich ihre Interessen in der Insolvenz des Schuldners sogar entgegen.[192] Eine Interessengemeinschaft liegt nicht vor.[193]

5. Ausgleichshaftung

Häsemeyer vertritt die These, der Grundsatz der Gläubigergleichbehandlung sei Ausdruck einer gegenseitigen Haftung der Gläubiger untereinander.[194] Jeder Gläubiger sei im Grundsatz verantwortlich für den Mangel des Schuldnervermögens.[195] Die Gläubiger könnten sich ihre gegenseitige Verantwortlichkeit entgegenhalten.[196] Dadurch kürzten sich die Ansprüche der Gläubiger entsprechend der jeweiligen Verantwortung.[197] Griffe ein besonderer Grund ein, könnten Gläubiger in den Genuss einer Enthaftung kommen.[198] Die Gläubigergleichbehandlung ist nach diesem Verständnis eine Ausgleichshaftung im Verhältnis der Gläubiger untereinander.[199]

Kritik erfährt vor allem der Gedanke einer wechselseitigen Verantwortung und Einflussnahme für die Vermögensverhältnisse des Schuldners.[200] Eine solche Verantwortung kann höchstens im Sinne einer reinen Kausalität zwischen dem Bestehen eines Anspruchs und der Vermögenslage des Schuldners bestehen. Jede strengere Form der Kausalität oder Zurechnung vermag zumindest eine Ausgleichshaftung unfreiwilliger

187 *Weidmüller*, Rückschlagsperre, S. 51.
188 Das StaRUG ist Teil des Gesetzes zur Fortentwicklung des Sanierungs- und Insolvenzrechts: BGBl. I 2020, S. 3256.
189 Siehe S.75.
190 Siehe S.75.
191 A.A. *Hueck*, Grundsatz, S. 142, der abweichende Interessen »einzelner Egoisten« für die allgemeine Grundeinstellung der Mitglieder der Interessengemeinschaft für unbeachtlich hält.
192 *Eichberger*, Konkursanfechtung, S. 13.
193 *Eichberger*, Konkursanfechtung, S. 13.
194 *Häsemeyer*, KTS 1982, 507 (515 ff., 528).
195 *Häsemeyer*, KTS 1982, 507 (517).
196 *Häsemeyer*, KTS 1982, 507 (517).
197 *Häsemeyer*, KTS 1982, 507 (529 f.).
198 *Häsemeyer*, KTS 1982, 507 (531 f.).
199 *Häsemeyer*, KTS 1982, 507 (528); vgl. auch *Nachtmann*, Fiskusvorrecht, S. 51, 54.
200 *Berger*, ZZP 121 2008, 407 (413 f.); *Eismann*, Bereicherungsanspruch, S. 128 f.; *Klinck*, Grundlagen, S. 62 f.; *Pluta*, Insolvenzaufrechnung, S. 136.

Gläubiger nicht zu begründen.[201] Eine Verantwortung der Gläubiger für die Vermögenslage des Schuldners allein aufgrund der Inhaberschaft der Forderung überzeugt aber auch für vertragliche Gläubiger nicht. Maßgebliche Verantwortung für die Vermögenslage des Schuldners trägt dieser selbst.[202] Verlangt das Gesetz Gläubigern ab, für die Vermögenslage ihres Schuldners Verantwortung zu übernehmen, verstößt dies gegen das Prinzip der Selbstbestimmung im Privatrecht.[203] Die wesentliche Entscheidung zum Abschluss von Verträgen trifft der Schuldner. Jeder einzelne Gläubiger hat eine rein negative Entscheidungsmacht, indem er entscheiden kann, die Vermögensverhältnisse des Schuldners nicht zu beeinflussen. Eine positive Einflussnahme, die eine Verantwortung für die Folgen der Einflussnahme rechtfertigt, liegt nicht vor. Eine Verantwortung der Gläubiger untereinander ist mithin nur bei einem sehr weiten Verständnis begründbar. Bei einem derart weiten Verständnis überzeugt es daher auch nicht, gewisse Gläubiger von einer Enthaftung profitieren zu lassen.[204]

Eine andere Wertung ergibt sich auch nicht aus Normen, die den Gläubiger ausnahmsweise verpflichten, bei Vertragsschluss die Leistungsfähigkeit des Schuldners zu prüfen. § 505a Abs. 1 S. 1 BGB verpflichtet Darlehensgeber dazu, vor dem Abschluss von Verbraucherdarlehensverträgen die Kreditwürdigkeit des Darlehensnehmers zu prüfen. Zweck der Norm ist jedoch nicht, zwischen Gläubigern des gleichen Schuldners eine Verantwortung zu begründen, die im Insolvenzfall die Gleichbehandlung rechtfertigt. Die Norm setzt Art. 8 der Verbraucherkreditrichtlinie um und hat zum Ziel, den Verbraucher zu schützen.[205] Gemäß § 505a Abs. 2 S. 2 BGB darf der Darlehensgeber den Verbraucherdarlehensvertrag nur schließen, wenn keine erheblichen Zweifel daran bestehen, dass der Darlehensnehmer seinen Verpflichtungen nachkommen wird. Bei der Ausgleichshaftung nach *Häsemeyer* steht dagegen die Verantwortung der Gläubiger untereinander im Vordergrund. Verstößt ein Darlehensgeber gegen seine Pflicht zur Kreditwürdigung, ermäßigt sich gemäß § 505d BGB unter Umständen der im Vertrag vereinbarte Zinssatz.[206] Dies verdeutlich den Zweck des § 505a BGB. Es geht um den Schutz des Verbrauchers und nicht darum, ganz grundlegend die Verantwortung für die eigenen Vermögensverhältnisse in die Hände der Gläubiger zu verlagern.

6. Gleichheitsgerechtigkeit

a) Gleichheit der Gläubiger als Geltungsgrund

Die wohl herrschende Auffassung leitet den Gleichbehandlungsgrundsatz überzeugend aus der Gleichheit der Gläubiger her.[207] Privatrechtssubjekte sind grundsätzlich gleich

201 *Guski,* Sittenwidrigkeit, S. 122; *Klinck*, Grundlagen, S. 63; *Landfermann*, ZZP 107 1994, 127 (128 f.); *Dorndorf*, Kreditsicherungsrecht, S. 43 f.

202 *Berger*, ZZP 121 2008, 407 (414).

203 *Hoffmann*, Prioritätsgrundsatz, S. 197.

204 *Hoffmann*, Prioritätsgrundsatz, S. 198 f.

205 Vgl. *Buck-Heeb,* WM 2017, 1329 (1329 f., 1333); MüKoBGB/*Weber*, § 505a, Rn. 1.

206 MüKoBGB/*Weber*, § 505d, Rn. 1.

207 Gegen eine Herleitung aus Billigkeitsgründen: *Bauer*, Ungleichbehandlung, S. 66 f.; seine Kritik wiederholend in *Bauer,* ZInsO 2008, 119 (123 f.) und *Bauer,* ZInsO 2010, 1432 (1433).

zu behandeln. Die Gleichheit der Privatrechtssubjekte wirkt sich auch auf ihre Rechte aus. Vergleichbare Rechte sind gleich zu behandeln. Die Gleichheit der Rechte setzt sich in der Insolvenz fort, indem gleiche Forderungen anteilig zu erfüllen sind. Ein Verteilungskonflikt liegt vor, wenn ein Haftungsobjekt nicht ausreicht, um alle fälligen Ansprüche zu erfüllen. Das Haftungsobjekt im Fall der Insolvenz ist das gesamte Vermögen des Schuldners, welches durch Zahlungsansprüche belastet ist.

Ob dieser Gleichheitsgedanke aus Art. 3 Abs. 1 GG[208], aus einem urwüchsigen zivilrechtlichen Gerechtigkeitsprinzip[209] oder einem allgemeinen Gerechtigkeits- oder Billigkeitsprinzip[210] stammt, hat keine Auswirkungen auf den Normbefehl des Gleichbehandlungsgrundsatzes. Dogmatisch überzeugt es, nicht auf Art. 3 Abs. 1 GG abzustellen.[211] Zwar ist der Geltung des Art. 3 Abs. 1 GG spätestens seit der Stadionverbots-Entscheidung des BVerfG[212] nicht mehr pauschal entgegenzuhalten, der grundrechtliche Gleichbehandlungsgrundsatz regele nur das Verhältnis zwischen dem Staat und dem Bürger. Es bedarf aber keines Rückgriffs auf die Grundrechte, wenn das Privatrecht von sich aus die Gleichbehandlung mehrerer Subjekte kennt.

b) Verhältnis zum verfügungs- und einzelzwangsvollstreckungsrechtlichen Prioritätsgrundsatz

aa) Einleitung

Wenn der Schuldner nicht insolvent ist, gilt für die absolute Zuordnung eines Rechtsobjekts der verfügungs- und einzelzwangsvollstreckungsrechtliche Prioritätsgrundsatz. Dieser ordnet einen Vermögensgegenstand demjenigen absolut zu, dem der Gegenstand durch eine Verfügung des Schuldners[213] oder durch eine Zwangsvollstreckungsmaßnahme[214] als erstes zugesprochen wurde. Der verfügungs- und einzelzwangsvollstreckungsrechtliche Prioritätsgrundsatz enthält ausschließlich eine Regelung für die absolute und dingliche Zuordnung eines Gutes. Er trifft keine Aussage für den Schuldner, wem er das Haftungsobjekt zuweisen soll. In der Insolvenz gilt der Prioritätsgrundsatz wegen der Anordnung der anteiligen Erfüllung der Forderungen nicht. Oft entsteht der Eindruck, der in der Insolvenz geltende Gleichbehandlungsgrundsatz be-

208 *Jeremias*, Insolvenzaufrechnung, S. 119; *Kilger*, ZRP 1976, 190 (192); *Eichberger*, Konkursanfechtung, S. 15 f.

209 *Hoffmann*, Prioritätsgrundsatz, S. 208: »Es handelt sich um ein Auffangprinzip materieller Verteilungsgerechtigkeit«; *Paulus*, NZI 2015, 1001 (1005) spricht von einem »allgemeinen Gerechtigkeitsempfinden«; *Grünewald*, Mehrheitsherrschaft, S. 117.

210 *Eichberger*, Konkursanfechtung, S. 14; *Eismann*, Bereicherungsanspruch, S. 132 f.; *Guski*, Sittenwidrigkeit, S. 125 ff.; *Killinger*, Insolvenzanfechtung, S. 62; *Klockenbrink*, Gläubigerstellung, S. 33 f.; *Kröpelin*, Insolvenz, S. 152; *Lepa*, Verfassungsrecht, S. 194; *Siebert*, Prioritätsprinzip, S. 95 f.; *Welbers*, Prioritätsprinzip, S. 180; *Weiland*, Gleichbehandlungsgrundsatz, S. 303; *Wiórek*, Gläubigergleichbehandlung, S. 88 f.

211 *Hoffmann*, Prioritätsgrundsatz, S. 200.

212 BVerfGE 148, 267 (283 f.) – Stadionverbot.

213 *Hoffmann*, Prioritätsgrundsatz, S. 10.

214 *Siebert*, Prioritätsprinzip, S. 1; *Welbers*, Prioritätsprinzip, S. 2.

dürfe als Ausnahme des verfügungs- und einzelzwangsvollstreckungsrechtlichen Prioritätsgrundsatzes einer Rechtfertigung.[215]

Tatsächlich verhält es sich andersherum. Der Gleichbehandlungsgrundsatz ist die grundsätzliche, gerechte Regel zur Zuweisung von Rechten, die sich auf die gleiche Haftungsmasse beziehen.[216]

bb) Gleichbehandlungsgrundsatz außerhalb der Insolvenzordnung

Zunächst gilt der Gleichbehandlungsgrundsatz auch außerhalb der Insolvenzordnung schon für verschiedene Verteilungskonflikte.[217] Es ist schon aus diesem Grund fraglich, ob der Gleichbehandlungsgrundsatz eine Ausnahme ist.

Ein bekanntes Beispiel ist der Zuckerrübensamenfall.[218] Ein Schuldner verkauft an mehrere Gläubiger Zuckerrübensamen aus seiner noch zu ziehenden Ernte.[219] Es handelt sich um eine Vorratsschuld, die sich auf einen noch nicht bestehenden Gegenstand bezieht.[220] Die Ernte fällt geringer aus als erwartet, sodass sie nicht zur vollständigen Befriedigung aller Gläubiger ausreicht.[221] Daraufhin leistet der Schuldner an die Gläubiger nur anteilig.[222] Das Reichsgericht hält die anteilige Erfüllung von § 242 BGB gedeckt.[223] Überzeugender ist es, dem Gleichbehandlungsgrundsatz über § 275 Abs. 1 BGB Anwendung zu verleihen.[224] Zumindest sachlich wendet das Reichsgericht aber den Gleichbehandlungsgrundsatz an.[225]

Positivrechtliche Ausprägungen des Gleichbehandlungsgrundsatzes finden sich außerdem in § 10 Abs. 2 ProdHaftG und § 651r Abs. 3 S. 4 BGB.[226] In diesen Fällen schreibt das Gesetz eine Haftungshöchstsumme für ein Schadensereignis vor. Übersteigen die Ansprüche mehrerer Gläubiger aus dem gleichen Schadensereignis die Höchstsumme, verringern sich die Ansprüche anteilig. Ebenso lässt sich § 7 Abs. 2 DepotG als Norm einordnen, der ein Gleichbehandlungsgedanke zugrunde liegt.[227] Befindet sich eine GmbH in Auflösung, verteilt sich das Vermögen der Gesellschaft gemäß § 72 S. 1 GmbHG nach den Anteilen der Gesellschafter an der Gesellschaft. Die Gläubiger des insolventen Schuldners ließen sich insofern als eine »Kapitalgesellschaft in Liquidation« verstehen.[228]

In diesen Fällen gilt für die absolute Zuordnung des Gegenstands weiterhin der verfügungs- und einzelzwangsvollstreckungsrechtliche Prioritätsgrundsatz. Jedoch steht

215 *Hoffmann*, Prioritätsgrundsatz, S. 193.
216 *Hoffmann*, Prioritätsgrundsatz, S. 208 f.
217 Mit weiteren Beispielen: *Knütel*, FS Kreft, 3 (9).
218 RGZ 84, 125.
219 RGZ 84, 125 (125 f.).
220 *Hoffmann*, Prioritätsgrundsatz, S. 388 ff.
221 RGZ 84, 125 (125 f.).
222 RGZ 84, 125 (125 f.).
223 RGZ 84, 125 (128 ff.).
224 *Hoffmann*, Prioritätsgrundsatz, S. 390.
225 Vgl. RGZ 84, 125 (130): »Die prozentuale Verteilung, zu der der Beklagte gegriffen hat, war also an und für sich das Richtige.«
226 *Piekenbrock*, BRJ 2021, 6 (7).
227 *Eidenmüller*, Unternehmenssanierung, S. 598.
228 *Piekenbrock*, in: Integrationskraft, 51 (76).

es dem Schuldner schuldrechtlich nicht frei, wem gegenüber er sich pflichtgemäß verhält. Der Gleichbehandlungsgrundsatz löst den Verteilungskonflikt auf schuldrechtlicher Ebene auf, indem er eine für den Schuldner zwingende Verteilung anordnet.

cc) Verfügungs- und einzelzwangsvollstreckungsrechtlicher Prioritätsgrundsatz und Privatautonomie

Im Anschluss an *Hoffmann* ist dem verfügungs- und einzelzwangsvollstreckungsrechtlichen Prioritätsgrundsatz abzusprechen, die grundsätzliche gerechte Verteilungsregel zu sein.[229] Denn der verfügungs- und einzelzwangsvollstreckungsrechtliche Prioritätsgrundsatz rechtfertigt sich nicht durch Privatautonomie des Schuldners[230] oder des Gläubigers[231]. Grundsätzlich ist eine Verteilung gerecht, die sich nach der Freiheit des Schuldners richtet.[232] Willenstheoretisch hat sich ein Verkäufer schon mit dem Abschluss des Verpflichtungsgeschäfts seiner Freiheit entledigt, über den Gegenstand entscheiden zu dürfen.[233] Eigentlich wäre daher eine Verteilung gerecht, die sich unmittelbar nach der schuldrechtlichen Lage richtet.[234] Eine solche Zuordnung orientiert sich am Zeitpunkt der Fälligkeit und Durchsetzbarkeit der Forderungen.[235] Die Zuordnung eines Gutes erfordert im geltenden Recht jedoch neben der schuldrechtlichen Verpflichtung des Schuldners zusätzlich eine separate, absolute Zuordnung des Objekts.[236] Dieser Vollzugsakt kann sich jedoch nicht durch den Willen des Schuldners rechtfertigen, über die Sache frei entscheiden zu dürfen. Denn diese Freiheit hat er durch das Verpflichtungsgeschäft schon betätigt. Die Rechtsordnung verlangt einen Vollzugsakt, weil dies dem Verkehrsschutz dient.[237] Es geht – verkürzt gesagt – um das Interesse von Privaten, die Zuordnung eines Gutes erkennen zu können. Die Beteiligten des Rechtsverkehrs haben ein Interesse daran, eine gewisse Übersicht und Vorhersehbarkeit über die Rechtslage zu haben.[238] Der verfügungs- und einzelzwangsvollstreckungsrechtliche Prioritätsgrundsatz dient ausschließlich diesem Interesse. Wenn der Schuldner zwei Gläubigern gegenüber jeweils das gleiche Eigentum an einer Sache übereignen muss, hat er sich »mehr« Freiheit bedient, als ihm zustand.[239] Wenn der

229 *Hoffmann*, Prioritätsgrundsatz, S. 10 ff., 32 ff., 193 f.

230 *Hoffmann*, Prioritätsgrundsatz, S. 10 ff.

231 *Hoffmann*, Prioritätsgrundsatz, S. 33.

232 *Brecher*, FS Schmidt-Rimpler, 181 (221 f.); *Hoffmann*, Prioritätsgrundsatz, S. 10 f., 32; vgl. *Hanau*, Grundsatz, S. 26 f.

233 *Hoffmann*, Prioritätsgrundsatz, S. 11; anders *Ernst*, SJZ 2010, 389 (395): »Ebenso, wie man beim Vertrags*schluss* nicht verpflichtet ist, mit allen Vertragspartnern zu den gleichen Konditionen abzuschließen, darf man auch in der Vertrags*abwicklung* manche Vertragspartner besser behandeln als andere.«; auch anders *Thomale*, Leistung, S. 18, 46 f., der von »Erfüllungsfreiheit« und »Solvenzautonomie« spricht.

234 *Hoffmann*, Prioritätsgrundsatz, S. 11.

235 *Hoffmann*, Prioritätsgrundsatz, S. 11.

236 *Hoffmann*, Prioritätsgrundsatz, S. 10.

237 *Hoffmann*, Prioritätsgrundsatz, S. 32 ff.

238 *Hoffmann*, Prioritätsgrundsatz, S. 29: »Vielmehr soll der Verkehr durch die normierten verfügungsrechtlichen Bestimmtheits-, Publizitäts- und Spezialitätserfordernisse geschützt werden.«

239 *Hoffmann*, Prioritätsgrundsatz, S. 11.

Schuldner das Eigentum jetzt einem der Gläubiger übereignet, kann darin keine anerkennungswürdige Betätigung seiner bereits übermäßig entledigten Freiheit liegen.[240] Der Bestand dieser Verfügung findet seinen Geltungsgrund vielmehr im Verkehrsschutz.[241]

Der verfügungs- und einzelzwangsvollstreckungsrechtliche Prioritätsgrundsatz ist damit nicht ungerecht. Der Gesetzgeber kann grundsätzlich frei entscheiden, wann und in welchem Maße er Verkehrsschutz verwirklicht.[242] Dem verfügungs- und einzelzwangsvollstreckungsrechtliche Prioritätsgrundsatz ist lediglich abzusprechen, sich durch den Willen des Schuldners zu rechtfertigen und damit die grundsätzliche Regel zu sein, die im Privatrechtsverkehr Rechte neu zuweist. Möchte die Rechtsordnung beispielsweise in gewissen Fällen keinen Verkehrsschutz verwirklichen, braucht es eine andere Zuweisungsregel.

dd) Gleichbehandlungsgrundsatz als Grundregel

Die grundsätzlich geltende Zuweisungsregel ist der Gleichbehandlungsgrundsatz.[243] Nach hier vertretener Auffassung lässt sich dies aus dem Insolvenzrecht rückschließen. Mit Eröffnung des Insolvenzverfahrens verliert der Schuldner gemäß § 80 InsO seine Verfügungsbefugnis.[244] Ebenso binden neue Verbindlichkeiten des Schuldners nicht die Insolvenzmasse.[245] Die Insolvenz des Schuldners ist daher ein Verteilungskonflikt, dessen Auflösung grundsätzlich losgelöst von Verkehrsschutzerwägungen erfolgt. In diesem ordnet die Rechtsordnung den Gleichbehandlungsgrundsatz an. Gilt im Zivilrecht grundsätzlich die gleiche Verteilungsregel, muss diese der Gleichbehandlungsgrundsatz sein.

Es wäre auch denkbar gewesen, ein schuldrechtliches Prioritätsprinzip zu verwirklichen.[246] Dann wären Forderungen in der Reihenfolge ihrer Fälligkeit zu bewirken.[247] Schon länger fällige Forderungen wären vor kürzlich fälligen Forderungen zu bewirken. Welche der beiden Verteilungsmaßstäbe gilt, hängt davon ab, ob der Gesetzgeber den Zeitpunkt der Fälligkeit als einen gebotenen Unterscheidungsgrund zwischen fälligen Forderungen ansieht. Durch die Anordnung der anteiligen Erfüllung der Forderungen in der Insolvenz des Schuldners hat sich der Gesetzgeber dafür entschieden, die Fälligkeit grundsätzlich nicht als Unterscheidungsgrund anzuerkennen. Der Gleichbehandlungsgrundsatz ist damit die grundsätzliche Zuweisungsregel, weil sich die

240 *Hoffmann*, Prioritätsgrundsatz, S. 12.
241 *Hoffmann*, Prioritätsgrundsatz, S. 11 ff., 30 ff.
242 *Hoffmann*, Prioritätsgrundsatz, S. 34 f., 391 ff.
243 *Hoffmann*, Prioritätsgrundsatz, S. 208 f.
244 BeckOKInsO/*Riewe/Kaubisch*, § 80, Stand: 15.04.2024, Rn. 13.
245 Vgl. MüKoInsO/*Ehricke/Behme*, § 38, Rn. 1.
246 Vgl. *Häsemeyer*, KTS 1982, 507 (512 ff.); *Zipperer*, FS Vallender, 843 (858): »Es ist kein Grundsatz a priori, sondern die Auswahl aus mehreren Möglichkeiten […]. Alternativen gäbe es wohl […].« Beispielsweise ordnete in Spanien Art. 916 Abs. 2 Nr. 2 Código de Comercio von 1885 für Forderungen, die sich aus einer notariellen Urkunde ergaben, eine Befriedigung nach zeitlicher Priorität an. Auf diese Regelung wies den Verfasser *Anne Hermle*, Heidelberg, hin.
247 *Hoffmann*, Prioritätsgrundsatz, S. 11.

Rechtsordnung für ihn entschieden hat. Seine Geltung beruht nicht darauf, die einzig denkbare gerechte Zuweisungsregel zu sein.

(1) Schuldrechtlicher Prioritätsgrundsatz und Verkehrsschutz

Auch *Hoffmann* hält die Geltung eines schuldrechtlichen Prioritätsprinzips im Grundsatz zwar für gerecht.[248] Er spricht dieser Verteilungsregel jedoch Geltung ab, weil der Gesetzgeber sich dafür entschieden hat, Verkehrsschutzerwägungen Einzug in das Recht zu gewähren.[249]

Das leuchtet nicht ein. Auch unter Geltung eines streng schuldrechtlichen Prioritätsgrundsatzes ist die Verwirklichung von Verkehrsschutz denkbar. Verspricht der Schuldner in einer entsprechenden Rechtsordnung dem Gläubiger 1, das Eigentum an einer Sache zu verschaffen, erwirbt dieser mangels Vollzugserfordernis unmittelbar durch die schuldrechtliche Einigung das Eigentum. Eines Vollzugs bedarf es nicht. Dies schließt es nicht aus, dem Schuldner nun als Nichtberechtigtem unter gewissen Voraussetzungen zu ermöglichen, einem Gläubiger 2 das Eigentum aufgrund dessen Vertrauens in die bisherige Inhaberschaft des Schuldners zu verschaffen. Gläubiger 2 erwirbt das Eigentum dann, obwohl Gläubiger 1 es schon hat. In diesem Beispiel räumt die Rechtsordnung die Möglichkeit des gutgläubigen Erwerbs ein, um auf das Verkehrsschutzbedürfnis des zweiten Gläubigers Rücksicht zu nehmen.[250] Das geltende Recht schützt den Verkehr dagegen, indem der Schuldner beim Abschluss eines Verpflichtungsgeschäfts seine Inhaberschaft nicht verliert und so noch als Berechtigter verfügen kann. Das ist aber nur eine unterschiedliche Konstruktion des Verkehrsschutzes.

Die Geltung eines schuldrechtlichen Prioritätsprinzips ist dagegen auch in einer Rechtsordnung denkbar, die die schuldrechtliche und dingliche Zuordnung trennt. Auch eine solche Rechtsordnung kann gleichzeitig den Verkehr schützen. Sie schützt den Verkehr schon, indem der Schuldner die Möglichkeit behält, Ansprüche auf Übertragung eines schon anderweitig versprochenen Haftungsobjekts überhaupt noch begründen zu können. Die jüngeren Forderungen könnten dann im Falle eines Verteilungskonflikts unmöglich werden. Selbst dies schlösse die Verwirklichung von Verkehrsschutz nicht aus. So könnte die Rückforderung einer Leistung auf eine unmögliche Pflicht ausgeschlossen sein. Die Leistung auf eine aufgrund des Verteilungskonflikts untergegangene Pflicht wäre der Kondiktion entzogen. Insoweit gäbe es einen Anfechtungsschutz. Dann stellt sich zwar die Frage, welche spürbare Wirkung die Verteilungsregel noch hat, wenn eine ihr widersprechende Zuordnung Bestand hat. Dieser Umstand verbietet jedoch nicht die Geltung einer solchen Verteilungsregel, sondern wäre lediglich Folge eines stark ausgeprägten Verkehrsschutzes.

Denn auch *Hoffmann* erkennt Zuordnungen an, die sich ausschließlich durch den Verkehrsschutz und nicht durch den Gleichbehandlungsgrundsatz rechtfertigen lassen.[251] So gilt beim Doppelverkauf einer Sache grundsätzlich auch der Gleichbehand-

248 *Hoffmann*, Prioritätsgrundsatz, S. 31.
249 *Hoffmann*, Prioritätsgrundsatz, S. 31 f.
250 Vgl. so auch *Hoffmann*, Prioritätsgrundsatz, S. 25.
251 Vgl. *Hoffmann*, Prioritätsgrundsatz, S. 392, 401 f.

lungsgrundsatz.[252] Dieser führt zu einer Umwandlung der Ansprüche.[253] Sie richteten sich nicht mehr auf Verschaffung von Alleineigentum, sondern auf Einräumung von Miteigentum.[254] Grundsätzlich muss der Schuldner also jedem Gläubiger hälftiges Miteigentum an der Sache verschaffen.[255] Wenn der Schuldner sich pflichtwidrig verhält und einem Gläubiger das Alleineigentum einräumt, ist diese Verfügung trotzdem wirksam und kondiktionsfest.[256] In dem Bestand der verpflichtungswidrigen Verfügung sieht *Hoffmann* einen Anfechtungsschutz, den der Gesetzgeber in unterschiedlichen Konflikten unterschiedlich stark ausprägen kann.[257] Bei der Insolvenz verwirkliche die Rechtsordnung in geringerem Maße Anfechtungsschutz als im Fall des Doppelverkaufs.[258] Wenn aber der Verkehrsschutz eine bestandskräftige Zuordnung rechtfertigen kann, die der gesollten schuldrechtlichen Zuordnung widerspricht, ist es nicht möglich, von der bestandskräftigen Zuordnung auf die gesollte schuldrechtliche Zuordnung zu schließen. Es ist nicht zwingend, den Verteilungskonflikt mit Hilfe des Gleichbehandlungsgrundsatzes aufzulösen. Es wäre genauso denkbar, dass der Schuldner die früher fällig werdende Forderung zu erfüllen hat und die Erfüllung der später fällig gewordenen Forderung nur aus Verkehrsschutzgründen Bestand hat. Die Verwirklichung von Verkehrsschutz spricht somit nicht zwingend gegen die Geltung eines Prioritätsgrundsatzes, welcher auf schuldrechtlicher Ebene die Erfüllung der älteren Forderungen vor den jüngeren anordnet.

Der Vollständigkeit halber sei darauf hingewiesen, dass auch ein schuldrechtlicher Prioritätsgrundsatz den Gleichbehandlungsgrundsatz als Auffangregel braucht. Das gilt für Fälle, in denen keine zeitliche Priorität vorliegt. Unterscheidet der Prioritätsgrundsatz nach dem Zeitpunkt der Fälligkeit, gibt es zwischen solchen Forderungen keine zeitliche Priorität, die zum gleichen Zeitpunkt fällig werden. Unterscheidet der Prioritätsgrundsatz nach dem Zeitpunkt der Begründung der Forderung, gibt es zwischen solchen Forderungen keine zeitliche Priorität, die die Parteien zum gleichen Zeitpunkt begründet haben. Für diese Fälle muss ein anderer Verteilungsmaßstab gelten, mithin der Gleichbehandlungsgrundsatz.

(2) Schuldrechtlicher Prioritätsgrundsatz und Missbrauch

Dem ist auch nicht entgegenzuhalten, der schuldrechtliche Prioritätsgrundsatz sei anfällig für eine missbräuchliche Vordatierung von Ansprüchen.[259] Zwar ist die Kritik berechtigt. Gläubiger können mit dem Schuldner die Fälligkeit ihrer Forderung vor den Zeitpunkt der Einigung vordatieren. Der Missbrauch lässt sich aber durch Formvorschriften etwas einschränken.[260] Vor allem hat es für den grundsätzlichen Gerech-

252 *Hoffmann*, Prioritätsgrundsatz, S. 397 f.
253 *Hoffmann*, Prioritätsgrundsatz, S. 400.
254 *Hoffmann*, Prioritätsgrundsatz, S. 400.
255 *Hoffmann*, Prioritätsgrundsatz, S. 400 f.
256 *Hoffmann*, Prioritätsgrundsatz, S. 401 f.
257 *Hoffmann*, Prioritätsgrundsatz, S. 392, 401 f.
258 *Hoffmann*, Prioritätsgrundsatz, S. 392, 401 f.
259 *Hoffmann*, Prioritätsgrundsatz, S. 32.
260 *Hoffmann*, Prioritätsgrundsatz, S. 32.

tigkeitsgehalt einer Zuweisungsregel keine Bedeutung, ob sie dem Missbrauch zugänglich ist.

Darüber hinaus besteht auch die Möglichkeit, den verfügungs- und einzelzwangsvollstreckungsrechtlichen Prioritätsgrundsatz zu missbrauchen.[261] Schuldet der Eigentümer eines Autos zwei Gläubigern die gleichmäßige Einräumung von Miteigentum an seinem Auto, kann er das Eigentum dennoch vollständig einem Gläubiger zuweisen. Welchem Gläubiger er sein Eigentum zuweist, kann eine missbräuchliche Entscheidung sein. Ebenso lässt sich auch der Gleichbehandlungsgrundsatz missbrauchen. Er bietet die Möglichkeit, den bestehenden Anspruch eines Gläubigers zu entwerten. Um den »Vollanspruch« eines einzelnen Gläubigers auf ein unbrauchbares Minimum zu verringern, kann der Schuldner in Bezug auf das gleiche Haftungsobjekt eine möglichst hohe, zusätzliche Verbindlichkeit eingehen. Keine Zuweisungsregel ist daher gänzlich frei davon, Missbrauch zu erfahren.

c) Zwischenergebnis

Der Gleichbehandlungsgrundsatz ist eine materiell-rechtliche Verteilungsregel, die ihre Wirkung auf schuldrechtlicher Ebene in der Insolvenz eines Schuldners entfaltet. Der Gleichbehandlungsgrundsatz findet seinen privatrechtlichen Geltungsgrund in grundlegenden Gleichheitserwägungen, die er verwirklicht.

7. Bruchteilsgemeinschaft

Einzelne Stimmen halten den Rückgriff auf Gerechtigkeitserwägungen für entbehrlich.[262] Der Gleichbehandlungsgrundsatz ließe sich durch das einfache Recht schlüssig erklären, wenn man die Gläubiger in der Insolvenz als Bruchteilsgemeinschaft ansehe.[263]

a) Unterscheidung Forderungen und Verwertungs- und Befriedigungsrecht

Zwar gilt in einer Bruchteilsgemeinschaft der Gleichbehandlungsgrundsatz.[264] Auch bilden die Gläubiger ab Eröffnung des Insolvenzverfahrens des Schuldners eine Bruchteilsgemeinschaft.[265] Den Gläubigern steht proportional zu den Anteilen ihrer Forderungen ein gemeinsames Recht zur Verwertung und Befriedigung an der Insolvenzmasse zu.[266]

Der gemeinschaftliche Gegenstand der Bruchteilsgemeinschaft ist jedoch das gemeinsame Verwertungs- und Befriedigungsrecht der Gläubiger. Die jeweiligen Forderungen stehen weiterhin nur den jeweiligen Rechtsinhabern zu. In Bezug auf die For-

261 *Hoffmann*, Prioritätsgrundsatz, S. 32.
262 *Berges*, KTS 1957, 49 (52 f.); *Fritzsche*, Konstruktion, S. 166; *Madaus*, FS Wimmer, 446 (456); BeckOKInsO/*Madaus*, § 1, Stand: 15.10.2023, Rn. 31.
263 *Fritzsche*, Konstruktion, S. 166, vgl. BeckOKInsO/*Madaus*, § 1, Stand: 15.10.2023, Rn. 31.
264 *Windel*, JURA 2002, 230 (231).
265 Siehe S. 44.
266 Siehe S. 44.

derungen, die nur noch anteilig zu erfüllen sind, kann die Bruchteilsgemeinschaft keine Gleichbehandlung anordnen.[267]

Die Ansicht verwechselt damit Wirkung und Ursache des Gleichbehandlungsgrundsatzes.[268] Die Gleichbehandlung der Gläubigerforderungen ermöglicht erst die Annahme eines gemeinsamen Verwertungs- und Befriedigungsrechts.[269] Aus dem Bestehen eines gemeinsamen Verwertungs- und Befriedigungsrechts lässt sich höchstens auf die Gleichbehandlung der Forderungen auf schuldrechtlicher Ebene rückschließen.[270] Das gemeinschaftliche Verwertungs- und Befriedigungsrecht kann die Gleichbehandlung aber nicht begründen.[271]

Dem erwidert *Fritzsche,* der Gesetzgeber entscheide innerhalb der verfassungsrechtlichen Grenzen frei über die Entstehung von gemeinschaftlichen Rechten.[272] Das verkennt den Maßstab, an dem eine Norm als systemgerecht oder systemwidrig zu messen ist. Eine Norm ist im Privatrecht systemgerecht, wenn sie mit den Grundsätzen des Privatrechts und anderen systemgerechten Normen vereinbar ist.[273] Die Verfassungsmäßigkeit einer Norm ist nicht hinreichende Bedingung für ihre Vereinbarkeit mit privatrechtlichen Grundsätzen. Das Grundgesetz ist die Grenze für das gesetzgeberische Handeln.[274] Ihre Grenzen sind weiter als der Maßstab für eine verfassungsmäßige und systemgerechte Norm im Privatrecht. Eine verfassungswidrige Norm ist in aller Regel auch systemwidrig. Eine verfassungsmäßige Norm ist dagegen nicht zwingend systemgerecht. Die Verfassungsmäßigkeit einer Norm befreit nicht davon, ihre Vereinbarkeit mit dem Privatrecht argumentativ zu begründen.

b) Zirkelschluss bei Begründung der Verfassungsmäßigkeit

Bei seiner weiteren Begründung unterläuft *Fritzsche* ein Zirkelschluss. Er behauptet, die Annahme einer Bruchteilsgemeinschaft sei verfassungsgemäß, »denn die gesetzliche Verbindung der Gläubiger in einer Bruchteilsgemeinschaft setzt eben das Gleichbehandlungsprinzip in Geltung«.[275] *Fritzsche* behauptet damit, der Gleichbehandlungsgrundsatz gelte, weil der Gesetzgeber eine Bruchteilsgemeinschaft angeordnet habe.[276] Die Anordnung der Bruchteilsgemeinschaft sei wiederum legitim, wenn sie verfassungsgemäß ist.[277] Die Anordnung sei verfassungsgemäß, weil sie den Gleichbehandlungsgrundsatz verwirkliche.[278] Diese Begründung setzt den zu beweisenden Umstand

267 *Windel*, Jura 2002, 230 (231 f.), der vom »pfandrechtsähnlichen Beschlagsrecht« spricht.
268 *Windel*, Jura 2002, 230 (232).
269 *Windel*, Jura 2002, 230 (232); vgl. *Hoffmann*, Prioritätsgrundsatz, S. 205 f., 401.
270 Vgl. *Windel*, Jura 2002, 230 (232).
271 *Windel*, Jura 2002, 230 (232); wohl auch *Pluta*, Insolvenzaufrechnung, S. 134.
272 *Fritzsche*, Konstruktion, S. 166.
273 *Piekenbrock,* in: Integrationskraft, 51 (53 f.).
274 BVerfGE 1, 14 (32) – Südweststaat: »Wie weit das freie Ermessen des Gesetzgebers reicht, ist aber eine Rechtsfrage und unterliegt deshalb der Entscheidung des Bundesverfassungsgerichts, wenn das Grundgesetz die Grenzen des Ermessens gezogen hat.«, vgl. auch (41).
275 *Fritzsche,* Konstruktion, S. 166.
276 *Fritzsche,* Konstruktion, S. 166.
277 Vgl. *Fritzsche,* Konstruktion, S. 166.
278 *Fritzsche,* Konstruktion, S. 166.

– den Gleichbehandlungsgrundsatz – als Grund für seine eigene Geltung – die verfassungsmäßige Anordnung der Bruchteilsgemeinschaft – voraus. Verfiele die Argumentation nicht dem Zirkelschluss, müsste sie begründen, warum es richtig ist, den Gläubigern ein gemeinschaftliches Verwertungs- und Befriedigungsrecht zuzuweisen. Spätestens an dieser Stelle ist die Auseinandersetzung mit allgemeinen Gerechtigkeitserwägungen unausweichlich.

c) Keine Anordnung einer Bruchteilsgemeinschaft durch den Gesetzgeber

Darüber hinaus entsteht der Eindruck, der Gesetzgeber habe die Gläubigergesamtheit als Bruchteilsgemeinschaft verstanden.[279] Der Gesetzgeber hat die Gläubigergesamtheit nie ausdrücklich rechtlich eingeordnet. Zwar überzeugt es, die Gläubiger als Bruchteilsgemeinschaft anzusehen. Die Einordnung ist aber Ergebnis einer systemorientierten Auslegung der Insolvenzordnung.[280] Der Gesetzgeber nahm sie nicht vor.

III. Insolvenzplan und Gleichbehandlungsgrundsatz

Während der Gleichbehandlungsgrundsatz im Regelinsolvenzverfahren die Rechte der Gläubiger neu zuweist, übernimmt der Insolvenzplan diese Aufgabe im Planverfahren. Die grundsätzliche Zuweisungsbefugnis befindet sich in den §§ 223 ff. InsO. Dafür erstellt gemäß § 218 Abs. 1 S. 1 InsO entweder der Insolvenzverwalter oder der Schuldner den Plan und lässt dann über ihn abstimmen. In der Abstimmung über den Insolvenzplan liegt die Zuweisungsentscheidung, ob die Gläubiger die in dem Plan vorgesehenen Rechte erhalten. Damit der Insolvenzplan sich aus dem gleichen Geltungsgrund wie der Gleichbehandlungsgrundsatz rechtfertigt, müsste er die Gleichheit der Gläubiger verwirklichen. Der Insolvenzplan unterscheidet sich jedoch in seiner Wirkung erheblich vom Gleichbehandlungsgrundsatz, weshalb sich die Wirkung des Insolvenzplans nicht mit dem Gleichbehandlungsgrundsatz vereinbaren lässt.

1. Durchbrechung der Gläubigerränge

Der Gleichbehandlungsgrundsatz kennt verschiedene Gläubigerränge, die in unterschiedlicher Rangfolge an der Verteilung des Erlöses teilhaben. Innerhalb dieser Gläubigerränge unterscheidet der Gleichbehandlungsgrundsatz nicht mehr, sondern weist den Gläubigern ihre Forderungen anteilig neu zu. Der Insolvenzplan muss sich nicht in gleichem Maße an die Gläubigerränge halten, sondern kann diese durchbrechen.[281]

279 Vgl. *Fritzsche*, Konstruktion, S. 166.

280 Vgl. JaegerInsO/*Piekenbrock*, § 254, Rn. 25, der von einer »dogmatischen Rekonstruktion« spricht.

281 *Wegener*, Minderheitenschutz, S. 75.

a) Befugnisse gegenüber einem Minderheitengläubiger

Am stärksten kann der Insolvenzplan die Gleichbehandlung von Gläubigern des gleichen Ranges durchbrechen, wenn es um den Schutz überstimmter Minderheitengläubiger geht. Der Minderheitengläubiger stimmt gegen den Insolvenzplan, während seine Gruppe gemäß §§ 243, 244 Abs. 1 InsO mehrheitlich zustimmt. Den Plan kann er gemäß § 251 Abs. 1 Nr. 2 InsO nur verhindern, wenn er ihn voraussichtlich schlechter stellt als er ohne Plan stünde.[282] Die Schlechterstellung bestimmt sich rein wirtschaftlich[283] und bezieht sich ausschließlich auf den Wert, den der Gläubiger auf seine Forderung bekommt.[284] Der Gläubiger kann nur einen Plan verhindern, der ihm einen geringeren Wert zuweist, als er in der Liquidation des Schuldnervermögens erhielte.[285] Er kann sich also nicht auf den Schutzgehalt des § 245 Abs. 1 Nr. 2, Abs. 2 InsO berufen. Wenn seine Gruppe mehrheitlich dafür ist, muss er eine nach § 245 Abs. 1 Nr. 2, Abs. 2 InsO unangemessene Beteiligung am Planmehrwert hinnehmen.[286] Wenn der Plan gegenüber dem Regelinsolvenzverfahren einen Mehrwert generiert, muss der Plan den Minderheitengläubiger im Vergleich mit anderen Gläubigern seines Ranges nicht anteilig beteiligen.[287] Gegen seinen Willen ist es möglich, gleichrangige Insolvenzgläubiger anderer Gruppen höher zu befriedigen (arg. § 245 Abs. 2 S. 1 Nr. 3 InsO).[288] Es ist sogar möglich, nachrangigen Gläubigern, dem Schuldner oder den Anteilsinhabern des Schuldners einen wirtschaftlichen Wert zukommen zu lassen (arg. § 245 Abs. 2 S. 1 Nr. 2 InsO). Damit durchbricht der Insolvenzplan die Gleichheit der Gläubiger in stärkerem Maße als der Gleichbehandlungsgrundsatz im Regelinsolvenzverfahren. Diente der Insolvenzplan der Gleichheit der Gläubiger, ist fraglich, warum ein Gläubiger in Bezug auf den Planmehrwert gegen seinen Willen eine Schlechterstellung gegenüber einem klassengleichen Gläubiger hinnehmen muss. Zweitens ist es nicht zu erklären, warum er gegen seinen Willen hinnehmen muss, dass nachrangigen Gläubigern, dem Schuldner oder Anteilsinhabern ein Wert zukommt.

b) Befugnisse gegenüber einer überstimmten Gruppe

Überstimmte Gruppen genießen gemäß § 245 InsO einen höheren Schutz als ein Minderheitengläubiger. Auch gegenüber einer überstimmten Gruppe erlaubt der Insolvenzplan jedoch Zuweisungen, die dem Gleichbehandlungsgrundsatz widersprechen. In der Regelinsolvenz findet die Gleichbehandlung der Gläubiger ihre Grenzen in den verschiedenen Rängen der Gläubiger. Für den Insolvenzplan ermöglicht § 226 Abs. 1 InsO in Verbindung mit § 222 Abs. 2 S. 1 InsO, Gläubiger des gleichen Rangs in verschiedene Gruppen einzuteilen und ihnen dann unterschiedliche Rechte zukommen zu

282 Uhlenbruck/*Lüer/Streit,* § 251 InsO, Rn. 25.
283 Uhlenbruck/*Lüer/Streit,* § 251 InsO, Rn. 25.
284 MüKoInsO/*Sinz,* § 251, Rn. 26, 28; Uhlenbruck/*Lüer/Streit,* § 251 InsO, Rn. 25; vgl. *Braun,* Grenzen, S. 10.
285 *Braun,* Grenzen, S. 10; *Wegener,* Minderheitenschutz, S. 161.
286 MüKoInsO/*Sinz,* § 251, Rn. 32.
287 MüKoInsO/*Sinz,* § 251, Rn. 32.
288 MüKoInsO/*Sinz,* § 251, Rn. 32.

lassen.[289] Denn § 226 Abs. 1 InsO ordnet die Gleichbehandlung der Gläubiger nur für solche Gläubiger an, die Teil derselben Abstimmungsgruppe sind.[290] Der Planersteller kann die Abstimmungsgruppen gemäß § 222 Abs. 2 S. 1 InsO dabei anhand von wirtschaftlichen Interessen der Gläubiger und nicht ihren Rängen einteilen.[291] Gegen den Mehrheitswillen einer Gruppe kann der Plan zwar gemäß § 245 Abs. 2 S. 1 Nr. 3 InsO keine ranggleiche Gruppe wertmäßig besserstellen.[292] Dies hindert jedoch nicht die Zuweisung unterschiedlicher Rechte, die den gleichen Wert haben. Eine Gruppe muss zum Beispiel im Vergleich zu einer ranggleichen Gruppe eine längere Stundung ihrer Forderungen hinnehmen, solange der Barwert der Zahlungen den gleichen Wert hat. Die länger gestundeten Forderungen müssen dann einen höheren Nominalwert aufweisen, um die Wartezeit zu kompensieren (Abzinsung). Der Insolvenzplan weicht daher auch für überstimmte Gruppen von der Einteilung der Gläubiger nach Rängen ab und erlaubt dadurch mehr Ungleichbehandlungen als der Gleichbehandlungsgrundsatz.[293]

Dem wäre höchstens entgegenzuhalten, die Einteilung der Gläubiger in unterschiedliche Gruppen trüge den Unterschieden der Gläubiger Rechnung und justiere damit nur aus, welche Gläubiger gleich und welche ungleich seien.[294] Die Einteilung der Gläubiger in Gruppen sei also nur Ausdruck einer präziseren Beurteilung der Unterschiede der Gläubiger als im Regelinsolvenzverfahren. Das Kriterium der Sachgerechtigkeit in § 222 Abs. 2 S. 2 InsO garantiere eine angemessene Einteilung der Gläubiger anhand ihrer wirtschaftlichen Interessen gemäß § 222 Abs. 2 S. 1 InsO. Es bedarf jedoch einer Rechtfertigung, warum wirtschaftliche Interessen der Rechtsinhaber zu einer unterschiedlichen Behandlung gleicher Rechte führen sollen. Es ist nicht Teil des Rechts, welches Interesse der Gläubiger damit verfolgt. Es bleibt dem Gläubiger überlassen, welches Interesse er mit seinem Recht verfolgt. Es ist nicht ersichtlich, warum wirtschaftliche Interessen sich auf die Gleichbehandlung vergleichbarer Rechte auswirken sollen. Wären die wirtschaftlichen Interessen taugliche Unterscheidungsmerkmale, um über die Zuweisung von Rechten zu entscheiden, bräuchte es eine Rechtfertigung, warum das Gesetz diese nur beim Insolvenzplan und nicht im Regelinsolvenzverfahren heranzieht.

2. Verfügung statt Erfüllung

Der Insolvenzplan und der Gleichbehandlungsgrundsatz unterscheiden sich außerdem darin, wie sie auf die Forderungen der Gläubiger einwirken. Der Gleichbehandlungsgrundsatz weist den Gläubigern ihre Forderungen nur in einer neuen Höhe zu. Seine Wirkung erschöpft sich darin, die Haftungsmasse anteilig aufzuteilen, sodass die fälligen Forderungen die Haftungsmasse nicht übersteigen. Der Gleichbehandlungsgrund-

289 *Wegener,* Minderheitenschutz, S. 75.
290 Uhlenbruck/*Lüer/Streit,* § 226 InsO, Rn. 3.
291 *Klostermann,* Vorrang, S. 23; Uhlenbruck/*Lüer/Streit,* § 222 InsO, Rn. 22.
292 *Liedl,* Vorrang, S. 150; MüKoInsO/*Drukarczyk/Schüler,* § 245, Rn. 23.
293 *Wegener,* Minderheitenschutz, S. 75: »Dieses impliziert die Aufhebung der starren Gleichbehandlungsvorschrift für Gläubiger gleicher Rangklassen«; *Braun,* Grenzen, S. 9 geht dagegen davon aus, die Gläubiger einer überstimmten Gruppe behielten »ihren Platz in der allgemeinen insolvenzrechtlichen Rangfolge«.
294 Siehe dazu auch S. 70.

satz hat nicht den Zweck, die Haftungsmasse zu mehren. Der schonende und wirtschaftliche Umgang mit der Haftungsmasse ist Zweck des Verfahrensrechts der Insolvenzordnung. Er beruht nicht auf dem Gleichbehandlungsgrundsatz. Der Gleichbehandlungsgrundsatz bestimmt nur, in welcher Höhe die Forderungen zu erfüllen sind. Das Verfahrensrecht dient dann der Verwirklichung der Forderungen, indem der Insolvenzverwalter das Vermögen des Schuldners verwertet und mit dem Erlös die Forderungen der Gläubiger erfüllt. Mit Erfüllung ist die Bewirkung des geschuldeten Leistungserfolges im Sinne von § 362 Abs. 1 BGB gemeint.

Der Insolvenzplan hat nicht die gleiche Wirkung.[295] Ein Plan muss sich nicht darauf beschränken, die Höhe der Forderungen an die bestehende Haftungsmasse anteilig zu den anderen Forderungen anzupassen. Er kann die Forderung gemäß § 224 InsO gestalten, zum Beispiel stunden. Stundet ein Plan eine Forderung, bewirkt dies nicht die Forderung. Es kommt nicht zu einer Bewirkung des geschuldeten Leistungserfolgs im Sinne von § 362 Abs. 1 BGB, sondern zu einer inhaltlichen Änderung der Forderung, indem der Plan den Fälligkeitszeitpunkt verändert. Die Stundung einer Forderung ist nicht deren Erfüllung. Kürzt der Plan eine Forderung gemäß § 224 Alt. 1 InsO, wandelt sich diese nach herrschender Meinung in eine unvollkommene Verbindlichkeit um.[296] Auch die Zuweisung einer Befriedigungsquote ist keine Erfüllung der Forderung. Durch die Annahme und rechtskräftige Bestätigung des Planes gemäß §§ 243 ff., 248 ff. InsO tritt in entsprechender Höhe noch keine Erfüllung ein. Erst wenn der Gläubiger tatsächlich die Zahlung erhält, tritt Erfüllung im Sinne des § 362 Abs. 1 BGB ein. Der Leistungserfolg ist nicht dem Plan, sondern der nachfolgenden Handlung zuzurechnen, zu welcher der Plan verpflichtet. Die Gestaltungen bewirken daher nicht den geschuldeten Leistungserfolg der Zahlung und sind damit keine Erfüllung im Sinne des § 362 Abs. 1 BGB. Bei den Gestaltungsmöglichkeiten handelt es sich auch nicht um Erfüllungssurrogate, weil sie den geschuldeten Leistungserfolg der Forderung nicht austauschen.[297] Wenn sie Erfüllungssurrogate wären, bedürfte es außerdem einer Begründung, warum der Austausch des geschuldeten Leistungserfolges gegen den Willen des Gläubigers möglich ist.[298]

Gestaltet der Insolvenzplan eine Forderung, verändert er den Inhalt des Anspruchs und wirkt damit unmittelbar auf ein bestehendes Recht ein. Die Gestaltung einer Forderung durch den Insolvenzplan ist daher keine Erfüllung,[299] sondern eine Verfü-

295 Vgl. *Flessner*, KTS 2010, 127 (142), der den Wortlaut des § 1 InsO als »Schönsprech« bezeichnet, da der Erhalt des Unternehmens keine Befriedigung durch Geld ist.

296 Uhlenbruck/*Lüer/Streit*, § 254 InsO, Rn. 8; BeckOKInsO/*Freund/Stadler*, § 254, Stand: 15.01.2024, Rn. 7; JaegerInsO/*Piekenbrock*, § 254, Rn. 40.

297 Beim debt-equity-swap handelt es sich dagegen um ein Erfüllungssurrogat. Dieses ist wegen § 225a Abs. 2 S. 1 InsO jedoch auch abhängig vom Willen des jeweiligen Gläubigers.

298 Nach dem BGB sind Erfüllungssurrogate grundsätzlich nur mit dem Willen beider Parteien möglich, was sich aus § 364 BGB ergibt. Eine Ausnahme bildet die Aufrechnung.

299 Ob die Erfüllung eines Anspruchs eine Verfügung ist, ist umstritten: *Beckhaus*, Rechtsnatur, S. 6 ff., 28 ff. Nach der herrschenden Theorie von der realen Leistungsbewirkung ist das nicht der Fall, *Beckhaus*, Rechtsnatur, S. 30 ff. Nach § 362 Abs. 1 BGB »erlischt« ein Anspruch durch die »tatsächliche Erbringung der geschuldeten Leistung«, *Beckhaus*, Rechtsnatur, S. 31. Funktional steht dies einer Aufhebung des Anspruchs (z.B. durch Erlass nach § 397 Abs. 1 BGB) gleich, welche unstrittig eine Verfügung ist. Beide »Umstände« führen dazu, dass ein vorher bestehendes Recht nicht mehr besteht.

gung.[300] Da die Gestaltung vom Willen der Abstimmungsmehrheit abhängt, verfügt diese über die Forderungen der Minderheit. Zur Verfügung über ein Recht ist grundsätzlich nur der Inhaber befugt. Wirkt der Plan gegen den Willen eines Rechtsinhabers, liegt daher eine Verfügung ohne Zustimmung des Inhabers vor. Die Abstimmungsmehrheit verfügt über die Forderung der überstimmten Gläubiger als Nichtberechtigte. Verfügungen durch Nichtberechtigte sind grundsätzlich unwirksam. Etwas Anderes gilt bei begründeten Ausnahmen. Eine Verfügung durch einen Nichtberechtigten ist gemäß § 185 Abs. 1 BGB wirksam, wenn der Berechtigte eine Genehmigung erteilt hat.[301] Da die Wirksamkeit sich dabei letztlich auf den Willen des Inhabers zurückführen lässt, ist diese Ausnahme stimmig. Es gibt auch wirksame Verfügungen durch und Bewirkungen an Nichtberechtigte, die nicht durch den Willen des Rechtsinhabers legitimiert sind. Darunter fallen §§ 406, 407 Alt. 2, 893, 929 ff., 2367 BGB. Sie finden ihren Geltungsgrund in dem schutzwürdigen Vertrauen eines Dritten, der davon ausging, es verfüge der Berechtigte oder er leiste an den Berechtigten.[302] Beim Insolvenzplan liegt kein vergleichbarer Fall vor. Weder besitzt die Abstimmungsmehrheit eine Genehmigung der betroffenen Gläubiger gemäß § 185 Abs. 1 BGB, noch darf die Abstimmungsmehrheit oder der Schuldner[303] in irgendeiner Weise davon ausgehen, es verfüge der Inhaber über die Forderungen der anderen Gläubiger.

Der Gleichbehandlungsgrundsatz und der Insolvenzplan bewirken daher nicht gleichermaßen die Befriedigung der Gläubigerforderungen. Das Regelinsolvenzverfahren führt zur – wegen des Gleichbehandlungsgrundsatzes nicht vollständigen, sondern lediglich anteiligen – Bewirkung des Anspruchs gemäß § 362 Abs. 1 BGB. Der Insolvenzplan erlaubt Verfügungen über Forderungen durch Nichtberechtigte.

3. Unterschiedliche Geltungsgründe

Der Insolvenzplan weist im Gegensatz zum Gleichbehandlungsgrundsatz die Forderungen der Gläubiger nicht anhand der Ränge der Gläubiger zu und bewirkt darüber hinaus keine Erfüllung der Forderungen im Sinne des § 362 Abs. 1 BGB. Diese Unterschiede verbieten es, die Wirkung des Insolvenzplans durch den Gleichbehandlungs-

300 Vgl. *Braun*, Grenzen, S. 20: »Die § 217 Satz 1 Var. 2, § 224 InsO ermöglichen die vollumfängliche materiellrechtliche Änderung der Rechtsstellung der Insolvenzgläubiger.«; *Uhlenbruck*, Insolvenzrecht, S. 104: »Der Insolvenzplan kann praktisch alles vorsehen und regeln, was rechtlich möglich ist«; *Wegener*, Minderheitenschutz, S. 75.

301 Nach anderer Auffassung handelt es sich bei einer mit Einwilligung ergangenen Verfügung um eine Verfügung durch einen Berechtigten: Vgl. BeckOKBGB/*Wendehorst*, § 816, Stand: 01.05.2024, Rn. 12. Dagegen spricht nicht nur der Wortlaut der Überschrift und der Norm des § 185 Abs. 1 BGB, der ausdrücklich davon spricht, dass »die Verfügung eines Nichtberechtigten wirksam« wird. Auch dürfte es dann grundsätzlich keinen Anspruch des Berechtigten gemäß § 816 Abs. 1 S. 1 BGB, bzw. im Fall des §§ 362 Abs. 2, 185 Abs. 1 BGB keinen Anspruch gemäß § 816 Abs. 2 BGB geben. Dies würde im Fall des verlängerten Eigentumsvorbehalts zu Wertungswidersprüchen führen.

302 Vgl. beispielsweise für § 407 BGB: *Canaris*, Vertrauenshaftung, S. 143 f.; *Lieder*, Sukzession, S. 653.

303 Wer der schutzwürdige Dritte sein könnte, hängt davon ab, zwischen wem der Vertragsschluss stattfindet, vgl. zu den Konstruktionsmöglichkeiten: MüKoInsO/*Eidenmüller*, § 217, Rn. 25 ff.

grundsatz oder dessen Geltungsgrund – die Gleichheit der Gläubiger – zu rechtfertigen.

Beim Insolvenzplan beruht die Gestaltung der Forderungen auf wirtschaftlichen Erwägungen. Der Insolvenzplan bietet zum Beispiel den Vorteil, das Unternehmen gänzlich oder teilweise zu sanieren.[304]. Durch die Stundung und Kürzung von Forderungen kann der Insolvenzplan eine Veräußerung der Vermögensgegenstände des Schuldners verhindern und diese erhalten. Dadurch können wichtige Betriebsteile erhalten bleiben. Wenn das sanierte Unternehmen auf Dauer Gewinne erwirtschaftet, können diese größer sein als der einmalige Erlös bei Veräußerung der Vermögensgegenstände. Insgesamt kann der Insolvenzplan den Gläubigern deutlich mehr Geld zukommen lassen als das Regelinsolvenzverfahren.[305] Insbesondere die erhaltende Sanierung hat den Vorteil, den Wert von Vermögensgegenständen zu verwirklichen, welche bei einer Veräußerung keinen Wert abwürfen.[306] Darunter fallen beispielsweise unübertragbare Lizenzen, öffentlich-rechtliche Nutzungserlaubnisse[307] oder lukrative Verträge des Schuldners mit Dritten[308].[309] Bei einer wirtschaftlichen Gesamtbetrachtung kann ein Insolvenzplan gegenüber einer Verteilung des Erlöses im Regelinsolvenzverfahren von Vorteil sein. Unter Berücksichtigung der Forderungen sowie der sonstigen wirtschaftlichen Interessen[310] kann eine Sanierung insgesamt mehr wirtschaftlichen Nutzen erzeugen als sie wirtschaftliche Nachteile schafft. Der Plan kann in Bezug auf die Forderung wertmäßig sogar für jeden Gläubiger vorteilhaft sein.

Diese wirtschaftlichen Erwägungen sind jedoch dem Gleichbehandlungsgrundsatz gänzlich fremd. Der Gleichbehandlungsgrundsatz hat ausschließlich den Zweck, die Gleichheit der Gläubiger bei der Verteilung der Insolvenzmasse zu verwirklichen. Er hat nicht den Zweck, die Insolvenzmasse zu steigern. Der Gleichbehandlungsgrundsatz bezweckt nur die gerechte Verteilung des Schuldnervermögens, nicht die effiziente. Die Ansprüche wirtschaftlich effizient zu verwirklichen, ist wiederum der Zweck des Verfahrensrechts.[311] Die wirtschaftlichen Vorteile des Regelinsolvenzverfahrens sind dem Verfahrensrecht und nicht der materiell-rechtlichen Zuweisung der subjektiven Rechte an die Gläubiger zuzurechnen.

Beim Insolvenzplan verhält es sich anders. Die Gestaltungen des Insolvenzplans sind kein Verfahrensrecht, welches materielle Rechte verwirklicht. Die Gestaltungen selbst weisen die materiellen Rechte neu zu. Die wirtschaftlichen Vorteile des Insolvenzplans beruhen auf der materiellen Neuzuweisung der Rechte. Erst die Stundung

304 *Wegener,* Minderheitenschutz, S. 80 ff.

305 *Anton,* ZInsO 2009, 506 (508); *Jacobi,* ZInsO 2010, 2316 (2317); *Jacobi,* ZInsO 2011, 807 (808), der *Stapper* zitiert.

306 *Bitter,* ZGR 2010, 147 (157); *Brinkmann,* WM 2011, 97 (97 f.); *Gehrlein,* NZI 2012, 257 (260); *Verse,* ZGR 2010, 299 (302).

307 *Bitter,* ZGR 2010, 147 (159 ff.); *Brinkmann,* WM 2011, 97 (98); *Eidenmüller,* Unternehmenssanierung, S. 44.

308 *Bitter,* ZGR 2010, 147 (158); *Brinkmann,* WM 2011, 97 (98); *Eidenmüller,* Unternehmenssanierung, S. 45; *Schreiber/Herbst,* ZInsO 2008, 435 (436).

309 Vgl. dazu insgesamt *Bitter/Laspeyres,* ZIP 2010, 1157 (1157 ff.); *Curtze,* Einsatz, S. 13; *Gerster,* ZInsO 2008, 437 (440); *Stapper,* ZInsO 2009, 2361 (2361).

310 Siehe zur Auslegung der sonstigen wirtschaftlichen Vorteile: S. 112 ff.

311 Vom Ziel der »bestmögliche[n] Verwertung« spricht: FK-InsO/*Schmerbach,* vor §§ 1 ff., Rn. 30.

und Kürzung von Forderungen ermöglichen die Sanierung des Schuldnerunternehmens und setzen dadurch wirtschaftliches Potential frei. Aus diesem Grund überzeugen alle Vorstellungen nicht, die dem Regelinsolvenzverfahren und dem Insolvenzplanverfahren einen einheitlichen Zweck zuschreiben. Es ist die Vorstellung abzulehnen, beide Verfahren dienten der Befriedigung oder der bestmöglichen Befriedigung.[312] Auch überzeugt es nicht, von einer wirtschaftlichen Befriedigung zu sprechen. § 1 S. 1 InsO ist mindestens missverständlich.[313]

Die Stundung einer Forderung ist nicht deren Befriedigung. Ein Insolvenzplan ersetzt den Anspruch auf Erfüllung durch ein inhaltlich geändertes Recht. Das Regelinsolvenzverfahren ist gerechtfertigt, weil es die materiell-rechtliche Zuweisung des Gleichbehandlungsgrundsatzes verwirklicht. Die Gläubiger hatten immer einen Anspruch auf die Erfüllung ihrer Forderungen.[314] Der Gleichbehandlungsgrundsatz bestimmt nur die Höhe des Betrags neu, den die Gläubiger zum gegenwärtigen Zeitpunkt beanspruchen dürfen. Für die Wirkungen des Insolvenzplans gilt dies nicht. Die Gläubiger hatten nie einen Anspruch auf die durch die Sanierung erzeugten wirtschaftlichen Vorteile. Der Inhalt einer Forderung erschöpft sich darin, vom Schuldner die Bewirkung des geschuldeten Leistungserfolges zum Zeitpunkt der Fälligkeit verlangen zu können. Der wirtschaftliche Vorteil des Plans ist nicht Teil des geschuldeten Leistungserfolges. Er stammt nicht aus einer Leistungshandlung des Schuldners, sondern beruht auf anderen Umständen. So beruht er beispielsweise auf der Stundung anderer Forderungen. Die Stundung anderer Forderungen war nie Teil des geschuldeten Leistungserfolges.

a) Regelinsolvenzverfahren und Insolvenzplanverfahren als Verwertungsalternativen

Ebenso ist die Vorstellung abzulehnen, die Wahl zwischen dem Regelinsolvenzverfahren und dem Insolvenzplanverfahren sei lediglich eine Frage der wirtschaftlichen Effizienz.[315] Beide Verfahren dienten der Verwirklichung der Vermögenshaftung.[316] Sie

312 BT-Drs. 12/2443 S. 108; *Bremen*, NZI 2014, 137 (138); *Brinkmann*, ZIP 2014, 197 (199); *Brosent*, Insolvenzen, S. 153 f.; *Brünkmans/Uebele*, ZInsO 2014, 265 (272); *Buchalik*, ZInsO 2015, 484 (484 ff.); *Bulgrin*, Insolvenz, S. 136; *Deppenkemper*, ZIP 2020, 1041 (1043); *Fritzsche*, Konstruktion, S. 171; *Henckel*, FS Merz, 197 (201); *Heese*, Funktion, S. 16; *Landfermann*, BB 1995, 1649 (1654); *Landfermann*, WM 2012, 821 (822); *Lau/Schwartz*, NZG 2020, 450 (454); *Madaus*, ZGR 2011, 749 (751 f.) *Müller*, Verband, S. 7 ff., *Schiessler*, Insolvenzplan, S. 42, 172; FK-InsO/*Schmerbach*, § 1, Rn. 2; *Wegener*, Minderheitenschutz, S. 39.

313 *Flessner*, KTS 2010, 127 (142), der den Wortlaut des § 1 InsO als »Schönsprech« bezeichnet, da der Erhalt des Unternehmens keine Befriedigung durch Geld ist.

314 Vgl. die zur Restrukturierungsrichtlinie getätigten, auch auf den Insolvenzplan beziehbaren Aussage von *Balthasar*, ZHR 183 2019, 662 (685): »Zweitens entfällt das Gläubigergrundrecht auf Befriedigung in liquiden Mitteln komplett«. Die Aussage bezieht sich auf den debt-equity-swap und ist in mehrfacher Hinsicht fraglich. Ihr liegt jedoch der richtige Kern zugrunde, der Anspruch eines Gläubigers beziehe sich auf die Auszahlung einer Geldsumme. Warum das »Gläubigergrundrecht« nur die Auszahlung von liquiden Mitteln und nicht auf die Auszahlung von liquiden Mitteln zum Fälligkeitszeitpunkt umfasst, bleibt offen; siehe dazu auch *Tollenaar*, Proceedings, 9.17.

315 *Wegener*, Minderheitenschutz, S. 39 f.

verwerteten das schuldnerische Vermögen nur auf unterschiedliche Art und Weise[317] und seien lediglich »Verwertungsalternativen«[318].

In der ökonomischen Literatur geht es bei »Effizienz« grundsätzlich darum, das Verhältnis von einem Mittel und dem mit dem Mittel verfolgten Ziel zu beschreiben.[319] Es gibt grundsätzlich zwei Arten, zu bestimmen, wann eine Maßnahme ökonomisch effizient ist.[320] Erstens ist es effizient, ein feststehendes Ziel mit möglichst geringen Mitteln zu erreichen.[321] Zweites ist es effizient, mit feststehenden Mitteln ein möglichst hohes Ziel zu erreichen.[322] Bezogen auf das Insolvenzrecht kann eine »Verwertungsalternative« daher nur effizienter gegenüber einer anderen sein, wenn die Verwertungsalternativen die gleichen Mittel und Ziele haben und einer der beiden Parameter feststeht.[323] Das Mittel der Verwertung ist die Insolvenzmasse. Es ist schon zweifelhaft, ob dem Regelinsolvenzverfahren und dem Insolvenzplanverfahren insofern die gleichen Mittel zur Verfügung stehen. Denn der Insolvenzplan erlaubt den Einbezug künftiger Werte in einem höheren Maße als das Regelinsolvenzverfahren. Vor allem unterscheiden sich die Verwertungsmöglichkeiten jedoch in Bezug auf das Ziel, welches die jeweilige Verwertung verfolgt. Das Regelverfahren zielt auf Bewirkung der Forderung nach § 362 Abs. 1 BGB ab. Das Planverfahren zielt darauf ab, den Gläubigern unabhängig von der Fälligkeit der Forderungen möglichst viel Geld und möglichst viele sonstige wirtschaftliche Vorteile zukommen zu lassen. Eine Verwertungsart kann einer anderen gegenüber aber nur effizienter sein, wenn es in beiden Verfahren um das an sich gleiche Ziel geht. Haben zwei Landwirte das Ziel, mit gleichen Mitteln innerhalb eines Jahres die größtmögliche Weizenernte einzufahren, kann ein Landwirt dem anderen gegenüber nur effizienter wirtschaften, wenn beide wirklich zur gleichen Zeit ihre Ernte vergleichen. Wenn ein Landwirt erst nach drei Jahren seine gesamte Ernte abgibt, hat er nicht auf das gleiche Ziel hin gewirtschaftet wie der andere Landwirt. Er mag im Hinblick auf ein anderes Ziel – die größtmögliche Ernte nach drei Jahren – effizienter arbeiten. Das Regelinsolvenzverfahren und das Insolvenzplanverfahren lassen sich daher nicht als Verwertungsalternativen begreifen, deren Auswahl nur eine Frage der wirtschaftlichen Effizienz sei.

316 BVerfGE 116, 1 (13) – Insolvenzverwalter; BGHZ 154, 190 (197); *Balz,* ZIP 1988, 1438 (1441 f., 1444); *Balz,* ZIP 1988, 273 (283 f.); *Buchalik*, ZInsO 2015, 484 (486); *Funke,* BFuP 1995, 26 (27 f.); *Landfernmann*, WM 2012, 821 (822); *Brinkmann,* ZIP 2014, 197 (199); *Brinkmann/Zipperer*, ZIP 2011, 1337 (1338); *Madaus*, JZ 2016, 548, (549); *Müller*, Verband, S. 8 f., der in Bezug auf die Sanierung vom Ziel »optimaler Befriedigung« spricht; *Thole*, Gläubigerschutz, S. 56; *Wegener,* Minderheitenschutz, S. 39 f.

317 *Balz,* ZIP 1988, 273 (283 f.); *Landfernmann*, BB 1995, 1649 (1654); *Wegener,* Minderheitenschutz, S. 39 f.; *von Wilmowsky*, NZG 1998, 481 (482).

318 BT-Drs- 12/2443, S. 76.

319 *Eichhorn/Merk,* Prinzip, S. 183.

320 *Eichhorn/Merk,* Prinzip, S. 179 ff.

321 *Eichhorn/Merk,* Prinzip, S. 180.

322 *Eichhorn/Merk,* Prinzip, S. 179.

323 Vgl. *Eichhorn/Merk,* Prinzip, S. 179: »Zweckmäßiges Handeln liegt vor, wenn das Verhältnis von Zweck zu Mitteln bestmöglich ausfällt. Die optimale Relation gewinnt man durch Fixierung des einen und Extremierung des anderen Bestandteils.«

Aus gleichem Grund trifft auch die gängige Vorstellung nicht zu, der Plan verwirkliche das Pareto-Optimum[324]. Das Pareto-Optimum ist wiederum ein Effizienzkriterium aus der Wirtschaftswissenschaft.[325] Eine Verteilung von Gütern ist gegenüber einer anderen Verteilungsmöglichkeit von Gütern dann pareto-überlegen, wenn mindestens eine beteiligte Person besser steht und niemand schlechter steht.[326] Die Adjektive »besser« und »schlechter« beziehen sich dabei auf den Nutzen der Verteilung für die Beteiligten.[327] In der Ökonomie gilt der Grundsatz, nach dem die Beteiligten selbst entscheiden, welche Güter für sie Nutzen haben.[328] Auf Basis der selbst entschiedenen Priorität der Güter ist dann das Pareto-Optimum anzuwenden.[329] Wenn dies auch für das Insolvenzplanverfahren gilt, darf jeder Gläubiger selbst entscheiden, welches Interesse für ihn Nutzen hat. Bevorzugt ein Gläubiger eine schnelle Zufuhr geringer liquider Mittel gegenüber einer langsamen Ausschüttung größerer Mittel, fördert nur ein entsprechender Plan diesen Nutzen. Dann ist jeder Plan, der die Zufuhr liquider Mittel auch nur leicht verzögert, nicht pareto-überlegen.[330]

b) Alternative Zwecksetzung des Regelinsolvenzverfahrens

Die Verfahren dienen daher nur dann einem gemeinsamen Zweck, wenn die »Befriedigung der Forderung« etwas anderes meint als ihre Bewirkung im Sinne von § 362 Abs. 1 BGB. Es liegt insofern nahe, den gemeinsamen Zweck der beiden Verfahren anders zu verstehen. Beide Verfahren dienten der Befriedigung der Forderung. Inhalt der Forderung sei nun aber nicht mehr, den geschuldeten Leistungserfolg im Sinne von § 362 Abs. 1 BGB verlangen zu können. Das Ziel der Forderung sei es stattdessen, dem Gläubiger ungeachtet der Fälligkeit möglichst viel Geld und möglichst viele sonstige wirtschaftliche Vorteile zukommen zu lassen. Ein solches Verständnis der Befriedigung ist auf den Insolvenzplan zugeschnitten. Auch der Zweck des Regelinsolvenzverfahrens ließe sich darin sehen, den Gläubigern ungeachtet der Fälligkeit der Forderungen möglichst viel Geld und möglichst viele sonstige wirtschaftliche Vorteile zukommen zu lassen. Dafür ist es nur nötig, den Vorgang der Erfüllung etwas zu abstrahieren. Bewirkt der Insolvenzverwalter im Regelinsolvenzverfahren nach der Verwertung des Vermögens eine Forderung, fließt dem Gläubiger selbstverständlich auch ein Wert zu. Insofern könnten beide Verfahren das gleiche Ziel haben und sich insofern auf den gleichen Geltungsgrund stützen lassen.

Diese Argumentation steht jedoch in einem Widerspruch zum Verständnis einer Forderung außerhalb der Insolvenz eines Schuldners. Eine Forderung enthält nicht die

324 BT-Drs. 12/2443, S. 78; *Balz*, ZIP 1988, 273 (279); *Braun*, Grenzen, S. 7; MüKoInsO/*Eidenmüller*, § 217, Rn. 17 f.; vgl. auch *Madaus*, JZ 2016, 548, (549).
325 *Piekenbrock*, Volkswirtschaftslehre, zu »Pareto-Optimum«.
326 *Piekenbrock*, Volkswirtschaftslehre, zu »Pareto-Optimum«; in Bezug auf das Gefangenendilemma zum Pareto-Optimum: *Ostrom*, Allmende, S. 6.
327 *Schäfer/Ott*, Analyse, S. 15: »In welchem Maße sind die verschiedenen Güter in der Lage, das Wohl (Nutzen) der Gesellschaftsmitglieder zu vermehren?«.
328 *Schäfer/Ott*, Analyse, S. 501.
329 Vgl. *Schäfer/Ott*, Analyse, S. 13 ff.
330 Vgl. *Schäfer/Ott*, Analyse, S. 13: »Die Praktikabilität des Pareto-Kriteriums ist eng, weil bereits die abweichende Präferenz einer Person zur Verhinderung der Entscheidung führt.«

Befugnis, ungeachtet des Fälligkeitszeitpunkts möglichst viel Geld und möglichst viele sonstige wirtschaftliche Vorteile verlangen zu können. Die Forderung ist auf die Bewirkung des geschuldeten Leistungserfolges zum Zeitpunkt der Fälligkeit gerichtet. In der Solvenz eines Schuldners kann weder dieser noch ein anderer Gläubiger des Schuldners den Gläubiger zwingen, die Stundung seines Anspruchs hinzunehmen, auch wenn der Gezwungene später deutlich mehr Geld erhielte.

Beispielsweise spricht *Madaus* vom »wohlverstandenen Eigeninteresse« der Gläubiger.[331] Diese Argumentation fingiert einen bestimmten Willen, um die gesetzliche Zwangswirkung zu legitimieren.[332] Noch weiter geht *Eidenmüller* mit der Annahme, wegen des Schlechterstellungsverbots gebe es »keinen rechtlich anerkennenswerten Grund, einem entsprechenden Plan die Zustimmung zu versagen«.[333] Dem steht die Überzeugung *Eidenmüllers* entgegen, im Plan gehe es um privatautonome Lösungen. So sei »der entscheidende Vorteil einer vertraglichen Bewältigung der Insolvenz [...], dass sie diese höchst unterschiedlichen subjektiven Präferenzen voll zur Geltung bringt.«[334] Zumindest die subjektiven Präferenzen der überstimmten Gläubiger kommen im Plan nicht zur Geltung. Die Annahme ist daher kontrafaktisch.

Zwar muss das Verständnis der »Befriedigung« nicht in allen Rechtsgebieten gleich sein. Das Insolvenzrecht könnte den Inhalt einer Forderung spezifisch insolvenzrechtlich bestimmen und anders verstehen. Das wäre eine systematische Besonderheit des Insolvenzrechts. Sie wäre aber nicht undenkbar. Aus der Entwurfsbegründung der Insolvenzordnung ergibt sich jedoch kein entsprechender Wille, das Verständnis der Forderung zu ändern. Die Entwurfsbegründung betont ganz im Gegenteil vielmehr, die zwei Verfahren seien nur Verwertungsarten.[335] Es gehe um die Vermögenshaftung.[336] Die Entwurfsbegründung ist sich also gar nicht bewusst, durch den Insolvenzplan ein neues Verständnis der Forderung zu begründen.

IV. Gruppenlehre

Grünewald ist der Ansicht, Mehrheitsentscheide seien im Zivilrecht gerechtfertigt, wenn eine sogenannte Gruppe ihre Angelegenheiten regelt. Eine Gruppensituation liege vor, »wenn mehrere Personen ihre Interessen deswegen nicht unabhängig voneinander verfolgen können, weil ihre Interessen *denselben Bezugspunkt* haben und diese Personen infolgedessen *zwangsweise* bei der Interessenverfolgung auf die Interessen auch der anderen Personen einwirken.«[337] Es käme entscheidend auf die wechselseitige Einwirkungsmöglichkeit der Gruppenmitglieder in Bezug auf die jeweiligen Interessenpositionen an.[338] Wenn eine Gruppe vorliegt, müsse ein Entscheidungsme-

331 *Madaus*, FS Wimmer, 446 (449).
332 Siehe dazu ausführlich S. 117.
333 MüKoInsO/*Eidenmüller*, § 217, Rn. 23.
334 MüKoInsO/*Eidenmüller*, § 217, Rn. 18.
335 BT-Drs. 12/2443, S. 78.
336 BT-Drs. 12/2443, S. 83.
337 *Grünewald,* Mehrheitsherrschaft, S. 167.
338 *Grünewald,* Mehrheitsherrschaft, S. 112.

chanismus gelten, der die relativen Interessengewichte wahrt.[339] Als Konsequenz gelte in einer Gruppe der Mehrheitsentscheid.[340] Die Insolvenz eines Schuldners forme aus den Gläubigern eine Gruppe.[341] Die Angelegenheiten der Gruppe seien durch Mehrheitsentscheid zu regeln.[342] Das Insolvenzplanverfahren sei als besonderer Beschlussgegenstand ein solcher Mehrheitsentscheid.[343]

Die Ansicht von *Grünewald* ist Einwänden gegen die dogmatische Konstruktion der Gruppe und gegen die Herleitung des Mehrheitsentscheids als Folge einer Gruppensituation ausgesetzt. *Grünewald* stellt an den gemeinsamen »Interessenbezugspunkt« keine inhaltlichen Anforderungen. Bei konsequenter Anwendung der Definition lässt also jede Interessenkollision eine Gruppe entstehen. Dies widerspricht einem Grundsatz des Zivilrechts, nach welchem grundsätzlich jeder selbst zur Wahrung seiner Interessen befugt ist und nur auf rechtlich geschützte Interessen anderer zu achten hat.[344] Der Kreis der rechtlich geschützten Interessen bestimmt sich anhand der absoluten Rechte und anhand von § 826 BGB.[345] Im Übrigen haben Privatrechtssubjekte auf die Interessen anderer Subjekte keine Rücksicht zu nehmen.[346] Die Auffassung *Grünewalds* steht dem entgegen, weil sie ohne Einschränkung eine Verbindung zwischen Privaten schafft. Werben beispielsweise zwei Arbeitgeber um den gleichen, einzigartigen Arbeitnehmer, liegt eine Interessenkollision vor. Keiner der beiden Arbeitgeber kann mit dem Arbeitnehmer einen Arbeitsvertrag schließen, ohne das Interesse des anderen Arbeitgebers an einem eigenen Vertragsschluss zu enttäuschen. Eine solche Konkurrenzsituation ist im Privatrechtsverkehr unbedenklich. Nach *Grünwald* müssten die beiden Arbeitgeber eine Gruppe bilden und per Mehrheitsentscheid entscheiden, wer dem potenziellen Arbeitnehmer einen Antrag machen darf. *Grünewald* wendet im Übrigen seine Definition selbst nicht konsequent an. Vor dem Zeitpunkt der materiellen Insolvenz soll es an einer Gruppensituation fehlen, »weil die Interessenverfolgung, in Bezug auf Gläubiger regelmäßig die Geltendmachung von Forderungen oder aber die Verwertung von Sicherheiten, idealerweise keinen Einfluss auf die Interessenverfolgung der anderen Gläubiger hat.«[347] Es fehle an einer Einwirkungsmöglichkeit der Gläubiger auf wechselseitige Interessen.[348] Diese Begründung zieht als gemeinsamen Interessenbezugspunkt das Interesse der Gläubiger heran, eine vollständige Befriedigung ihrer Forderungen zu erlangen.[349] Wenn es um dieses Interesse geht, ist *Grünewald* zuzustimmen. Die Gruppendefinition von *Grünewald* erlaubt es aber auch, einen anderen Interessenbezugspunkt zu wählen. Liegt ein gemeinsames Interesse der Gläu-

339 *Grünewald,* Mehrheitsherrschaft, S. 115 ff.
340 *Grünewald,* Mehrheitsherrschaft, S. 127 ff.
341 *Grünewald,* Mehrheitsherrschaft, S. 166 ff.
342 *Grünewald,* Mehrheitsherrschaft, S. 187 ff.
343 *Grünewald,* Mehrheitsherrschaft, S. 191 ff.
344 Vgl. MüKoBGB/*Wagner,* § 823, Rn. 472; vgl. *Neuner,* BGB AT, § 10, Rn. 5, der beim Prinzip des gegenseitigen Achtens nur »Rechte« für anerkennungspflichtig hält und sonstige Interessen nicht erwähnt.
345 Siehe dazu auch unten: S. 78 ff.
346 Siehe dazu auch unten: S. 78 ff.
347 *Grünewald,* Mehrheitsherrschaft, S. 167.
348 *Grünewald,* Mehrheitsherrschaft, S. 167 f.
349 *Grünewald,* Mehrheitsherrschaft, S. 167 f.

biger beispielsweise darin, immer einen möglichst vermögenden Schuldner zu haben, beeinflusst jede Durchsetzung einer Forderung das Interesse der anderen Gläubiger an einem möglichst vermögenden Schuldner. Nach der Definition müsste auch im Stadium vor der Insolvenz eine Gruppensituation anzunehmen sein. Indem *Grünewald* zu diesem Zeitpunkt keine Gruppensituation anerkennt, setzt er sich in Widerspruch zu seiner allgemeinen Definition.

Auf Grundlage der Gruppendefinition stellt sich darüber hinaus die Frage, ob das Insolvenzplanverfahren ein tauglicher Mehrheitsentscheid ist. Das Vorliegen einer Gruppe legitimiert sich nach *Grünewald* durch den gemeinsamen Interessenbezugspunkt, auf welchen alle Gruppenmitglieder wechselseitig einwirken können.[350] Ohne die Einwirkungsmöglichkeit besteht keine Gruppe.[351] Dann muss sich der Mehrheitsentscheid aber in Beschlussgegenständen erschöpfen, die zur Auflösung der Interessenkollision nötig sind.[352] Beschlussgegenstände, die über den Interessenkonflikt hinausgehen, sind nicht durch das Vorliegen einer Gruppe gerechtfertigt. Der Konflikt der Gläubiger eines insolventen Schuldners besteht darin, dass die ungenügende Haftungsmasse nicht zur Erfüllung aller Forderungen ausreicht. Der Konflikt ist aufgelöst, wenn die Gläubiger nur noch anteilige Erfüllung verlangen können. *Grünewald* rechtfertigt den Insolvenzplan somit im Ergebnis durch den Gleichbehandlungsgrundsatz. Der Gleichbehandlungsgrundsatz hat bei *Grünewald* nur einen anderen Ursprung – »die Gruppe«. Wie oben gezeigt, befugt das Planverfahren aber, die Forderungen der Gläubiger in einem Maße zu gestalten, welches zur Verwirklichung des Gleichbehandlungsgrundsatzes nicht nötig ist.[353] Es schießt über die notwendigen Veränderungen hinaus.

V. Bruchteilsgemeinschaft und Insolvenzplan

Ein Teil der Literatur sieht die Gläubiger eines insolventen Schuldners als Bruchteilsgemeinschaft an.[354] Innerhalb dieser Ansicht versucht *Fritzsche,* die Wirkung des Insolvenzplans schlüssig in die Grundsätze einer Bruchteilsgemeinschaft einzufügen. Gemäß § 745 Abs. 1 S. 1 BGB ist in einer Bruchteilsgemeinschaft über Fragen der ordnungsgemäßen Verwaltung und Benutzung durch einen Mehrheitsbeschluss zu entscheiden. *Fritzsche* sieht die Norm als Vorbild des Insolvenzplans an.[355] Den Gläubigern des Schuldners stehe ein gemeinschaftliches Verwertungs- und Befriedigungs-

350 *Grünewald,* Mehrheitsherrschaft, S. 167.
351 *Grünewald,* Mehrheitsherrschaft, S. 167.
352 JaegerInsO/*Piekenbrock,* § 254, Rn. 21.
353 Siehe S. 32.
354 *Berges*, KTS 1960, 1 (9), der namentlich von der »Bruchteilsgemeinschaft« spricht; *Berges*, KTS 1961, 161 (165 f.), der vom »Befriedigungsrecht« spricht; noch zweifelnd *Berges*, KTS 1957, 49 (50, 53), wo *Berges* noch von der »materiell-rechtliche[n] schlichten[n] Rechtsgemeinschaft« spricht; *Fritzsche,* Konstruktion, S. 146 ff.; *Grünewald*, Mehrheitsherrschaft, S. 183; *Madaus*, Insolvenzplan, S. 191 ff., S. 213; JaegerInsO/*Piekenbrock*, § 254, Rn. 25, 32; *Thöne,* KTS 2018, 151 (168); *Windel*, Jura 2002, 230 (231 f.).
355 *Fritzsche*, Konstruktion, S. 172.

recht[356] zu.[357] Im Insolvenzplan entschieden die Gläubiger über Fragen zu diesem Recht.[358]

1. Bruchteilsgemeinschaft an einem gemeinschaftlichen Befriedigungs- und Verwertungsrecht

Grundsätzlich überzeugt es, zwischen den Gläubigern des Schuldners eine Bruchteilsgemeinschaft anzunehmen. Das gemeinschaftliche Recht der Gläubiger ist nicht die Inhaberschaft über das Vermögen des Schuldners[359] oder die Forderungen der Gläubiger.[360] Das gemeinschaftliche Recht der Gläubiger ist die Befugnis, die Insolvenzmasse durch den Insolvenzverwalter verwerten und ihre Forderungen bewirken zu lassen.[361] § 38 InsO ordnet die Insolvenzmasse den Insolvenzgläubigern zu, um sie zu verwerten und sich aus ihr zu befriedigen.[362] Es entspricht funktional dem Pfändungspfandrecht im Einzelzwangsvollstreckungsrecht.[363]

2. Insolvenzplan und § 745 Abs. 1 S. 1 BGB

Jedoch ist der Insolvenzplan aus zwei Gründen nicht als Mehrheitsentscheid im Sinne des § 745 Abs. 1 S. 1 BGB zu deuten.

a) Mehrheitsentscheid

Erstens ist die Abstimmung über den Insolvenzplan kein Mehrheitsentscheid im Sinne des § 745 Abs. 1 S. 1 BGB.[364] Nach § 745 Abs. 1 S. 1 BGB bedarf der Beschluss der Stimmenmehrheit. Die Stimmenmehrheit berechnet sich gemäß § 745 Abs. 2 S. 2 BGB nach Größe der Anteile. Das Verwertungs- und Befriedigungsrecht besteht an der Insolvenzmasse und besteht akzessorisch zu den Forderungen der Gläubiger.[365] An dieser Stelle gibt es eine Besonderheit. Wenn ein akzessorisches Verwertungs- und Befriedigungsrecht Gegenstand einer Bruchteilsgemeinschaft ist, steht grundsätzlich auch die zugrunde liegende Forderung der Bruchteilsgemeinschaft zu.[366] Von diesem Grundsatz weicht die Annahme eines gemeinschaftlichen Verwertungs- und Befriedi-

356 Ähnliche Bezeichnungen sind: Das »Beschlagsrecht« nach *Kohler,* Leitfaden, S. 73; vgl. das »pfandrechtsähnliche« »Beschlagsrecht« nach *Henckel*, FS Weber, 237 (251 f.), welchen dieser ablehnt und sich für den Begriff der »haftungsrechtliche[n] Zuweisung« ausspricht; das »Befriedigungsrecht« nach *Berges,* KTS 1961, 161 (166).

357 *Fritzsche*, Konstruktion, S. 150 ff.

358 *Fritzsche*, Konstruktion, S. 171 f.

359 *Madaus,* Der Insolvenzplan, S. 192; JaegerInsO/*Piekenbrock*, § 254, Rn. 25.

360 *Madaus,* Insolvenzplan, S. 192.

361 *Madaus,* Insolvenzplan, S. 192 f.

362 *Thole,* Gläubigerschutz, S. 59 f.

363 *Madaus,* Insolvenzplan, S. 193; ebenso JaegerInsO/*Henckel,* § 35, Rn. 4 f., der von der haftungsrechtlichen Zuweisung spricht.

364 JaegerInsO/*Piekenbrock*, § 254, Rn. 33.

365 *Fritzsche*, Konstruktion, S. 163.

366 Staud/*von Proff,* § 741 BGB, Rn. 127.

gungsrechts in der Insolvenz eines Schuldners ab. Denn dem Verwertungs- und Befriedigungsrecht der Gläubiger liegen nicht eine, sondern viele Forderungen zugrunde. Es ist aber nicht ersichtlich, was gegen die Annahme dieser limitierten Akzessorietät sprechen sollte. Daher bestimmt sich der Anteil eines Gläubigers anhand der Höhe seiner Forderung im Verhältnis zu allen anderen Forderungen.

Die Beschlussfassung über den Insolvenzplan weicht jedoch in mehrfacher Hinsicht von § 745 BGB ab. Sie weicht erstens ab, indem innerhalb der Abstimmungsgruppen gemäß § 244 Abs. 1 Nr. 1 und Nr. 2 InsO eine Kopf- und Summenmehrheit erforderlich ist. Dies weist Gläubigern kleinerer Forderungen mehr Stimmengewicht zu und gewährt ihnen damit einen Einfluss, der über die Höhe ihrer Forderung hinausgeht.[367] Der Schutz von Gläubigern kleinerer Anteile ist der Bruchteilsgemeinschaft fremd.[368] Zweck des Mehrheitsentscheids in der Bruchteilsgemeinschaft ist es nicht, allen Bruchteilsinhabern eine wirksame Einflussnahme zu ermöglichen.[369] Es geht um die Wahrnehmung der Zuständigkeit eines Rechts, welches mehreren Personen gemeinschaftlich zusteht.[370] Wenn ein Bruchteilsinhaber einen sehr geringen Anteil hält, ist es nicht Zweck der §§ 741 ff. BGB, ihm für den Mehrheitsentscheid ein über seinen Anteil überproportional hinausgehendes Gewicht zuzuordnen.[371]

Die Beschlussfassung weicht darüber hinaus von § 745 Abs. 1 BGB ab, weil die Gläubiger gemäß §§ 243, 245 Abs. 1 Nr. 3 InsO innerhalb von Gruppen abstimmen.[372] Zur Annahme des Plans muss die Mehrheit der Gruppen dem Plan zustimmen, § 245 Abs. 1 Nr. 1 InsO. Damit kann die Mehrheit der abstimmenden Gruppen für einen Plan sein, obwohl sie insgesamt weder die Kopf- noch Summenmehrheit bilden.[373] Zwar könnte das Gesetz so Minderheiten schützen, weil summen- und kopfmäßig kleine Gruppen den Plan verhindern können.[374] Umgekehrt ermöglicht die Gruppenbildung auch eine Annahme des Plans, der nach anderen Entscheidungsformen scheiterte.[375] Beide Zwecksetzungen sind jedoch nicht mit § 745 Abs. 1 BGB vereinbar, welcher solche Gedanken nicht kennt.

367 BT-Drs. 12/2443, S. 99 f.

368 Staud/*Eickelberg*, § 745 BGB, Rn. 15: »Die Mehrheit bestimmt sich nach der Größe der Anteile [...], nicht nach Köpfen«.

369 Vgl. auch Staud/*Eickelberg*, § 745 BGB, Rn. 3, nachdem der Schutz der Teilhaber durch § 745 Abs. 3 BGB erfolgt. Der Schutz erfolgt damit gerade nicht durch eine Veränderung des Stimmengewichts.

370 MüKoBGB/*Schmidt*, § 741, Rn. 3.

371 BGH NJW 2013, 166 (166): »Sind nur zwei Teilhaber vorhanden und die Anteile verschieden groß, so hat der eine von vornherein die Mehrheit; das Mehrheitsprinzip wird hierdurch nicht außer Kraft gesetzt«.

372 *Thöne*, KTS 2018, 151 (168); JaegerInsO/*Piekenbrock*, § 254, Rn. 33.

373 JaegerInsO/*Piekenbrock*, § 254, Rn. 33.

374 Vgl. die etwas umständliche Formulierung in BT-Drs. 12/2443, S. 92: »Das Mehrheitsprinzip vermag auch seiner beschränkten Funktion, die Obstruktion sinnvoller Verwertungsentscheidungen durch Minderheiten zu verhindern, lediglich dann gerecht zu werden, wenn nur die Stimmen von beteiligten mit im wesentlichen gleichartigen Interessen und Rechten addiert werden.«

375 Siehe S. 115.

aa) Abweichungskompetenz

Die Abstimmung über den Insolvenzplan folgt daher nicht den Maßstäben von § 745 Abs. 1 BGB.[376] Das reicht jedoch für sich genommen noch nicht aus, um dem Planverfahren eine Vereinbarkeit mit den Regeln der Bruchteilsgemeinschaft abzusprechen. Denn § 741 BGB ordnet die Regelungswirkung der §§ 741 ff. BGB für Bruchteilsgemeinschaften nur insoweit an, als sich aus dem Gesetz nichts anderes ergibt.[377] Es gibt Bruchteilsgemeinschaften, die sich nicht in allen Einzelheiten nach den §§ 741 ff. BGB richten. Gleichzeitig muss es einen Kernbestand an Regeln oder Strukturen geben, die eine Bruchteilsgemeinschaft ausmachen. Eine Gesellschaft gemäß den §§ 705 ff. BGB ist ein anderes Institut als eine Bruchteilsgemeinschaft.[378] Die Gesellschaft ist keine Bruchteilsgemeinschaft,[379] deren Angelegenheiten sich gemäß § 741 BGB abweichend von den §§ 741 ff. BGB nach den §§ 705 ff. BGB regeln.

Der Mehrheitsentscheid des Planverfahrens schließt mithin die Einordnung der Gläubiger als Bruchteilsgemeinschaft aus, sofern der Mehrheitsentscheid des § 745 Abs. 1 S. 1, 2 BGB zum Kernbestand einer Bruchteilsgemeinschaft gehört.[380]

Die Vorschriften über die Bruchteilsgemeinschaft sollen die Zuständigkeit eines Rechts klären, welches mehreren zusteht.[381] Es geht um die Frage, wie mehrere Inhaber die Befugnisse ihres gemeinschaftlichen Rechts wahrnehmen,[382] welche sonst ein Alleininhaber wahrnimmt. In der Bruchteilsgemeinschaft gilt der Gleichbehandlungsgrundsatz.[383] Dieser verbietet es, ohne ausreichende Rechtfertigung die Stimmgewichte beim Mehrheitsentscheid nicht am Anteil der Inhaber zu bestimmen. Der Mehrheitsentscheid des § 745 Abs. 1 BGB gehört zum Kernbestand der Normen der Bruchteilsgemeinschaft. Die Abstimmung über den Insolvenzplan entspricht daher nicht den Maßstäben des § 745 Abs. 1 BGB.[384] Die Abstimmung über den Insolvenzplan lässt sich damit nicht mit der Annahme einer Bruchteilsgemeinschaft der Gläubiger des insolventen Schuldners erklären.

bb) Teleologische Reduktion der §§ 243, 244 InsO

Ebenso verbietet sich eine teleologische Reduktion dahingehend, die Abstimmung des Insolvenzplans nur nach der Summenmehrheit und nicht innerhalb von Gruppen ablaufen zu lassen. Der Ausgestaltung des Mehrheitsentscheids der §§ 243, 244 InsO liegen

376 *Fritzsche*, Konstruktion, S. 274, 241 f. weist ohne nähere Auseinandersetzung beim Insolvenzplan darauf hin, dass über den Insolvenzplan in veränderter Art und Weise abgestimmt wird. Das überzeugt nicht, vor allem, weil *Fritzsche* auf S. 270 selbst die Möglichkeiten des Planerstellers einer »taktische[n] Ausübung seiner Gestaltungsspielräume« sieht.
377 *Madaus*, Insolvenzplan, S. 213; *Grünewald*, Mehrheitsherrschaft, S. 185.
378 Staud/*von Proff*, § 741 BGB, Rn. 9.
379 Staud/*von Proff*, § 741 BGB, Rn. 9.
380 Staud/*von Proff*, § 741 BGB, Rn. 5, der von der »juristischen Struktur« spricht, womit nur ein Kernbestand an Regeln gemeint sein kann, die für eine Bruchteilsgemeinschaft als unabdingbar.
381 MüKoBGB/*Schmidt*, § 741, Rn. 3.
382 MüKoBGB/*Schmidt*, § 741, Rn. 3.
383 MüKoBGB/*Schmidt*, § 741, Rn. 36.
384 JaegerInsO/*Piekenbrock*, § 254, Rn. 33.

konkrete Überlegungen der Entwurfsbegründung zugrunde.[385] Sie geht ausdrücklich auf die Abstimmung in Gruppen und nach Kopf- und Summenmehrheit ein und begründet sie.[386] Die Ausgestaltung des Mehrheitsbeschlusses über den Insolvenzplan ist eine bewusste Entscheidung des Gesetzgebers und ist einer Reduktion nicht zugänglich.

b) Reichweite des gemeinschaftlichen Gegenstandes

Außerdem erlaubt der Insolvenzplan Gestaltungen über Gegenstände, die nicht vom Mehrheitsentscheid der Bruchteilsgemeinschaft nach § 745 BGB erfasst sind.[387]

aa) Gegenstand der Gestaltungen aus §§ 223, 224 InsO

Nach herrschender Meinung ist die Kürzung einer Forderung gemäß § 224 Alt. 1 InsO die Umwandlung der Forderung in eine unvollkommene Verbindlichkeit.[388] Auch die Stundung gemäß § 224 Alt. 2 InsO betrifft ebenfalls die Forderung.[389] Damit verfügt der Insolvenzplan über die Forderungen.[390] Die Forderungen sind jedoch nicht Teil des gemeinschaftlichen Verwertungsrechts.[391] Daher könnte der Insolvenzplan Gegenstände regeln, die nicht zum Gegenstand der Bruchteilsgemeinschaft gehören.[392] Dem hält *Fritzsche* entgegen, die »Kürzung« im Sinne des § 224 Alt. 1 InsO sei kein »Eingriff in den Bestand des Anspruchs«[393]. Die Eingriffe des Insolvenzplans stellten lediglich Abreden über den Ausschluss der prozessualen Durchsetzbarkeit der Forderung dar.[394] Die herrschende Meinung könne nicht erklären, warum nach der Umwandlung in eine unvollkommene Verbindlichkeit eine Aufrechnung weiterhin möglich ist.[395] Für das Argument ist jedoch nur bedeutsam, ob die Gestaltung die Forderung und nicht das gemeinschaftliche Befriedigungs- und Verwertungsrecht betrifft.[396] Ob § 224 Alt. 1 InsO eine Umwandlung in eine unvollkommene Verbindlichkeit oder nur eine prozessuale Stundung ist, kann dann dahinstehen. Dem wäre höchstens entgegenzuhalten, die prozessuale Durchsetzbarkeit eines Anspruchs sei kein Teil des Anspruchs. Dann wäre der Anspruch jedoch umgekehrt auch nicht Regelungsgegenstand des Insolvenzplans.

385 Vgl. BT-Drs. 12/2443, S. 92 ff., 99 f.
386 Vgl. BT-Drs. 12/2443, S. 92 ff., 99 f.
387 Vgl. *Madaus,* Insolvenzplan, S. 215 ff.; *Thöne,* KTS 2018, 151 (168).
388 Uhlenbruck/*Lüer/Streit,* § 254 InsO, Rn. 8; BeckOKInsO/*Freund/Stadler,* § 254, Stand: 15.01.2024, Rn. 7; JaegerInsO/*Piekenbrock*, § 254, Rn. 40.
389 Vgl. BeckOKInsO/*Geiwitz/von Danckelmann,* § 224, Stand: 15.01.2023, Rn. 7.
390 *Müller,* Verband, S. 273.
391 *Madaus,* Insolvenzplan, S. 217 f.: »Der Insolvenzplane erfasst damit das Privatvermögen der Gläubiger und liegt als Entscheidungsgegenstand außerhalb des Wirkungskreises einer Rechtsgemeinschaft der Insolvenzgläubiger, der auf ihr Verwertungsrecht beschränkt ist.«
392 *Madaus,* Insolvenzplan, S. 216 ff.
393 *Fritzsche,* Konstruktion, S. 174.
394 *Fritzsche,* Konstruktion, S. 175 f.
395 *Fritzsche,* Konstruktion, S. 176 f.
396 Vgl. *Madaus,* Insolvenzplan, S. 216 f.

Ob die Durchsetzbarkeit Teil des Anspruchs[397] oder ein davon getrenntes Recht ist, ändert nichts an der Inhaberschaft dieses Rechts. Das Recht ist dem Anspruchsinhaber zugewiesen. Demnach kann auch nur er darüber disponieren. Wenn § 224 Alt. 1 InsO also keine Verfügung über die Forderung eines Gläubigers durch einen Nichtberechtigten erlaubt, erlaubt die Norm zumindest die Verfügung über die prozessuale Durchsetzbarkeit durch einen Nichtberechtigten. Die prozessuale Durchsetzbarkeit nicht als Teil des Anspruchs zu verstehen, verschiebt ausschließlich die Begründungslast, beseitigt sie aber nicht. Wenn Nichtberechtigte über das Recht eines Inhabers disponieren können, ist dies zu begründen. Die genaue Einordnung der Gestaltungen ändert also nicht den Gegenstand der Gestaltung. Gegenstand der Gestaltung ist ein Recht, welches dem jeweiligen Gläubiger zusteht.

Zumindest theoretisch denkbar wäre es, in einem Insolvenzplan die Ansprüche der Gläubiger unberührt zu lassen und nur das Verwertungs- und Befriedigungsrecht aufzuheben. Dann müsste es den Gläubigern nach Abwicklung der Insolvenz wieder möglich sein, ihre Forderungen vollständig durchzusetzen. Der Zweck einer »Kürzung« ist dagegen der dauerhafte Ausschluss der Anspruchsverwirklichung. Dies räumt auch *Fritzsche* ein.[398] Dann kann sich die Wirkung einer »Kürzung« aber nicht in einer Aufhebung des Verwertungs- und Befriedigungsrechts erschöpfen. Ebenso führt der Hinweis von *Fritzsche* auf § 802b ZPO nicht weiter.[399] Die Zahlungsvereinbarung hängt auch dort gemäß § 802b Abs. 2 S. 1, Abs. 3 S. 2 ZPO letztlich vom Willen des Gläubigers ab.[400] Die Gestaltungen des Insolvenzplans betreffen daher eindeutig die Forderungen der Gläubiger und umfassen damit grundsätzlich Gegenstände, die nicht der Bruchteilsgemeinschaft zugewiesen sind.

bb) Reichweite des Mehrheitsentscheids gemäß § 745 Abs. 1 S. 1 BGB

Ebenso die Befugnisse der Abstimmungsmehrheit beim Insolvenzplan jedoch über das hinaus, was § 745 BGB in der Bruchteilsgemeinschaft erlaubt. Denn die Gestaltungen des § 224 InsO sind keine ordnungsgemäße Benutzung oder Verwaltung einer Forderung im Sinne des § 745 Abs. 1 S. 1 BGB.[401] Bei der Norm geht es grundsätzlich um die Befugnis der Mehrheit zur ordnungsgemäßen Bewirtschaftung.[402] Welche Maßnahmen davon erfasst sind, bestimmt sich aus Sicht eines vernünftig und wirtschaftlich denkenden Beurteilers zu bestimmen.[403]

397 Dazu *Winkelmann,* Anspruch, S. 190 ff.

398 *Fritzsche,* Konstruktion, S. 177 f.

399 *Fritzsche*, Konstruktion, S. 171, 177; einen Vergleich zwischen dem Insolvenzplan und § 813a ZPO a.F. aufzeigend *Henckel*, FS Merz, 197 (201).

400 MüKoZPO/*Forbriger,* § 802b, Rn. 9: »Es muss in der Entscheidung des Gläubigers liegen, ob er diese Möglichkeit wahrnimmt.«

401 *Thöne,* KTS 2018, 151 (168).

402 BeckOKBGB/*Gehrlein,* § 745, Stand: 01.08.2024, Rn. 2.

403 Vgl. BGHZ 183, 131 (140).

(1) § 745 Abs. 3 S. 2 BGB als Abgrenzung

Eine erste Abgrenzung leistet § 745 Abs. 3 S. 2 BGB, der die Reichweite des Mehrheitsentscheids begrenzt[404] und somit negativ definiert. Ein Mehrheitsentscheid kann nicht das Recht eines Teilhabers auf einen seinem Anteil entsprechenden Bruchteil der Nutzungen beeinträchtigen.[405] Der Schutz eines Minderheitengläubigers nach den §§ 243, 244, 251 Nr. 2 InsO könnte diese Anforderung verfehlen.[406] Der Plan kann beispielsweise dem Schuldner, Anteilsinhabern oder nachrangigen Gläubigern Werte zuweisen. Wenn eine Gruppe von Insolvenzgläubigern diesen Plan mehrheitlich annimmt, gilt dies nach § 245 Abs. 1 Nr. 2, Abs. 2 Nr. 2, 3 InsO auch für ablehnende Gläubiger der Gruppe. Entsprechend liegt der Fall, wenn der Plan einer anderen Gruppe gleichrangiger Gläubiger eine höhere Befriedigungsquote zuweist. Dadurch muss der Gläubiger eine Verteilungsquote hinnehmen, die im Regelinsolvenzverfahren nicht möglich wäre.[407]

Das wäre kein Verstoß gegen § 745 Abs. 3 S. 2 BGB, wenn »Nutzung« im Sinne des § 745 Abs. 3 S. 2 BGB nur den Erlös aus dem Regelinsolvenzverfahren meinte. Dann wäre § 745 Abs. 3 S. 2 BGB nicht verletzt, solange der Gläubiger mehr Werte erhält als er im Regelinsolvenzverfahren erhielte. Nach dieser Argumentation gehörten die Vorteile einer Sanierung jedoch nicht zu den Nutzungen des gemeinschaftlichen Verwertungs- und Befriedigungsrechts. Sie könnten dann auch kein Gegenstand des gemeinschaftlichen Verwertungsrechts sein.

Ein Verstoß gegen § 745 Abs. 3 S. 2 BGB liegt aber aus einem anderen Grund nicht vor. Die Befriedigung einer Forderung ist nicht deren Nutzung im Sinne des § 100 BGB. Beispielsweise nutzt der Eigentümer einer Sache sie nicht, wenn er sie verkauft.[408] Der Kaufpreis ist keine Gegenleistung für die Nutzung der Sache, sondern ein Surrogat für die Sache.[409] Dieser Wertung entspricht es bei einer Forderung, die Einziehung einer Forderung nicht als Nutzung anzusehen. Ebenso ist es dann keine Nutzung des Befriedigungs- und Verwertungsrechts, es zu verwirklichen.

(2) § 745 Abs. 3 S. 1 BGB als Abgrenzung

Die Gestaltungsmöglichkeiten des Insolvenzplanverfahrens lassen jedoch entgegen 745 Abs. 3 S. 1 BGB wesentliche Veränderungen des gemeinschaftlichen Gegenstandes zu.

Auch § 745 Abs. 3 S. 1 BGB dient dazu, die Reichweite des Mehrheitsentscheids aus Abs. 1 zu bestimmen.[410] § 745 Abs. 3 S. 1 BGB verbietet einen Mehrheitsbeschluss über wesentliche Veränderungen des gemeinschaftlichen Gegenstandes.[411] Eine wesentliche Veränderung liegt vor, wenn sich die wirtschaftlichen Grundlagen

404 MüKoBGB/*Schmidt,* § 745, Rn. 23 f.
405 MüKoBGB/*Schmidt,* § 745, Rn. 24.
406 In diesem Sinne vermutlich: *Madaus,* Insolvenzplan, S. 216 f.
407 Siehe S. 33.
408 Staud/*Stieper,* § 100, Rn. 5; sowie § 99, Rn. 18.
409 Staud/*Stieper,* § 99, Rn. 18.
410 MüKoBGB/*Schmidt,* § 745, Rn. 23, 25.
411 MüKoBGB/*Schmidt,* § 745, Rn. 25.

der Gemeinschaft grundlegend ändern.[412] Gleiches gilt bei einer einschneidenden Änderung des Gegenstandes oder der Zweckbestimmung des Gegenstandes.[413]

Auf dieser Grundlage spricht mehr dafür, die möglichen Gestaltungen des Insolvenzplans als eine wesentliche Änderung des gemeinsamen Verwertungs- und Befriedigungsrechts anzusehen.[414] Wenn die Gläubiger das schuldnerische Unternehmen sanieren und deshalb ein Großteil des schuldnerischen Vermögens nicht mehr zur Erfüllung der Forderungen dient, ändert sich die wirtschaftliche Grundlage des gemeinschaftlichen Gegenstandes.

Dieses Ergebnis lässt sich mit weiteren Überlegungen zur Bruchteilsgemeinschaft untermauern. So fragt schon die Formel des BGH nur danach, ob sich die »Zweckbestimmung« oder »dessen Gestalt« ändert.[415] Sie fragt nicht danach, ob und inwieweit die Änderung wirtschaftlich vorteilhaft ist. Denn die Entscheidungsmacht der Bruchteilsgemeinschaft richtet sich nicht ausschließlich nach wirtschaftlichen Überlegungen. Steht zum Beispiel das Eigentum an einem Grundstück in einer Bruchteilsgemeinschaft, ist der freihändige Verkauf des Grundstücks an einen gut bezahlenden Käufer nicht per Mehrheitsbeschluss möglich.[416] Den verkaufswilligen Teilhabern bleibt nur die Möglichkeit, die Aufhebung der Gemeinschaft gemäß § 749 Abs. 1 BGB zu verlangen.[417] Dies führt gemäß § 753 BGB zur Zwangsversteigerung des Grundstücks.[418] Der Erlös der Zwangsversteigerung kann dabei deutlich niedriger als der angetragene Kaufpreis des freihändigen Interessenten sein. Dies nimmt einem Teilhaber nicht die Möglichkeit, den freihändigen Verkauf zu verhindern.

Das überzeugt, weil Zweck der Bruchteilsgemeinschaft nicht die Maximierung des wirtschaftlichen Nutzens der Beteiligten ist. Es ist keine Gesellschaft, die einen wirtschaftlich geprägten Gesellschaftszweck verfolgt. Die Bruchteilsgemeinschaft regelt die Zuständigkeit[419] über ein Recht bei mehreren Rechtsinhabern.[420] Gibt es nur einen Alleinrechtsinhaber, kann dieser den Gegenstand auf unterschiedlichste Art und Weise verwenden. Ein Eigentümer kann eine Sache physisch nutzen, er kann sie ungenutzt lassen, er kann die Substanz verändern und er kann rechtsgeschäftliche Verbindlichkeiten über die Sache eingehen und über sie verfügen.[421] All diese Befugnisse des Eigentümers ergeben sich aus § 903 S. 1 BGB.[422] Die Verwendung der Sache, soweit das Recht reicht, ist nur vom Willen des Inhabers abhängig. Er muss sich nicht wirtschaft-

412 BGH NJW-RR 1995, 267 (267); BeckOGKBGB/*Fehrenbacher*, Stand: 01.07.2024; § 745, Rn. 21; Staud/*Eickelberg*, § 745, Rn. 11; MüKoBGB/*Schmidt*, § 745, Rn. 25.

413 BGH NJW 1953, 1427 (1427); BGH NJW 1983, 932 (933); BeckOGKBGB/*Fehrenbacher*, Stand: 01.07.2024; § 745, Rn. 21.

414 *Müller*, Verband, S. 272 f.

415 BGH NJW 1983, 932 (933).

416 JaegerInsO/*Piekenbrock*, § 254, Rn. 21; Ebenso den Verkauf des Gegenstands nicht vom Mehrheitsentscheid erfasst sehen: Staud/*Eickelber*, § 745, Rn. 6; MüKoBGB/*Schmidt*, § 745, Rn. 6.

417 JaegerInsO/*Piekenbrock*, § 254, Rn. 21.

418 BeckOKBGB/*Gehrlein*, § 753, Stand: 01.08.2024, Rn. 3.

419 Kritisch zur Vorstellung, bei der Bruchteilsgemeinschaft sei vor allem die Zuständigkeit über ein Recht geteilt: *Madaus*, AcP 2012, 251 (260 ff.).

420 MüKoBGB/*Schmidt*, § 741, Rn. 3.

421 BeckOGKBGB/*Lakkis*, § 903, Stand: 01.08.2024, Rn. 1.

422 BeckOGKBGB/*Lakkis*, § 903, Stand: 01.08.2024, Rn. 1.

lich vernünftig verhalten.[423] Dann liegt es auch nahe, dieses Verständnis auf die Entscheidungsfindung in einer Bruchteilsgemeinschaft zu übertragen.

(3) Recht zur Aufhebung der Gemeinschaft

Selbst wenn dies anders wäre, steht die Reichweite des Mehrheitsentscheids im Zusammenspiel mit dem Anspruch auf Aufhebung der Gemeinschaft nach § 749 Abs. 1 BGB.[424] Der Mehrheitsentscheid verschiebt die Zuständigkeit über ein von mehreren geteiltes Recht von einer gemeinschaftlichen Zuständigkeit weg hin zu einer Zuständigkeit der Mehrheit.[425] Dem steht der Aufhebungsanspruch jedes einzelnen entgegen.[426] So mag die Mehrheit Fragen der Benutzung oder Verwaltung per Mehrheitsentscheid gegen den Willen Einzelner regeln.[427] Diesen steht jedoch durchgängig der Anspruch aus § 749 Abs. 1 BGB zu.[428] Der Aufhebungsanspruch ist Ausdruck einer Wertung des Gesetzgebers.[429] Im Zweifel schlägt der Wille des Einzelnen, die Gemeinschaft zu verlassen, den Willen der Mehrheit nach einer bestimmten gemeinschaftlichen Nutzung.[430] Das Gesetz gestaltet daher die gemeinschaftlichen Befugnisse eng aus. Der Aufhebungsanspruch ergänzt diese begrenzte Nutzungsmöglichkeit des gemeinschaftlichen Rechts, indem jeder Bruchteilsinhaber die Gemeinschaft aufheben kann.[431]

Zwar gibt es auch Bruchteilsgemeinschaften, die das Recht auf Aufhebung der Gemeinschaft nicht kennen. Nach § 11 Abs. 1 S. 1 WEG kann kein Wohnungseigentümer die Aufhebung der Gemeinschaft verlangen. S. 2 schließt sogar die Aufhebung aus wichtigem Grund aus. Der Zweck der Regelung besteht darin, den Bestand der Gemeinschaft zu sichern.[432] Den Bestand der Gemeinschaft schützt das Gesetz wiederum, weil es um Wohnraum geht.[433] Das Gesetz sichert das Bedürfnis der Bruchteilsinhaber ab, sich nicht um die Aufhebung der Gemeinschaft und damit um den Verlust des eigenen Wohnraums sorgen zu müssen.[434] Insofern unterscheidet sich die Wohnungseigentümergemeinschaft von den Gläubigern eines gemeinsamen insolventen Schuldners. Darüber hinaus ist die Wohnungseigentümergemeinschaft zwar kraft Verweisung in § 10 Abs. 1 S. 1 WEG eine Bruchteilsgemeinschaft. Insgesamt unterliegt das Recht

423 Staud/*Repgen,* § 226 BGB, Rn. 19; in Bezug auf die Privatautonomie statt vieler: *Bork,* BGB AT, § 2 Rn. 101: »Auch das Unvernünftige wird akzeptiert, wenn und weil es gewollt ist […]«.
424 *Müller,* Verband, S. 273.
425 MüKoBGB/*Schmidt,* § 745, Rn. 1.
426 *Müller,* Verband, S. 273; Vgl. *Madaus,* Insolvenzplan, S. 216, der vermutlich aus dem gleichen Grund davon ausgeht, dass die Gemeinschaft der Insolvenzgläubiger »stets eine Gemeinschaft im Auflösungsstadium ist.«
427 *Müller,* Verband, S. 273.
428 *Müller,* Verband, S. 273.
429 BGHZ 63, 348 (351).
430 BGHZ 63, 348 (351).
431 *Müller,* Verband, S. 273.
432 BeckOKBGB/*Hügel,* § 11 WEG, Stand: 01.11.2024, Rn. 1; BeckOGKBGB/*Skauradszun,* § 11 WEG, Stand: 01.12.2024, Rn. 1.
433 BeckOGKBGB/*Skauradszun,* § 11 WEG, Stand: 01.12.2024, Rn. 1.
434 BeckOGKBGB/*Skauradszun,* § 11 WEG, Stand: 01.12.2024, Rn. 1.

der Wohnungseigentümergemeinschaft jedoch starken Einflüssen des Gesellschaftsrechts und ist nicht durchgehend durch das ursprüngliche Recht der Bruchteilsgemeinschaft geprägt.[435] Daher lässt sich nicht anhand der Wohnungseigentümergemeinschaft überprüfen, ob der Insolvenzplan mit dem Recht der Bruchteilsgemeinschaft vereinbar ist. Diese Vereinbarkeit richtet sich nach den §§ 741 BGB. Wäre der Insolvenzplan Ausdruck des § 745 Abs. 1 S. 1 BGB, dürfte dies den Gläubigern nicht ihren Anspruch auf Aufhebung der Gemeinschaft nehmen.[436] Die Aufhebung der Gemeinschaft über eine gemeinschaftliche Forderung erfolgt gemäß § 754 BGB erst durch Verkauf nach § 753 Abs. 1 BGB, wenn die Forderung nicht eingezogen werden kann.[437] Wenn also die Forderungen in der Bruchteilsgemeinschaft stünden, wäre die Einziehung und mithin die Durchsetzung der Forderung vorrangig. Für das gemeinschaftliche Befriedigungs- und Verwertungsrecht muss das gleiche gelten, weil sich Verwertungsrechte grundsätzlich nach der zugrundeliegenden Forderung richten.[438]

Es bietet sich an, das gemeinschaftliche Verwertungs- und Befriedigungsrecht der Gläubiger des insolventen Schuldners mit einem Pfandrecht zu vergleichen. Dann stellt sich die Frage, ob die Stundung des Pfandrechts Gegenstand der Benutzung oder Verwaltung des Pfandrechts ist. Das Pfandrecht richtet sich als akzessorisches Recht nach der zugrundeliegenden Forderung. Dann könnte zumindest die Stundung der Forderung ein Gegenstand des Mehrheitsbeschlusses nach § 745 Abs. 1 BGB sein. Sofern dies der Fall wäre, bliebe jedem Gläubiger das Recht auf Aufhebung der Gemeinschaft. Das führte zur Einziehung der Forderung und zur Verwertung der gepfändeten Sache.

Ebenso ist die Aufhebung einer Hypothek Sache alle Bruchteilsinhaber.[439] Das folgt spätestens aus § 745 Abs. 3 S. 2 BGB. Die Aufhebung eines Verwertungsrechts ändert dessen wirtschaftliche Grundlage gänzlich. Es taugt nicht mehr dazu, die Erfüllung der Forderungen abzusichern. Diesen Überlegungen wäre höchstens entgegenzuhalten, die Stundung einer Forderung nach § 224 Alt. 2 InsO sei die Einziehung einer Forderung im Sinne des § 754 Abs. 1 BGB. Die Verwirklichung einer Forderung durch deren Einziehung bestünde dann nicht mehr darin, den ursprünglich geschuldeten Leistungserfolg herbeizuführen. Sie bestünde nun darin, gegen den Willen des Inhabers gestundet zu werden. Dagegen spricht nicht nur der Wortlaut von § 754 BGB. Es veränderte sich dann der geschuldete Leistungserfolg einer Forderung in der Insolvenz gegenüber dem geschuldeten Leistungserfolg der gleichen Forderung in der Solvenz.[440]

Auch *Fritzsche* sieht in der Gemeinschaft der Gläubiger an sich keine hinreichende Legitimation für die §§ 223, 224 InsO. Die Legitimation für die Eingriffe ergebe sich aber aus »besondere[n] Eingriffsrechte[n]«[441], die den Gläubigern gemeinschaftlich zuständen.[442] Diese Eingriffsrechte setzten »jene Pflichten [fort] […], die innerhalb der

435 Vgl. *Skauradszun,* ZRP 2020 34 (37); BeckOGKBGB/*Skauradszun,* § 11 WEG, Stand: 01.12.2024, Rn. 3.
436 *Müller,* Verband, S. 273.
437 RGZ 65, 5 (7); MüKoBGB/*Schmidt*, § 753, Rn. 3.
438 Staud/*von Proff,* § 741 BGB, Rn. 127.
439 MüKoBGB/*Schmidt*, § 747, Rn. 5.
440 Siehe S. 40.
441 *Fritzsche*, Konstruktion, S. 173.
442 *Fritzsche*, Konstruktion, S. 173.

Bruchteilsgemeinschaft bestehen.«[443] Die Gestaltungsmöglichkeiten im Insolvenzplan seien »eine besondere Ausprägung der innergemeinschaftlichen Pflichten [...].«[444] Zwar berühre die »Regelungsbefugnis somit [...] die Rechtsstellung der einzelnen Gläubiger [...].«[445] Sie halte »sich aber in den Grenzen jener Rechtsbeschränkungen [...], welche die InsO selbst zur Umsetzung einer innergemeinschaftlichen Gleichbehandlung vorsieht.«[446]

Diese Begründung ist missverständlich. Insbesondere ist die Aussage missverständlich, die Regelungsbefugnis halte sich in den Grenzen jener Rechtsbeschränkungen, die die InsO selbst zur Umsetzung der innergemeinschaftlichen Gleichbehandlung vorsieht. Zum einen könnte gemeint sein, der Insolvenzplan setze lediglich den Gleichbehandlungsgrundsatz um. Dies überzeugt nicht. Das Insolvenzplanverfahren verwirklicht im Vergleich zum Regelinsolvenzverfahren ein geringeres Maß an Gleichheit.[447] Vom Wortlaut der Aussage könnte sich die Aussage auch auf das Insolvenzplanverfahren selbst beziehen. Dann bedeutete die Aussage, das Insolvenzplanverfahren halte sich in den Grenzen, die das Insolvenzplanverfahren vorsehe. Damit erschöpfte sich die Argumentation in einem positivrechtlichen Verweis auf die gerade zu rechtfertigende Rechtslage.

Die materiell-rechtlichen Wirkungen des Insolvenzplans lassen sich somit nicht als Ausdruck des § 745 Abs. 1 S. 1 BGB deuten und rechtfertigen.

3. Regelinsolvenzverfahren und § 745 Abs. 1 S. 1 BGB

Anders als die Abstimmung über den Insolvenzplan fügen sich die Mehrheitsentscheide der Gläubigerversammlung im Regelinsolvenzverfahren stimmig in die Strukturen der Bruchteilsgemeinschaft ein.[448]

Die Annahme eines gemeinschaftlichen Verwertungs- und Befriedigungsrechts erlaubt es, die Befugnisse der Gläubigerversammlung gemäß den §§ 157 ff. InsO im Regelinsolvenzverfahren als Fragen der Verwaltung oder Benutzung im Sinne des § 745 Abs. 1 S. 1 InsO einzuordnen.[449] Erstens stimmen die Gläubiger über diese Fragen durch einen Mehrheitsentscheid ab, der dem Mehrheitsentscheid aus § 745 Abs. 1 BGB gleicht. Denn nach § 76 Abs. 2 InsO kommt ein Beschluss der Gläubigerversammlung zustande, wenn die Summe der Forderungsbeträge der zustimmenden Gläubiger mehr als die Hälfte der Summe der Forderungsbeträge der abstimmenden Gläubiger beträgt. Dieser Mehrheitsentscheid orientiert sich ausschließlich an der Summenmehrheit. Damit gleicht er § 745 Abs. 1 S. 2 BGB, weil sich das Stimmrecht anhand der Anteile bestimmt. Zweitens betreffen die gemeinschaftlichen Befugnisse der §§ 157 ff. InsO die Verwertung der Insolvenzmasse, um die Forderungen der

443 *Fritzsche*, Konstruktion, S. 173.
444 *Fritzsche*, Konstruktion, S. 173.
445 *Fritzsche*, Konstruktion, S. 173.
446 *Fritzsche*, Konstruktion, S. 173.
447 Siehe S. 32.
448 *Madaus*, Insolvenzplan, S. 216; *Thöne*, KTS 2018, 151 (168); JaegerInsO/*Piekenbrock*, § 254, Rn. 32.
449 *Madaus*, Insolvenzplan, S. 216.

Gläubiger zu erfüllen.[450] Es handelt sich damit um Angelegenheiten der Verwertung und damit um Fragen der Benutzung oder Verwaltung des gemeinschaftlichen Verwertungs- und Befriedigungsrechts.[451] Ein Beschluss nach § 157 InsO weist die subjektiven Rechte der Gläubiger nicht neu zu. Der Beschluss stundet oder kürzt die Forderungen nicht.

Daran lässt sich höchstens zweifeln, weil § 157 S. 1 Alt. 2 InsO auch die vorläufige Fortführung eines Unternehmens erlaubt[452]. Führt der Insolvenzverwalter das Unternehmen vorläufig fort, verzögert dies den Verkauf des Unternehmens oder der einzelnen Vermögensgegenstände. Dann verzögert sich für die Gläubiger die Ausschüttung des Erlöses. Dies geschieht zu einem Zeitpunkt, zu dem die Forderungen wegen § 41 InsO schon als fällig gelten.[453] Daher wirkt jede Verzögerung der Verwertung und der Ausschüttung des Erlöses faktisch wie eine Stundung der Forderungen. Es ist für den Gläubiger nicht bedeutsam, aus welchem Grund er sein Geld erst in zwei Jahren bekommt. Ob dies der vorläufigen Fortführung des Unternehmens nach § 157 S. 1 Alt. 2 InsO oder einer materiell-rechtlichen Stundung geschuldet ist, macht im Ergebnis keinen Unterschied. Daher kann nicht jede Verzögerung der Verwertung als Verwertungsmodalität gelten. Gleichzeitig begründet allein der Umstand, dass der Insolvenzverwalter einen bestimmten Gegenstand lieber ein paar Monate später verkaufen möchte oder das Unternehmen für einen sehr kurzen Zeitraum vorläufig fortführt, eine Stundung. Wenn die Nachfrage nach einem Gegenstand absehbar steigt, dient das Abwarten dazu, einen höheren Erlös durch den Verkauf des Gegenstandes einzustreichen. Wenn der Verwalter dagegen das Unternehmen über Jahre hinweg sanieren möchte, hat dies nichts mehr mit der Verwertung eines Vermögensgegenstandes zu tun. Eine trennscharfe Unterscheidung zwischen einer Verwertungsmodalität und einer Änderung des subjektiven Rechts bleibt hier aus. Sie bedarf in dieser Arbeit aber auch keiner Bestimmung. Denn entscheidend ist die grundsätzliche Unterscheidung, die ihren Ausdruck in § 157 InsO findet. Denn § 157 InsO erlaubt im Gegensatz zum Insolvenzplan nur die vorläufige Fortführung des Unternehmens.[454] Einen Beschluss zur dauerhaften Fortführung des Unternehmens erlaubt § 157 InsO nicht.[455] Das ist stimmig, weil das Regelinsolvenzverfahren die Forderungen der Gläubiger verwirklichen soll.[456] Die Forderung eines Gläubigers in der Insolvenz eines Schuldners ist es, eine Geldsumme zu erhalten. Dieser Anspruch ist wegen § 41 InsO fällig und wartet nur

450 *Madaus,* Insolvenzplan, S. 216.

451 Vgl. *Madaus,* Insolvenzplan, S. 216, der die Veräußerung des schuldnerischen Unternehmens grundsätzlich nicht als Gegenstand des Mehrheitsentscheids nach § 745 BGB ansieht, dies jedoch mit § 753 BGB begründet.

452 BeckOKInsO/*Verhoeven/Theiselmann,* § 157, Stand: 15.07.2024, Rn. 1.

453 BeckOKInsO/*Jungmann,* § 41, Stand: 15.07.2024, Rn. 20.

454 Vgl. *Madaus,* Insolvenzplan, S. 216 f., der den Unterschied nicht in der vorläufigen Fortführung des Unternehmens, sondern in den weitreichenden Rechtsgestaltungen sieht, die für eine Sanierung durch einen Plan meistens nötig sind; BeckOKInsO/*Verhoeven/Theiselmann,* § 157, Stand: 15.07.2024, Rn. 2; MüKoInsO/*Janssen,* § 157, Rn. 11.

455 BeckOKInsO/*Verhoeven/Theiselmann,* § 157, Stand: 15.07.2024, Rn. 2; MüKoInsO/*Janssen,* § 157, Rn. 11.

456 Vgl. mit anderer Begründung: MüKoInsO/*Janssen,* § 157, Rn. 11, der im gesetzlichen Leitbild des Insolvenzverwalters den Grund sieht, warum eine dauerhafte Fortführung nicht beschlossen werden darf.

noch auf seine prozessuale Verwirklichung. Die Verwirklichung geschieht durch die Verwertung der Schuldnermasse. Verwertung meint dabei den Verkauf und die Veräußerung der Massegegenstände, um den geschuldeten Leistungserfolg aus dem Erlös zu bewirken. Eine vorläufige Fortführung des Unternehmens und die überlegte Terminierung von Verkaufszeitpunkten dienen dabei der Verwirklichung der Forderungen. Eine endgültige Fortführung verzögerte diesen Prozess und verwirklichte somit nicht mehr vorrangig die Forderungen. Die vorläufige Fortführung ist daher eine Verwertungsmodalität. Sie ist Teil der Verwertung und bestimmt das »Wie« der Verwertung, indem der Termin der Verwertung etwas später stattfindet. Das Verwertungsrecht erhält dadurch keinen anderen Inhalt. Es geht nur um die Frage, welcher Zeitpunkt für den Verkauf am besten ist. Es geht aber nicht um eine ganz andere Form der Verwertung.

§ 78 Abs. 1 InsO bestätigt die Einordnung der vorläufigen Fortführung als Modalität der Verwertung. Nach § 78 Abs. 1 InsO hebt das Insolvenzgericht einen Beschluss der Gläubigerversammlung auf, wenn dieser den Interessen der Gläubigergesamtheit widerspricht. Die Interessen der Gläubigergesamtheit beziehen sich dabei vorrangig auf die Höhe des Erlöses.[457] Wenn eine Gläubigerversammlung einen Gegenstand aus sozialen Erwägungen nicht an den Höchstbietenden übertragen möchte, ist dieser Beschluss auf Antrag aufzuheben.[458] Der Beschluss über die gewählte Verwertungsalternative ist also materiell-rechtswidrig, wenn eine andere Verwertung einen höheren Erlös verspricht. Der Insolvenzplan ist nicht in gleicher Weise auf die Verteilung eines Erlöses ausgerichtet. Bekanntlich gibt es keinen Anspruch auf einen besseren Plan. Der Verwalter kann sich also zwischen zwei Plänen für einen Plan entscheiden, der eine geringere Befriedigungsquote für die Gläubiger verspricht. Der Plan muss gemäß § 251 Nr. 1 InsO nur eine höhere Erfüllungsquote erwarten lassen als die Verwertungsmöglichkeiten des Regelinsolvenzverfahrens. Das Gesetz misst Planlösungen an einem anderen Maßstab als die Verwertungsmöglichkeiten des Regelinsolvenzverfahrens. Andere Planmöglichkeiten gelten nicht als gleichwertige Alternativen der Verwertung, selbst wenn sie einen höheren Erlös versprechen.

Letztlich unterstreicht auch § 159 InsO den Unterschied des Regelinsolvenzverfahrens zum Insolvenzplan. Denn § 159 InsO ordnet grundsätzlich die unverzügliche Verwertung an. Das ist stimmig, weil die Forderungen der Gläubiger fällig sind und die Herbeiführung des geschuldeten Soll-Zustandes keines Abwartens mehr bedarf.

VI. Vertragstheorie

Wie oben gezeigt, versuchen einige Ansätze, den Gleichbehandlungsgrundsatz über den Willen der Gläubiger zu rechtfertigen.[459] Ebenso gibt es Ansätze, den Insolvenzplan über den Willen der Gläubiger zu rechtfertigen. So soll Grundlage des Mehrheitsentscheids die »Privatautonomie der Beteiligten« sein.[460] Sofern sich dies auf den Willen aller Gläubiger bezieht, ist das eine Fiktion. Wenn Gläubiger gegen den Insolvenzplan stimmen, lehnen sie ihn ab.

457 Vgl. *Niemeyer*, Gläubigerbeteiligung, S. 70.
458 *Niemeyer*, Gläubigerbeteiligung, S. 70.
459 Siehe S. 13.
460 *Häsemeyer,* Insolvenzrecht, Rn. 28.66.

Auch *Madaus* sucht die Legitimation der Zwangsbindung im Willen der Gläubiger. Dafür ordnet er mit der herrschenden Meinung den Insolvenzplan als Vertrag ein.[461] Wenn alle Beteiligten den Insolvenzplan annehmen, liege ein entsprechender Vertragsschluss vor.[462] Wenn einzelne Gläubiger oder eine Gruppe von Gläubigern den Plan ablehnen, lehnten sie den Vertragsschluss ab.[463] Grundsätzlich komme der Vertrag dann nicht zustande.[464] Ihre Ablehnung sei aber unbeachtlich, wenn es eine Pflicht zur Annahme gebe.[465] Sie seien dann verpflichtet, den Vertrag zu schließen.[466] Die §§ 243, 244 Abs. 1 InsO und 245 Abs. 1 InsO schrieben solche Zustimmungspflichten vor und seien daher Kontrahierungszwänge zum Abschluss eines Vertrags.[467]

Im Rahmen des Insolvenzplans unterscheidet *Madaus* zwei Kontrahierungszwänge. Der Grund für die Zwangsbindung einer ablehnenden Gruppe sei ein anderer als der Grund für die Zwangsbindung eines Minderheitengläubigers.[468] Im Folgenden liegt aus Zweckmäßigkeitsgründen die Annahme von *Madaus* zugrunde, der Plan sei ein Vertrag.

1. Obstruktionsverbot

Der Legitimationsgrund für den Kontrahierungszwang in § 245 Abs. 1 InsO liegt nach *Madaus* in der missbräuchlichen Ablehnung des Plans.[469] Der Missbrauch fuße auf der »wirtschaftlichen Unvernunft der gewollten Planablehnung«.[470] Das Schlechterstellungsverbot in § 245 Abs. 1 Nr. 1 InsO und die vorausgesetzte angemessene Beteiligung am Planwert aus § 245 Abs. 1 Nr. 2, Abs. 2 InsO garantierten für die ablehnende Gruppe einen wirtschaftlich vernünftigen Inhalt des Insolvenzplans.[471] Wenn die Gläubiger einen Plan ablehnen, der für sie wirtschaftlich vorteilhaft ist, sei das »missbräuchlich«.[472] Es gebe keinen legitimen Grund, den Plan abzulehnen.[473] Sie übten ihr

461 *Madaus,* Insolvenzplan, S. 162 f., 173 ff.; vgl. zur herrschenden Meinung darüber hinaus: MüKoInsO/*Eidenmüller,* § 217, Rn. 14 ff.; Gottwald/Haas/*Koch/de Bra,* § 64, Rn. 20: FKInsO/*Jaffé,* § 217, Rn. 39 ff.; Römermann/*Braun,* Vorbemerkung vor §§ 217 bis 269 InsO, Rn. 80.
462 *Madaus,* Insolvenzplan, S. 254.
463 *Madaus,* Insolvenzplan, S. 254.
464 *Madaus,* Insolvenzplan, S. 220 f., 254.
465 *Madaus,* Insolvenzplan, S. 261.
466 *Madaus,* Insolvenzplan, S. 261 ff.
467 *Madaus,* Insolvenzplan, S. 292 f.
468 Zum Minderheitengläubiger: *Madaus,* Insolvenzplan, S. 220 ff., zum Obstruktionsverbot: S. 257 ff., 279 ff.
469 *Madaus,* Insolvenzplan, S. 257 ff., 280 ff.
470 *Madaus,* Insolvenzplan, S. 259.
471 Vgl. *Madaus,* Insolvenzplan, S. 257, 280 ff., 283 ff.
472 *Madaus,* Insolvenzplan, S. 280.
473 In Bezug auf Grundpfandgläubiger und das Obstruktionsverbot: *Jungmann,* Grundpfandgläubiger, S. 112, Rn. 302: »Ein solcher vernünftiger Grund ist aber nicht gegeben, wenn rechtliche Nachteile wirtschaftlich voll ausgeglichen werden.«; ebenso *Funke,* FS Helmrich, 627 (634): »Um zu verhindern, daß einzelne Gruppen aus sachfremden Gründen einen Plan blockieren«; vgl. *Schiessler,* Insolvenzplan, S. 165 f.

Abstimmungsrecht damit »zu Lasten der anderen« aus.[474] Dies gleicht der Argumentation der Entwurfsbegründung zur InsO. Dort heißt es, es »besteht kein vernünftiger Grund für eine Gruppe von Gläubigern, einem von anderen Gläubigern gewünschten Plan zu widersprechen, wenn die Gruppe durch den Plan wirtschaftlich nicht schlechter gestellt wird, als sie ohne einen Plan stünde [...].«[475] Lehne eine Gruppe den Plan dennoch ab, liege in »dieser Verweigerung ein Mißbrauch«.[476]

a) Wirtschaftlich sinnvolle Ablehnung eines Insolvenzplans

Die Auffassung überzeugt nicht. Es gibt unzählige verschiedene wirtschaftlich nachvollziehbare Gründe, um gegen einen Insolvenzplan zu stimmen. § 245 Abs. 1 InsO erfasst dagegen nur ganz vereinzelte Gründe, aus denen eine Ablehnung des Plans legitim sein soll. Ob ein Gläubiger gemäß § 245 Abs. 1 Nr. 1 InsO wirtschaftlich schlechter steht, bestimmt sich nach allgemeiner Auffassung allein nach der Höhe der ihm zukommenden Werte auf seine Forderung.[477] Diese Auslegung findet eine Stütze in einem Zusammenspiel verschiedener Ausführungen der Entwurfsbegründung. Beispielsweise kann der Plan »keinen einzelnen Beteiligten zwingen, den Vermögenswert, der ihm bei einer konkursmäßigen Gesamtvollstreckung zufließen würde, im Interesse anderer ganz oder teilweise hinzugeben [...].«[478] Auch bei der Definition des Insolvenzplans betont der Gesetzgeber die »Garantie des Werts der Beteiligtenrechte.«[479] Zum Obstruktionsverbot betont die Entwurfsbegründung erst den Schutz einer Gruppe durch das »Anrecht darauf, nicht nur mindestens den Liquidationswert ihrer Rechte zu erhalten, sondern auch an einem etwaigen Fortführungswert ranggemäß teilzuhaben«.[480] Im Satz danach spricht sie von »legitimen Interessen«[481], womit sich die Entwurfsbegründung aller Wahrscheinlichkeit nach auf den vorherigen Satz bezieht.

Jedoch sind neben dem Interesse an einer hohen Forderungserfüllung noch andere wirtschaftlich nachvollziehbare Interessen denkbar. Diese berücksichtigt § 245 InsO nicht. Sie schließen die Zustimmungsfiktion nicht aus.

aa) Liquidität

Zum Beispiel kann die Gruppe der Gläubiger gegen den Plan stimmen, weil der Plan ihre Forderungen um einen großen Zeitraum stundet.[482] Dann entspricht der Plan nicht ihren Interessen, wenn sie möglichst schnell Zahlungsmittel erhalten wollen. In diesem

474 *Madaus*, Insolvenzplan, S. 280.
475 BT-Drs. 12/2443, S. 208.
476 BT-Drs. 12/2443. S. 208.
477 KarstenSchmidt/*Spliedt*, § 245, Rn. 7; siehe für § 251 InsO: *Wegener*, Minderheitenschutz, S. 161.
478 BT-Drs. 12/2443, S. 91.
479 BT-Drs. 12/2443, S. 91.
480 BT-Drs. 12/2443, S. 93, 94.
481 BT-Drs. 12/2443, S. 94.
482 *Neumann*, Gläubigerautonomie, S. 56; *Wegener*, Minderheitenschutz, S. 87; vgl. *Weitzmann*, ZInsO 2022, 447 (449).

Fall ist es nachvollziehbar, gegen einen solchen Plan zu stimmen. Beispielsweise sind Gläubiger denkbar, die sich selbst in Zahlungsschwierigkeiten befinden und daher umgehend liquide Zahlungsmittel benötigen. Erhalten sie diese nicht, sind sie bald selbst insolvent. In einem solchen Fall hilft es den Gläubigern nicht, wenn der Plan ihnen erst für eine spätere Zukunft hohe Wertzuflüsse verspricht. Dennoch kann § 245 InsO ihre Ablehnung als Zustimmung fingieren.

Dieses Beispiel gilt nur für Insolvenzpläne, durch die den Gläubigern gegenüber dem Regelinsolvenzverfahren ein späterer Geldzufluss zukommt. Das ist nicht zwingend der Fall. Jedoch kann die Veräußerung der einzelnen Gegenstände des Unternehmens weniger Zeit in Anspruch nehmen als die Sanierung des Unternehmens mit Hilfe eines Insolvenzplans. Ebenso kann die Gläubigerversammlung den Insolvenzverwalter nach § 157 S. 2 InsO beauftragen einen Insolvenzplan auszuarbeiten, obwohl es einen Interessenten gibt, der das Unternehmen im Wege eines asset deals erwerben möchte. Wenn die erhaltende Sanierung des Unternehmens mehr Zeit in Anspruch nimmt und die Gläubiger daher einen späteren Geldzufluss erhalten, als sie ihn im Regelinsolvenzverfahren erhalten hätten, kann dies für Gläubiger nachteilhaft sein. Daher ist es nachvollziehbar, wenn sie einen entsprechenden Insolvenzplan ablehnen.

Diesen Gläubigern ist nicht entgegenhalten, sie handelten bei der Ablehnung wirtschaftlich unvernünftig. Ein solches Urteil wäre nur denkbar, wenn sie bei der Abstimmung nur den endgültigen Wertzufluss und nicht andere Umstände wie den Zeitpunkt des Wertzuflusses berücksichtigen dürften.[483]

Wenn die Abstimmung über den Plan eine wirtschaftliche Entscheidung sein soll, müssen die Gläubiger alle wirtschaftlichen Gründe berücksichtigen dürfen. Dieses Verständnis teilt widersprüchlicher Weise sogar die Entwurfsbegründung. Konkret heißt es in ihr: »Die Bewertung der einzelnen Verwertungsalternativen ergibt sich für die Beteiligten nicht nur aus den an sie aus dem Schuldnervermögen fließenden Zahlungen, sondern aus allen im Einzelfall erwarteten positiven und negativen Auswirkungen, wie etwa dem Fortbestand oder dem Verlust einer bewährten Geschäftsbeziehung.«[484] Für die Bewertung von Insolvenzplänen »ist zu bedenken, daß der wirtschaftliche Sinn der planmäßigen Regelung, insbesondere einer Sanierung, sich für die Beteiligten nicht notwendig allein aus den Zahlungen des Schuldners ergibt, sondern auch aus vorteilhaften externen Wirkungen wie etwa der Fortsetzung einer langfristigen Geschäftsbeziehung.«[485] Die Entwurfsbegründung anerkennt die »natürliche[] Vielfalt der Gläubigerinteressen«.[486]

Auch Teile der Literatur sehen den Zweck des Plans gerade darin, verschiedene Interessen zu vereinen und verschiedene Aspekte berücksichtigen zu können.[487] Auch die Entwurfsbegründung sieht den Plan als eine privatautonome Lösung an.[488] Es soll eine freie Abstimmung anhand der eigenen Interessen sein. Die Entwurfsbegründung

483 *Stürner*, in: Insolvenzrecht, 41 (46 f.), der darauf hinweist, dass die Praktikabilität des Wertevergleichs nur in der Theorie gilt und in der Praxis »Sachverständigenschlachten« erwartet.
484 BT-Drs. 12/2443, S. 76.
485 BT-Drs. 12/2443, S. 93.
486 BT-Drs. 12/2443, S. 99.
487 MüKoInsO/*Eidenmüller*, § 217, Rn. 18.
488 BT-Drs. 12/2443, S. 91.

führt dazu aus, in »den Verhandlungen und bei der Abstimmung über einen Plan können die Beteiligten vielmehr alle ihre Interessen an einer bestimmten Art der Masseverwertung zur Geltung bringen, nicht nur ihr Interesse an Zahlungen aus dem Schuldnervermögen.«[489]

Wenn der Plan verschiedene private Interessen zusammenführen soll, müssen die Privaten auch entsprechend ihrer unterschiedlichen Interessen abstimmen dürfen. Dann kann eine Ablehnung des Plans aus einem bestimmten wirtschaftlichen Interesse aber nicht missbräuchlich sein, nur weil es sich nicht in dem Interesse erschöpft, einen möglichst hohen Zufluss von Werten zu erhalten.

So gerät die Argumentation von *Madaus* darüber hinaus in einen Wertungswiderspruch zu § 222 Abs. 2 InsO. Nach allgemeiner Auffassung ist das Interesse an Liquidität ein wirtschaftliches Interesse im Sinne des § 222 Abs. 2 InsO.[490] Die Gruppenbildung soll laut der Entwurfsbegründung eine verbesserte Interessenwahrnehmung gewährleisten.[491] Es ist also legitim, Gläubiger wegen ihres Interesses an Liquidität zur Verfolgung dieses Interesses einer Gruppe zuzuordnen. Wenn diese Gruppe nun aber ihrem Interesse entsprechend einem mehrheitlich angenommenen Plan widerspricht, soll dies rechtsmissbräuchlich sein. Dies ist widersprüchlich. Es ist der Kritik *Haas'* zuzustimmen, mit einer solchen Konstruktion räume der Gesetzgeber erst eine Autonomie ein, die er danach verurteile.[492] Die Entwurfsbegründung trat mit dem Ziel an, »daß jede Bevormundung der privaten Beteiligten durch Gericht und Verwalter zu unterbleiben hat«.[493] Dieses Rechtfertigungskonzept bevormundet dagegen die Gläubiger.

bb) Weitere Beispiele

Denkbar ist auch ein Fall, in dem einem Gläubiger der angedachte Wertzufluss aus dem Plan in der Summe zu niedrig ist. Für seine eigene finanzielle Planung braucht er einen höheren Zufluss.[494] Dann ist es vernünftig, einen Plan abzulehnen, der unter der erwünschten Summe bleibt und daher für einen selbst keinen Nutzen hat. Daran ändert sich auch nichts, wenn der erwünschte Wertzufluss nur mit einer risikoreicheren Sanierungsstrategie denkbar wäre. Dem lässt sich auch nicht entgegenhalten, der Erlös im Regelverfahren sei eindeutig geringer. Das macht das Begehren des Gläubigers, auf einen Plan hinzuwirken, der seinen Interessen entspricht, nicht missbräuchlich.

Ebenso verhält es sich in dem Fall, in dem eine Gläubigergruppe sich aus anderen Gründen einen besseren Plan wünscht. Auf diesen mögen sie keinen Anspruch und als Minderheit auch kein Planinitiativrecht nach § 218 InsO[495] haben. Ihre Ablehnung ist dennoch legitim und nicht rechtsmissbräuchlich.

Als weiteres Beispiel dient eine Gruppe von Gläubigern, die mit ihren eigenen Unternehmen im gleichen Markt tätig sind wie das Schuldnerunternehmen. Dann könnten

489 BT-Drs. 12/2443, S. 91.
490 Vgl. BT-Drs. 12/2443, S. 199, MüKoInsO/*Eidenmüller*, § 222, Rn. 94.
491 BT-Drs. 12/2443, S. 92 ff., 199; ebenso *Wegener*, Minderheitenschutz, S. 75.
492 HK-InsO/*Haas*, § 245, Rn. 2.
493 BT-Drs. 12/2443, S. 76.
494 *Wegener*, Minderheitenschutz, S. 75.
495 BeckOKInsO/*Geiwitz/von Danckelmann*, § 218, Stand: 15.01.2023, Rn. 7.

sie von einer Zerschlagung des Schuldners profitieren, indem er als Konkurrent vom Markt verschwindet und entsprechend ihr eigener Marktanteil und ihre Marktmacht wachsen.[496] Zwar hat auch hierauf kein Gläubiger einen Anspruch. Auch im Regelinsolvenzverfahren kann ein Gläubiger nicht die übertragende Sanierung verhindern. Sein Interesse an der Zerschlagung des Konkurrenten bleibt trotzdem wirtschaftlich vernünftig und damit ein legitimes Abstimmungsmotiv.

Bei einer vielversprechenden Sanierung können viele Gläubiger ein Interesse haben, durch einen debt-equity-swap[497] Anteile am Unternehmen zu erwerben. Aus Sicht des Insolvenzverwalters kann es für das Gelingen des Unternehmens jedoch sinnvoll sein, die Anzahl der Anteilsinhaber zu beschränken. Daher ordnet der Plan nur für eine Gruppe den debt-equity-swap an. Die in Bezug auf den Erwerb von Gesellschaftsanteilen leer ausgehenden Gruppen können versuchen, diesen Plan durch ihre Ablehnung zu verhindern. Die Ablehnung ist an ein wirtschaftliches Motiv zur Steigerung des eigenen Nutzens gebunden und damit nicht missbräuchlich.

Ebenso mögen Gläubiger gegen die Sanierung eines Unternehmens sein, um einen Rufschaden zu vermeiden. Dieser Fall kann eintreten, wenn es um die Sanierung eines umstrittenen Unternehmens geht. Es ist nachvollziehbar, wenn Gläubiger ihren Namen nicht in Verbindung mit der Sanierung gebracht haben wollen.

All diese Interessenkonflikte sind solche, die schon unter Insolvenzgläubigern eintreten können.[498] Zu diesen Interessenkonflikten treten noch die Interessen von absonderungsberechtigten Gläubigern[499] und dem Schuldner oder etwaige am Schuldner beteiligte Anteilsinhaber hinzu.[500] Auch diese Interessen sind wiederum nicht einheitlich.

cc) Zweifel an Prognose

Gläubiger können auch gegen den Plan stimmen, weil sie von der im Plan angestellten Prognose nicht überzeugt sind. Prognosen wohnt naturgemäß eine Unsicherheit inne, da sie die geistige Vorwegnahme eines hypothetischen Geschehnisses fordern.[501] Schon die Annahme von Wahrscheinlichkeiten bringt zum Ausdruck, dass der Eintritt eines unwahrscheinlichen Falles nicht ausgeschlossen ist, sondern nur unwahrscheinlich. Wie die Zukunft sein wird, lässt sich nur mit Wahrscheinlichkeiten eingrenzen, aber niemals mit Sicherheit vorhersagen.[502] Schätzen Gläubiger die Zukunft anders ein als die Prognose des Plans, ist die Ablehnung des Plans nicht grundsätzlich miss-

496 *Wegener,* Minderheitenschutz, S. 87; sieh auch *Stürner*, in: Insolvenzrecht, 41 (46), der den vergleichbaren Fall behandelt, dass der Gläubiger durch seine Stundung einem dritten, das Konkursunternehmen als anderer Rechtsträger fortführendes, Konkurrenzunternehmen, einen Kredit gewährt.

497 Zu diesem siehe grundsätzlich *Gehrlein*, NZI 2012, 257 (260).

498 *Bamberger*, in: Sanierungsfinanzierung, § 24, Rn. 3; *Basty*, Interessen, 7 ff.; vgl. *Claussen,* ZHR 147 1983, 195 (210); *Henckel*, KTS, 1989, 477 (484 f.); *Jelinek*, in: Insolvenzrecht, 21 (22); *Müller,* Verband, S. 275; *Wegener*, Minderheitenschutz, S. 75, 87.

499 *Gottwald*, FS Giger, 195 (208).

500 *Bork*, ZIP 2010, 397 (403).

501 *Spindler*, AG 2006, 677 (678); *Neuberger*, ZIP 2019, 1549 (1550 f.).

502 *Neuberger*, ZIP 2019, 1549 (1550 f.).

bräuchlich. Selbstverständlich können sich ablehnende Gläubiger hierbei irren. Das liegt bei einer Prognoseentscheidung aber in der Sache.

dd) Trittbrettfahrer

Die Zustimmungsfiktionen sollen vor allem auch Pläne ermöglichen, in denen es sich bei den ablehnenden Gläubigern oder Gruppen um sogenannte Trittbrettfahrer[503], Akkordstörer[504] und Holdout-Gläubiger[505] handelt.[506] Dabei geht es um Opportunisten, die ihren eigenen Profit so weit wie möglich steigern wollen.[507] Dafür stellen diese Gläubiger bei der Verhandlung über einen Insolvenzplan in Aussicht, den Insolvenzplan abzulehnen. In einer freien Verhandlung haben sie eine noch stärkere Verhandlungslage. Denn dort können sie ihre Zustimmung zu einem Sanierungsvertrag verweigern und diesen dadurch gänzlich verhindern. Sie tun dies in der Hoffnung, anderen Verhandlungsparteien noch mehr Zugeständnisse abzuringen.[508] Dabei zielen sie auf eine Wertverteilung, die sie gemessen an ihrem Forderungsrecht im Verhältnis zu den anderen Forderungsrechten übermäßig begünstigt.[509] Solche Gläubiger vertrauen auf ein starkes Interesse oder eine Angewiesenheit der anderen Beteiligten am Zustandekommen eines gemeinsamen Vertrages.[510] Je stärker die anderen Beteiligten von der Sanierung abhängig sind, desto eher sind sie zu überproportionalen Zugeständnissen bereit.[511] Sie wollen lieber einen Vertrag abschließen, der sie überproportional stark belastet, als den Vertragsschluss insgesamt scheitern zu lassen.

Zwischen den bisher behandelten Interessen und den Trittbrettfahrern gibt es einen inhaltlichen Unterschied. Bei den Trittbrettfahrern ist der angestrebte Vorteil zwingend mit dem sich daraus ergebenden Nachteil für die anderen Beteiligten verbunden. Die überanteilige Befriedigung der Trittbrettfahrer setzt die unteranteilige Befriedigung anderer Beteiligter zwingend voraus. Die Benachteiligung der anderen Gläubiger ist nicht lediglich Reflex, sondern zwingend gewolltes Zwischenziel zur Erreichung des beabsichtigen Zwecks. Verfolgen die ablehnenden Gläubiger dagegen zum Beispiel ein Liquiditätsinteresse, ist der Nachteil der anderen Beteiligten ein reiner Reflex des gewollten Ziels. Wenn es einen Plan gäbe, der einen höheren Planmehrwert erzeugte und gleichzeitig das Liquiditätsinteresse befriedigte, stimmten sie für diesen. Bei der Gewinnmaximierungsabsicht der Trittbrettfahrer soll es sich laut Entwurfsbegründung um »ungerechtfertigte Sondervorteile« handeln.[512] Eine inhaltliche Rechtfertigung

503 *Eidenmüller,* ZIP 2007, 1729, (1737); *Goetker/Schulz*, ZIP 2016, 2095 (2098).
504 *Ehlers,* ZInsO 2005, 169 (170).
505 In Bezug auf das Restrukturierungsrecht: *Skauradszun,* KTS 2021, 1 (8).
506 Das gleiche Blockadepotential kam im Insolvenzplanverfahren vor Einführung des ESUG und kommt in freien Verhandlungen weiterhin auch Anteilsinhabern zu, vgl. dazu: *Eidenmüller/Engert*, ZIP 2009, 541 (542 f.); *Curtze*, Einsatz, S. 12 ff.
507 *Goetker/Schulz*, ZIP 2016, 2095 (2098); *Westpfahl*, ZGR 2010, 385 (395); *Bitter*, ZGR 2010, 147 (149).
508 *Madaus,* FS Wimmer, 446 (467 f.).
509 *Madaus,* FS Wimmer, 446 (467 f.).
510 *Goetker/Schulz*, ZIP 2016, 2095 (2098).
511 *Goetker/Schulz*, ZIP 2016, 2095 (2098).
512 BT-Drs. 12/2443, S. 79.

erfolgt nicht. Ebenso fehlt es an einer Bestimmung, wann ein beabsichtigter Vorteil ein ungerechtfertigter Sondervorteil ist.

Zwar verhindern Trittbrettfahrer Lösungen, von denen alle profitieren könnten.[513] Die wirtschaftliche Vernunft des Einzelnen muss sich aber nicht am Wohl der Gesamtheit orientieren. Bei der Abstimmung geht es nur um das wirtschaftliche Schicksal des Einzelnen. Die Blockade einer Sanierungsentscheidung ist dann vernünftig, wenn die Vorteile und die Wahrscheinlichkeit des erhofften neuen Sanierungsplans für den Trittbrettfahrer das Risiko überwiegen, sämtliche Sanierungen zu verhindern und einen Wertverlust seiner Forderung in der Liquidation herbeizuführen. Trittbrettfahrer sind nicht grundsätzlich dem Argument ausgesetzt, ihre Verweigerungshaltung sei wirtschaftlich unvernünftig.[514]

Daher ist die negative Konnotation von Trittbrettfahrern, die den Rest der Gläubiger »erpressen«[515] oder »nötigen«[516], bei näherer Betrachtung zu überdenken.[517] Trittbrettfahrer zeichnet zunächst nur aus, die Ungewissheit über das Zustandekommen eines Vertrages länger als andere auszuhalten. Sie haben eine hohe Bereitschaft, eine zur Verhandlung stehende Sanierungslösung abzulehnen und scheitern zu lassen. Diese Bereitschaft ist nicht missbräuchlich. Opportunismus ist im deutschen Zivilrecht erlaubt.[518] Darüber hinaus kann die Bereitschaft auf nachvollziehbaren Umständen beruhen. Trittbrettfahrer können sich ihre Verhandlungslage im Vorfeld der Insolvenz eines Schuldners durch ein eigenes sorgfältiges Wirtschaften erarbeitet haben. Sie können sich Rücklagen aufgebaut haben. Wer Rücklagen hat, hält die Ungewissheit über einen Vertragsschluss oder das Scheitern desselben länger aus, als der, der keine hat. Wenn die Rücklagen selbst erarbeitet sind, ist das Ausnutzen dieser nicht missbräuchlich. Bildet Gläubiger A beispielsweise im Zeitpunkt 1 Rücklagen, kann er dieses Geld im Zeitpunkt 1 nicht nutzen. Er legt es zurück, um im Zeitpunkt 2 Ausfälle von Forderungen kompensieren zu können. Gläubiger 2 bildet dagegen keine Rücklagen, weil er das Geld lieber gewinnorientierter anlegen will. Kommt es nun zur Insolvenz eines gemeinsamen Schuldners, hat Gläubiger 1 eine bessere Verhandlungsposition. Denn er kann das Scheitern der Verhandlungen hinnehmen und auf seine Rücklagen zurückgreifen. Es ist zu rechtfertigen, warum er den durch Rücklagen erarbeiteten Vorteil nicht solle nutzen dürfen. Wer dem Gläubiger A nun wirtschaftliche Unvernunft oder Rechtsmissbrauch vorwirft, bringt ihn um die Früchte seines sorgfältigen Wirtschaftens.

513 Vgl. für das Blockadepotential von Gesellschaftern vor Einführung des ESUG *Spetzler*, Eingriffe, S. 51.

514 *Müller*, Verband, S. 275.

515 *Braun*, FS Fischer, 53 (69) geht sogar davon aus, vor Einführung des ESUG erfüllten Gesellschafter den strafrechtlichen Tatbestand der Erpressung, wenn sie einen Preis für den Abkauf ihrer Anteile verlangten; dagegen zu Recht: *Spetzler*, Eingriffe, S. 51.

516 BT-Drs. 12/2443, S. 94, wobei die Begründung den Begriff »nötigen« selbst in Anführungszeichen setzt.

517 *Müller*, Verband, S. 275.

518 *Spetzler*, Eingriffe, S. 51; vgl auch *Müller*, Verband, S. 275, der die Adjektive opportunistisch und obstruktiv in Bezug auf das Verhalten der Akkordstörer als Brandmarkung ihrer privatautonomen Freiheit sieht.

Der schlechte Ruf der Trittbrettfahrer in der Insolvenz eines Schuldners mag auf der Vorstellung beruhen, die Gläubiger säßen »alle in einem Boot«. Dadurch entstünde in irgendeiner Form eine Verantwortung, an einer Lösung mitzuwirken, von der alle profitierten.[519] Dieser Argumentation liegt jedoch eine Kollektivierung der Gläubiger zugrunde, die es eigentlich erst zu begründen gilt. Sie geht von einer Verantwortung der Gläubiger untereinander aus, die sie fingiert. Die Insolvenz des Schuldners führt nur zur Geltung des Gleichbehandlungsgrundsatzes und zu keiner darüber hinausgehenden Verantwortung.

Aus dem gleichen Grund ist auch die von der Entwurfsbegründung gewählte Formulierung der »ungerechtfertigten Sondervorteile«[520] abzulehnen. Ihr liegt die Annahme zugrunde, Gläubiger dürften in einer Sanierungsverhandlung nicht uneingeschränkt ihre Interessen verfolgen. Stattdessen gebe es einen gewissen Rahmen, innerhalb dessen sich die eigene Verhandlungsforderung bewegen müsse. Darin liegt implizit eine Zuweisung von Rechten, die bei einer privatautonomen Lösung eigentlich erst zu finden wäre.[521]

b) Wirtschaftliche Unvernunft und Rechtsmissbrauch

Ebenfalls überzeugt die von *Madaus* aufgestellte Annahme nicht, die Ablehnung eines wirtschaftlich vernünftigen Planes sei rechtmissbräuchlich und rechtfertige die Anordnung eines Kontrahierungszwangs.[522]

aa) Privatautonomie und allgemeiner Kontrahierungszwang

Wenn der Insolvenzplan ein Vertrag ist, geht es beim Zustandekommen des Plans um einen Vertragsschluss. Für diesen braucht es nach dem Grundsatz der Privatautonomie den zustimmenden Willen aller Beteiligten.[523] Die Privatautonomie erscheint bei Verträgen in ihrer Ausprägung als Vertragsfreiheit.[524] Darin kommt das Prinzip der Selbstbestimmung zum Ausdruck.[525] Die Parteien entscheiden selbst, ob sie einen Vertrag schließen wollen.[526] Sie entscheiden ebenso selbst, welchen Inhalt des Vertrages sie für angemessen halten.[527] Weil es auf den Willen der Parteien ankommt, können

519 *Goetker/Schulz*, ZIP 2016, 2095 (2098) setzen zum Beispiel einfach diese Annahme: »Denn obwohl die Sanierung eines in Krise geratenen Unternehmens grundsätzlich im Interesse aller Beteiligten liegen sollte«.

520 BT-Drs. 12/2443, S. 79, auf S. 94 spricht die Begründung davon, Gruppen könnten andere zu »ungerechtfertigten Zugeständnissen »nötigen««; auch *Madaus*, FS Wimmer, 446 (467) spricht von Sondervorteil.

521 *Henckel*, KTS 1989, 477 (484) spricht dem Mehrheitsentscheid zu Recht ab, ein Instrument der Privatautonomie zu sein; ihm folgend *Wegener*, Minderheitenschutz, S. 88.

522 *Madaus*, Insolvenzplan, S. 280 ff.

523 *Flume*, AT II, S. 7.

524 *Bork*, BGB AT, § 2, Rn. 100.

525 *Flume*, AT II, S. 6.

526 *Flume*, AT II, S. 7 f.

527 *Flume*, AT II, S. 7 f.

die Rechtssubjekte für sich auch nachteilhafte Verträge schließen.[528] Es ist ebenso unbedenklich, wenn sie vorteilhafte Verträge nicht schließen. Es gibt keine Selbstoptimierungspflicht in dem Sinne, vorteilhafte Verträge abschließen zu müssen.

Die Privatautonomie gilt nicht uneingeschränkt. Sie ist unterschiedlichen Einschränkungen ausgesetzt. Zum Teil verbieten Normen gewisse Vertragsinhalte oder schreiben bestimmte Vertragsinhalte vor.[529] Andere Normen verbieten den Abschluss gewisser Verträge. Umgekehrt gibt es Kontrahierungszwänge, die den Abschluss von Verträgen vorschreiben. *Nipperday* versteht darunter »die aufgrund einer Norm der Rechtsordnung einem Rechtssubjekt ohne seine Willensbindung im Interesse eines Begünstigten auferlegte Verpflichtung, mit diesem einen Vertrag bestimmten oder von unparteiischer Seite zu bestimmenden Inhalts abzuschließen«.[530] Es gibt eine Vielzahl an gesetzlichen Kontrahierungszwängen.[531] Der Gesetzgeber ist innerhalb der verfassungsrechtlichen Grenzen frei darin, den Privatrechtsverkehr durch Kontrahierungszwänge zu ordnen.[532] Es herrscht seit langem eine Diskussion über die Frage, ob es im Privatrecht neben diesen gesetzlichen Kontrahierungszwängen einen eigenen, allgemeinen Kontrahierungszwang gibt. Gemeint ist ein Kontrahierungszwang, der der Privatautonomie innewohnt oder zumindest als Ergänzung der Privatautonomie wirkt.

Nach mittlerweile überwiegender Ansicht gibt es zwar einen allgemeinen Kontrahierungszwang.[533] Sein inhaltlicher Geltungsgrund ist dagegen höchst umstritten.[534] Eine Vorstellung ist, der allgemeine Kontrahierungszwang leite sich aus einer Analogie zu den gesetzlichen Kontrahierungszwängen ab.[535] Andere stützen den Kontrahierungszwang auf den allgemeinen Gleichbehandlungsgrundsatz aus Art. 3 Abs. 1 GG.[536] Eine weitere Auffassung erkennt einen Kontrahierungszwang gegenüber Privaten an, wenn diese eine soziale Funktion am Markt übernommen haben.[537] Neben diesen Ansätzen versuchen andere, den Kontrahierungszwang stärker mit dem Schutz der Freiheit des Begünstigten zu begründen. So bestehe ein Kontrahierungszwang, um die notwendigen Bedürfnisse des Einzelnen zu befriedigen.[538] Ein anderer Vorschlag geht dahin, den Kontrahierungszwang nur für Güter des notwendigen Bedarfs anzuerkennen.[539]

528 *Flume*, AT II, S. 7 f.; *Bork*, BGB AT, § 2, Rn. 101.
529 Vgl. *Neuner*, BGB AT, § 10, Rn. 38.
530 *Nipperdey*, Kontrahierungszwang, S. 7.
531 Vgl. die Übersicht bei Staud/*Bork*, Vorbemerkungen zu den §§ 145–156, Rn. 17.
532 *Madaus*, Insolvenzplan, S. 266.
533 Staud/*Bork*, Vorbemerkungen zu den §§ 145–156, Rn. 21.
534 Staud/*Bork*, Vorbemerkungen zu den §§ 145–156, Rn. 21.
535 *Larenz*, Schuldrecht I, § 4 Ia); *Grunewald*, AcP 1982, 181 (192 ff.), die einen Kontrahierungszwang analog zu gesetzlichen schafft.
536 *Raiser* ZHR 111 1948, 74 (93 f.); *Wolf*, FS Raiser, 597 (611 f.); in diesem Sinne ist auch die Stadionverbotsentscheidung des BVerfG zu deuten, vgl. BVerfGE 148, 267 (283 f.) – Stadionverbot.
537 *Bülck*, Kontrahierungszwang, S. 86, der den Kontrahierungszwang unter anderem auf die eindeutig abzuweisende »volksgenössische Verbundenheit« stützt; *Hackl*, Vertragsfreiheit, S. 30, der parallel auch auf Art. 3 GG abstellt; *Klose/Straub*, MedR 2017, 935 (937); *Neuner*, Privatrecht, S. 287 f., der auf das Sozialstaatsprinzip abstellt.
538 *Bydlinski*, AcP 1980, 1 (37).
539 *Flume*, AT II, S. 10.

Die Breite an Auffassungen setzt sich fort, wenn es um die Tatbestandsvoraussetzungen des Kontrahierungszwangs geht. Im Ausgangspunkt herrscht zumindest eine gewisse Einigkeit. Viele fordern eine Monopolstellung des Gezwungenen in Bezug auf ein bestimmtes Gut oder eine Dienstleistung.[540] Der Begünstigte muss auf dieses Gut oder die Dienstleistung angewiesen sein.[541]

bb) Subsumtion des Insolvenzplans

Ganz gleich, welche Auffassung letztendlich überzeugt, lässt sich der Insolvenzplan unter keine Auffassung subsumieren. Beim Insolvenzplan ist der Vertragsgegenstand kein entsprechendes Gut oder keine Dienstleistung.[542] Es handelt sich um einen Verfügungsvertrag, der bestehende Forderungen verändert. Darüber genießt der Gläubiger beim Insolvenzplan kein Monopol, die eine Abhängigkeit der anderen Gläubiger begründete. Der Vertrag kommt zwar ohne den Gläubiger nicht zustande. Diese Monopolstellung kommt aber bei der Privatautonomie jedem Vertragsbeteiligten zu. Jeder Private hat grundsätzlich ein »Monopol« auf Verträge, bei dem er Beteiligter ist. Die beim mittelbaren Kontrahierungszwang geforderte Monopolstellung muss eine solche sein, die sich auf den Vertragsgegenstand erstreckt und sich nicht in der Persönlichkeit des Vertragspartners erschöpft.

Auch *Busche* hat Voraussetzungen für einen allgemeinen Kontrahierungszwang aufgestellt.[543] Der Vertragswillige muss ein rechtlich geschütztes Interesse verfolgen.[544] Er kann dann von einem anderen einen Vertragsschluss verlangen, wenn dieser vertragsgeneigt[545] und leistungsfähig[546] ist und der Vertragswillige von ihm abhängig ist.[547] Eine Abhängigkeit scheidet beim Insolvenzplan schon deshalb aus, weil die Vertragswilligen zur Erreichung ihres Interesses nicht zwingend auf den Beitrag der Vertragsunwilligen angewiesen sind. Die Sanierung könnte genauso unter Beschaffung anderer Finanzmittel oder der größeren Aufopferung der eigenen Forderungen erfolgen. Im Übrigen ist die Auffassung von *Busche* abzulehnen. Die grundlegende Prämisse von *Busche* überzeugt nicht, Teil der Privatautonomie sei der Vertragsschluss mit anderen.[548] Teil der Privatautonomie als Instrument zur Selbstbestimmung der Privaten ist nur der Wunsch des Privaten, mit jemand anderem einen Vertrag zu schließen.[549] Wäre die Entscheidung des Gegenübers von der Privatautonomie eines Privaten um-

540 *Bydlinski*, AcP 1980, 1 (35); *Flume*, AT II, S. 10; *Kilian*, AcP 1980, 47 (52, 74 ff.).

541 *Grunewald*, AcP 1982, 181 (194 f.).

542 Vgl. JaegerInsO/*Piekenbrock*, § 254, Rn. 11; für den Restrukturierungsplan mit einer auch für den Insolvenzplan geltenden Begründung *Brinkmann*, FS Karsten Schmidt I, 153 (157 f.).

543 *Busche*, Privatautonomie, S. 140 f.

544 *Busche*, Privatautonomie, S. 127 ff.

545 *Busche*, Privatautonomie, S. 136 ff.

546 *Busche*, Privatautonomie, S. 139.

547 *Busche*, Privatautonomie, S. 139 ff.

548 *Busche*, Privatautonomie, S. 102 ff.

549 Vgl. *Neuner*, BGB AT, § 10, Rn. 34: »Die Abschlussfreiheit besteht sowohl in der Freiheit zur Abgabe eines Angebots (*Angebotsfreiheit)* als auch in der Freiheit zur Annahme eines Angebots (*Annahmefreiheit*).«

fasst, diente sie nicht mehr vorrangig der Selbstbestimmung. Sie diente der Fremdbestimmung.

cc) Wirtschaftliche Unvernunft als Rechtsmissbrauch?

Auch die Begründung von *Madaus* greift auf Gedanken zurück, die die Privatautonomie in ihrem Grundsatz negieren. Kern des Kontrahierungszwangs ist die Voraussetzung, durch den aufgezwungenen Vertrag wirtschaftlich nicht schlechter zu stehen.[550] Dieser Gedanke ist verallgemeinerungsfähig. Dann müsste es einen allgemeinen Kontrahierungszwang für den Abschluss von Verträgen geben, die für den Gezwungenen wirtschaftlich vernünftig sind. Ein solcher Kontrahierungszwang würde die Privatautonomie aufgeben. Die Privatautonomie soll es den Privaten im Grundsatz ermöglichen, willkürlich über den Abschluss von Verträgen zu entscheiden.[551] Bei einem Kontrahierungszwang für wirtschaftlich vernünftige Verträge bestände die Funktion der negativen Vertragsfreiheit nur noch in der Ablehnung wirtschaftlich nachteilhafter Verträge. Es obläge nicht mehr der Willkür des Einzelnen, ob der Vertrag zustande kommt. Es bestände eine Pflicht, auf Antrag von anderen seine eigene wirtschaftliche Position zu verbessern. Es ist uneingeschränkt der Kritik von *Smid* an der Entwurfsbegründung zuzustimmen, es gebe kein Vorbild im geltenden Recht, wirtschaftlich unvernünftige Entscheidungen als rechtsmissbräuchlich einzustufen.[552] Auch bei einem aus objektiver Sicht vorteilhaften Vertrag, hat jeder das Recht, den Vertrag abzulehnen.[553] Die Freiheit des Einzelnen hat sich nicht an einer wirtschaftlichen Betrachtung seiner Rechtsverhältnisse auszurichten.[554] Dieses Ergebnis findet in verschiedenen Stellen des Privatrechts Rückhalt. Eine Schenkung ist gemäß § 516 Abs. 2 S. 1 BGB gegen den Willen des Beschenkten nicht möglich. Bei einem Vertrag zugunsten Dritter kann der Dritte gemäß § 333 BGB das Recht zurückweisen. Ebenso gilt im Bereicherungsrecht das Verbot der aufgedrängten Bereicherung. Bedenkenlos im Einklang mit der Privatautonomie steht die außergerichtliche Vergleichsordnung von *Künne*.[555] Sie ist ein »nicht-gesetzliches Regelwerk«[556] und zielt auf die Herbeiführung von Vergleichen ab, ohne eine Bindung gegen den Willen von Beteiligten anzuordnen.[557]

dd) Sonderverbindung in der Insolvenz

Ebenso ist der Vorwurf von *Madaus* zurückzuweisen, ein Gläubiger übe sein Abstimmungsrecht zu Lasten anderer aus, wenn er gegen einen Plan stimme, der ihm wirt-

550 Vgl. *Madaus,* Insolvenzplan, S. 257, 280 ff., 283 ff.
551 BVerfGE 81, 242 (254 f.) – Handelsvertreter; *Flume*, AT II, S. 6 ff.
552 *Smid,* FS Pawlowski, 387 (395).
553 *Brinkmann*, FS Karsten Schmidt I, 153 (158): »Im Gegenteil ist von der Privatautonomie gerade auch egoistisches und sogar unvernünftiges Verhalten gedeckt.«
554 Staud/*Repgen,* § 226 BGB, Rn. 19: »Niemand ist allgemein privatrechtlich verpflichtet, sich wirtschaftlich sinnvoll zu verhalten.«
555 *Künne,* Vergleichsordnung, S. 25 f.
556 *Grünewald*, Mehrheitsherrschaft, S. 311.
557 *Künne,* Vergleichsordnung, S. 25 f.

schaftliche Vorteile verspricht.[558] Ein Gläubiger übt seine Privatautonomie dadurch nicht »zu Lasten« anderer aus. Die Ausübung eines Rechts geht nur zu Lasten anderer, wenn die Ausübung des Rechts auf die Rechte der anderen einwirkt.[559] Beim Vertragsschluss geht es aber gerade um die Frage, ob die Parteien neue Rechte schaffen, bzw. bestehende Rechte neu ordnen.[560]

Diese allgemeinen Maßstäbe gelten auch in der Insolvenz eines gemeinsamen Schuldners. Die Ablehnung eines Insolvenzplans wäre nur eine Rechtsausübung zu Lasten anderer, wenn alle Gläubiger einen Anspruch gegeneinander hätten, den eigenen Wertzufluss zu erhöhen. Ein Gläubiger ist jedoch nicht für den Wertzufluss anderer Gläubiger des gemeinsamen Schuldners verantwortlich.

(1) Gleichbehandlungsgrundsatz

Die Insolvenz des Schuldners führt wegen der Gleichheit der Privaten zur Geltung des Gleichbehandlungsgrundsatzes. Der durch die Insolvenz ausgelöste Verteilungskonflikt rechtfertigt allein Einschränkungen, die notwendig zur Auflösung des Verteilungskonflikts sind. Eine darüber hinausgehende Sonderverbindung vermag die Insolvenz nicht zu begründen. Sie führt nicht zur Pflicht eines Gläubigers, an der Interessenverwirklichung eines anderen Gläubigers mitzuwirken.

(2) Bruchteilsgemeinschaft

Zwar entsteht durch die Insolvenz eines Schuldners eine Bruchteilsgemeinschaft der Gläubiger. Diese erschöpft sich jedoch im gemeinsamen Verwertungsrecht des Regelinsolvenzverfahrens und umfasst nicht die Befugnisse des Planverfahrens.

(3) Sonderverbindung aus § 242 BGB

Madaus führt aus, das Verbot von Rechtsmissbrauch kenne eine positivrechtliche Grundlage in § 242 BGB.[561] Der Begriff des »Rechtsmissbrauchs« meint in § 242 BGB aber etwas anderes, als wenn es um rechtsmissbräuchliche Ausübung der Privatautonomie geht.[562] Bei § 242 BGB geht es um die Einschränkung eines bestehenden Rechts wegen der rechtsmissbräuchlichen Ausübung desselben.[563] Der allgemeine

558 *Madaus,* Insolvenzplan, S. 280.
559 Vgl. BeckOGKBGB/*Voigt,* § 823, Stand: 01.07.2024, Rn. 10.
560 Vgl. *Brinkmann*, FS Karsten Schmidt I, 153 (157).
561 *Madaus,* Insolvenzplan, S. 280; vgl. allgemein für den in § 242 BGB innewohnenden Gedanken von Treu und Glauben *Puppe,* Schule, S. 280: »Mit [...] so hehren Worten wie [...] Treu und Glauben kann man nichts begründen und schon gar nicht etwas beweisen.«.
562 Vgl. *Busche*, Privatautonomie, S. 160: »Aus diesem Grunde kann es nur darum gehen, die Gute-Sitten-Klausel des § 826 BGB anhand des das Vertragsrecht bestimmenden Rechtsprinzip der Selbstbestimmung auszufüllen.«
563 BGHZ 42, 374 (377 f.): »Der zugrunde liegende Gedanke von Treu und Glauben ist praktisch eine bloße Schranke der Rechtsausübung; seine Anwendung beschränkt sich auf Ausnahmefälle, deren Besonderheit einen über die gesetzliche Regelung hinausgehenden billigen Ausgleich der widerstreitenden Interessen dringend geboten erscheinen läßt.«; Vgl. BeckOGKBGB/*Rövekamp,* § 226, Stand: 01.06.2024, Rn. 6.

Kontrahierungszwang verschafft dagegen einen Anspruch auf Schaffung eines neuen Rechts.[564] Keine Auffassung stützt den allgemeinen Kontrahierungszwang auf § 242 BGB. Stattdessen stehen als Grundlage §§ 826 und 1004 BGB, sowie eine richterrechtliche Rechtsfortbildung zur Debatte.[565]

Darüber hinaus ergäben sich tatbestandliche Probleme, wenn § 242 BGB die Grundlage für die Befugnisse des Insolvenzplans wäre.[566] § 242 BGB erfordert eine Sonderverbindung.[567] Diese kann bei den Gläubigern nur aus der gegenseitigen Einwirkungsmacht folgen. Diese führt wiederum nur zur Geltung des Gleichbehandlungsgrundsatzes.

Schließlich lässt sich eine Sonderverbindung auch nicht vor dem Hintergrund der Rechtsprechung des BGH zum nachbarlichen Gemeinschaftsverhältnis[568] begründen. Zwar kann nach dem BGH zwischen Nachbarn § 242 BGB Anwendung finden.[569] Das Verhältnis der Nachbarn erschöpft sich jedoch in Rücksichtnahmepflichten.[570] Sie erfasst keinen weitergehenden Kontrahierungszwang zum Schluss neuer Verträge.[571] Im Übrigen ist auch keine Fallgruppe von rechtsmissbräuchlichem Verhalten anerkannt, welche allein an eine wirtschaftlich unvernünftige Entscheidung anknüpft.[572]

Auch § 226 BGB spricht dagegen, wirtschaftlich unvernünftiges Handeln schon für sich genommen als rechtsmissbräuchlich einzustufen. Danach ist die Ausübung eines subjektiven Rechts ausgeschlossen, wenn die Ausübung nur den Zweck haben kann, einem anderen zu schaden.[573] Solange das Verhalten des Rechtsinhabers auch einem anderen Zweck dienen kann, greift das Schikaneverbot nicht ein.[574] Insbesondere ist ein Verhalten nicht automatisch schikanös im Sinne von § 226 BGB, wenn es wirtschaftlich unvernünftig ist.[575] Bei der Subsumtion der Ablehnung eines Insolvenzplans unter § 226 BGB ergibt sich eine zusätzliche Besonderheit. Der Insolvenzplan ist ein mehrseitiges Geschäft, an dem mehr als nur zwei Vertragsparteien beteiligt sind. Es ist fraglich, ob eine Schädigungsabsicht gegenüber einem Beteiligten ausreicht, um allen Beteiligten gegenüber rechtsmissbräuchlich zu sein. Da es hier aber um die missbräuchliche Ausübung der Privatautonomie und nicht um den Missbrauch eines klassischen subjektiven Rechts geht, kann die Frage dahinstehen.

564 *Brinkmann*, FS Karsten Schmidt I, 153 (157).
565 Vgl. Staud/*Bork*, Vorbemerkungen zu den §§ 145–156, Rn. 21 ff.
566 Zur Untauglichkeit von § 242 BGB als Grundalge für eine Treuepflicht von Gläubigern untereinander *Bamberger*, in: Sanierungsfinanzierung, § 24, Rn. 31 ff., der die Normen des Planverfahrens als Mitwirkungspflichten versteht (Rn. 30), ohne den inhaltlichen Geltungsgrund an dieser Stelle klar zu benennen.
567 BeckOKBGB/*Sutschet*, § 242, Stand: 01.08.2024, Rn. 14.
568 BGHZ 42, 374 (377).
569 BGHZ 42, 374 (377).
570 BGHZ 42, 374 (377).
571 BGHZ 42, 374 (377): »Durch das nachbarliche Gemeinschaftsverhältnisse werden im allgemeinen keine selbstständigen Ansprüche begründet.«
572 *Bamberger*, in: Sanierungsfinanzierung, § 24, Rn. 36, stellt im Rahmen von § 242 BGB darauf ab, ob »jegliches Eigeninteresse« an der Rechtsausübung fehlt; vgl dazu auch MüKoBGB/*Finkenauer*, § 313, Rn. 46.
573 Staud/*Repgen*, § 226, Rn. 10.
574 BeckOGKBGB/*Rövekamp*, § 226, Stand: 01.06.2024, Rn. 1.
575 Staud/*Repgen*, § 226 BGB, Rn. 19.

ee) Rechtsmissbrauch bei anderem Verständnis des Abstimmungsrechts

Die Ablehnung des Insolvenzplans aus anderen als den in § 245 InsO genannten Kriterien wäre höchstens rechtsmissbräuchlich, wenn das Abstimmungsrecht nur eingeräumt würde, um über das Vorliegen dieser Voraussetzungen zu entscheiden. Wenn man das Abstimmungsrecht in dieser Weise versteht, diente die Abstimmung über den Insolvenzplan jedoch nicht mehr der freien Willensausübung der Gläubiger.

ff) Planverfahren als besonderer gesetzlicher Kontrahierungszwang

Madaus hält der Kritik entgegen, diese Grundsätze gälten nur für den allgemeinen Kontrahierungszwang.[576] Bei § 245 InsO handele es sich indes um einen besonderen gesetzlichen Kontrahierungszwang.[577] Der Gesetzgeber könne gesetzliche Kontrahierungszwänge aus vielen Gründen schaffen und sei nicht an das dogmatische Fundament des allgemeinen Kontrahierungszwangs gebunden.[578]

Die Einordnung eines Kontrahierungszwangs als gesetzlicher Kontrahierungszwang entbindet jedoch nicht davon, ihn auf seinen inhaltlichen Geltungsgrund zu untersuchen. Wenn *Madaus* die Zustimmungspflichten durch ein missbräuchliches Verhalten der Gläubiger zu rechtfertigen versucht, muss diese Aussage zutreffen, ganz gleich, ob es sich um einen Ausfluss des allgemeinen Kontrahierungszwangs oder um einen besonderen gesetzlichen Kontrahierungszwang handelt.

gg) Keine Auswirkung auf die Rechtsnatur des Insolvenzplans

Die Rechtsnatur des Insolvenzplans[579] ist nicht Gegenstand dieser Untersuchung. Wenn sich die Zustimmungspflichten nicht mit dem Privatrecht in Einklang bringen lassen, verbietet dies nicht, den Insolvenzplan als Vertrag zu begreifen.[580] Wie die Versorgungskontrahierungszwänge zeigen, gibt es öffentlich-rechtlich begründete Kontrahierungszwänge, die zu einem privatrechtlichen Vertrag führen.[581] Der Grund für den Abschlusszwang findet seinen Geltungsgrund dann aber nicht im Privatrecht.[582] Der Legitimationsgrund bleibt unabhängig von der Einordnung des Plans als Vertrag oder hoheitlicher Akt bedeutsam für die Auslegung der §§ 217 ff. InsO.

2. Minderheitengläubiger

Madaus trennt bei seiner Argumentation zwischen der Bindung einer ablehnenden Gruppe und der Bindung eines einzelnen ablehnenden Minderheitengläubigers, der Teil einer zustimmenden Gruppe ist.

576 *Madaus,* FS Singer, 415 (426 Fn. 40).
577 *Madaus,* Insolvenzplan, S. 266 ff.
578 *Madaus,* Insolvenzplan, S. 265 ff.; *Madaus,* FS Singer, 415 (426 Fn. 40).
579 Vgl. dazu MüKoInsO/*Eidenmüller,* § 217, Rn. 6 ff.
580 In diese Richtung dagegen JaegerInsO/*Piekenbrock,* § 254, Rn. 36.
581 Vgl. *Busche,* Privatautonomie, S. 600 ff.
582 *Busche,* Privatautonomie, S. 600 ff.

Ein Minderheitengläubiger innerhalb einer gemäß §§ 243, 244 Abs. 1 InsO zustimmenden Gruppe müsse dem Vertrag zustimmen, weil dem Planinhalt eine erhöhte Richtigkeitsgewähr zukomme.[583] Stimme die Mehrheit für eine Lösung, so folge daraus »die Vermutung, dass die von vielen gewollte Lösung auch die »richtige« Lösung für alle ist«.[584] Vor allem gelte dies, wenn in der Abstimmungsgruppe eine hohe Interessenhomogenität herrsche.[585] Dann ließe sich vermuten, »dass die von vielen gewollten Opfer auch den wenigen Ablehnenden in Anbetracht der erwarteten Vorteile vernünftigerweise zuzumuten sind«.[586] Die objektive Richtigkeit des Interessenausgleichs werde wie beim Fall der gestörten Vertragsparität durch eine richterliche Inhaltskontrolle abgesichert.[587]

a) Mehrheitsinteresse als Grundlage einer objektiven Richtigkeitsgewähr

Zweifelhaft ist die Annahme, der Mehrheitsentscheid vermittele eine objektive Richtigkeitsgewähr. *Madaus* schließt vom Mehrheitswillen einer Abstimmungsgruppe auf einen objektiv richtigen Inhalt für alle Gruppenmitglieder. Dieser Schluss überzeugt nur, wenn der Insolvenzplan überhaupt aus objektiver Sicht einen richtigen Inhalt haben kann.

Da alle Gläubiger eigene Interessen haben,[588] ist dem nicht so. Die Interessen der Beteiligten können sich unterscheiden. Soweit die Abstimmenden unterschiedliche Interessen verfolgen, sagt das Interesse der Mehrheit nichts dazu aus, ob dieses Interesse auch der Minderheit dient. Dies leuchtet zumindest für die Gruppenbildung aus § 222 Abs. 1 S. 2 InsO unmittelbar ein. Die Norm teilt die Beteiligten den Gruppen anhand ihrer Rechtsstellung und nicht anhand ihrer Interessen zu. Zwei Rechtssubjekte mit vergleichbaren Rechtspositionen können unterschiedliche tatsächliche Interessen verfolgen. Als Beispiel dienen alle oben für eine Gruppe von Gläubigern genannten Interessen.[589]

Etwas anders ist es bei der Gruppenbildung nach § 222 Abs. 2 S. 1 InsO. Wenn die Gläubiger einer Gruppe das gleiche wirtschaftliche Interesse haben, dürfte für unterschiedliche Interessen eigentlich kein Raum sein. Dies hängt jedoch davon ab, wer die jeweiligen wirtschaftlichen Interessen der Beteiligten bestimmt und ihnen zuschreibt. Wenn die Beteiligten ihr wirtschaftliches Interesse selbst benennen und dementsprechend einer Gruppe zugeordnet würden, dürfte es nur ein homogenes Interesse der Gläubiger geben. Die Beteiligten bestimmen jedoch ihr Interesse nicht selbst. Der Planinitiator entwirft die Gruppen und bestimmt anhand objektiver Kriterien die Interessen der Beteiligten.[590] Wenn dem so ist, kann das subjektive Interesse der Beteilig-

583 *Madaus*, Insolvenzplan, S. 226.
584 *Madaus*, Insolvenzplan, S. 228.
585 *Madaus*, Insolvenzplan, S. 228.
586 *Madaus*, Insolvenzplan, S. 228.
587 *Madaus*, Insolvenzplan, S. 228.
588 Vgl. *Bamberger*, in: Sanierungsfinanzierung, § 24, Rn. 3; *Basty*, Interessen, 7 ff.; vgl. *Claussen*, ZHR 147 1983, 195 (210); *Henckel*, KTS, 1989, 477 (484 f.); *Jelinek*, in: Insolvenzrecht, 21 (22); *Müller*, Verband, S. 275; *Wegener*, Minderheitenschutz, S. 75, 87.
589 Siehe S. 57.
590 BeckOKInsO/*Geiwitz/von Danckelmann*, § 222, Stand: 15.01.2023, Rn. 8.

ten davon abweichen. Aus dem Willen der Mehrheit ist also kein Schluss darauf zulässig, ob die Entscheidung inhaltlich auch für die Minderheit die richtige Entscheidung ist.

Darin unterscheiden sich die Gläubiger eines insolventen Schuldners auch von den Gesellschaftern einer Gesellschaft. Letztere einigten sich gemeinsam auf die Verfolgung eines Zwecks,[591] der grundsätzlich Maßstab für die Entscheidungen der Gesellschaft sein kann. In einer Zwangsgemeinschaft gibt es keinen gemeinsamen Zweck, auf den sich die Mitglieder einigen. Sie dürfen bei der Abstimmung ihre Interessen verfolgen. Bei den Abstimmungsgruppen im Rahmen des Insolvenzplans ist dies vom Gesetzgeber auch gewollt. Es gibt keinen einheitlichen Maßstab, anhand dessen die Mitglieder entscheiden müssten. Sie sollen vielmehr ihrem Interesse entsprechend entscheiden.

b) Widerspruch zu Befugnissen der Bruchteilsgemeinschaft

Nach der Konzeption von *Madaus* tritt ein weiteres Problem auf. Auf Ebene der abstimmenden Gruppen ist der Mehrheitsentscheid nicht der richtige Legitimationsgrund für die Zwangsbindung einer ablehnenden Gruppe.[592] Denn die Gruppen bilden zusammen eine Bruchteilsgemeinschaft.[593] Vom Wirkungskreis der Bruchteilsgemeinschaft seien die Planbefugnisse nicht umfasst.[594] Innerhalb einer Abstimmungsgruppe sei der Mehrheitsentscheid jedoch ein legitimer Grund für den Kontrahierungszwang.[595] Jede Abstimmungsgruppe ist aber als Interessengemeinschaft Teil der Bruchteilsgemeinschaft. Es leuchtet nicht ein, warum der Untergruppierung eine Befugnis zusteht, die die Gesamtgruppierung vermisst.[596] Ebenso ist schon die Geltung des Mehrheitsentscheids innerhalb einer Interessengemeinschaft auch nach dem Verständnis von *Madaus* fragwürdig, weil sich aus ihr keine eindeutigen Befugnisse herleiten ließen.[597]

c) Widerspruch zwischen Handlungsfähigkeit und Legitimationsgrund

Madaus verstrickt sich darüber hinaus in einen weiteren Widerspruch. Das Einstimmigkeitsprinzip sei privatautonom unbedenklich.[598] Es führe bei Gruppen mit geringer Interessenhomogenität aber zur Handlungsunfähigkeit der Gruppe.[599] Der Legitimationsgrund für den Mehrheitsentscheid innerhalb einer Abstimmungsgruppe sei die objektive Richtigkeitsgewähr der gefundenen Entscheidung.[600] Diese baue wiederum auf

591 Vgl. für die GmbH: RömermannGmbH/*Seibt,* § 2, Rn. 61.
592 *Madaus*, Insolvenzplan, S. 257 ff.
593 *Madaus*, Insolvenzplan, S. 215 ff.
594 *Madaus*, Insolvenzplan, S. 217 f.
595 *Madaus*, Insolvenzplan, S. 220 ff.
596 JaegerInsO/*Piekenbrock,* § 254, Rn. 35.
597 *Madaus*, Insolvenzplan, S. 212 f.: »Diese Feststellung dient dabei allein der dogmatischen Einordnung der Gläubigergruppe in das zivilrechtliche System der Personenmehrheiten; rechtliche Schlussfolgerungen lassen sich daran kaum knüpfen.«
598 *Madaus*, Insolvenzplan, S. 220.
599 Siehe dazu auch *Meyer-Haberhauer,* Entscheidung, S. 152 ff.
600 *Madaus*, Insolvenzplan, S. 226 ff.

der Interessenhomogenität der Abstimmungsgruppe auf.[601] Wenn innerhalb einer Abstimmungsgruppe eine hohe Interessenhomogenität herrscht, spricht dies nach der Argumentation von *Madaus* eher für das Einstimmigkeitsprinzip.

d) Objektive Richtigkeitsgewähr als Legitimationsgrund für einen Kontrahierungszwang

Ebenfalls überzeugt die von *Madaus* aufgestellte Annahme nicht, eine objektive Richtigkeitsgewähr rechtfertige für sich genommen schon die Geltung eines Vertrages.[602]

Die Bindung des Insolvenzplans unterscheide sich dabei nicht von der allgemeinen Bindung von Verträgen.[603] Privatautonom geschlossene Verträge gälten, weil die Parteien sie gewollt haben.[604] Sie böten eine subjektive Richtigkeitsgewähr.[605] Für die subjektive Richtigkeitsgewähr komme es nicht auf den Inhalt der Vereinbarung an.[606] Die Parteien entschieden selbst, ob der Interessenausgleich für sie der Richtige ist.[607] Eine subjektive Richtigkeitsgewähr fehle aber, wenn der Wille einer Vertragspartei beeinträchtigt ist.[608] Dann dürfe »die Rechtsordnung dem Konsens die vorbehaltslose Anerkennung verweigern und seinen Inhalt einer Gerechtigkeitskontrolle unterziehen«.[609] Informationspflichten, Widerrufsrechte und Formerfordernisse seien Mittel dieser Gerechtigkeitskontrolle.[610] Das maßgebliche Mittel der Gerechtigkeitskontrolle sei die Inhaltskontrolle des Vertrages anhand der §§ 138, 242, 307 BGB.[611] Die Inhaltskontrolle versage dem Vertrag die Geltung, wenn der Interessenausgleich unangemessen sei.[612] Hält der Vertrag der Inhaltskontrolle stand, so sei dem Inhalt eine objektive Richtigkeitsgewähr zuzusprechen. Ein Legitimationsmangel bei einer konsensualen Entscheidung werde dann durch eine richterliche Inhaltskontrolle ausgeglichen.[613] Dadurch würde »die zur Legitimation einer Bindung aller Beteiligten notwendige objektive Richtigkeitsgewähr für den gefundenen Interessenausgleich« sichergestellt.[614].

Im Insolvenzplanverfahren funktioniere die Mehrheitsentscheidung einer Abstimmungsgruppe vergleichbar.[615]. Der Mehrheitsbeschluss könne nicht auf den Konsens der Beteiligten gestützt werden.[616] Der Entscheidung fehle die subjektive Richtigkeitsgewähr.[617] Darauf käme es nicht an, wenn sie objektiv richtig ist. Die Mehrheitsent-

601 *Madaus*, Insolvenzplan, S. 228.
602 *Madaus*, Insolvenzplan, S. 226 ff.
603 *Madaus*, Insolvenzplan, S. 226.
604 *Madaus*, Insolvenzplan, S. 226.
605 *Madaus*, Insolvenzplan, S. 226.
606 *Madaus*, Insolvenzplan, S. 226.
607 *Madaus*, Insolvenzplan, S. 226.
608 *Madaus*, Insolvenzplan, S. 227.
609 *Madaus*, Insolvenzplan, S. 227.
610 *Madaus*, Insolvenzplan, S. 227.
611 *Madaus*, Insolvenzplan, S. 227.
612 *Madaus*, Insolvenzplan, S. 227, 228.
613 *Madaus*, Insolvenzplan, S. 227.
614 *Madaus*, Insolvenzplan, S. 227.
615 *Madaus*, Insolvenzplan, S. 228.
616 *Madaus*, Insolvenzplan, S. 228.
617 *Madaus*, Insolvenzplan, S. 228.

scheidung verschaffe dem Insolvenzplan eine objektive Richtigkeitsgewähr wie die Inhaltskontrolle bei gestörter Vertragsparität.[618]

Der gezogene Vergleich überzeugt nicht. Die Bindung eines Gläubigers gegen seinen Willen an einen Plan ist nicht vergleichbar mit der Geltung eines geschlossenen Vertrages, der trotz gestörter Vertragsparität der Inhaltskontrolle standhält.

Lehnt ein Gläubiger den Insolvenzplan ab, nimmt er gerade keinen Vertrag an. Er lehnt ihn auf der Grundlage eines mangelfreien Willens ab. Es sind keine Anhaltspunkte erkennbar, warum der ablehnende Gläubiger keinen freien Willen bilden konnte. Ganz im Gegenteil garantiert die richterliche Kontrolle der Einhaltung der Verfahrensbestimmungen eine einwandfreie Willensbildung der Gläubiger. Die Freiheit seines Willens ist unzweifelhaft.[619]

Madaus setzt damit zwei entgegengesetzte Fälle gleich. Nach ihm ist ein beeinträchtigter Wille, einen Vertrag zu schließen, vergleichbar mit einem mangelfreien Willen, einen Vertrag abzulehnen. Der richtige Vergleich wäre anzustellen mit einem zustimmenden Plangläubiger, der im Nachhinein nicht an den Vertrag gebunden sein möchte. Wenn seine Bindung nach einer Inhaltskontrolle fortbesteht, liegt der Fall genauso, wie die von *Madaus* angeführten Fälle der gestörten Vertragsparität.

Diese unterschiedlichen Fälle kann *Madaus* nur gleichsetzen, weil er davon ausgeht, ein Vertrag gelte entweder wegen einer subjektiven oder wegen einer objektiven Richtigkeitsgewähr. Wenn einem Vertrag die subjektive Richtigkeitsgewähr fehle, könne eine objektive Richtigkeitsgewähr die fehlende subjektive Richtigkeitsgewähr ersetzen.

Dadurch bekommt die Inhaltskontrolle eines Vertragsinhalts eine neue Funktion. Sie hat nicht mehr ausschließlich die Funktion, bei beeinträchtigten Vertragsabschlüssen ungerechten Inhalten die Geltung zu versagen.[620] Sie bekommt die Funktion, Verträge begründen zu können, obwohl der Wille der ablehnenden Partei frei und unbeeinträchtigt gebildet und geäußert ist. Positiver Legitimationsgrund für die Geltung eines Vertrages ist dann nicht mehr ausschließlich der Wille der Parteien,[621] sondern der als objektiv gerecht bewertete Vertragsinhalt.[622]

Fortgeführt trägt diese Argumentation auch einen allgemeinen Kontrahierungszwang für objektiv gerechte Verträge. Wenn der angetragene Vertrag einen aus objektiver Sicht gerechten Interessenausgleich vorsieht, müsste der Empfänger den Antrag annehmen. Der Inhalt der negativen Vertragsfreiheit beschränkte sich darauf, Verträge

618 *Madaus*, Insolvenzplan, S. 228.

619 Daher verwundert es, wenn auch die richterliche Kontrolle der Verfahrensbestimmungen zu einer Richtigkeitsgewähr des Insolvenzplans führen soll, die die Richtigkeitsgewähr eines konsensualen Vertrages übertreffe. Beim Insolvenzplan liegt nicht einmal ein beeinträchtigter Konsens vor. Es liegt eine fehlerfreie Ablehnung des Plans vor; auch *Häsemeyer*, Insolvenzrecht, Rn. 28.67 geht davon aus, § 251 InsO gebe den Gläubigern »die Möglichkeit, überprüfen zu lassen, ob ihre Interessen nicht vernachlässigt worden sind«; auch *Ganter*, FS Wimmer, 187 (214 f.) misst dem Verfahren unabhängig vom Zeitpunkt der Eröffnung eines Insolvenzverfahrens in Bezug auf die Eingriffe in Gläubigerrechte rechtfertigende Wirkung zu.

620 *Neuner*, BGB AT, § 10, Rn. 30.

621 *Flume*, BGB AT, S. 7 ff.

622 *Neuner*, BGB AT, § 10, Rn. 30.

abzulehnen, die aus objektiver Sicht keinen gerechten Interessenausgleich schaffen und daher keiner Inhaltskontrolle standhielten. Ein solcher Kontrahierungszwang beseitigt die Privatautonomie. Das Zustandekommen von Verträgen findet seine Grundlage dann nicht mehr in dem freien Willen der Privaten.

3. Ergebnis

§ 245 InsO regelt keinen Kontrahierungszwang, der auf rechtsmissbräuchliches Verhalten der ablehnenden Gläubiger reagiert. Erstens sind viele Fälle denkbar, in denen die Ablehnung des Insolvenzplans für eine Gläubigergruppe wirtschaftlich sinnvoll ist. Zweitens ist es im Zivilrecht nicht rechtsmissbräuchlich, aus wirtschaftlich unvernünftigen Gründen einen Vertragsschluss abzulehnen.

Ein Minderheitengläubiger ist nicht an den Insolvenzplan gebunden, weil der Plan für ihn eine erhöhte Richtigkeitsgewähr bietet. Erstens ist ein vernünftiger Vertragsinhalt nicht hinreichender Geltungsgrund eines Vertrags. Zweitens können sich die Interessen der Gruppenmitglieder unterscheiden. Dann hat der Wille der Mehrheit keine Aussagekraft darüber, ob der Plan auch für die Minderheit vernünftig ist. Dies gilt eindeutig bei einer Gruppenbildung nach § 222 Abs. 1 S. 2 InsO und bei genauer Betrachtung auch bei einer Gruppenbildung nach § 222 Abs. 2 InsO.

B. Privatrechtlicher Geltungsgrund des Restrukturierungsplans

Wie der Insolvenzplan, kann auch der Restrukturierungsplan eine Forderung gegen den Willen des Rechtsinhabers gestalten. Das ergibt sich aus § 67 Abs. 1 S. 1, 2, § 2 Abs. 1, § 7 Abs. 1, 2 StaRUG. Die gestaltende Wirkung des Restrukturierungsplans ist wie die gestaltende Wirkung des Insolvenzplans rechtfertigungsbedürftig.[623]

I. Bisherige Rechtfertigungsansätze zur Zwangsbindung außerhalb eines Insolvenzverfahrens

Schon vor Einführung des StaRUG gab es dogmatische Konzepte, die für einen unwilligen Gläubiger in verschiedenem Umfang eine Zustimmungspflicht zu einem Sanierungsvertrag begründen sollten.[624] Ziel war es, eine Zustimmungspflicht auch außerhalb eines Insolvenzverfahrens zu begründen.[625] Seit dem Erlass des StaRUG findet die Debatte im Lichte des neuen Gesetzes statt. Inhaltlich handelt es sich um verwandte Überlegungen.

623 *Skauradszun*, KTS 2021, 1 (8 f., 52 ff.).

624 *Canaris*, ZHR 143 1979, 113 (120 ff.); *Behmer*, Sanierungsvergleich, S. 103 ff.; zu *Bitter* siehe sogleich S. 77; zu *Eidenmüller* siehe sogleich S. 75; *Habscheid*, GS Bruns, 253 (259 ff.,262); *Wüst*, FS Wiese, 649 (655); bei Einfluss des Fremdkapitalgebers auf die Unternehmensführung auch *Servatius*, Gläubigereinfluss, S. 551 ff.

625 Vgl. *Bitter*, ZGR 2010, 147 (151): »Aufopferungspflichten in Krise und Insolvenz«.

1. Gesellschafterähnliche Sonderverbindung und Interessengemeinschaft nach Eidenmüller

Eidenmüller geht davon aus, »daß die Beteiligten an einer außergerichtlichen Unternehmensreorganisation durch ein *Netz von schuldrechtlichen Sonderverbindungen* miteinander verknüpft sind [...].«[626] Aus diesen Sonderverbindungen folgen für die Beteiligten die Pflichten, »über die in der jeweiligen Phase erforderlichen Reorganisationsmaßnahmen [zu] *verhandeln* und diesen Maßnahmen unter bestimmten Voraussetzungen sogar *zu[zu]stimmen.*«[627] Tatbestandlich liegt »[d]er zentrale Grund für die Ableitung einer Sonderverbindung zwischen den an einer außergerichtlichen Unternehmensreorganisation Beteiligten [...] nicht im Vertrauens- bzw. Anvertrauensschutz, sondern in dem hohen Maß an Interessenparallelität, das zwischen den Beteiligten besteht, und in der Tatsache, daß diese in der Krise einen »Kooperationsvertrag« (Gesellschaftsvertrag) schließen würden, wenn nicht hohe Transaktionskosten, asymmetrisch verteilte Informationen und strategisches Verhalten einzelner diesen Vertragsschluß unmöglich machten.«[628]

Die Annahme eines gemeinsamen Interesses der Gläubiger überzeugt nicht.[629] Die Gläubiger können unterschiedlichste Interessen haben.[630] In Bezug auf die Erfüllung ihrer Forderungen haben die Gläubiger sogar gegensätzliche Interessen, weil jeder Gläubiger eine möglichst hohe Befriedigung der eigenen Forderung erstrebt.[631]

Dies räumt *Eidenmüller* grundsätzlich ein.[632] Das gemeinsame Interesse entstehe für jeden Gläubiger jedoch durch die Ungewissheit darüber, ob einem ein anderer Gläubiger nicht zuvorkomme:[633] »[D]ie rücksichtslose Verfolgung der jeweiligen Einzelinteressen [kann] zu einem Zustand führen [...], der für *alle* Gläubiger suboptimal ist: Wenn sich niemand kooperativ verhält, droht ein Scheitern der Reorganisationsbemühungen und damit ein Ergebnis, das alle schlechter stellt als eine gelungene Rettungsaktion. Alle Gläubiger haben ein gemeinsames Interesse an der Maximierung der ih-

626 *Eidenmüller,* Unternehmenssanierung, S. 583; die gleiche Auffassung vertritt *Eidenmüller* in: Finanzkrise, S. 27; ZHR 160 1996, 343, (367 ff.), wobei *Eidenmüller* hier noch stärker die Figur der schlichten Interessengemeinschaft bedient; ZHR 169 2005, 528 (556); ZIP 2007, 1729 (1732); ZZP 121 2008, 273 (290); ZIP 2010, 649 (659); zustimmend *Engert,* Haftung, S. 144 ff.; die Zustimmungspflicht ablehnend, in Bezug auf die Kooperationspflicht jedoch zustimmend *Brocke,* Mitwirkungs- und Kooperationspflichten, S.159 ff.; *Servatius,* Gläubigereinfluss, S. 194; *Schulz,* Treuepflichten, S. 94 ff., 102; sympathisierend *Hölzle,* NZI 2010, 207 (208); sympathisierend, eine Zustimmungspflicht jedoch ablehnend *Bamberger,* in: Sanierungsfinanzierung, § 24, Rn. 27 ff.; *Westpfahl,* ZGR 2010, 385 (395); die Rechtsfolgen für einen »Wunschtraum« haltend *Uhlenbruck,* BB 2001, 1641 (1647).

627 *Eidenmüller,* Unternehmenssanierung, S. 619.

628 *Eidenmüller,* Unternehmenssanierung, S. 618.

629 Konkret in Bezug auf *Wüst* und *Eidenmüller*: *Madaus,* Insolvenzplan, S. 207 f.; *Müller,* Verband, S. 272.

630 *Müller,* Verband, S. 275.

631 Vgl. *Müller,* Verband, S. 273.

632 *Eidenmüller,* Unternehmenssanierung, S. 600.

633 *Eidenmüller,* Unternehmenssanierung, S. 600 f.

nen zur Verfügung stehenden Haftungsmasse und damit auch an einer Reorganisation des schuldnerischen Unternehmens.«[634]

Wie oben aufgezeigt, überzeugt dies nicht.[635] Es gibt Gläubiger, die sich sicher sein dürfen, ihre Forderungen vor anderen Gläubigern durchzusetzen. Ebenso sind Gläubiger denkbar, die auf eine vollumfängliche Durchsetzung ihrer Forderungen angewiesen sind. Für sie spielt es keine Rolle, ob die vollumfängliche Durchsetzung mit einem größeren Risiko behaftet ist. Auf gesicherte Gläubiger kann *Eidenmüller* das gemeinsame Interesse auch nur erstrecken, indem er die Annahme aufstellt, »[e]ine volle Sicherung [...] einzelner Sicherungsgläubiger dürfte nämlich ein eh seltener Ausnahmefall sein.«[636] Selbst wenn dies stimmt, kommt es bei einer rein wirtschaftlichen Betrachtung dennoch darauf an, ob der Erwartungswert der Reorganisation höher ist als der Erwartungswert, wenn man die Sicherheit verwertet. Auch dies nimmt *Eidenmüller* einfach an,[637] obwohl eine Sanierung immer scheitern und zu einer größeren Wertvernichtung führen kann.[638]

Darüber hinaus überzeugt es nicht, aus einem gemeinsamen Interesse eine gesellschaftsähnliche Bindung herzuleiten. Grundlage für eine Gesellschaft ist eine vertragliche Einigung.[639] Eine tatsächliche Einigung nimmt *Eidenmüller* zwischen den Gläubigern nicht an.[640] Er sieht in dem gemeinschaftlichen Interesse jedoch die Grundlage für einen hypothetischen Vertrag.[641] Hierfür greift er wiederum auf das gemeinsame Interesse zurück. Dem zutreffenden und naheliegenden Vorwurf, er fingiere den Willen der Gläubiger, hält er entgegen: »Es geht nicht darum, einem Beteiligten etwas unterzuschieben, was er nicht will, sondern darum, eine Regelung vorzusehen, der er zugestimmt hätte, wenn er – gewissermaßen in einer ruhigen Minute – die Logik der Situation und die Folgen unkooperativen Verhaltens bedacht hätte.«[642]

Es gibt Umstände, in denen rücksichtsloses Verhalten für individuelle Gläubiger vorteilhaft ist.[643] Zumindest auf diese trifft die Annahme *Eidenmüllers* nicht zu. Ein gutes Beispiel dafür bildet der vom BGH entschiedene Akkordstörer-Fall.[644] Nach einem ersten Sanierungsvertrag verweigert die klagende Gläubigerin ihre Zustimmung zu einem erneuten Sanierungsvertrag und setzt stattdessen ihre Rechte gegen die Schuldnerin durch.[645] Dadurch kommt die Schuldnerin erneut in die Gefahr der Zahlungsunfähigkeit.[646] Der BGH lehnte eine Pflicht der Gläubigerin zur Zustimmung zum erneuten Sanierungsvertrags ab.[647] Der BGH deutet in der Entscheidung an, eine

634 *Eidenmüller,* Unternehmenssanierung, S. 599.
635 Siehe zu den unterschiedlichen Interessen S. 17.
636 *Eidenmüller,* Unternehmenssanierung, S. 599.
637 *Eidenmüller,* Unternehmenssanierung, S. 599.
638 Allgemein zum Scheitern der Sanierung im Insolvenzverfahren ohne Bezug auf *Eidenmüller Löser*, in: Sanierungsfinanzierung, § 25, Rn. 2.
639 *Müller,* Verband, S. 274.
640 *Eidenmüller,* Unternehmenssanierung, S. 610.
641 *Eidenmüller,* Unternehmenssanierung, S. 610.
642 *Eidenmüller,* Unternehmenssanierung, S. 610.
643 *Müller,* Verband, S. 275.
644 BGHZ 116, 319.
645 BGHZ 116, 319 (320).
646 BGHZ 116, 319 (320 f.).
647 BGHZ 116, 319 (322 f.).

Zustimmungspflicht de lege ferenda für vernünftig zu halten.[648] Eine Zustimmungspflicht sei jedoch nach damals geltendem Recht nicht herzuleiten, ohne gegen das Rechtsstaatsprinzip aus Art. 20 Abs. 3 GG zu verstoßen.[649] Der Akkordstörer-Fall ist aus anderem Grunde von großer Bedeutung. Denn er widerlegt Ansätze, die aus vermeintlich gemeinsamen Interessen der Gläubiger eine Zustimmungspflicht begründen wollen. Im Akkordstörerfall des BGH wäre es widersinnig zu behaupten, die Klägerin wäre im Nachhinein froh darüber, dem Sanierungsvergleich doch zuzustimmen und auf die erlangte vollständige Befriedigung ihrer Forderung zu verzichten.

Die Figur des hypothetischen Vertrags ersetzt die tatsächliche Einigung durch ein abstraktes, von dritter Seite aus zugeschriebenem Interesse der Gläubiger. Es überzeugt nicht, aus einem gemeinsamen Interesse eine gesellschaftsrechtsähnliche Sonderverbindung herzuleiten. Wenn die Gläubiger durch ein gemeinsames Interesse verbunden sind, spricht mehr für die Annahme einer schlichten Interessengemeinschaft. Dies führte zu einer direkten oder analogen Anwendung der §§ 741 BGB. *Eidenmüller* lehnt diesen Weg ab, weil er die Rechtsfolgen für unpassend hält. So liege »[d]ie Crux [...] darin, daß die von den Anhängern der Lehre von der Interessengemeinschaft befürwortete entsprechende Anwendung der §§ 741 ff. BGB im Hinblick auf manche Interessengemeinschaften nicht sachgerecht ist [...].«[650] Die Anwendung des §§ 743 Abs. 2 BGB und des § 744 Abs. 2 BGB »erscheint gekünstelt.«[651]

Zu Recht verwirft *Eidenmüller* die Vorstellung, eine Anwendung der §§ 741 ff. BGB rechtfertige die Bindung eines Gläubigers an einen Reorganisationsvertrag gegen seinen Willen.[652] Dies rechtfertigt es jedoch nicht, die Rechtsfolgen eines anderen Instituts nur deshalb zu übertragen, weil sie die erwünschten Rechtsfolgen bereithalten. Jede Rechtsfolge ist an ihren entsprechenden Tatbestand gebunden. Die Treuepflichten zwischen Gesellschaftern beruhen auf einer anderen Grundlage als die Interessengemeinschaft.[653] Sie beruhen auf der vertraglichen Einigung der Gesellschafter.[654] Diese fehlt bei einer Interessengemeinschaft.

2. Einwirkungslehre nach Bitter

Eine andere Begründung für die Annahme von Zustimmungspflichten zu einem Sanierungsvertrag vertritt *Bitter*.[655] Er sieht in der allgemeinen privatrechtlichen Dogmatik

648 BGHZ 116, 319 (322): »Das Anliegen der Revision mag rechtspolitisch verständlich erscheinen.«
649 BGHZ 116, 319 (325); zumindest im Ergebnis wie der BGH: *Tiedtke*, EWiR 1992, 255 (256): *Langenbucher*, Entwicklung, S. 47 f.; *Ebenroth/Grasshoff*, BB 1992, 865 (865 ff.); *Oelrichs*, Gläubigermitwirkung, S. 14 f.; im Hinblick auf Kreditinstitute *Vuia*, Verantwortlichkeit, S. 394; *Neuhof*, NJW 1998, 3225 (3226); *Uhlenbruck*, BB 1998, 2009 (2011 f.); *Uhlenbruck*, BB 2001, 1641 (1645); ohne konkreten Bezug zur Entscheidung des BGH auch *Spielberger*, Kauf, S. 52.
650 *Eidenmüller*, Unternehmenssanierung, S. 607.
651 *Eidenmüller*, Unternehmenssanierung, S. 604.
652 So auch *Müller*, Verband, S. 274 f.
653 *Müller*, Verband, S. 273 f.
654 *Müller*, Verband, S. 273 f.
655 ZGR 2010, 147.

eine hinreichende Grundlage, um einzelne Gläubiger in der Krise und in der Insolvenz eines Schuldners zur Zustimmung eines mehrheitlich gewollten Sanierungsvergleichs zu zwingen.[656] Die gezwungenen Gläubiger müssten ihre nominelle Rechtsposition aufopfern.[657] Die Aufopferungspflicht finde ihren Grund in der »Einwirkungsmacht auf das Vermögen einer oder mehrerer anderer Personen, die nicht (gesellschafts-) vertraglich miteinander verbunden sein müssen.«[658] Für die Aufopferung erhalte der Gläubiger »einen Ausgleich in Gestalt des reduzierten Anspruchs, der dem wahren Wert der Forderung in der Sanierungssituation entspricht.«[659]

a) Keine Rechtszuweisung durch Einwirkungsmacht auf Interessen

Die Auffassung ist abzulehnen, weil eine Einwirkungsmacht auf fremde Interessen für sich genommen keine Pflicht begründet, diese Interessen zu wahren.[660] Das Interesse eines Privaten erfährt nur dann Schutz, wenn die Rechtsordnung es ihm rechtlich zuweist.[661] Welche Interessen rechtlich zugewiesen und geschützt sind, hängt von dem Verhältnis ab, in dem der Interesseninhaber zu der anderen Person steht. Sind die Beteiligten durch eine Sonderverbindung verbunden, weist § 241 Abs. 2 BGB den Beteiligten einen umfassenden Vermögensschutz zu.[662] Stehen die Beteiligten dagegen in keiner Sonderverbindung, erschöpfen sich ihre Pflichten in den §§ 1004 und 823 ff. BGB.[663] Dann sind nur absolute Rechte[664] mit Zuweisungs- und Ausschlussgehalt geschützt.[665] Abgesehen von den absoluten Rechten ist eine Beeinträchtigung von Interessen nicht geschützt. Primäre Vermögensschäden erfahren für sich genommen keinen Schutz, weil ihnen keine Verletzung eines absoluten Rechts vorausgeht.[666] § 826 BGB hat insofern eine Sonderrolle. Denn das subjektive Recht, nicht von sittenwidri-

656 *Bitter*, ZGR 2010, 147 (176); ihm in Bezug auf die Begründung zustimmend *Brocke*, Mitwirkungs- und Kooperationspflichten, S.162, der im Ergebnis jedoch nur Kooperationspflichten auf der Grundlage von *Eidenmüllers* Lehre annimmt.
657 *Bitter*, ZGR 2010, 147 (180 f.).
658 *Bitter*, ZGR 2010, 147 (176).
659 *Bitter*, ZGR 2010, 147 (181).
660 *Fraenkel,* Tatbestand, S. 20 ff., *Peukert,* Güterzuordnung, S. 41 f.; wohl auch *Madaus,* Insolvenzplan, S. 209, der die »klassische Trennung zwischen Delikt und Vertrag« betont; *Schäfer,* Unternehmensrestrukturierung, Dritter Teil. D. I. 2. d); dagegen ist *Brocke*, Mitwirkungs- und Kooperationspflichten, S.162 der Auffassung, »[d]as Erfordernis einer vertraglichen Bindung sollte […] nicht überbewertet werden.«; vgl *Picker,* ZfPW 2015, 385 (392 f.): »Insgesamt entzieht man sich so immer mehr der Maxime, daß subjektive Rechte nur im Rahmen der zugewiesenen Positionen Rechtsschutz erfahren«.
661 Vgl. *Picker,* ZfPW 2015, 385 (388): »Der Rechtsraum des anderen, oder präziser, die subjektive Berechtigung, die ihm das objektive Recht zuweist«.
662 Vgl. BeckOKBGB/*Sutschet,* § 241, Stand: 01.08.2024, Rn. 15; vgl. auch *Picker,* JZ 1987, 1041 (1044, 1053 f.).
663 Vgl. MüKoBGB/*Wagner,* § 823, Rn. 472.
664 BeckOKBGB/*Förster,* § 823, Stand: 01.08.2024, Rn. 143.
665 Staud/*Hager,* § 823, A. Rn. 15.
666 *Peukert,* Güterzuordnung, S. 248 f.; *Picker,* AcP 1983, 369 (470 ff., 489); vgl. auch *Picker,* JZ 1987, 1041 (1053 f.).

gen Verhaltensweisen im Vermögen geschädigt zu werden, ist schwer abzugrenzen.[667] Eine zurückhaltende Anwendung ist daher richtig. Darüber hinaus haftet das Privatrechtssubjekt nicht für das Verschulden anderer. § 831 BGB ist keine Zurechnungsnorm.[668] § 278 BGB ist dagegen eine Zurechnungsnorm mit deutlich größerer Reichweite.[669] Dem Grunde nach erschöpft sich das Verhältnis zwischen vertraglich unverbundenen Privatrechtssubjekten darin, sich in Ruhe zu lassen und sich nicht zu schädigen.[670] Die Rechtsordnung schützt nicht das Interesse von A, beim Bäcker ein Brot erwerben zu wollen. Sowohl der Bäcker kann dieses Interesse beeinträchtigen, indem er dem A kein Brot verkauft. Ebenso kann der C das Interesse von A beeinträchtigen, indem er vor dem A zum Bäcker geht und alle Brote käuflich erwirbt.

Bitter hält diese Trennung für überholt. Rücksichtnahmepflichten könnten sowohl durch eine vertragliche Bindung als auch durch eine Einwirkungsmacht auf ein Interesse entstehen. Es handele sich um »zwei Parameter [...], die zwar miteinander verbunden sein können, aber je für sich die Intensität der Rücksichtnahmepflicht beeinflussen.«[671] Diese Annahme folgert er aus dem Gesellschaftsrecht: »Doch zeigt uns schon das Gesellschaftsrecht mit seiner inzwischen bei allen Verbänden anerkannten Treuepflicht, dass die Schwarz-Weiß-Sicht des BGB, das Alles-oder-nichts-Prinzip zwischen Vertrag (mit Rücksichtnahmepflicht wegen Sonderverbindung) und Delikt (mit Beschränkung auf die Verkehrspflichten) in Wahrheit einem System fließender Übergänge zu weichen hat.«[672] So sei die Bindung zwischen Aktionären einer großen Publikumsgesellschaft sehr locker und entstehe allein durch den Erwerb einer Aktie.[673] Dennoch bestünden zwischen Aktionären Treuepflichten.[674] Diese fänden ihren Grund im Gebot der Rücksichtnahme.[675] Dieses beruhe wiederum nicht ausschließlich auf der lockeren Bindung, sondern in einem großen Maße auf der Einwirkungsmacht der Aktionäre untereinander.[676]

Zwar mag die Bindung verschiedener Gesellschaften rechtlich und tatsächlich mal enger, mal lockerer ausfallen. Das erübrigt nicht die freie willentliche Entscheidung, Gesellschaftsanteile zu erwerben.[677] Sie ist der Geltungsgrund für die Pflichten, die aus dem vertraglichen Verbund der Gesellschaft folgen.[678] Zwar hängt die Pflichtenbin-

667 Zur Funktion des § 826 BGB als Grundlage für die Rechtsfortbildung: Staud/*Oechseler,* § 826, Rn. 1.

668 Staud/*Bernau,* § 831, Rn. 28.

669 Staud/*Hager,* Vorbemerkung zu §§ 823 ff., Rn. 37.

670 Zur verfassungsrechtlichen Wertung: *Isensee*, in: Handbuch des Staatsrechts, § 111, Rn. 5, 128 ff., der die Reichweite der grundrechtlichen Schutzpflichten des Bürgers gegenüber dem Staat für das Privatrecht in der Umsetzung des »Neminem-laedere-Prinzip[s]« sieht (Rn. 128) und der darüber hinaus eine Pflicht der Gerichte zur Inhaltskontrolle von privaten Verträgen auf Grundlage der grundrechtlichen Schutzpflichten ablehnt.

671 *Bitter*, ZGR 2010, 147 (178).

672 *Bitter*, ZGR 2010, 147 (172).

673 *Bitter*, ZGR 2010, 147 (172).

674 *Bitter*, ZGR 2010, 147 (174 f.).

675 *Bitter*, ZGR 2010, 147 (174 f.).

676 *Bitter*, ZGR 2010, 147 (174 f.).

677 *Madaus*, Insolvenzplan, S. 209; *Müller,* Verband, S. 274; *Schäfer*, Unternehmensrestrukturierung, Dritter Teil. I.2.d).

678 *Müller,* Verband, S. 274.

dung ab dem Beitritt zur Gesellschaft auch von der Einwirkungsmacht der Gesellschafter auf die sonstigen Interessen der anderen Gesellschafter ab.[679] Dies verringert indes in keiner Weise die Bedeutung des willentlichen Beitritts zur Gesellschaft. Denn die Gesellschafter erklären sich beim Vertragsabschluss konkludent damit einverstanden, die Einwirkungsmacht als solche zum Maßstab der Pflichtenbindung zu nehmen.

Führte die Einwirkungsmacht auf fremde Interessen für sich genommen schon zu einer Rücksichtnahmepflicht, bedürfte es keiner Privatautonomie.[680] Jedes Interesse würde ipso iure mit jedem anderen Interesse abgewogen und der Abwägungsgewinner hätte einen Anspruch auf die Wahrung seines Interesses.[681] Im geltenden Recht übernimmt die Privatautonomie die Auflösung solcher Interessenkollisionen. Rechte und Pflichten entstehen im rechtsgeschäftlichen Verkehr nicht durch die Abwägung verschiedener Interessen, sondern durch eine Einigung.[682] Das von *Bitter* vorgeschlagene System verneint in einem großen Maße die Freiheit von Privaten, selbst ihre Interessen in einen Ausgleich zu bringen.[683]

In Sanierungsszenarien erweitert *Bitter* damit auch den Inhalt von Ansprüchen. Die Ansprüche der Gläubigermehrheit enthalten auf einmal eine neue Befugnis. Denn ihre Ansprüche umfassen nun nicht mehr ausschließlich die Befugnis, vom Schuldner die geschuldete Leistung zu verlangen. Die Ansprüche beinhalten nun auch die Befugnis, andere Gläubiger zur Verwirklichung der eigenen Interessen zu zwingen. Es bleibt auch offen, ob und wenn ja, warum, sich diese Befugnis auf Gläubiger eines gemeinsamen Schuldners beschränken soll.[684] Bei stringenter Anwendung der Einwirkungslehre von *Bitter* müsste ein Gläubiger von einem mit ihm und dem Schuldner unverbundenen Konkurrenten des Schuldners verlangen können, die Konkurrenz zu reduzieren. Denn wenn der Konkurrent zu erfolgreich ist, verringert sich die Befriedigungswahrscheinlichkeit für den Gläubiger des Schuldners.

Letztlich bleibt auch offen, weshalb es für die Begründung von Zustimmungspflichten eines Mehrheitsentscheids bedarf. Kommt es für die Entstehung von Pflichten maßgeblich auf den Grad der Einwirkungsmacht an, erübrigt sich streng genommen auch der Mehrheitsentscheid. Ist der drohende Vermögensverlust groß genug, müsste

679 *Müller,* Verband, S. 274.

680 Vgl. *Maultzsch,* Aufopferungsansprüche, S. 160; vgl. zum Restrukturierungsplan zu Recht *Brinkmann,* FS Karsten Schmidt I, 153 (158): »Das Interesse der anderen Beteiligten daran, dass der obstruierende Gläubiger an der Verbesserung ihrer wirtschaftlichen Position mitwirkt, ist jedoch rechtlich nicht geschützt.«

681 In diese Richtung für einen allgemeinen Aufopferungsanspruch: *Hubmann,* JZ 1958, 489 (492); *Hubmann,* AcP 1956, 85 (127 ff.).

682 *Maultzsch,* Aufopferungsansprüche, S. 83 f.

683 *Picker,* ZfPW 2015, 385 (389): »Keineswegs konnte also »jede Schadenszufügung ... als Rechtsverletzung angesehen« und deshalb mit der Ersatzpflicht geahndet werden [...].«, ebenso (394): »Das »Verfahrensbelieben« des Rechtsinhabers beschränkt sich [...] auf seinen eigenen Rechtskreis.«; vgl. *Peukert,* Güterzuordnung, S. 42; siehe auch *Haas,* Kausalität, S. 70 ff., 82 f., der im Strafrecht sich gegen das Verständnis von Rechtsgütern und für das Verständnis von subjektiven Rechten ausspricht, um einer »Abwägungsjurisprudenz« (82) Einhalt zu gebieten.

684 Vgl. *Bitter,* ZGR 2010, 147 (180): »In diesem Sinne können dann aber durchaus auch Gläubiger untereinander oder ein Gesellschafter im Interesse der Gläubiger in die Pflicht genommen werden [...]«.

auch eine Minderheit von Gläubigern eine Mehrheit zwingen können. Einen solchen Zwang fordert *Bitter* jedoch nicht.[685]

Es erzeugt darüber hinaus eine undurchsichtige und unvorhersehbare Rechtslage, wenn sich die Rechte und Pflichten von Privaten durch eine Abwägung der betroffenen Interessen im Einzelfall bestimmen. Nach geltendem Recht hat ein Käufer vor Übereignung des geschuldeten Gegenstandes keinen Anspruch gegen einen Dritten, wenn dieser den Gegenstand beim Verkäufer zerstört.[686] Die Pflicht des Verkäufers zur Übereignung erlischt nach § 275 Abs. 1 BGB und er hat selbst einen Anspruch auf Schadensersatz gegen den Dritten aus § 823 Abs. 1 BGB. Käme es ausschließlich auf die Einwirkungsmacht von Interessen an, käme es auf das Gewicht der jeweiligen Interessen an. Wenn das Interesse des Käufers das Interesse des Schädigers überwiegte, hätte ersterer einen Anspruch gegen den Schädiger, sein Interesse an der Zerstörung aufzuopfern. Zerstörte der Schädiger den Gegenstand dennoch, verletzte er seine Aufopferungspflicht und machte sich dem Käufer gegenüber schadensersatzpflichtig. Für den Schädiger entstünde dadurch ein unvorhersehbares und nicht abzuschätzendes Haftungsrisiko. Dieser Fall ist darüber hinaus insofern harmlos, als der Schädiger keinen Anspruch auf die Schädigung hat. Bei den Sanierungsverträgen geht es dagegen um die Kürzung bestehender Rechte.

Die Uferlosigkeit[687] seiner Auffassung versucht *Bitter* durch verschiedene Einschränkungen einzufangen.[688] Beispielsweise gelte seine Auffassung nur für die Wahrung schon bestehender Werte.[689] Die Einwirkung auf Gewinnaussichten reiche nicht aus, um Rücksichtnahmepflichten zu begründen.[690] So könne ein Unternehmer das Kind eines Popstars nicht dazu zwingen, das Haus des berühmten Elternteils dem Unternehmer zu überlassen, um ein Museum zu errichten und einen hohen Gewinn zu erzielen.[691] Denn dabei gehe es nicht darum, bestehende Werte zu wahren.[692] Dieses Beispiel lässt sich jedoch leicht abwandeln. Dem Unternehmer droht nun die Insolvenz. Wenn sich die Vermögenslage verschlechtert, droht der Verkauf wichtiger Betriebsteile unter dem eigentlichen Wert. Jetzt müsste nach der Auffassung von *Bitter* eine Pflicht des Kindes bestehen, sein Eigentumsrecht am Haus zugunsten des Unternehmers aufzuopfern.

Außerdem geht es im Fall des Sanierungsvertrags sehr wohl um die Schaffung neuer Werte. Der Sanierungsvertrag kürzt die Gläubigerforderungen, um die Passiva des Schuldners zu verringern. Verringern sich die Passiva, ist der Schuldner wieder handlungsfähig und kann am Markt Gewinne erzielen. Diese Gewinne sind im Zeitpunkt der Kürzung noch keine bestehenden Werte. Sie wären nur bestehende Werte, wenn

685 Vgl. *Bitter*, ZGR 2010, 147 (180): »Wird einer von mehreren Gläubigern verpflichtet, einem Sanierungskonzept beizutreten und den mehrheitlich erreichten Akkord […]«.

686 Vgl. MüKoBGB/*Wagner*, § 823, Rn. 375.

687 Vgl. zum Zweck des Enumerationsprinzips bei § 823 BGB: BeckOKBGB/*Förster*, § 823, Stand: 01.08.2024, Rn. 143.

688 *Bitter*, ZGR 2010, 147 (181 ff.).

689 *Bitter*, ZGR 2010, 147 (184); zu dieser Einschränkung im Rahmen von § 904 BGB: *Maultzsch*, Aufopferungsansprüche, S. 82.

690 *Bitter*, ZGR 2010, 147 (184 f.).

691 *Bitter*, ZGR 2010, 147 (185).

692 *Bitter*, ZGR 2010, 147 (185).

die Gewinne ein im Unternehmen des Schuldners angelegtes Potential wären. Das wäre indes eine sehr weite Definition der bestehenden Werte. Das Kriterium taugte dann nicht mehr wirksam zur Einschränkung der Aufopferungspflichten. Es verfehlte seinen Zweck.

Bei den Sanierungsverträgen lassen sich die Interessen der Beteiligten zumindest in grober Weise auf den Wert des jeweiligen Rechts des Inhabers herunterbrechen. Wenn die Interessen der Beteiligten für die Abwägung immer in Werten zu quantifizieren und zu betrachten sind, überzeugt auch die Unterscheidung zwischen bestehenden und neu zu schöpfenden Werten nicht mehr. Für den Aufopfernden besteht werttechnisch kein Unterschied darin, ob er auf eine ihm geschuldete Summe verzichten oder er eine nicht geschuldete Summe zahlen muss.

Es überzeugt darüber hinaus nicht, Rechte und Interessen verschiedener Beteiligter auf einen Geldwert zu reduzieren und sie anhand einer Summe zu vergleichen.[693] Mag die naheliegendste Verwendung eines Anspruchs seine Verwirklichung sein,[694] so kann der Inhaber eines Anspruchs dennoch mit dem Anspruch nach Belieben verfahren.[695] Das ergibt sich für das Eigentum aus § 903 S. 1 BGB.[696] Der Zweck des Eigentums besteht nicht ausschließlich darin, die Sache zu veräußern. Er besteht darin, mit der Sache nach Belieben zu verfahren.[697]

Außerdem wechselt innerhalb der Argumentation das Verständnis von bestehenden und nicht bestehenden Werten. Das aufzuopfernde Interesse an der Rechtsverwirklichung des Sanierungsverweigerers unterliege in Sanierungsszenarien vor allem dann, wenn seine Forderung in der Liquidation des Schuldnerunternehmens nicht erfüllt würde.[698] Insofern sei die Forderung nicht werthaltig.[699] Auf Seiten der Sanierungsbefürworter muss es jedoch vergleichbar um das Interesse gehen, in der Zukunft mit dem Unternehmen Profite zu erwirtschaften. Diese Profite sind irreal und nicht bestehend. Zusätzlich können die Forderungen in unterschiedlichen Szenarien unterschiedlich werthaltig sein. Erklärten sich die Befürworter der Sanierung mit einem größeren Verzicht auf die eigene Forderungserfüllung zugunsten der Sanierungsverweigerer bereit, könnten deren Forderungen zu einem größeren Anteil erfüllt werden. Es leuchtet nicht ein, warum dieses Interesse zurücktreten soll.

Bitter erwartet schon in seinem Aufsatz eine Kritik, die seine Auffassung mit einem allgemeinen Aufopferungsanspruch vergleicht, und möchte dieser vorbeugen.[700] *Bitter* führt an, es gebe einen Unterschied zwischen einem Aufopferungsanspruch und einer Aufopferungspflicht.[701] Diese Aussage trifft nicht zu. Im Zivilrecht entsprechen sich

693 Vgl. *Maultzsch,* Aufopferungsansprüche, S. 83 f.
694 *Bork,* BGB AT, § 9, Rn. 284.
695 Vgl. *Bork,* BGB AT, § 9, Rn. 280 ff.
696 BeckOGKBGB/*Lakkis,* § 903, Stand: 01.08.2024, Rn. 1.
697 *Maultzsch,* Aufopferungsansprüche, S. 83 f.
698 Vgl. *Bitter,* ZGR 2010, 147 (181): »Er erhält im Gegenzug einen Ausgleich in Gestalt des reduzierten Anspruchs, der dem wahren Wert der Forderung in der Sanierungssituation entspricht.«
699 *Bitter,* ZGR 2010, 147 (180 f.).
700 *Bitter*, ZGR 2010, 147 (181 ff.).
701 *Bitter*, ZGR 2010, 147 (182).

grundsätzlich Anspruch und Pflicht.[702] Wenn der Gläubiger einer Pflicht zur Aufopferung unterliegt, gibt es korrespondierend jemanden, der auf diese Aufopferung einen Anspruch hat. Die Befürworter der Sanierung hätten gegenüber dem Verweigerer den Anspruch auf Aufopferung. Der Verweigerer hätte die Pflicht, sich aufzuopfern.

Im Ergebnis erzeugt die Auffassung von *Bitter* Duldungspflichten und Kontrahierungszwänge zu Lasten eines Rechtsinhabers,[703] dessen Interesse an seiner Rechtsverwirklichung bei einer vermögensmäßigen Betrachtung weniger schwer wiegt als das Interesse eines anderen, auf sein Recht zuzugreifen.

b) Kürzung als Ausgleich

Ebenso überzeugt auch das Argument nicht, der aufopfernde Gläubiger erhalte einen Ausgleich.[704] Der Ausgleich habe die »Gestalt des reduzierten Anspruchs, der dem wahren Wert der Forderung in der Sanierungssituation entspricht.«[705]

In der Tat kennt das Gesetz Fälle, in denen der Inhaber den Zugriff auf sein Recht durch einen Dritten zu dulden hat.[706] Das Gesetz mildert dann teils die Belastung ab, indem der Rechtsinhaber einen Anspruch auf Schadensersatz[707] oder Entschädigung in Geld[708] erhält.[709] Beispiele dafür sind neben dem bekannten § 906 Abs. 2 BGB auch § 251 Abs. 2 S. 1 BGB und § 21 Abs. 2 S. 1 Nr. 5 InsO.

Sie unterscheiden sich von dem dogmatischen Fundament von *Bitter* inhaltlich in zwei Punkten.[710]

Die gesetzlich kodifizierten Fälle der Aufopferung haben einen Tatbestand, der nicht an den rechtsgeschäftlichen Willen des Störers anknüpft. Der Rechtsinhaber muss sein Recht nicht aufgeben, nur weil andere das möchten und dem Inhaber der Wert des Rechts erhalten bleibt. Es geht um die Abwendung einer gegenwärtigen Gefahr.[711]

Dazu unterscheiden sich die Rechtsfolgen der Ausgleichsnormen von dem Vorschlag *Bitters*. Muss ein Gläubiger bei einem aufgezwungenen Sanierungsvertrag eine Kürzung oder Stundung seines Anspruchs hinnehmen, ist der gekürzte oder gestundete Anspruch keine Entschädigung für die Kürzung oder Stundung. Bei § 906 Abs. 2 S. 2

702 *Winkelmann*, Anspruch, S. 160.
703 Ob es um eine Duldungspflicht oder um einen Kontrahierungszwang geht, hängt davon ab, ob der Zugriff auf die Rechtsposition ohne die Mitwirkung des Rechtsinhabers möglich ist. An das Eigentum eines anderen kann man auch ohne dessen Willen gelangen. Dann hat der Eigentümer diesen Zugriff nur zu dulden. Soll der Eigentümer dagegen das Eigentum übertragen, muss er mit mir einen Vertrag schließen. Dann liegt ein Fall des Kontrahierungszwangs vor. Weil es beim Sanierungsvertrag um die vertragliche Kürzung oder Stundung von Forderungen geht, geht es hier um einen Kontrahierungszwang.
704 *Bitter*, ZGR 2010, 147 (180 f.).
705 *Bitter*, ZGR 2010, 147 (180 f.).
706 BeckOKBGB/*Fritzsche*, § 904, Stand: 01.05.2024, Rn. 1.
707 § 904 S. 2 BGB.
708 § 251 Abs. 2 S. 1 BGB.
709 BeckOKBGB/*Fritzsche*, § 904, Stand: 01.05.2024, Rn. 1.
710 Dagegen sieht *Schäfer*, Unternehmensrestrukturierung, Dritter Teil. D. I. 2. d) in § 21 Abs. 2 S. 1 Nr. 5 InsO vor allem eine Ausnahmevorschrift, deren Wertung sich nicht verallgemeinern ließe.
711 BeckOKBGB/*Fritzsche*, § 904, Stand: 01.05.2024, Rn. 5 f.

BGB kann der Eigentümer seine tatsächliche Nutzungsbefugnis nicht mehr ausüben und bekommt als Ausgleich einen Geldbetrag.[712] Das aufgeopferte Rechtsobjekt – die Nutzungsbefugnis des Eigentümers – ist nicht formgleich mit dem Entschädigungsobjekt – Anspruch auf Entschädigung. Das Entschädigungsobjekt ist nicht einfach die Differenz zwischen ursprünglicher Rechtsposition und dem aufgeopferten Teil der Rechtsposition. Wenn dem so wäre, gäbe es keine Entschädigung in Geld. Die »Entschädigung« wäre die Befugnis des Eigentümers, sein Eigentum in der beschränkten Form weiter zu nutzen. Das ist aber kein Schadensersatz oder Entschädigung, die den Namen verdient. Denn der Aufopfernde bekommt nichts an Stelle dessen, was er aufopfert.

Bei dem von *Bitter* vorgeschlagenen Modell wäre aber genau dies möglich. Die »Entschädigung« bestände darin, die Forderung nicht umfänglich durchsetzen zu können, sie aber stattdessen in einem reduzierten Umfang oder später durchsetzen zu können. Bei der Kürzung des Anspruchs ist dies offensichtlich. Die Befugnis, den Restbetrag durchsetzen zu können, ist keine Entschädigung, sondern die übrig bleibende Differenz zwischen dem Ursprungsumfang der Forderung und dem aufzuopfernden Betrag. Bei der Stundung verhält es sich nicht anders. Zwar könnte die gestundete Forderung etwas Anderes und damit nicht formgleich zur ursprünglichen Forderung sein. Die gestundete Forderung ist aber eigentlich nur der übrig bleibende Teil der Verfügungsbefugnis von der ursprünglichen uneingeschränkten Verfügungsbefugnis.

II. Auffassungen zum StaRUG

Die Diskussion um die Rechtfertigung der Gestaltungsbefugnisse im Restrukturierungsplan steht noch am Anfang. Die Rechtfertigung der Gestaltungsbefugnisse ist eng verbunden mit dem Zweck, den das StaRUG verfolgt. In der zivilrechtlichen Literatur zeichnen sich zwei Strömungen ab.[713]

1. Insolvenztheorie

Für die insolvenzrechtliche Theorie zeichnet sich das StaRUG durch seine Nähe zur Insolvenz aus. Für die Rechtfertigung der Eingriffe betont diese Auffassung die Nähe des Restrukturierungsplans zum Insolvenzplan. Ausgangspunkt der Rechtfertigung ist dann die drohende Zahlungsunfähigkeit. Die insolvenzrechtliche Theorie stellt für die Zwangswirkung des Restrukturierungsplans ähnliche oder gleiche Anforderungen wie an die Zwangswirkung des Insolvenzplans.[714]

712 Vgl. BeckOKBGB/*Fritzsche,* § 904, Stand: 01.05.2024, Rn. 16.

713 Siehe S. 84, 88; die Einteilung ist angelehnt an: *Singer,* Restrukturierungsrahmen, S. 150, 155.

714 Vgl. BT-Drs. 19/24181, S. 105, 113, 150, 162; *Bork,* ZRI 2021, 345 (354); *Bork,* ZIP 2017, 1441 (1445) der darauf abstellt, ob eine Insolvenz unvermeidbar ist; vgl. auch schon *Bork,* ZIP 2010, 397 (410 f.); *Balthasar,* ZHR 183 2019, 662 (675 ff.; 685), der in Bezug auf die Richtlinie von einem »Ausnahmeregime für Unternehmen in Insolvenznähe« spricht, welches die »geltenden Prinzipien des Insolvenzrechts aufhebt« (685); *Cranshaw,* NZI-Beilage 2017, 7 (9); *Dahl/Linnenbrink,* NZI-Beilage 2019, 45 (46), die in Bezug auf das

Nach hier vertretener Auffassung überzeugt dies nicht, weil keine Auffassung den Insolvenzplan privatrechtlich zu erklären vermag.[715] Die Insolvenz des Schuldners führt nur zur Geltung des Gleichbehandlungsgrundsatzes. Sie rechtfertigt bei der Abstimmung über den Insolvenzplan nicht die Befugnisse der Abstimmungsmehrheit. Beim Restrukturierungsplan verhält es sich genauso. Wenn ein Restrukturierungsplan eine Forderung kürzt oder stundet, bewirkt er nicht die Forderungen im Sinne von § 362 Abs. 1 BGB und dient somit nicht der Befriedigung im engeren Sinne. Zwar kann der Plan noch der Befriedigung der Gläubiger in einem wirtschaftlichen Sinne dienen. Von dieser wirtschaftlichen Befriedigung ziehen jedoch nicht alle Beteiligten auf gleiche Weise und manche Gläubiger unter Umständen gar keinen Nutzen. Die ablehnenden Gläubiger können Interessen verfolgen, die der Plan nicht verfolgt.

Aus diesem Grunde geht der pauschale Verweis der Entwurfsbegründung fehl, die Eingriffe im StaRUG seien vergleichbar mit den Eingriffen im Insolvenzplan.[716] Zum Zeitpunkt der drohenden Zahlungsunfähigkeit könne der Schuldner auch einen Insolvenzplan nach der InsO anstreben.[717] In diesem seien die Gläubiger vergleichbaren Gestaltungen ausgesetzt.[718] Diese Herleitung überzeugt aus verschiedenen Gründen

Schutzschirmverfahren und das Restrukturierungsverfahren von einer »einheitlichen Rechtsmaterie« sprechen; *Dahl/Linnenbrink,* NJW-Spezial 2020, 21 (21 f.); *Eidenmüller*, ZIP 2016, 145, (150), der grundsätzlich darauf abstellt, ob das Verfahren ein common-pool Problem lösen will; *Freitag,* ZIP 2019, 541 (546): Ohne die »ernsthafte Gefahr eines Gläubigerwettlaufs auf die beschränkte Haftungsmasse des Schuldners«, »fehlte jede Rechtfertigung für etwaige Verkürzungen von Eigentümer- und Gläubigerrechten im Rahmen von Moratorien und Planbeschlüssen«; vgl. *Fritz,* NZI-Beilage 2017, 9 (10); *Ganter,* FS Wimmer, 187 (216); vgl. auch schon *Hölzle*, NZI 2010, 207, (209 f.); *Korch,* ZHR 182 2018, 440 (477 ff.); *Krüger*, Pflichten, S. 58, geht davon aus, es brauche zur Rechtfertigung der Eingriffe in die Gläubigerinteressen »einen deutlichen Bezug zu einer zukünftigen Insolvenz«; *Müller,* ZGR 2018, 56 (63); *Müller,* ZIP 2020, 2253 (2255); vgl. *Spiekermann,* ZInsO 2019, 429 (432 ff.); *Thole,* ZIP 2017, 101 (103); *Vallender*, ZIP 2016, S082 (S084): »Durch Einführung der Vorschrift des § 18 InsO wurde der zeitliche Übergang in der Krisen- und Insolvenzsituation fließend. Dies dürfte den Eingriff in Gläubigerrechte durch einen Zwangsvergleich eher rechtfertigen als eine Antragsbefugnis weit außerhalb der materiellen Insolvenz.«; *Vallender,* FS Wimmer, 537 (549); vgl. *Westpfahl,* ZRI 2020, 157 (161), der in Bezug auf die Richtlinie sowohl insolvenzrechtliche wie auch vertragliche Rechtfertigungsansätze andenkt.

715 Siehe S. 36, 41, 44, 74.

716 BT-Drs. 19/24181, S. 105, 162; ausdrücklich für Eingriffe in Rechte der Anteilsinhaber: BT-Drs. 19/24181, S. 113; zur später gestrichenen Möglichkeit der Vertragsbeendigung, aber allgemein zu Gläubigereingriffen ausführend: BT-Drs. 19/24181, S. 150; ebenso *Seibt/Bulgrin*, DB 2020, 2226 (2228); dagegen schon vor dem StaRUG zu dieser Überlegung und für Restrukturierungsrahmen einen eigenen Anwendungsbereich mit eigenem Prüfungsmaßstab ausmachend *Geldmacher*, Sanierungsverfahren, S. 241.

717 Ausdrücklich für Eingriffe in Rechte der Anteilsinhaber: BT-Drs. 19/24181, S. 113; zur später gestrichenen Möglichkeit der Vertragsbeendigung, aber allgemein zu Gläubigereingriffen ausführend: BT-Drs. 19/24181, S. 150.

718 Zur später gestrichenen Möglichkeit der Vertragsbeendigung, aber allgemein zu Gläubigereingriffen ausführend: BT-Drs. 19/24181, S. 150.

nicht. Erstens war schon während der Rechtslage bis zum Inkrafttreten des StaRUGs die drohende Zahlungsunfähigkeit kein Zeitpunkt materieller Insolvenz.[719] Dies hängt nicht mit dem Zeitpunkt an sich, sondern mit der Ausgestaltung des § 18 InsO als freiwilligem Eröffnungsgrund zusammen. Seit Geltung der Restrukturierungsrichtlinie 2019/1023 besteht dieses Ergebnis aus einem zweiten Grunde fort. Die Richtlinie enthält in Erwägungsgrund 24 das sogenannte Abstandsgebot.[720] Danach soll der Restrukturierungsrahmen vor dem Zeitpunkt der materiellen Insolvenz zur Verfügung stehen.[721] Der Begriff der »Insolvenz« richtet sich gemäß Art. 2 Abs. 2 lit. a) RRL nach nationalem Recht. Der Gesetzgeber hat sich entschieden, den Restrukturierungsrahmen ab dem Zeitpunkt drohender Zahlungsunfähigkeit zur Verfügung zu stellen.[722] Solange der Gesetzgeber das StaRUG nicht bewusst richtlinienwidrig umsetzen wollte, kann die drohende Zahlungsunfähigkeit nicht mehr länger als materielle Insolvenz in Betracht kommen.[723] Damit gilt das Insolvenzrecht ab materieller Insolvenz.[724] Das Restrukturierungsrecht gilt zeitlich vorher ab dem Eintritt der drohenden Zahlungsunfähigkeit.[725]

Für den Eingriff in die Rechte der Anteilsinhaber einer Kapitalgesellschaft ist darüber hinaus fraglich, ob der Restrukturierungsplan tatsächlich unter gleichen Voraussetzungen möglich ist wie der Eingriff durch einen Insolvenzplan zum Zeitpunkt der drohenden Zahlungsunfähigkeit. Bevor der Geschäftsführer einer GmbH einen Insolvenzeröffnungsantrag wegen drohender Zahlungsunfähigkeit nach § 18 Abs. 1 InsO stellt, muss er nach herrschender Meinung einen zustimmenden Beschluss der Gesellschafterversammlung einholen.[726] Es ist umstritten, ob dies auch für die Anzeige einer Restrukturierungssache nach § 31 Abs. 1 StaRUG gilt.[727] Für den Eingriff in

719 Siehe S. 11.

720 *Seppelt*, BB 2020, 1392 (1393 f.).

721 *Seppelt*, BB 2020, 1392 (1393 f.).

722 BT-Drs. 19/24181, S. 90.

723 Zumindest auch wegen des Abstandsgebots sprechen sich gegen eine Anknüpfung des Restrukturierungsrahmens an die drohende Zahlungsunfähigkeit aus: *Hölzle*, ZIP 2017, 1307, (1310); *Hölzle*, ZIP 2020. 585 (593); *Müller*, ZGR 2018, 56 (62); *Müller*, ZIP 2020, 2253 (2254 f.); *Seagon*, NZI-Beilage 2017, 12 (13); *Sax/Ponseck/Swierczok*, BB 2017, 323 (325); *Stohrer*, ZInsO 2018, 660 (662); wohl auch *Thole*, ZIP 2017, 101 (103) ; dagegen für eine richtlinienkonforme Umsetzung bei Anknüpfung an die drohende Zahlungsunfähigkeit: *Deppenkemper*, ZIP 2020, 1041 (1042 f.); *Deppenkemper*, ZIP 2020, 2432 (2434); *Freitag*, ZIP 2019, 541 (546 f.); *Frind*, BB 2019, 2381 (2385); *Kern*, NZI-Beilage 2019, 18 (19); *Seibt/Bulgrin*, DB 2020, 2226 (2228).

724 Vgl. *Korch*, NZG 2020, 1299 (1300).

725 *Korch*, NZG 2020, 1299 (1300).

726 *Geißler*, ZInsO 2013, 919 (923); *Leinekugel/Skauradszun*, GmbHR 2011, 1121 (1123 ff.); *Tetzlaff*, ZInsO 2008, 137 (139 f.); *Wertenbruch*, DB 2013, 1592 (1593); *Wortberg*, ZInsO 2004, 707 (709 f.).

727 Gegen das Erfordernis eines Beschlusses: *Brandes/Rabenau*, ZIP 2021, 2566 (2570); *Mulert/Steiner*, NZG 2021, 673 (677); *Skauradszun/Amort*, DB 2021, 1317 (1320); für das Erfordernis: *Seibt/Bulgrin*, DB 2020, 226 (2236); *Gehrlein*, BB 2022, 1096 (1097); *Wilkens*, WM 2021, 573 (575); vgl. zum Ganzen mit weiteren Nachweisen *Baschnagel*, Agreements, S. 198 f.

die Gläubigerrechte hat diese Frage jedoch keine Bedeutung.[728] Die Gläubiger haben in jedem Falle keinen Einfluss auf den Beschluss der Gesellschafterversammlung.[729] Sie müssen die Eröffnung des Insolvenzverfahrens unabhängig davon hinnehmen, welche Voraussetzungen für den Antrag auf Eröffnung den Geschäftsführer treffen.[730]

Für den Eingriff in die Gläubigerrechte überzeugt der Vergleich mit der Insolvenzordnung außerdem aus einem anderen Grund nicht. Ein eröffnetes Insolvenzverfahren ist mindestens immer ein Verwertungsverfahren.[731] Zwar kann das Insolvenzverfahren durch einen Insolvenzplan zum Abschluss kommen. Kommt der Insolvenzplan nicht zustande, hebt das Gericht jedoch nicht das gesamte Insolvenzverfahren auf.[732] Vielmehr befindet sich der Schuldner dann weiterhin im Regelinsolvenzverfahren.[733] Folglich kommt es dann zur Verwertung des Vermögens durch den Insolvenzverwalter. Er verkauft das Unternehmen als Ganzes oder die einzelnen Gegenstände.[734] Die Restrukturierungssache dient nach § 29 StaRUG dagegen dem Ziel, das Unternehmen zu erhalten.[735] Es soll nicht zu einer Verwertung kommen. Auch aus einer eigennützigen Perspektive des Schuldners leuchtet dies ein. Das Unternehmen soll möglichst in seiner Inhaberschaft fortbestehen. Der Restrukturierungsplan dient der Vermeidung des Insolvenzverfahrens. Wenn die Restrukturierungssache gerade der Vermeidung des Insolvenzverfahrens dient, ist sie nicht durch das Argument zu rechtfertigen, der Schuldner könne auch das Insolvenzverfahren eröffnen. Außerdem ist fraglich, ob die Rechte der Gläubiger in einem frühen Insolvenzverfahren vergleichbaren Gestaltungen ausgesetzt wären.[736] Denn der Restrukturierungsplan kann gemäß § 8 S. 1 StaRUG teilkollektiv sein und gewisse Gläubiger außer Acht lassen. Ebenso kann ein Restrukturierungsplan zum Beispiel gemäß § 4 S. 1 Nr. 1 StaRUG Forderungen von Arbeitnehmern nicht gestalten.[737] Ihre Forderungen gestaltet der Plan nicht, während ein Insolvenzverfahren diese Forderungen erfasste.[738] Daher kann der Verlust für manche Forderungen in einem Insolvenzverfahren geringer ausfallen als in einem Restrukturierungsplan.[739]

728 MüKoStaRUG/*Skauradszun*, § 29, Rn. 56 Fn. 172; noch ohne die Unterscheidung zwischen Gläubigern und Anteilsinhabern in *Skauradszun*, KTS 2021, 1 (46 ff.).
729 MüKoStaRUG/*Skauradszun*, § 29, Rn. 56 Fn. 172.
730 MüKoStaRUG/*Skauradszun*, § 29, Rn. 56 Fn. 172.
731 BT-Drs. 19/24181, S. 163; vgl. auch *Ganter*, FS Wimmer, 187 (214 f.; Fn. 141), der auf die Rechtfertigung von Eingriffen in Gläubigerrechte zum Zeitpunkt der drohenden Zahlungsunfähigkeit nicht auf den Zeitpunkt, sondern das eröffnete Verfahren stützt.
732 BT-Drs. 19/24181, S. 163.
733 BT-Drs. 19/24181, S. 163.
734 BT-Drs. 19/24181, S. 163.
735 Vgl. *Balthasar*, NZI-Beilage 2021, 18 (18 f.).
736 *Distler*, ZIP 2021, 1033 (1039).
737 *Distler*, ZIP 2021, 1033 (1039).
738 *Distler*, ZIP 2021, 1033 (1039).
739 *Distler*, ZIP 2021, 1033 (1039).

2. Unabhängige Restrukturierungstheorie

Der Insolvenztheorie stehen Auffassungen gegenüber, die das Restrukturierungsrecht als eigenes Rechtsgebiet begreifen.[740] Den Rechtsgebieten lägen unterschiedliche Prinzipien zugrunde.[741]

Dabei unterscheiden sich innerhalb dieser Strömung die Ansätze, um die Eingriffe des Restrukturierungsplans in die Forderungen überstimmter Gläubiger und Gruppen zu rechtfertigen. Der insolvenzrechtsnahe Ansatz von *Skauradszun* rechtfertigt die Eingriffe maßgeblich durch das Schlechterstellungsverbot. Wegen der drohenden Zahlungsunfähigkeit des Schuldners seien die Forderungen schon zu einem Teil wirtschaftlich entwertet. Der insolvenzrechtsferne Ansatz von *Madaus* rechtfertigt die Eingriffe des Restrukturierungsplans dagegen durch Grundsätze und Normen des allgemeinen Privat- und Vertragsrechts.

a) Schlechterstellungsverbot und Marktkonformitätstest als Plausibilitätstest der Prognose

Skauradszun geht davon aus, das StaRUG sei »Diener vieler Herren«[742]. Es diene unter anderem auch dem Schuldner.[743] Ziel des Restrukturierungsrechts sei es, zugunsten des Schuldners das Unternehmen zu sanieren.[744] Dafür müsse es möglich sein, die »holdout«-Gläubiger gegen ihren Willen zwingen zu können.[745] Den Zwang rechtfertigt *Skauradszun* durch einen insolvenzrechtsnahen Ansatz. Der Zwang sei gerechtfertigt, weil die Gläubiger durch den Plan nicht schlechter stünden.[746] Dann gebe es »kaum rationale Argumente«, den Plan abzulehnen.[747] Für eine Schlechterstellung komme es nur auf den Wert der Forderung an.[748] Der Mehrheitsentscheid habe den Zweck, der

740 *Madaus,* FS Wimmer, 446 (457 ff.); vgl. *Madaus,* DB 2019, 592 (594 ff.); *Madaus,* NZI 2020, 545 (549); *Albrecht,* ZInsO 2019, 1813 (1816); vgl. auch *Beissenhirtz,* ZInsO 2011, 57 (66): »Eigenständiges und einziges Ziel [eines vorinsolvenzlichen Sanierungsverfahren sollte] die Sanierung des Unternehmens« sein; *Cranshaw/Portisch,* ZInsO 2020, 226 (227); *Flöther,* FS Kayser, 215 (229 f.); *Fritz/Scholtis,* BB 2019, 2051 (2053 f.); *Haarmeyer/Lissner/Rombach,* ZInsO 2021, 368 (370 ff.); *Goetker/Schulz,* ZIP 2016, 2095 (2100); *Hölzle,* ZIP 2017, 1307 (1310) *Kayser,* ZIP 2017, 1393 (1401); vgl. *Lange/Swierczok,* BB 2019, 514 (518), die vom »Bild des Restrukturierungsplans als mehrseitige[m] Sanierungsvertrag« sprechen; *Skauradszun,* KTS 2021, 1 (8 ff.); vgl. *Skauradszun,* KTS 2019, 161 (167 f.; 192); vgl. *Westpfahl,* ZRI 2020, 157 (161 f., 164).

741 *Madaus*, FS Wimmer, 446 (455 ff.).

742 *Skauradszun*, KTS 2021, 1 (21).

743 *Skauradszun*, KTS 2021, 1 (29); ebenso in diese Richtung: *Bork*, ZRI 2021, 345 (354); Westphal, ZRI 2020; 157 (160): »Ein Sanierungsregime, dessen Anwendungsbereich vor der materiellen Insolvenz liegt (bzw. beginnt), muss demgegenüber die Schuldnerinteressen in den Vordergrund stellen.«.

744 *Skauradszun*, KTS 2021, 1 (7 f.).

745 *Skauradszun*, KTS 2021, 1 (7 f.).

746 *Skauradszun*, KTS 2021, 1 (8 f., 52 ff.); auch maßgeblich über das Schlechterstellungsverbot rechtfertigt *Westpfahl*, ZGR 2010, 385 (427 ff.) vorinsolvenzliche Eingriffe.

747 *Skauradszun*, KTS 2021, 1 (9).

748 *Skauradszun*, KTS 2021, 1 (54).

Schlechterstellungsprognose Plausibilität zu verleihen.[749] Der Mehrheitsentscheid sei ein Test des Marktes, ob die Prognose überzeuge.[750] Wenn der Markt die Sanierung für sinnvoll hält, sei der Plan mit hoher Wahrscheinlichkeit marktkonform.[751] Dann überzeuge es, ablehnende Gläubiger gegen ihren Willen zu binden.[752] Der Marktkonformitätstest erschöpft sich darin, die Prognose der Schlechterstellung zu überprüfen und sie für plausibel zu erklären.[753] Sie hat nicht den Zweck, andere Umstände als den Wert der Forderungen zu berücksichtigen.[754]

aa) Wertinteresse als einzig rationales Interesse

Zunächst überzeugt die Aussage nicht, neben dem Schlechterstellungsverbot gebe es keine rationalen Gründe, gegen den Plan zu stimmen.[755] Es gibt zahlreiche wirtschaftliche Interessen, die sich nicht im Wert der Forderung niederschlagen. Es ist rational, ihretwegen den Plan abzulehnen.[756]

bb) Aussagekraft des Mehrheitsentscheids für das Schlechterstellungsverbot

(1) Inhalt einer Zustimmung

Darüber hinaus ist aus dem Mehrheitsentscheid nicht zu schließen, der Gläubiger stehe mit einer hohen Wahrscheinlichkeit durch den Plan nicht schlechter. Faktisch stimmen die Gläubiger entsprechend ihren Willen für oder gegen den Plan. Sie können aus Gründen für den Plan sein, die nichts mit den im Plan zugewiesenen Werten zu tun haben. Rationale Gläubiger stimmen anhand einer Gesamteinschätzung ihrer Lage ab. Wenn aus der Sanierung andere Vorteile entstehen, kann die konkrete Forderungssumme zweitrangig sein. Aus einem mehrheitlich angenommenen Plan folgt daher unmittelbar nur, dass diese Gläubiger den Plan wollen.

(2) Fälligkeit als Abstimmungsgrundlage

Die Aussagekraft des Mehrheitsentscheids stiege auch nicht erheblich, wenn alle Gläubiger ausschließlich danach abstimmten, ob sie durch den Plan die meisten Werte erhalten.

In einer Gruppe können die Forderungen der Gläubiger unterschiedliche Fälligkeiten haben. Stundet der Plan alle Forderungen jeweils um einen gleich langen Zeitraum, weist der Plan den Gläubigern jeweils gleiche Rechte gemäß § 10 Abs. 1 StaRUG

749 *Skauradszun*, KTS 2021, 1 (56).
750 *Skauradszun*, KTS 2021, 1 (56 f.).
751 *Skauradszun*, KTS 2021, 1 (57 f.).
752 *Skauradszun*, KTS 2021, 1 (61); *Völker*, ZRI 2024, 1098 (1100) schließt sich im Grundsatz *Skauradszun* an und geht bei einer zustimmenden Dreiviertelmehrheit für den Plan innerhalb einer Gruppe davon aus, dass dies eine »faire [...] Gestaltung« indiziere.
753 *Skauradszun*, KTS 2021, 1 (57).
754 Vgl. *Skauradszun*, KTS 2021, 1 (57 ff.).
755 Vgl. *Skauradszun*, KTS 2021, 1 (9).
756 Siehe S. 57.

zu.[757] Dennoch erhalten die Gläubiger im Fall der Sanierung nicht zum gleichen Zeitpunkt ihr Geld.[758] Zwischen dem Fälligkeitszeitpunkt einer Forderung und dem Fälligkeitszeitpunkt einer anderen können wichtige Ereignisse liegen. Dies verdeutlicht folgendes Beispiel: Ein Finanzinvestor verspricht, alle gestundeten Forderungen zu erfüllen, die ursprünglich spätestens 2 Monate nach prognostizierter Zahlungsunfähigkeit fällig geworden wären. Die Befriedigung der später fällig werdenden Forderungen soll aus dem dann wieder in Gang gekommenen Geschäftsbetrieb erfolgen. Die Prognose für die vom Finanzinvestor gedeckten Forderungen kann anders ausfallen als die Prognose für die anderen Forderungen. Daher erlaubt die Eintrittswahrscheinlichkeit der einen Zahlung keinen Schluss auf die Eintrittswahrscheinlichkeit einer anderen Zahlung. Wenn die Mehrheit der Gruppe Inhaber der gedeckten Forderungen ist, sagt der Mehrheitsentscheid wenig über die Prognose für die anderen Forderungen aus.

Dieses Argument gilt auch für die gruppenübergreifende Mehrheitsentscheidung nach § 26 Abs. 1 Nr. 3 StaRUG. Die Forderungen verschiedener Gruppen können unterschiedliche Fälligkeitszeitpunkte haben und/oder unterschiedliche Rechte zugewiesen bekommen. Dann muss die Prognosegrundlage im Zweifel nicht die gleiche sein.

Je nach Plan kann der Mehrheitsentscheid tatsächlich eine hohe Aussagekraft für die Prognose der ablehnenden Gläubiger haben. Das ist zum Beispiel der Fall, wenn der Plan die Forderungen einer Gruppe alle bis zum gleichen Zeitpunkt und nicht um den gleichen Zeitraum stundet. Stundet der Plan Forderungen verschiedener Fälligkeiten bis zu einem gemeinsamen Stichtag, muss er ihnen gemäß § 10 Abs. 1 StaRUG dennoch die gleichen Rechte zuweisen. Um in diesen Fällen § 10 Abs. 1 StaRUG zu wahren, muss dann die Erfüllungsquote der Forderungen unterschiedlich sein, die der Plan unterschiedlich lang stundet.[759] In diesen Fällen kann der Mehrheitsentscheid eine Aussagekraft für die Prognose anderer Forderungen haben.

Jedoch müssen Pläne die Forderungen nicht auf den gleichen Stichtag stunden. Daher überzeugt es nicht, diesen Gedanken zum tragenden Fundament für alle Zwangswirkungen zu erklären.

(3) Votum des Marktes

Darüber hinaus ist der Mehrheitsentscheid kein Votum des Marktes. Über den Restrukturierungsplan stimmen nur die Gläubiger ab, deren Forderungen der Plan gestaltet. Bilden alle Anteilsinhaber und Gläubiger des Schuldners dessen Markt, befragt der Plan nur einen Teil des Markts. *Skauradszun* beugt dieser Kritik vor, indem er in die Definition des Marktes entsprechend nur die Gläubiger miteinbezieht, die vom Plan betroffen sind.[760] Dies verkennt den Einfluss nicht gestalteter Gläubiger auf den Erfolg der Sanierung.

757 Uhlenbruck/*Streit/Bürk*, § 10 StaRUG, Rn. 14.

758 Vgl. Uhlenbruck/*Streit/Bürk*, § 10 StaRUG, Rn. 14 ff.

759 Für die wirtschaftliche Gleichstellung: MorgenStaRUG/*Tresselt*, § 10, Rn. 9 ff.; für eine rein formale Gleichbehandlung: UhlenbruckInsO/*Streit/Bürk*, § 10 StaRUG, Rn. 15; vgl. zur insolvenzrechtlichen Debatte für wirtschaftliche Gleichheit: MüKoInsO/*Breuer*, § 222, Rn. 8.

760 *Skauradszun*, KTS 2021, 1 (59).

Als Beispiel dient ein Plan, der die Zahlungsforderung eines Lieferanten nicht berührt. Er gestaltet die Forderung nicht, weil sie gering ist. Die Lieferungen sind jedoch eine Grundvoraussetzung für die Produktion des Schuldners. Dadurch hängt die Prognose des weiteren Geschäftsverlaufs davon ab, ob diese Geschäftsbeziehung und zu welchen Bedingungen sie erhalten bleibt. Zählt dieser Gläubiger nicht zum »Markt«, verzerrt dies die Aussagekraft des Mehrheitsentscheids. Ebenso kann ein Restrukturierungsplan gemäß § 4 S. 1 Nr. 1 StaRUG nicht die Forderungen von Arbeitnehmern gestalten.[761] Arbeitnehmer stimmen daher nicht über den Restrukturierungsplan ab.[762] In der Abstimmung über den Restrukturierungsplan kommt daher nicht zum Ausdruck, wie sie zur Restrukturierung stehen. Lehnen sie diese ab und suchen sich nach dem angenommenen Restrukturierungsplan eine neue Beschäftigung, ist der Fortbestand des Unternehmens nicht gesichert[763].

cc) Marktkonformität

Insgesamt überzeugt es nicht, die Bindung von Plänen mit der Figur der »Marktkonformität« zu begründen.[764] Die Figur stammt aus der Entwurfsbegründung der Insolvenzordnung. Die Entwurfsbegründung führt dazu aus, die Abwicklung von Insolvenzen solle sich an den Gesetzen des Marktes orientieren.[765] Eine marktkonforme Lösung sei eine solche, auf die der Staat inhaltlich keinen Einfluss hat.[766] Insofern sei es vernünftig, die Abwicklung von Insolvenzen möglichst wenig zu regulieren. Das StaRUG nimmt diese Vorstellungen wieder auf und bezeichnet die Marktkonformität als eine von zwei »wesensprägenden Säulen«.[767]

Die Figur erfährt zu Recht Kritik.[768] Zunächst ist unklar, inwieweit der Staat genau die Insolvenzabwicklung deregulieren soll.[769] Zwar mag die Aussage die Absage an eine Insolvenzbehörde enthalten, die die Insolvenzen behördlich regelt. Die Insolvenzordnung ist nichtsdestotrotz eine Form der Regulierung.[770] Dem wäre entgegenzuhalten, das Planverfahren stelle keine inhaltlichen Anforderungen auf. Sie stelle lediglich verfahrensrechtliche Anforderungen auf, um den Verhandlungsprozess zu leiten.[771] Es gehe ihr nicht um den Bruch von Marktmechanismen, sondern um deren Stimulie-

761 BeckOKStaRUG/*Skauradszun,* § 4, Stand: 01.10.2024, Rn. 6.
762 Siehe grundsätzlich zum Stimmrecht BeckOKStaRUG/*Spahlinger,* § 24, Stand: 01.10.2024, Rn. 1.
763 In BT-Drs. 19/24181, S. 114 betont die Entwurfsbegründung die Bedeutung der Arbeitnehmer für den funktionierenden operativen Betrieb.
764 Zu Recht skeptisch MüKoStaRUG/*Jungmann*, Vor §§ 60–66, Rn. 52.
765 BT-Drs. 12/2443, S. 75 ff.; siehe zur Marktkonformität als Maßstab für den Gesetzgeber im Allgemeinen auch *Watrin,* Zeitschrift für Wirtschaftspolitik 1957, 47 (48): »In diesem Zusammenhang läßt sich das Prinzip der Marktkonformität interpretieren als eine Empfehlung an die Träger der Wirtschaftspolitik«.
766 Vgl. BT-Drs. 12/2443, S. 76.
767 BT-Drs. 19/24181, S. 86.
768 *Henckel*, KTS 1989, 477 (483 ff.); nach *Neumann*, Gläubigerautonomie, S. 51 ist die Marktkonformität »zunächst nicht mehr als Schlagwort«.
769 Vgl. *Neumann*, Gläubigerautonomie, S. 51.
770 *Henckel*, KTS 1989, 477 (481 f.).
771 Vgl. in diese Richtung auch *Paulus*, KTS 2000, 239 (246).

rung.[772] Dann verlagert sich die Frage dahingehend, wann ein Bruch und wann eine Stimulierung vorliegt. Typischerweise gehört die Privatautonomie zum Markt.[773] Insofern richtet sich der Mehrheitsentscheid gerade nicht nach den Gesetzen des Marktes.[774] Genauso verwundert dann die Verurteilung von »ungerechtfertigte[n] Sondervorteilen«.[775] In einem freien Markt kann erstmal jeder fordern, was er möchte.[776] Dem wäre höchstens wiederum entgegenzuhalten, der Markt könne verzerrt sein und bedürfe einer Korrektur.[777] Dann ist jedoch fraglich, ob der Mehrheitsentscheid sich auf eine Korrektur der Verzerrungen beschränkt. Wie gesehen, gibt es eine Vielfalt von nachvollziehbaren Interessen, um einen Plan abzulehnen.[778] Es leuchtet nicht ein, all diese wirtschaftlichen Interessen als Verzerrungen des Marktes zu verstehen.[779]

dd) Mehrheitsentscheid als Indiz für die Sinnhaftigkeit der Sanierung

Ein sehr ähnlicher Ansatz stützt die Zwangsbindung auch auf das Schlechterstellungsverbot,[780] versteht jedoch den Mehrheitsentscheid anders. Der Mehrheitsentscheid dient bei *Skauradszun* dazu, die Prognose einer Plausibilitätskontrolle zu unterziehen. Er kann dagegen auch den Zweck haben, die Sanierung als solche einzuschätzen.[781] Ein zustimmender Mehrheitsentscheid gilt dann als Indiz für eine wirtschaftlich sinnvolle Sanierung.[782] Die Aussage der Mehrheit bezieht sich dann nicht nur auf die Wertentwicklung der Forderungen. Vielmehr soll die Mehrheit die Sanierung umfänglich mit allen Auswirkungen begutachten und werten. Dadurch finden wirtschaftlich bedeutsame Umstände Berücksichtigung, die sich nicht im Wert der Forderung niederschlagen. Diese Auffassung gleicht im Kern der Vertragsauffassung von *Madaus* zum Insolvenzplan.[783] Sie ist aus den gleichen Gründen abzulehnen. Denn die Interessen eines Gläubigers muss ein anderer nicht teilen.[784]

772 BT-Drs. 12/2443, S. 75 f.
773 Vgl. *Möschel,* JZ 1988, 885 (888): »Überwiegend liegt der Deregulierungsdebatte freilich ein mikroökonomischer Bezugspunkt zugrunde, also der Abbau von direkten staatlichen Eingriffen in die Gewerbe- und Vertragsfreiheit auf einzelnen Märkten.«
774 *Henckel*, KTS 1989, 477 (484).
775 BT-Drs. 12/2443, S.79.
776 Vgl. *Müller,* Verband, S. 275, vor allem S. 277: »Man kann aber ganz offenkundig nicht beides haben: Vertragsfreiheit und Zwangsbeitritt dissentierender Gläubiger.«
777 BT-Drs. 12/2443, S. 75 ff.
778 Vgl. zur Interessenvielfalt der Gläubiger *Henckel*, KTS 1989, 477 (484 f.); *Goebel*, KTS 2002, 615 (616 ff.).
779 Vgl. *Skauradszun*, KTS 2021, 1 (60 f.), der Schwierigkeiten mit der Deutung eines Mehrheitsentscheids hat, weil eine Ablehnung eben einmal eine zu überwindende Blockadeposition, andererseits auch ein den Plan ablehnendes Votum des Marktes sein kann.
780 MüKoStaRUG/*Jungmann*, Vor §§ 60–66, Rn. 60 ff.
781 MüKoStaRUG/*Jungmann*, Vor §§ 60–66, Rn. 56 ff.
782 MüKoStaRUG/*Jungmann*, Vor §§ 60–66, Rn. 56 ff.
783 Siehe S. 55.
784 Vgl. BT-Drs. 12/2443, S. 199.

b) Wegfall der Geschäftsgrundlage und Rechtsmissbrauch

Madaus vertritt auch für den Restrukturierungsplan die Vertragstheorie.[785] Dafür entwickelt er das Konzept weiter, welches er zum Insolvenzplan vertritt. Restrukturierungspläne seien Verträge. Diese Verträge unterlägen nicht insolvenzrechtlichen Prinzipien. Sie gehorchten allgemeinen zivilrechtlichen und vertraglichen Grundsätzen. Der Vertrag binde Beteiligte auch gegen ihren Willen.[786] Das sei Folge eines Kontrahierungszwangs.[787] Der Kontrahierungszwang ermögliche die optimale Verwertung des gemeinsamen Guts, indem er Akkordstörern das Blockaderecht nehme.[788] Dadurch sei es den Störern unmöglich, Sondervorteile zu erlangen.[789] Zentral dafür sei es, unberechtigte Vetopositionen zu bestimmen.[790] Eine unberechtigte Vetoposition erfordere zwei Voraussetzungen.[791] Zuerst gehe es um die »Feststellung eines wohlverstandenen gemeinsamen Interesses an der beantragen Nutzung (Restrukturierung) des gemeinsamen Guts (Schuldnerunternehmens).«[792] Das gemeinsame Interesse liege vor, wenn dem Vertrag eine Richtigkeitsgewähr innewohne. Eine Richtigkeitsgewähr sei »bei Prognoseentscheidungen unter Ungewissheit gerade auch Mehrheitsentscheiden«[793] eigen. Der zweite Schritt bestehe darin, »die (ausnahmsweise) Berechtigung einer Vetoposition der dissentierenden Minderheit zu prüfen.«[794] Ob eine Vetoposition berechtigt sei, richte sich nicht nach der »Erlöserwartung aus einer hypothetischen Liquidation in einem insolvenzrechtlichen Liquidationsverfahren«[795], weil die Restrukturierung sich nicht auf das gegenwärtige Vermögen des Schuldners beschränke.[796] Ob eine Vetoposition berechtigt sei, richte sich nach »außerinsolvenzlichen Maßstäben«.[797] Darunter fiele »vor allem das Verbot widersprüchlichen und rechtsmissbräuchlichen Verhaltens.«[798] Ein Veto sei zum Beispiel unberechtigt, wenn »es dem wohl verstandenen Eigeninteresse des Betroffenen widerspricht (*Contergan*-Grundsätze des BVerfG) oder aber im Widerspruch zu dem Risiko steht, dass der Betroffene zuvor im Geschäftsverkehr mit dem Schuldner übernommen hat.«[799] Habe beispielsweise »ein Finanzinvestor in Aktien und nicht in Anleihen investiert, so entspricht eine Sanierungslösung, die Anleiheschuldnern weniger Opfer abverlangt als Aktionären, dem übernommenen Risiko und rechtfertigt keine Verweigerung, die zu einer Entwertung der Rechte aller Beteiligten führen kann.«[800] Auch dürften Gläubiger von Einzelunternehmern oder

785 *Madaus*, FS Wimmer, 446.
786 *Madaus*, FS Wimmer, 446 (468 f.).
787 *Madaus*, FS Wimmer, 446 (468 f.).
788 *Madaus*, FS Wimmer, 446 (465, 468 f.).
789 *Madaus*, FS Wimmer, 446 (468 f.).
790 *Madaus*, FS Wimmer, 446 (468 f.).
791 *Madaus*, FS Wimmer, 446 (468 f.).
792 *Madaus*, FS Wimmer, 446 (468).
793 *Madaus*, FS Wimmer, 446 (468).
794 *Madaus*, FS Wimmer, 446 (468).
795 *Madaus*, FS Wimmer, 446 (468 f.).
796 *Madaus*, FS Wimmer, 446 (469).
797 *Madaus*, FS Wimmer, 446 (469).
798 *Madaus*, FS Wimmer, 446 (469).
799 *Madaus*, FS Wimmer, 446 (469).
800 *Madaus*, FS Wimmer, 446 (469).

Handwerkern in der Restrukturierung nicht verlangen, Anteile am Unternehmen abzugeben.[801] Bei einem großen Unternehmen sei dagegen von den Anteilsinhabern zu erwarten, die Anteile abzugeben. Sie seien Investoren und keine Unternehmer.[802] Neben dem Verbot von Rechtsmissbrauch bestehe bei einem solchen Kontrahierungszwang auch eine Nähe zur Figur des Wegfalls der Geschäftsgrundlage.[803] Restrukturierungsverträge seien vergleichbar mit dem Anspruch aus § 313 Abs. 1 BGB, bei veränderten Umständen eine Anpassung des Vertrags zu verlangen.[804]

aa) Einordnung

Für die Rechtfertigung des Insolvenzplans unterscheidet *Madaus* zwischen der Bindung eines Minderheitengläubigers und der Bindung einer ablehnenden Gruppe.[805] Ersterer müsse den Plan wegen seiner hohen Richtigkeitsgewähr hinnehmen.[806] Letztere müsse den Plan hinnehmen, weil die Ablehnung rechtsmissbräuchlich sei.[807] Diese zwei Gedanken führt er nun zusammen und strukturiert sie etwas um. Bekannt ist die Vorstellung, der Mehrheitsentscheid enthalte eine Richtigkeitsgewähr für die Minderheit. Jedoch schließt das neue Konzept nicht aus, als Gläubiger trotz des Mehrheitsvotums nachvollziehbare Bedenken gegen den Plan zu haben. Damit misst der neue Ansatz den individuellen Interessen ein höheres Gewicht zu. Die gesetzliche Ausgestaltung des StaRUG setzt diese Vorstellungen nicht um. Mit der Umsetzung des Obstruktionsverbots und dem Schlechterstellungsverbot, entschied sich das Gesetz im Wortlaut für eine insolvenzrechtsnahe Umsetzung. Eine gewisse Überschneidung zwischen der Auffassung von *Madaus* und dem Gesetz besteht bei der Auslegung des Schlechterstellungsverbots. Zwar ist die konkrete Auslegung umstritten. Insgesamt richtet sich die Schlechterstellungsprognose immer noch danach, welcher Wert beim Wegdenken des Plans auf die Forderung entfiele. Damit richtet sie sich nicht nach dem, was dem Recht innewohne und der Gläubiger nach seinem wohlverstandenen Eigeninteresse fordern dürfe. Zumindest löst sich die Schlechterstellungsprognose im Vergleich zum Insolvenzplan etwas von der isolierten Betrachtung der Liquidation.

bb) § 242 BGB

Auch wenn das Gesetz die Vorstellung *Madaus'* nur bedingt umsetzt, ist seine Begründung zu untersuchen. Soweit der Kontrahierungszwang auf dem privatrechtlichen Verbot von Rechtsmissbrauch aufbaut, gilt die oben herausgearbeitete Kritik fort.[808] Privatrechtlich ist es nur unter sehr engen Voraussetzungen rechtsmissbräuchlich, einen angetragenen Vertragsschluss abzulehnen. Das folgt aus der Privatautonomie. Ihr Ziel ist es, den Willen der Privaten zu verwirklichen. Dieser Wille unterliegt keiner

801 *Madaus*, EBOIR 2918, 615 (638).
802 *Madaus*, EBOIR 2918, 615 (638).
803 *Madaus*, FS Wimmer, 446 (468).
804 *Madaus*, FS Wimmer, 446 (468).
805 Siehe S. 69, 56.
806 Siehe S. 70.
807 Siehe S. 56.
808 Siehe S. 63.

Kontrolle, ob der Private auch das vermeintlich Richtige wolle. Von diesem freiheitlichen Verständnis entfernt sich ein Verständnis, nach dem es für Verhandlungen ein objektiv richtiges Ergebnis gäbe, welches diese zu erzeugen hätten. Nach der Vorstellung von *Madaus* soll der Restrukturierungsplan die Ressourcen des Unternehmens einer »optimal[en]« Verwertung zuführen.[809] Diese Prämisse schreibt den Verhandlungen über eine Restrukturierung einen Zweck zu, der privatautonomen Verhandlungen nicht innewohnt. Die einzelne Person muss sich nicht darum kümmern, ob der gefundene Interessenausgleich bei einer Gesamtbetrachtung der Lage die Güter eines Unternehmens einer optimalen Nutzung zuführt.

Aus dem gleichen Grund überzeugt auch die Aussage nicht, die eigene Rechtsposition gebe vor, was der Einzelne in einer Verhandlung legitimerweise fordern dürfe.[810] Es leuchtet nicht ein, warum der Gläubiger eines Handwerkers bei einer anstehenden Restrukturierung nicht die gleichen Verhandlungsforderungen stellen darf wie bei der Restrukturierung eines großen Aktienunternehmens. Er schuldet dem Handwerker nicht, gewisse Zugeständnisse zu machen.

Letztlich ist der Auffassung aber auch abzusprechen, sie ziehe keine insolvenzrechtlichen Maßstäbe heran, um berechtigte Vetopositionen zu bestimmen[811]. Für die Bestimmung von berechtigten Vetopositionen sei kein insolvenzrechtlicher, sondern ein außerinsolvenzrechtlicher Maßstab anzuwenden.[812] Mit dem insolvenzrechtlichen Maßstab ist zumindest das Schlechterstellungsverbot gemeint.[813] Es geht um die Orientierung am hypothetischen Erlös bei der Verwertung und um die Orientierung an der Rangfolge der Gläubiger.[814]

Tatsächlich ist der außerinsolvenzrechtliche Maßstab von *Madaus* kein anderer als die Verteilungsordnung nach dem Gleichbehandlungsgrundsatz. Zum Beispiel komme es auf das übernommene Risiko an.[815] Jemand müsse bei einer Restrukturierung weniger Einbußen seiner Rechtsposition hinnehmen, wenn er bei der Begründung seines Rechts kein Risiko übernehmen wollte.[816] Dieser Gedanke liegt jedoch genauso den Bevorzugungen im Insolvenzrecht zugrunde. Die absonderungsberechtigten Gläubiger genießen das Recht, einen Gegenstand vorrangig zu verwerten. Die Gläubiger lassen sich Sicherungsrechte einräumen, gerade um kein großes Ausfallrisiko zu tragen.[817] Richtet sich das Restrukturierungsrecht mithin nach dem übernommenen Risiko, richtet es sich nach der Wertung, die auch das Insolvenzrecht prägt.

Dabei mag darüber zu streiten sein, welches Risiko der Inhaber eines Rechts übernimmt. Es ist denkbar, das übernommene Risiko anders als das geltende Recht einzuschätzen und eine andere Befriedigungsreihenfolge für überzeugender zu halten. Die zugrundeliegende Prämisse bleibt jedoch die gleiche. Insofern bleibt offen, was sich

809 *Madaus*, FS Wimmer, 446 (465 f.).
810 *Madaus*, FS Wimmer, 446 (468 f.).
811 *Madaus*, FS Wimmer, 446 (463 f.; 468 f.).
812 *Madaus*, FS Wimmer, 446 (469).
813 *Madaus*, FS Wimmer, 446 (463).
814 *Madaus*, FS Wimmer, 446 (463).
815 *Madaus*, FS Wimmer, 446 (469).
816 *Madaus*, FS Wimmer, 446 (469).
817 Vgl. *Hoffmann*, Prioritätsgrundsatz, S. 299 f.

grundlegend bei einer »*direkten* Rückkoppelung an die außerinsolvenzlichen Erwartungen der Beteiligten für den Krisenfall [...]«[818] ändert.

Schäfer schließt sich im Grundsatz dem Modell von *Madaus* an. Er bestimmt die unberechtigten Vetopositionen durch eine ökonomische Analyse.[819] Er benennt einige Interessen, die die Ablehnung eines Plans legitimieren.[820] Trotzdem hält er einen Minderheitenschutz für zulässig, der sich am Wert der Forderung orientiert.[821] Dies vernachlässigt wirtschaftliche Interessen, die sich nicht im Wert der Forderung erschöpfen. Dadurch setzt er sich in einen Widerspruch zu seiner Prämisse, ein Gläubiger müsse aus wirtschaftlichen Gründen einen Plan ablehnen können. Darüber hinaus spricht er sich gegen die Zustimmungsfiktion einer ablehnenden Gruppe aus.[822] Lehne eine ganze Gruppe den Plan ab, verwirkliche dieser mit einer hohen Wahrscheinlichkeit nicht die Interessen der Gruppe. Diese Wertung überzeugt. Sie trifft jedoch ebenso schon auf den einzelnen Minderheitengläubiger zu. Es bleibt offen, warum die Ablehnung einer Gruppe von Gläubigern mehr Aussagekraft für die Sinnhaftigkeit der Sanierung für diese Gläubiger als die Ablehnung eines Gläubigers für die Sinnhaftigkeit der Sanierung für ihn haben soll.

cc) § 313 Abs. 1 BGB

Alternativ schlägt *Madaus* den Wegfall der Geschäftsgrundlage gem. § 313 BGB vor, um als Vorbild des Restrukturierungsplans zu dienen.[823]

(1) Verhältnis von §§ 313 und 242 BGB

Madaus[824] und sich ihm anschließend *Singer*[825] nennen neben § 242 BGB auch § 313 BGB als inhaltliches Vorbild des StaRUG.[826] Das Verhältnis dieser beiden Normen zueinander bleibt dabei offen. Dies weckt Zweifel an einem solchen Vorgehen. Die dogmatische Einordnung und der Zweck von § 313 BGB ist nicht vollständig geklärt.[827] Daher überzeugt es nicht, § 313 BGB und § 242 BGB ohne Weiteres alternativ als Legitimationsgrundlagen für die Bindung von Privatrechtssubjekten gegen ihren Willen heranzuziehen. Vor der Schuldrechtsreform entwickelte sich die Lehre vom Wegfall der Geschäftsgrundlage auf der Grundlage von § 242 BGB.[828] Überzeugend-

818 *Madaus* FS Wimmer, 446 (469).
819 *Schäfer*, Unternehmensrestrukturierung, Zweiter Teil, B.II.3.d.dd).
820 *Schäfer*, Unternehmensrestrukturierung, Zweiter Teil, B.II.3.d.dd).
821 *Schäfer*, Unternehmensrestrukturierung, Vierter Teil, B.IV.3.d.cc).
822 *Schäfer*, Unternehmensrestrukturierung, Vierter Teil, B.IV.3.e.bb).
823 *Madaus*, FS Wimmer, 446 (468).
824 *Madaus*, FS Wimmer, 446, (468).
825 *Singer*, Restrukturierungsrahmen, S. 161.
826 In dieser vertragsrechtlichen Richtung auch *Fritz/Schlotis*, BB 2019, 2051 (2053); *Seibt/Treufeld*, DB 2019, 1190 (1191); *Skauradszun*, KTS 2021, 1, (30); *Westpfahl*, ZRI 2020, 157 (160 f., 164).
827 Vgl. MüKoBGB/*Finkenauer*, § 313, Rn. 41 ff., 46.
828 *Finkenauer*, AcP 2013, 619 (646 f.).

erweise erschöpft sich der Zweck des § 313 Abs. 1 BGB darin, bestimmte Fälle der ergänzenden Vertragsauslegung einer eigenen Regelung zuzuführen.[829]

(2) Risikoverteilung des § 313 BGB

§ 313 BGB dient zur Anpassung des im Vertrag geltenden Risikos, wenn das Festhalten am Vertrag einer Partei nicht mehr zumutbar erscheint.[830] Die Anpassung kann die Partei verlangen, der das Festhalten am Vertrag unzumutbar ist. Im Fall der Restrukturierung eines Schuldners ist dies nach geltendem Recht nie der Schuldner. Denn das im Vertrag liegende Risiko bezieht sich auf das Leistungsinteresse der Parteien. Es bezieht sich auf die Leistungspflichten.

Bei der Restrukturierung mag es insgesamt um die Existenz des Schuldners gehen. Das bei sich drohender Zahlungsunfähigkeit ankündigende Risiko innerhalb des Vertragsverhältnisses zwischen Schuldner und Gläubiger ist jedoch das Insolvenzrisiko. Es ist das Risiko, der Schuldner könne seine Leistungspflicht nicht mehr vollständig erfüllen. De lege lata erlaubt der Restrukturierungsplan auch nur die Gestaltung von in Vorleistung gegangenen Gläubigerforderungen. Bei diesen hat sich für den Schuldner überhaupt kein Risiko verwirklicht.[831] Ganz im Gegenteil: Er hat die ihm zustehende Leistung schon erhalten. Der Schuldner hat bei Vorleistung des Gläubigers schon den Nutzen des gegenseitigen Vertrags gezogen. Gleichzeitig hat er die Last der eigenen Erfüllung noch nicht erbracht. Das »Risiko«, die »Gefahr«, die sich in der Insolvenz des Schuldners verwirklicht, ist in Bezug auf das konkrete Vertragsverhältnis zwischen Schuldner und Gläubiger damit sowieso nur ein Nachteil des Gläubigers. Wenn überhaupt, so müsste es also einen Wegfall der Geschäftsgrundlage zugunsten des Gläubigers geben. Diese materielle Überlegung findet sich daher stimmiger Weise in den Gestaltungsrechten wieder, die einem Gläubiger bei einem Schuldner zukommen, der seine Leistungspflicht nicht oder voraussichtlich nicht erfüllen kann, §§ 323 Abs. 4, 314, 490 BGB.[832] Auf dieser Erwägung beruht auch § 41 Abs. 1 InsO.[833]

Wenn es daher sowieso um ein Risiko des Gläubigers geht, ist es nicht zu erklären, warum der Schuldner dem Gläubiger eine andere als vom Gesetz vorgesehene Rechtsfolge – Stundung statt anteiliger Erfüllung – soll aufzwingen können. Wenn dem so wäre, ergäbe sich aus dem Vertragsverhältnis die Pflicht des Gläubigers, nicht nur das Insolvenzrisiko der anteiligen Erfüllung zu tragen, sondern auf einmal auch das Risiko der aufgezwungenen Stundung. Das überzeugt besonders angesichts der Befugnisse nicht, die einem zahlungsfähigen Schuldner zustehen. Ein zahlungsfähiger, aber zahlungsunwilliger Schuldner muss zum Fälligkeitszeitpunkt leisten. Er hat nicht die Möglichkeit, den Gläubiger zu einer für den Gläubiger wertgleichen oder vom Wert her vorteilhaften Stundung zu zwingen. Es ist aus Gesichtspunkten der vertraglichen Risikotragung und Risikoaufteilung nicht ersichtlich, warum dem drohend insolventen Schuldner mehr Eingriffsbefugnisse zukommen sollen.

829 *Henckel*, AcP 1960/1961, 106 (123); *Brox*, Einschränkung, S. 185; *Brox*, JZ 1966, 761 (766 f.); *Finkenauer*, AcP 2013, 619 (646 f.); *Medicus*, FS Flume I, 629, (632 ff.).
830 MüKoBGB/*Finkenauer*, § 313, Rn. 2.
831 Vgl. *Marotzke*, ZInsO 2022, 2504 (2506, 2508).
832 BeckOGKBGB/*Martens*, § 313, Stand: 01.07.2024, Rn. 290; Siehe S. 6.
833 Siehe S. 6.

(3) Tatbestand des § 313 BGB

Außerdem verbietet der Tatbestand des § 313 Abs. 1 BGB, die Norm als dogmatisches Vorbild für den Restrukturierungsplan zu begreifen.[834]

(a) Grundlage des Vertrags und unfreiwillige Gläubiger

§ 313 BGB betrifft die Risikoverteilung innerhalb eines Vertrages.[835] § 313 BGB spricht von Umständen, die zur Grundlage des Vertrags wurden.[836] Die Norm ist damit auf unfreiwillige Gläubiger nicht anwendbar, weil sich niemand Gedanken zu einem Risiko der Forderung beim unfreiwilligen Erwerb derselben macht. Sie sind jedoch in den Grenzen des § 4 S. 1 Nr. 2 StaRUG gestaltungsfähig,[837] weshalb § 313 BGB nicht als Vorbild für die Gestaltung von Forderungen unfreiwilliger Gläubiger dienen kann. Ebenso kann ein Restrukturierungsplan Steuerforderungen[838] und Forderungen von Sozialversicherungsträgern gestalten. Auch ihnen liegt jedoch kein vertraglicher Entschluss zugrunde, weshalb ihre Gestaltbarkeit nicht auf § 313 BGB beruhen kann.

(b) Festhalten am Vertrag unzumutbar

Das Festhalten am Vertrag muss der Partei unzumutbar sein, die die Anpassung verlangt. Ist dies beim Restrukturierungsplan der Schuldner, muss die drohende Zahlungsunfähigkeit ein Zustand sein, bei welchem dem Schuldner das Festhalten am Vertrag mit dem Gläubiger unzumutbar ist. Das Risiko, zahlungsunfähig zu werden, ist zumutbar.[839] Es ist einer Privatrechtsordnung, die eine effektive Haftungsordnung verwirklichen möchte, immanent.

Wäre dies anders, gäbe es nie eine endgültige Haftungsverwirklichung. Kurz bevor der Schuldner insolvent würde, könnte er eine Anpassung des Vertrags verlangen. Dem wäre höchstens entgegenzuhalten, er könne die Anpassung nur bei hinreichender Erfolgswahrscheinlichkeit der geplanten Restrukturierung verlangen. Das ist aber streng betrachtet nicht richtig. Denn das Risiko, zahlungsunfähig zu werden, ist bei einem restrukturierungsfähigen und restrukturierungsunfähigen Schuldner zum Zeitpunkt der drohenden Zahlungsunfähigkeit gleich. Wenn einer Person das Festhalten am Vertrag unzumutbar ist, ist das der Gläubiger.[840]

(c) Mehrheitsentscheid als Tatbestandsvoraussetzung

Ebenso steht der für den Restrukturierungsplan erforderliche Mehrheitsentscheid dem dogmatischen Rückgriff auf den Wegfall der Geschäftsgrundlage entgegen. Wenn der

834 *Brinkmann*, FS Karsten Schmidt I, 153 (157).
835 MüKoBGB/*Finkenauer*, § 313, Rn. 57.
836 MüKoBGB/*Finkenauer*, § 313, Rn. 54.
837 Uhlenbruck/*Mock*, § 2 StaRUG, Rn. 8.
838 BeckOKStaRUG/*Skauradszun*, § 2, Stand: 01.10.2024, Rn. 41
839 BeckOGKBGB/*Martens*, § 313, Stand: 01.07.2024, Rn. 291, 202; vgl. MüKoBGB/*Finkenauer*, § 313, Rn. 78, 225.
840 Siehe S. 97.

Restrukturierungsplan ein besonderer Fall des Wegfalls der Geschäftsgrundlage wäre, entschiede eine am Schuldverhältnis des Gläubigers und des Schuldners nicht beteiligte Abstimmungsmehrheit darüber, ob eine Geschäftsgrundlage weggefallen sei. Die Beteiligung von Dritten zur Bestimmung der Geschäftsgrundlage ist auch keine Form der Auslegung des Begriffs »Geschäftsgrundlage«.

(d) Von der Richtlinie gewünschte Interessenabwägung

Das StaRUG beruht auf der Richtlinie 1023/19 (im Folgenden RRL)[841].[842] Die Erwägungsgründe der Richtlinie weisen die Tendenz auf, möglichst viele verschiedene Interessen berücksichtigen zu wollen. Art. 19 RRL weist die Unternehmensleitung des Schuldners an, die Interessen der Gläubiger, der Anteilsinhaber und sonstiger Dritter zu berücksichtigen.[843] Die Richtlinie geht davon aus, die Sanierung betreffe viele verschiedene Interessen,[844] die sich nicht im Leistungsinteresse der Gläubiger erschöpfen. Beim Wegfall der Geschäftsgrundlage geht es dagegen nur um das Leistungsinteresse des Gläubigers und um die Leistungsfähigkeit des Schuldners. Denn bei § 313 Abs. 1 BGB geht es ausschließlich um die Risikoverteilung zwischen zwei Parteien. Da § 313 BGB damit nur das Verhältnis zwischen zwei Parteien betrachtet, kann es kein Vorbild für den Restrukturierungsplan sein, der die Interessen vieler Parteien berührt.

c) Unterschiede zwischen dem Restrukturierungsrecht und dem Insolvenzrecht als Rechtfertigung für die Befugnisse der Abstimmungsmehrheit

Neben diesen zwei Rechtfertigungsansätzen ließe sich noch überlegen, ob die behaupteten Unterschiede zwischen dem Restrukturierungsrecht und dem Insolvenzrecht die Befugnisse der Abstimmungsmehrheit rechtfertigen. Die Befugnisse der Abstimmungsmehrheit rechtfertigten sich dann durch die Eigenheiten des Restrukturierungsrechts.

aa) Wirtschaftliches Problem und spieltheoretisches Modell

Es besteht zum Beispiel die Vorstellung, das Restrukturierungsrecht löse ein anderes wirtschaftliches Problem als das Insolvenzrecht.[845] Dementsprechend ließe sich auch das Verhalten der Beteiligten einer Restrukturierungsverhandlung durch ein anderes spieltheoretisches Modell erklären als das Verhalten der Beteiligten einer Insolvenz.[846]

841 Richtline (EU) 2019/1023 des Europäischen Parlaments und des Rates vom 20. Juni 2019 über präventive Restrukturierungsrahmen, über Entschuldung und über Tätigkeitsverbote sowie über Maßnahmen zur Steigerung der Effizienz von Restrukturierungs-, Insolvenz- und Entschuldungsverfahren und zur Änderung der Richtlinie (EU) 2017/1132 (Richtlinie über Restrukturierung und Insolvenz) (ABl. L 172 vom 26.6.2019, S. 18–55).

842 BT-Drs. 19/24181, S. 1.

843 Vgl. *Scholz*, ZIP 2021, 219 (220).

844 Vgl. *Scholz*, ZIP 2021, 219 (220 f.).

845 *Madaus*, EBOIR 2018, 615 (633); *Skauradszun*, KTS 2021, 1 (9); in diesem Sinne auch *de Weijs*, EBOIR 2013, 201 (210 ff.).

846 *Madaus*, EBOIR 2018, 615 (635 f.).

(1) Common-pool Problem als Gefangenendilemma und theory of anticommons als game of chicken

In der Insolvenz reiche die Haftungsmasse nicht aus, um alle Gläubiger zu befriedigen.[847] Wenn die Gläubiger nun ungehindert auf die Masse zugriffen, sei dies unwirtschaftlich und verschwende einen Teil der Masse.[848] Der »common pool« sei also vor dem ungehinderten Zugriff der Gläubiger zu schützen.[849] Jeder könne und wolle auf die gemeinsame Ressource zugreifen, die nicht für alle reiche.[850] Solange die Insolvenz gesetzlich nicht geregelt ist, sei es für jeden Gläubiger rational, möglichst früh und umfänglich auf das Vermögen des Schuldners zuzugreifen.[851] Wenn sich alle Gläubiger so verhielten, schade dies der Masse.[852] Dieses Verhalten ist Gegenstand des Gefangenendilemmas.[853] Das für den Einzelnen rationale Verhalten führe zu einem Ergebnis, welches für alle suboptimal sei.[854] Die Situation sei auch mit einem Teich vergleichbar, an dem verschiedene Fischer fischten.[855] Wenn alle gleichzeitig ohne Rücksichtnahme fischten, überfischten sie den See.[856]

In einer Restrukturierung gehe es um ein anderes wirtschaftliches Problem.[857] Die Restrukturierung eines Unternehmens biete die Möglichkeit, das Unternehmen vor der Verwertung zu bewahren.[858] In der Verwertung drohe der Verkauf des Unternehmens oder seiner einzelnen Gegenstände. Der Verkaufswert liege dabei oft unter dem, was das Unternehmen wert sei, wenn die Beteiligten es erhielten. Wenn die Beteiligten das Unternehmen restrukturierten, könne es in der Zukunft wieder Gewinne erzielen. Die Restrukturierung sichere also das wirtschaftliche Potential, das im Unternehmen stecke. Um dieses Potential zu verwirklichen, muss das Unternehmen seine wirtschaftliche Lage verbessern. Dauerschuldverhältnisse bedürfen der Kündigung oder Anpassung. Bestehende Forderungen bedürfen der Stundung oder Kürzung. Sicherungsrechte der Gläubiger bedürfen der Aufgabe oder Anpassung. Im besten Falle erhalte das Unternehmen zusätzlich neue finanzielle Mittel. Diese Maßnahmen seien Teil eines großen Vertrags, der alle Beteiligten etwas angehe. Ohne die Hilfe der Insolvenzordnung oder des StaRUG sei dafür eine privatautonome Einigung aller Beteiligten erforderlich.[859] Weil jeder Beteiligte den Vertrag verweigern kann, komme ein solcher Vertrag selten zustande. Dadurch bliebe das wirtschaftliche Potential des restrukturierten Unterneh-

847 *Madaus*, FS Wimmer, 446 (456).
848 *Madaus*, FS Wimmer, 446 (456).
849 *Madaus*, FS Wimmer, 446 (456).
850 *Madaus*, FS Wimmer, 446 (456).
851 *de Weijs*, EBOIR 2013, 201 (208).
852 *de Weijs*, EBOIR 2013, 201 (208): »Insolvency law seeks to maximise the value of assets through a coordinated procedure, forcing creditors to cooperate.«
853 *Madaus*, EBOIR 2018, 615 (635); Siehe zum Gefangenendilemma in Bezug auf den Gleichbehandlungsgrundsatz S. 17.
854 *Madaus*, EBOIR 2018, 615 (635); *de Weijs*, EBOIR 2013, 201 (208 f.).
855 *de Weijs*, EBOIR 2013, 201 (208).
856 *de Weijs*, EBOIR 2013, 201 (208).
857 *de Weijs*, EBOIR 2013, 201 (210 ff.); *Madaus*, EBOIR 2018, 615 (633); *Skauradszun*, KTS 2021, 1 (9).
858 *de Weijs*, EBOIR 2013, 201 (212 f., 220); *Madaus*, EBOIR 2018, 615 (633 ff.).
859 Vgl. allgemein ohne den Bezug zum StaRUG *Madaus*, EBOIR 2018, 615 (633 f.).

mens ungenutzt.[860] Das Problem ist bekannt als »theory of anticommons«[861]. In der Restrukturierung scheitere die sinnvolle Nutzung der Ressource wegen der Möglichkeit jedes Beteiligten, den Zugriff zu blockieren.[862] Aus Sicht des Einzelnen könne die Blockade rational sein,[863] um die anderen Beteiligten zu mehr Zugeständnissen zu bewegen. Darunter fielen auch die Trittbrettfahrer, die ihren eigenen Vorteil maximieren wollen.[864] Dann komme es zum sogenannten »game of chicken«.[865] Die Beteiligten seien wie Autofahrer einer Wette, die aufeinander zufahren.[866] Die Wette verliere der Autofahrer, der als erstes ausweicht.[867] Wenn niemand ausweicht, kommt es zur einer Vollkatastrophe.[868] In der Restrukturierung komme es zur Vollkatastrophe, wenn die Beteiligten sich nicht einig würden.[869] Dadurch bleibe die gemeinsame Ressource ungenutzt.[870]

(2) Rechtlicher Gehalt von spieltheoretischen Modellen und wirtschaftlichen Sachverhalten

Die genauere Verortung des wirtschaftlichen Problems und die spieltheoretischen Modelle schärfen das Verständnis für die jeweiligen Situationen. Dagegen lässt sich aus ihnen kein pauschaler Schluss für die rechtliche Ausgestaltung ziehen. Das common-pool Problem und das Gefangenendilemma rechtfertigen nicht den Gleichbehandlungsgrundsatz.[871] Der Gleichbehandlungsgrundsatz gilt nicht, weil es durch ihn insgesamt mehr Masse zum Verteilen gäbe. Diese Überlegungen taugen lediglich zur Rechtfertigung des Gesamtverfahrens. Sie taugen nicht zur Rechtfertigung des Verteilungsmaßstabes.

Für die Restrukturierung verhält sich dies im Ansatz anders. Die Restrukturierung scheitert in der Tat an der Privatautonomie. Das Planverfahren behebt diesen Zustand, indem es einen Mehrheitsentscheid anordnet.[872] Dieser ist ein wirksames Mittel, um Blockaden in Vertragssituationen Einhalt zu gebieten.[873] Der im Planverfahren geltende Verteilungsmaßstab behebt also das wirtschaftliche Problem. Jedoch liegt darin für sich genommen keine Begründung für den Verteilungsmaßstab. Den Darstellungen zum Dilemma »of anticommons« liegt die Vorstellung zugrunde, die Unternutzung der Ressource sei ein Problem.[874] Aus dem Vorliegen einer Unternutzung folgern die Ver-

860 *Madaus*, FS Wimmer, 446 (456); *Singer*, Restrukturierungsrahmen, S. 88.
861 *de Weijs*, EBOIR 2013, 201 (210 ff.).
862 *de Weijs*, EBOIR 2013, 201 (212 ff.); *Madaus*, EBOIR 2018, 615 (633 f.).
863 *de Weijs*, EBOIR 2013, 201 (214).
864 Siehe S. 61.
865 *de Weijs*, EBOIR 2013, 201 (214); *Madaus*, EBOIR 2018, 615 (636).
866 *de Weijs*, EBOIR 2013, 201 (214); *Madaus*, EBOIR 2018, 615 (636).
867 *de Weijs*, EBOIR 2013, 201 (214); *Madaus*, EBOIR 2018, 615 (636).
868 *de Weijs*, EBOIR 2013, 201 (214).
869 *de Weijs*, EBOIR 2013, 201 (214).
870 *Madaus*, EBOIR 2018, 615 (633 f.).
871 Siehe S. 17.
872 *de Weijs*, EBOIR 2013, 201 (213).
873 *de Weijs*, EBOIR 2013, 201 (213).
874 *de Weijs*, EBOIR 2013, 201 (213).

treter zwingend, die Unternutzung sei aufzuheben und die Ressource sei einer anderen Nutzung zuzuführen. Dabei wäre dieser Schluss erst zu begründen.

Im deutschen Zivilrecht gestalten sich die Rechtsverhältnisse anhand des Willens der Beteiligten und nicht anhand der optimalen Nutzung einer vermeintlich gemeinsamen Ressource. Ein Schreiner kann einen Holzlieferanten nicht zum Abschluss eines Kaufvertrages zwingen, nur weil der Holzlieferant durch den Kaufpreis wertmäßig nicht schlechter stünde. Dabei führte der Vertrag die Ressource Holz einer wertsteigernden Nutzung zu. Aus privatautonomer Sicht ist das eindeutig. Es kommt auf den Willen der Beteiligten, nicht den Wert des Vertragsgegenstands an. Dem wäre entgegenzuhalten, die Privatautonomie sei durchaus ein Instrument, durch das insgesamt wirtschaftlich sinnvolle Verträge zustande kämen. Dadurch wachse wiederum die Gesamtwohlfahrt.[875] Die Geltung der Privatautonomie sorge für einen funktionierenden Markt.[876] Dem ist zuzustimmen. Das gilt jedoch nur für eine Gesamtbetrachtung des Marktes. Sie gilt nicht für jeden einzelnen Vertrag. Die Privatautonomie gilt auch, wenn Verträge wirtschaftlich unvernünftig sind.[877] Das gilt einerseits für Lebensbereiche, deren wirtschaftliche Prägung gering ist. Der Kauf eines Verbrauchsgegenstands hat immer einen wirtschaftlichen Aspekt. Er hat oft aber auch einen persönlichen Aspekt. Für viele Private ist der Kauf eines Autos keine rein wirtschaftliche Angelegenheit. Sie hat Bedeutung für deren freiheitliche Entfaltung ihrer Persönlichkeit. Selbstverständlich nimmt die wirtschaftliche Prägung in vielen Bereichen zu. Im kommerziellen Bereich mag sie sogar öfter die Entscheidung der Privaten beeinflussen als es persönliche Vorlieben tun. Sie beseitigt aber nicht die Möglichkeit, Entscheidungen aus persönlichen Gründen zu treffen. Niemand muss mit einem unliebsamen Anbieter einen Vertrag schließen, ganz egal, wie vorteilhaft der Vertrag ist. Niemand ist gehalten, wirtschaftlich vernünftige Anträge anzunehmen oder wirtschaftlich unvernünftige Anträge abzulehnen. Die Freiheit der Beteiligten trumpft die wirtschaftliche Vernunft. Daher ist entscheidender Zweck der Privatautonomie, die Freiheit der Einzelnen zu verwirklichen. Wenn aus der Privatautonomie eine wirkungsvolle Wirtschaft entwächst, ist dies eine gewollte und begrüßte Nebenwirkung. Ihre Herbeiführung ist aber nicht unmittelbarer Gegenstand der Privatautonomie. Wenn es keine Unternutzung geben dürfte, dürfte es keine Privatautonomie geben. Selbst unter verbundenen Privaten ist die Unternutzung von Ressourcen erlaubt. Das ist besonders deutlich bei einem nicht wirtschaftlichen Verein nach § 21 BGB. Selbst wenn die Verbindung von Privaten nicht auf einer freien Entscheidung beruht, bestimmt sich der Inhalt der Verbindung nicht ausschließlich nach wirtschaftlichen Aspekten. Dies zeigen die Regeln zur Bruchteilsgemeinschaft.[878] Die Reichweite von Mehrheitsentscheidungen nach § 745 Abs. 1 BGB ist eingeschränkt.[879] Vor allem behält jedes Mitglied die Möglichkeit, die Gemeinschaft nach den §§ 749 ff. BGB aufzuheben.[880] Die Regelung der Bruchteilsgemeinschaft ist von besonderer Bedeutung, weil das Dilemma »of

875 Vgl. *Schäfer/Ott*, Analyse, S. 471 ff.

876 Vgl. *Schäfer/Ott*, Analyse, S. 476 ff.

877 *Brinkmann*, FS Karsten Schmidt I, 153 (158): »Im Gegenteil ist von der Privatautonomie gerade auch egoistisches und sogar unvernünftiges Verhalten gedeckt.«

878 Siehe S. 44.

879 Siehe S. 48.

880 Siehe S. 51.

anticommons« für das Eigentumsrecht entwickelt wurde.[881] Wenn das deutsche Recht gerade das Paradebeispiel dieses Gedankens anders handhabt, ist dessen Übertragung auf andere Fälle mit Vorsicht vorzunehmen.

Die Aussagekraft von spieltheoretischen und ökonomischen Modellen ist zusätzlich aus einem weiteren Grund beschränkt. Die Zuschreibungen hängen auch davon ab, wie der Beobachter die jeweilige Situation beschreibt.[882] Dabei kann ein und dieselbe Situation je nach Beschreibung unter ein anderes Modell fallen.[883] Der ungehinderte Zugriff vieler auf eine gemeinsame Ressource ist der klassische Anwendungsfall des common-pool Problems.[884] Der ungehinderte Zugriff vieler verringert die gemeinsame Ressource.[885] Es ist jedoch auch möglich, den ungehinderten Zugriff vieler auf eine gemeinsame Ressource als Problem des dilemma »of anticommons« zu beschreiben. Die Masse trägt ein wirtschaftliches Potential in sich. Um dieses zu verwirklichen, bedarf es der richtigen Nutzung. Die richtige Nutzung besteht in einer geordneten Verteilung. Bedarf es dafür eines Vertrags, kommt dieser nicht zustande. Daher ist die Blockademöglichkeit zu beseitigen. Die Nähe der beiden spieltheoretischen Modelle erklärt auch, warum Vertreter der spieltheoretischen Ansätze zur Rechtfertigung des Gleichbehandlungsgrundsatzes trotz Annahme eines common-pool Problems auf eine hypothetische Gläubigereinigung abstellen.[886]

Aus dem Vorliegen einer wirtschaftlichen Unternutzung ist daher im deutschen Recht nicht zwingend auf die Auflösung der Unternutzung zu schließen. Für einen entsprechenden Schluss fehlt ein wichtiger Zwischenschritt. Die Beteiligten müssen untereinander Verantwortung dafür tragen, die Ressource wirtschaftlich zu nutzen. Ohne Weiteres ist diese Verantwortung nicht anzunehmen. Es gibt keinen inhaltlich überzeugenden Grund, warum die Gläubiger untereinander verantwortlich wären. Die Verantwortung eines Gläubigers gegenüber anderen Gläubigern zur Annahme des Plans entsteht nicht deshalb, weil er durch den Plan voraussichtlich nicht schlechter steht.[887]

bb) Betroffenes Vermögen

Ein weiter Unterschied des Restrukturierungsrechts zum Insolvenzrecht ist nach *Madaus,* welches Vermögen des Schuldners Gegenstand des Rechtsgebiets ist.[888] Während sich das Insolvenzrecht auf die Verteilung des gegenwärtig vorhandenen Vermö-

881 Entwickelt wurde die Idee der »Tragedy of Anticommons« unter anderem am Beispiel des Eigentumsrechts in Moskau in den 1990zigern: *Heller,* Harv. L. Rev. 111, no. 3 (1998), 621 (623 f.); vgl. *Fennel,* Law and Economics Working Paper No. 457, 2009, 1 (10); vgl. *Madaus,* EBOIR 2018, 615 (633).

882 *Singer*, Restrukturierungsrahmen, S. 147: »Ob der Rahmen in der Praxis ein insolvenzrechtliches *Common pool*-Problem oder doch das […] *Anticommons*-Dilemma adressiert, hängt letztlich von der verfahrenssystematischen Einkleidung ab.«

883 *Singer*, Restrukturierungsrahmen, S. 147.

884 Vgl. *de Weijs*, EBOIR 2013, 201 (207 ff.).

885 Vgl. *de Weijs*, EBOIR 2013, 201 (207 ff.).

886 Vgl. die Darstellung bei: *Madaus*, FS Wimmer, 446 (456).

887 Siehe S. 63.

888 *Madaus*, FS Wimmer, 446 (456 f.).

gens beschränke,[889] unterliege das Restrukturierungsrecht keiner vergleichbaren Einschränkung und umfasse auch zukünftiges Vermögen.[890] Wenn ein Restrukturierungsplan eine Forderung stundet, erfolgt die spätere Befriedigung der Forderung aus den künftigen Einkünften des restrukturierten Unternehmens.[891] Damit komme das Vermögen, welches die Forderungen bewirkt, nicht ausschließlich aus dem bestehenden Vermögen des Schuldners.[892] Beim Regelinsolvenzverfahren gehe es dagegen nur um die Verteilung des gegenwärtig vorliegenden Vermögens des Schuldners.[893] Nach dieser Unterscheidung ist auch der Insolvenzplan Teil des Restrukturierungsrechts.[894]

Der entscheidende Unterschied zwischen dem Regelinsolvenzverfahren und den Plänen ist nicht, welches Vermögen sie betreffen. Denn auch das Regelinsolvenzverfahren kennt Möglichkeiten, zukünftige Werte zu berücksichtigen. Zum Beispiel gehört gemäß § 35 InsO das während des Verfahrens erwirtschaftete Vermögen des Schuldners zur Insolvenzmasse.[895] Darüber hinaus erfolgt auch bei der übertragenden Sanierung eine Wertberechnung, die der Wertberechnung bei einem Plan ähnlich ist.[896] Kauft jemand das Unternehmen im Wege der übertragenden Sanierung, richtet sich der Kaufpreis auch nach dem wirtschaftlichen Potential des Unternehmens.[897] Der Kaufpreis berücksichtigt, in Zukunft mit dem Unternehmen Geld verdienen zu können.[898]

Der Unterschied liegt vielmehr in der jeweils geltenden Zuweisungsnorm, die den Gläubigern ihre subjektiven Rechte zuweist. Im Regelinsolvenzverfahren weist der Gleichbehandlungsgrundsatz die Forderungen der Gläubiger nur in Bezug auf die Höhe der Forderungssumme neu zu. Bei Plänen weist der Plan selbst die subjektiven Rechte aufgrund des Mehrheitsentscheids zu, wobei sich die Zuweisung nicht darin erschöpft, die Höhe der Forderung neu anzupassen. Damit ist der entscheidende Unterschied zwischen dem Regelinsolvenzverfahren und den Plänen nicht der Gegenstand-, sondern die Art der Verteilung.

889 *Madaus*, FS Wimmer, 446 (457).

890 *Madaus*, FS Wimmer, 446 (456 ff.).

891 *Madaus*, FS Wimmer, 446 (457): »Die (unbeschränkte) Einbeziehung künftiger Erträge aus dem restrukturierten Vermögen beseitigt die Ressourcenknappheit«.

892 *Madaus*, FS Wimmer, 446 (457 f.) formuliert, es gehe um die »Zuweisung von Sanierungserträgen«.

893 *Madaus*, FS Wimmer, 446 (456 f.).

894 *Madaus*, FS Wimmer, 446 (469 f.).

895 BeckOKInsO/*Kirchner,* § 35, Stand: 15.07.2024, Rn. 46.

896 *Bitter,* ZGR 2010, 147 (152 ff.), insbesondere (154): »Der Wert dieser Aktiva bemisst sich aber, wenn sie als Unternehmenseinheit und nicht im Rahmen einer Liquidation veräußert werden, ebenso nach der zukünftigen Ertragsfähigkeit wie beim Erwerb von Gesellschaftsanteilen im Wege eines *share deals.*«

897 *Bitter,* ZGR 2010, 147 (152 ff.).

898 Vgl. mit weiteren Nachweisen in Bezug auf den Unternehmenswert im Rahmen des Wertmanagments: *Spielberger,* Kauf, S. 17: »Als Unternehmenswert gilt der Gegenwartswert der zukünftig zu erwartenden Cash-flows vom Unternehmen an die Kapitalgeber.«

C. Zusammenfassung

Bei Insolvenz- und Restrukturierungsplänen entscheidet eine Abstimmungsmehrheit darüber, ob der Plan die Rechte einer Abstimmungsminderheit verändert.[899] Die Abstimmungsmehrheit ist zum Zeitpunkt der Abstimmung nicht Inhaber der Rechte der Minderheit. Daher entscheiden Nichtberechtigte über die subjektiven Rechte der Minderheit. Es handelt sich bei der Abstimmung um eine Verfügung durch Nichtberechtigte. Diese Befugnis der Abstimmungsmehrheit findet im Privatrecht keine Rechtfertigung.

Die Wirkung des Insolvenzplans lässt sich nicht auf den Gleichbehandlungsgrundsatz stützen.[900] Dieser weist nur die Höhe der gegenwärtig erfüllbaren Forderungen neu zu und findet seinen Geltungsgrund darin, die grundsätzliche Gleichheit zwischen Privatrechtssubjekten zu verwirklichen. Beim Insolvenzplan gehen die Gestaltungen darüber hinaus, nur die gegenwärtig verfügbare Haftungsmasse den fälligen Forderungen neu zuzuteilen, um dadurch die Gleichheit der Privaten zu wahren. Um die Gleichheit zwischen mehreren Gläubigern eines insolventen Schuldners zu verwirklichen, ist es nicht nötig, das Unternehmen des Schuldners zu sanieren und fällige Forderungen zu stunden. Der Insolvenzplan beruht auf wirtschaftlichen Erwägungen und dient nicht der Gleichheit der Privaten.

Die Gläubiger eines insolventen Schuldners bilden auch keine Gruppe, aus der die Befugnisse der Mehrheit stammen.[901] Die Gruppenlehre von *Grünewald* lässt eine Gruppe zwischen Subjekten entstehen, die keinerlei Verantwortung für einander tragen und deren Rechte nicht kollidieren. Darüber hinaus müsste entgegen der Vorstellung von *Grünewald* die Mehrheitsmacht innerhalb der Gruppe auf Entscheidungen beschränkt sein, die dazu dienen, die Interessenkollision aufzulösen, die die Gruppe begründet.

Die Abstimmung über den Insolvenzplan lässt sich nicht als Mehrheitsentscheid einer Bruchteilsgemeinschaft deuten.[902] Die nötigen Abstimmungsmehrheiten im Insolvenzplanverfahren sind nicht mit dem Abstimmungsrecht des § 745 Abs. 1 BGB zu vereinbaren. Der Bruchteilsgemeinschaft ist es fremd, Inhabern kleiner Bruchteile ein höheres Stimmgewicht zukommen zu lassen, um wirkungsvoll Einfluss nehmen zu können. Darüber hinaus wären die Gläubiger eines insolventen Schuldners eine Gemeinschaft, die kein Recht der einzelnen Bruchteilsinhaber zur Aufhebung der Gemeinschaft kennte. Eine solche Gemeinschaft ist nicht ausgeschlossen, aber untypisch.

Schließlich folgt die Rechtfertigung nicht aus dem allgemeinen Vertrags- und Privatrecht.[903] Eine überstimmte Gruppe von ablehnenden Gläubigern lässt sich nicht mit dem Argument an die Wirkungen des Plans binden, sofern die Voraussetzungen des § 245 InsO vorliegen, sei ihre Ablehnung wirtschaftlich unvernünftig und damit missbräuchlich. Es gibt nachvollziehbare wirtschaftliche Interessen, die der Tatbestand von § 245 InsO nicht erfasst. Wenn Gläubiger aus diesen Gründen gegen den Plan stimmen, ist ihr Abstimmungsverhalten wirtschaftlich vernünftig. Darüber hinaus ist es

899 Siehe S. 34.
900 Siehe S. 36.
901 Siehe S. 41.
902 Siehe S. 43.
903 Siehe S. 55.

nicht rechtsmissbräuchlich, sich wirtschaftlich unvernünftig zu verhalten. Ausgehend von der Privatautonomie gibt es keine Pflicht oder Obliegenheit eines Subjekts, sich wirtschaftlich vernünftig zu verhalten oder sich den Wünschen anderer entsprechend zu verhalten. Das gilt auch, wenn der gewünschte Vertrag die unwillige Person nicht schlechter stellen würde. Sieht man dies anders, begründet man einen allgemeinen Kontrahierungszwang für wirtschaftlich vernünftige Verträge. Ein solcher Kontrahierungszwang negiert die Privatautonomie in erheblichem Maße.

Die Bindung einzelner Minderheitengläubiger an den Plan lässt sich nicht damit rechtfertigen, für den Plan spreche eine objektive Richtigkeitsgewähr, weil die Mehrheit der Gruppe den Plan für sinnvoll hält. Zunächst kann ein Minderheitengläubiger ein anderes wirtschaftliches Interesse als die anderen Gläubiger seiner Gruppe haben. Dann ist der Plan für ihn wirtschaftlich unvernünftig. Es lässt sich daher nicht vom Abstimmungsverhalten einer Mehrheit darauf schließen, was für eine Minderheit wirtschaftlich sinnvoll ist. Darüber hinaus überzeugt die Vorstellung nicht, eine objektive Richtigkeitsgewähr rechtfertige die Bindung an den Plan. Diese Vorstellung kommt dem Verständnis gleich, dass ein Kontrahierungszwang für objektiv gerechte Verträge zulässig wäre. Auch ein solcher Kontrahierungszwang negiert die Privatautonomie in erheblichem Maße.

Die unfreiwillige Bindung von Gläubigern oder Gruppen an einen Restrukturierungsplan lässt sich nicht über eine gesellschaftsähnliche Verbindung der Gläubiger herleiten.[904] Die Gläubiger bilden keine Interessengemeinschaft. Bildeten sie eine solche, führte dies auch nicht zur Annahme von gesellschaftsrechtlichen Treuepflichten. Es führte höchstens zur Anwendung des Rechts einer Bruchteilsgemeinschaft, welches die Wirkungen des Plans wiederum nicht tragen kann.

Ebenso überzeugt es nicht, die Einwirkung auf fremde Interessen für sich ausreichen zu lassen, um einen Mehrheitsentscheid zu begründen.[905] Fremde Interessen genießen keinen grundsätzlichen Schutz. Die Rechtsordnung muss sie dem Inhaber rechtlich zuweisen, damit Dritte sie zu wahren haben. Wenn schon allein die Möglichkeit, auf fremde Interessen einzuwirken, zu einer Aufopferung des eigenen Rechts führen würde, bestimmten sich die Rechte und Pflichten von unverbundenen Privatrechtssubjekten durch eine allgegenwärtige Abwägung verschiedener Interessen. Auch diese Lehre negiert im Ergebnis die Privatautonomie, weil sich die Rechtsverhältnisse der Privaten nicht mehr nach dem Willen der Parteien, sondern einer allgemeinen Abwägung bestimmen.

Die Bindung unfreiwilliger Gläubiger und Gruppen rechtfertigt sich nicht über das Schlechterstellungsverbot.[906] Der Mehrheitsentscheid ist kein Marktkonformitätstest, der die Schlechterstellungsprognose plausibel macht. Ein Restrukturierungsplan muss nicht alle Gläubiger eines Schuldners umfassen und kann die Forderungen mancher Gläubiger gemäß § 4 StaRUG nicht gestalten. Diese Gläubiger stimmen daher nicht über den Plan ab, obwohl ihr Verhalten für den Erfolg einer Sanierung von Bedeutung sein kann. Daher stimmt beim Restrukturierungsplan nicht der ganze Markt über den Plan ab.

904 Siehe S. 75.
905 Siehe S. 77.
906 Siehe S. 88.

Auch lässt sich die Wirkung des Restrukturierungsplans nicht als Ausfluss des Wegfalls von der Geschäftsgrundlage verstehen.[907] § 313 BGB regelt, welche Partei innerhalb eines Vertrages welches Risiko tragen muss. Dabei beziehen sich die Risiken auf die Leistungspflichten. Beim Restrukturierungsplan sind gemäß § 3 Abs. 2 StaRUG nur Forderungen gestaltbar, deren Gläubiger seinerseits schon die ihm obliegende Leistungspflicht erfüllt hat. Für den Schuldner hat sich im Vertragsverhältnis damit überhaupt kein Risiko verwirklicht. Darüber hinaus erklärt sich nicht, warum der Wille von Dritten eine Rolle dafür spielen soll, ob die Geschäftsgrundlage wegfällt. Letztlich gilt § 313 BGB für Verträge. Der Restrukturierungsplan kann dagegen in den Grenzen des § 4 Nr. 2 StaRUG auch Forderungen unfreiwilliger Gläubiger gestalten.

Letztlich taugen auch spieltheoretische Modelle nicht dazu, die Reichweite von subjektiven Rechten zu bestimmen.[908] Sie können die Wirkung des Restrukturierungsplans daher nicht rechtfertigen.

907 Siehe S. 96.
908 Siehe S. 99.

Kapitel 2 Verfassungsrechtliche Rechtfertigung von Insolvenz- und Restrukturierungsplänen

Die unfreiwillige Bindung eines Gläubigers oder einer Gläubigergruppe lässt sich nicht stimmig in die Strukturen des deutschen Privatrechts einfügen und ist mit diesen nicht vereinbar. Im Folgenden ist Gegenstand der Untersuchung, ob die unfreiwillige Bindung von Gläubigern an einen Plan mit der Verfassung vereinbar ist. Sie ist verfassungswidrig, wenn sie gegen Normen des Grundgesetzes verstößt. In Betracht kommt ein Eingriff in die Eigentumsfreiheit der überstimmten Gläubiger nach Art. 14 GG. Ebenso kann die Bindung des Plans gegen den Willen der Gläubiger diese in ihrer verfassungsrechtlich geschützten Privatautonomie nach Art. 2 Abs. 1 GG beeinträchtigen. Der Schutz der Privatautonomie geht in diesem Fall jedoch im Schutz des Eigentums aus Art. 14 GG auf.[909] Denn die Privatautonomie bezieht sich auf die Forderung als Bezugsgegenstand.[910] Deren Schutz durch Art. 14 GG umfasst den Gehalt des Art. 2 Abs. 1 GG. Darüber hinaus steht eine Beeinträchtigung des effektiven Rechtsschutzes aus Art. 19 Abs. 4 GG in Rede, deren Prüfung diese Arbeit ausspart.

A. Insolvenzplan

Die Normen zum Insolvenzplan verstoßen gegen Art. 14 Abs. 1 GG, wenn sie in den Schutzbereich der Eigentumsfreiheit eingreifen und sich nicht rechtfertigen lassen.

I. Schutzbereich und Eingriff

Das Forderungsrecht der überstimmten Gläubiger ist verfassungsrechtlich von Art. 14 Abs. 1 S. 1 GG geschützt. Der Schutz des Eigentums im Sinne von Art. 14 Abs. 1 GG »betrifft grundsätzlich alle vermögenswerten Rechte, die dem Berechtigen von der Rechtsordnung in der Weise zugeordnet sind, dass dieser die damit verbundenen Befugnisse nach eigenverantwortlicher Entscheidung zu seinem privaten Nutzen ausüben darf.«[911] Darunter fallen auch Forderungen.[912] Gestaltet ein Insolvenzplan die Forderungen der ablehnenden Gruppen oder Gläubiger, berührt es deren Eigentumsfreiheit in zwei Weisen.

909 Vgl. BVerfGE 42, 263 (294) – Contergan.

910 Vgl. BVerfGE 42, 263 (294) – Contergan: »Die Gewährleistung des Eigentums umfaßt auch die privatautonome Verfügungsbefugnis über Ansprüche[...]«

911 BVerfGE 115, 97 (110 f.) – Halbteilungsgrundsatz; ebenso BVerfGE 112, 93 (107) – Stiftung »Erinnerung«.

912 BVerfGE 115, 97 (111) – Halbteilungsgrundsatz; BVerfGE 83, 201 (208) – Bundesberggesetz; BVerfGE 42, 263 (294) – Contergan.

1. Verfügungsbefugnis

Da die Gläubiger eine Stundung oder Kürzung ihres Anspruchs hinnehmen müssen, obliegt ihnen über diese Veränderung ihres Rechts nicht mehr die Verfügungsbefugnis. Dies berührt ihr Eigentumsrecht an den Forderungen, weil »[d]ie Gewährleistung des Eigentums [...] auch die privatautonome Verfügungsbefugnis über Ansprüche [umfaßt] [...].«[913] Insoweit entziehen die Gestaltungen des Insolvenzplans dem Inhaber der Forderung seine Verfügungsbefugnis zu einem Teil.[914]

2. Forderungswert

Neben der Verfügungsbefugnis über das Eigentumsobjekt schützt Art. 14 GG auch den Wert des Eigentums.[915] Der Wert der Forderung ist durch den Insolvenzplan berührt, wenn die Schlechterstellungsprognose falsch ist und den Gläubigern durch den Plan weniger Werte zukommen als ihnen bei Verwertung des Unternehmens zukämen.

Wenn den Gläubigern durch den Plan letztlich weniger Werte zufließen als ihnen bei der Verwertung zukämen, muss dies jedoch nicht zwingend an einer falschen Prognose liegen. Als Beispiel dient ein Insolvenzplan, der mit einer sehr hohen Wahrscheinlichkeit (85%) sehr hohe Erträge erzielen wird. Diese lägen eindeutig über dem, was die Verwertung des Unternehmens erzielte. Mit einer sehr geringen Wahrscheinlichkeit (15%) wird der Plan leicht geringere Werte als die Verwertung erzielen. Der zusammengesetzte Erwartungswert des Plans ist dabei weit höher als der Erwartungswert der Verwertung. Daher liegt keine Schlechterstellung überstimmter Gläubiger und Gruppen vor. Wenn sich nun das 15%ige Risiko des geringeren Erlöses verwirklicht, bleibt die Prognose richtig. Dieses Risiko ist zu trennen von dem Risiko einer falschen Prognose. Denn die Prognose hat die unterschiedlichen denkbaren Geschehensabläufe zutreffend erfasst und mit Eintrittswahrscheinlichkeiten vorhergesagt. Vor dieser Belastung schützt das Eigentum schon durch den Schutz der Verfügungsbefugnis. Denn gegen dieses Risiko kann sich ein Gläubiger grundsätzlich wehren, indem er seine Forderung nicht stundet.

II. Rechtfertigung

Der Eingriff in das Eigentumsrecht der überstimmten Gläubiger und Gläubigergruppen könnte gerechtfertigt sein. Ein Eingriff in ein Grundrecht ist nach allgemeiner Definition jedes staatliche Verhalten, das ein vom Schutzbereich eines Grundrechts geschütztes Verhalten ganz oder teilweise unmöglich macht.[916] Dabei kommt die Insolvenzord-

913 BVerfGE 42, 263 (294) – Contergan; vgl. auch *Alexy,* Theorie, S. 304.

914 Vgl. zum »Entzug konkreter Eigentumspositionen« ohne eine Enteignung zu sein: BVerfGE 143, 246 (332 f.) – Atomausstieg.

915 BVerfGE 42, 263 (301) – Contergan: »Schließlich ist dem Erfordernis der Verfassung entsprochen, daß die Substanz des Wertanspruchs [...] prinzipiell erhalten bleiben muß.«

916 *Kingreen/Poscher,* Grundrechte, S. 88; vgl. auch *Roth,* Eingriffe, S. 659: »Ein Eingriff ist daher jedes staatliche Handeln, das in zurechenbarer Weise den Schutzbereich eines Abwehrrechts beeinträchtigt.«

nung als eingreifendes Gesetz ihrerseits auch als rechtfertigendes Gesetz in Betracht. Art. 14 GG kennt mit Abs. 1 S. 2 und Abs. 3 S. 1 GG grundsätzlich zwei Arten von Gesetzen, die in die Eigentumsfreiheit eingreifen.[917] Die Normen zum Insolvenzplan sind entweder[918] eine Enteignung oder eine Inhalts- und Schrankenbestimmung.

1. Enteignung

Eine Enteignung ist die vollständige oder teilweise Entziehung konkreter subjektiver, durch Art. 14 Abs. 1 S. 1 GG gewährleisteter Rechtspositionen zur Erfüllung bestimmter öffentlicher Aufgaben.[919] Eine Enteignung liegt nur vor, wenn sich der Staat Güter hoheitlich beschafft.[920]

Wenn der Insolvenzplan die Forderungen der Gläubiger gegen ihren Willen gestaltet, beschafft sich der Staat weder mittelbar noch final Güter. Der Plan gestaltet die Ansprüche der Gläubiger unmittelbar um. Der Staat wandelt die Forderung dabei nicht zu seiner eigenen Rechtsposition um. Sie bleibt in der Inhaberschaft des ursprünglichen Gläubigers. Eine Enteignung wäre höchstens denkbar, wenn der Staat die Forderung des Gläubigers in einem Zwischenschritt erwürbe, bevor er sie in veränderter Gestalt in einem zweiten Schritt wieder an die Gläubiger übertrüge. Die Annahme eines solchen Zwischenschrittes ist verfehlt. Beim Insolvenzplan fehlt es an einem tauglichen Erwerbsakt des Staates. Die Gestaltung der Forderung ist keine Enteignung im Sinne des Art. 14 Abs. 3 S. 1 GG.

2. Inhalts- und Schrankenbestimmung

Da die Vorschriften des Insolvenzplans die Forderungen rechtlich umgestalten, ohne sie zu entziehen, sind sie Inhalts- und Schrankenbestimmungen im Sinne des Art. 14 Abs. 1 S. 2 GG.[921]

3. Verhältnismäßigkeit

Damit eine Inhalts- und Schrankenbestimmung rechtmäßig ist, muss sie verhältnismäßig sein. Nach der überkommenen Lehre ist ein Eingriff in ein Grundrecht grundsätzlich verhältnismäßig, wenn er ein legitimes Ziel verfolgt, geeignet, erforderlich und angemessen ist.[922]

917 BeckOKGG/*Axer*, Art. 14, Stand: 15.06.2024, Rn. 70.
918 Vgl. *Stüer/Thorand,* NJW 2000, 3737 (3739 f.).
919 BVerfGE 143, 246 (333) – Atomausstieg; BVerfGE 134, 242 (289) – Garzweiler; BVerfGE 104, 1 (9) – Baulandumlegung; BVerfGE 102, 1 (15) – Altlasten; BVerfGE 101, 239 (259) – Stichtagsregelung.
920 BVerfGE 143, 246 (334) – Atomausstieg.
921 Vgl. *Wegener,* Minderheitenschutz, S. 94 f.
922 BeckOKGG/*Axer*, Art. 14, Stand: 15.06.2024, Rn. 88.

a) Legitimer Zweck

Die Bestimmung des Zwecks erfolgt durch Auslegung. Die gängigen Auslegungsmethoden sind die Auslegung anhand des Wortlauts, der Systematik, der Entstehungsgeschichte sowie des Sinns und Zwecks.[923] Von besonderer Bedeutung für die Auslegung sind sowohl der Normtext als auch die Entwurfsbegründung der Insolvenzordnung.

aa) Zur Befriedigung der Gläubiger

§ 1 S. 1 Alt. 2 InsO deutet an, der Insolvenzplan diene der Befriedigung der Gläubiger.

Dabei bedürfen die Begriffe »Befriedigung« und »Gläubiger« einer näheren Untersuchung.

(1) Befriedigung

(a) Keine Bewirkung im Sinne des § 362 Abs. 1 BGB

Die »Befriedigung« von Forderungen meint für gewöhnlich deren Bewirkung im Sinne von § 362 Abs. 1 BGB. Damit ist die Herbeiführung des Leitungserfolgs gemeint. Bei Zahlungsforderungen ist dies die Zahlung einer Geldsumme an den Gläubiger. Kürzt oder stundet der Plan die Forderung eines Gläubigers gemäß § 224 Alt. 1 oder 2 InsO, bewirkt er sie nicht. Stattdessen ändert der Plan den Inhalt der Forderung. Bei einer Kürzung wandelt der Plan die Forderung nach herrschender Meinung in eine unvollkommene Verbindlichkeit um.[924] Bei der Stundung verändert der Plan die Fälligkeit der Forderung. Die Wirkung des § 224 InsO steht einem Verständnis entgegen, nach welchem der Insolvenzplan tatsächlich der Bewirkung der Forderung im Sinne von § 362 Abs. 1 BGB dient.[925]

(b) Höhere Befriedigungsquote unabhängig von der Fälligkeit und sonstige wirtschaftliche Vorteile

Mit dem Begriff der Befriedigung sind zwei wirtschaftliche Vorteile für die Gläubiger gemeint.

Erstens besteht die Hoffnung, Insolvenzpläne könnten Unternehmen sanieren. Wenn ein Unternehmen saniert ist, kann es wieder längerfristig Geld erwirtschaften und mit diesem Geld die Forderungen der Gläubiger erfüllen.[926] Dadurch kann die endgültige Befriedigungsquote höher ausfallen als sie im Falle der unmittelbaren Verwertung des Unternehmens im Regelinsolvenzverfahren ausfiele.[927]

923 *Beck,* Jura 2018, 330 (330).

924 Uhlenbruck/*Lüer/Streit,* § 254 InsO, Rn. 8; BeckOKInsO/*Freund/Stadler,* § 254, Stand: 15.01.2024, Rn. 7; JaegerInsO/*Piekenbrock,* § 254, Rn. 40.

925 Siehe S. 34.

926 *Madaus,* FS Wimmer, 446 (457).

927 *Anton,* ZInsO 2009, 506 (508); *Jacobi,* ZInsO 2010, 2316 (2317); *Jacobi,* ZInsO 2011, 807 (808), der *Stapper* zitiert.

Zweitens eröffnen Insolvenzpläne die Möglichkeit, sonstige wirtschaftliche Vorteile für Gläubiger freizusetzen.[928] Sonstige wirtschaftliche Vorteile sind alle Vorteile, die sich nicht in einer höheren Befriedigungsquote erschöpfen. Darunter fällt beispielsweise das Interesse eines Gläubigers, durch eine Umwandlung seiner Forderung in Gesellschaftsanteile, Gesellschafter am Schuldner zu werden.[929] Umgekehrt können Gläubiger die Sanierung des Schuldners befürworten, um ihn nicht als einen Geschäftspartner zu verlieren.

Die Beeinträchtigung des Eigentums führt dabei den Eintritt dieser wirtschaftlichen Vorteile nicht unmittelbar herbei. Sie führt die beabsichtigen Vorteile mittelbar herbei. Denn die Eigentumsrechte der Minderheit stellen für den Eintritt des beabsichtigten Zustandes eine Umweltbedingung dar, die es entsprechend zu gestalten gilt. Die Stundung einer Forderung erlaubt es, das Unternehmen zu sanieren. Durch das sanierte Unternehmen kommen die Gläubiger dann in den Genuss einer höheren Befriedigungsquote und/oder sonstiger wirtschaftlicher Vorteile.

Weder das Gesetz noch die Entwurfsbegründung klären das Verhältnis dieser zwei Arten von wirtschaftlichen Vorteilen zueinander endgültig. So zeigt beispielsweise § 217 InsO nur die Möglichkeit des Plans auf, vom Regelinsolvenzverfahren abzuweichen. Die Norm gibt kein eigenes Ziel auf, dem die Pläne dienen.[930] Insoweit dient das Planverfahren weiterhin gemäß § 1 InsO der Befriedigung der Gläubiger. Was genau die Befriedigung der Gläubiger meint, ist wiederum gerade eine Frage der Auslegung. Die Normtexte von §§ 1, 217 InsO sind insoweit unergiebig.

Die Entwurfsbegründung sieht in der Befriedigungsquote und in den sonstigen wirtschaftlichen Vorteilen jeweils Auswirkungen, welche insgesamt Bedeutung für die Sinnhaftigkeit einer Sanierung haben. So ergebe sich »die Bewertung der einzelnen Verwertungsalternativen […] für die Beteiligten nicht nur aus den an sie aus dem Schuldnervermögen fließenden Zahlungen, sondern aus allen im Einzelfall erwarteten positiven und negativen Auswirkungen, wie etwa dem Fortbestand oder dem Verlust einer bewährten Geschäftsbeziehung.«[931]

Näher beschreibt weder die Entwurfsbegründung noch das Gesetz das Verhältnis dieser zwei Arten von wirtschaftlichen Vorteilen zueinander. Damit bleibt in manchen Fällen offen, welche Vorteile ein Insolvenzplan herbeiführen soll.

Um beim Beispiel der Entwurfsbegründung zu bleiben: Dem Insolvenzverwalter könnten zwei verschiedene Sanierungsmöglichkeiten vorschweben. Der erste Plan zielt darauf ab, die Befriedigungsquote der Insolvenzgläubiger größtmöglich zu steigern. Der zweite Plan verspricht den Gläubigern deutlich geringere Befriedigungsquoten als der erste Plan. Dafür steigt mit ihm die Wahrscheinlichkeit, das Unternehmen als bewährte Geschäftsbeziehung für die Gläubiger zu erhalten. Das Gesetz gibt nicht vor, welchen dieser beiden Pläne der Insolvenzverwalter zur Abstimmung stellen soll. Die Handlungspflicht des Insolvenzverwalters ist in solchen Fällen unbestimmt.[932]

928 BT-Drs. 12/2443, S. 76.

929 Vgl. zu verschiedenen Interessen auch oben S. 57.

930 Vgl. *Braun*, Grenzen, S. 20: »Daraus folgt, dass der Begriff »*Befriedigung*« im Lichte des § 224 InsO weit ausgelegt werden muss.«

931 BT-Drs. 12/2443, S. 76.

932 Siehe ausführlicher zum Restrukturierungsplan: S. 176.

Der Plan muss nicht einmal darauf abzielen, insgesamt eine höhere Befriedigungsquote als die Liquidation zu erreichen. Sofern der Plan die ablehnenden Gläubiger und Gruppen voraussichtlich nicht schlechter stellt, können die zustimmenden Gläubiger einer geringeren Befriedigungsquote zustimmen, § 226 Abs. 2 S. 1, § 245 Abs. 1 InsO.[933] Zustimmende Gläubiger können an einem solchen Plan Interesse haben, weil die sonstigen wirtschaftlichen Vorteile für sie überwiegen.[934]

Zumindest faktisch dienen die Normen zum Insolvenzplan damit der Herbeiführung all solcher Pläne, die die erforderlichen Mehrheitserfordernisse oder Zustimmungsfiktionserfordernisse erfüllen.[935]

Die Entwurfsbegründung führt wiederholt aus, der Plan sei ein Instrument der Privatautonomie.[936] Diese Vorstellung ist falsch. Sie bringt jedoch zumindest zum Ausdruck, der Plan ziele auf die Verwirklichung des Willens der Gläubiger ab.[937] Zwar stimmen Gläubiger vermutlich in der Tendenz für Pläne, die ihnen eine hohe Befriedigungsquote versprechen. Sie müssen dies aber nicht. Sie können und sollen aus allen denkbaren Motiven für den Plan sein. Das können neben einer hohen Befriedigungsquote andere wirtschaftliche Vorteile sein. Streng genommen müssen es aber nicht einmal wirtschaftliche Motive sein, aus denen die Gläubiger für den Plan stimmen. Der Insolvenzplan ist in erster Linie ein Instrument zur Ausübung des persönlichen Willens der Gläubiger. Die Entwurfsbegründung verbindet damit die Vorstellung, am Ende führte dies zu wirtschaftlich vernünftigen Plänen.[938] Das ist aber ein erhoffter Reflex. Vorrangig geht es um die Verwirklichung des Willens der Gläubiger. Denn die Entscheidung über die Abwicklung der Insolvenz sollten diejenigen treffen, deren Geld auf dem Spiel steht.[939] Der Insolvenzplan sei kein Instrument der Demokratie.[940] Ebenso habe die Mehrheit nicht mehr Recht als die Minderheit in wirtschaftlichen Fragen.[941] Der Plan sei Instrument zur Entscheidungsfindung.[942]

Nur eine Wertung trifft daher mit Sicherheit auf einen angenommenen Plan zu: Eine hinreichende Zahl an Gläubigern will den Plan. Damit verbindet das Gesetz die Hoffnung, diese Pläne seien für die Gläubiger wirtschaftlich vorteilhaft. Sie seien wirtschaftlich vorteilhaft, weil sie für die zustimmenden Gläubiger die Befriedigungsquote erhöhen oder sonstige wirtschaftliche Vorteile freisetzen.

933 BT-Drs. 12/2443, S. 91.

934 BT-Drs. 12/2443, S. 91.

935 *Brinkmann*, ZIP 2014, 197 (201); vgl. *Braun*, Grenzen, S. 20.

936 BT-Drs. 12/2443, S. 76, 78, 90, 91.

937 Vgl. BT-Drs. 12/2443, S. 79: »Es fördert marktkonforme Willensbildungs- und Entscheidungsprozesse […].«

938 BT-Drs. 12/2443, S. 76: »Unter marktwirtschaftlichen Bedingungen wird ein Unternehmen dann saniert, wenn seine Fortführung […] für die Beteiligten oder für neue Geldgeber vorteilhafter ist als seine Liquidation […]«.

939 BT-Drs. 12/2443, S. 79 f.: »In der Marktwirtschaft muß grundsätzlich das Urteil derjenigen Personen maßgeblich sein, deren Vermögenswerte auf dem Spiel stehen und die deshalb die Folgen von Fehlern zu tragen haben.«

940 BT-Drs. 12/2443, S. 79.

941 BT-Drs. 12/2443, S. 79.

942 BT-Drs. 12/2443, S. 79.

(2) Gläubiger

Als Zweites bedarf der Begriff der »Gläubiger« einer näheren Untersuchung.

(a) Wille der Minderheit

Die Formulierung »Gläubiger« erweckt den Eindruck, der Plan diene dem Willen aller Gläubiger.[943] Diese Annahme ist eine Fiktion.[944] Stimmen Gläubiger oder Gruppen gegen den Plan, entspricht der Plan nicht ihrem Willen. Insofern dient der Plan der Verwirklichung des Willens der Abstimmungsmehrheit.

(b) Objektives Interesse der Minderheit

Zwar dienen die Pläne nicht dem Willen der Minderheiten. Sie könnten jedoch dem objektiven Interesse dieser Minderheiten dienen. Dann dient der Plan nicht dem Willen der Gläubiger, aber er wirkt immer noch zu deren Wohle. Was genau dem Wohle der überstimmten Gläubiger dient, bestimmt in diesem Fall die Abstimmungsmehrheit.

Das ist zwar an sich denkbar. Gegen ein solches Verständnis sprechen jedoch mehrere Gründe. Die Gläubiger kennen ihre wirtschaftliche Lage selbst am besten. Das ist nach der Entwurfsbegründung gerade auch Grund dafür, die Entscheidung über den Insolvenzplan in die Hände der Gläubiger zu legen.[945] Es leuchtet nicht ein, warum nur die Gläubiger der Mehrheit ihre Interessen richtig einschätzen können sollen. Als Beispiel dient ein Gläubiger, der selbst vor Zahlungsschwierigkeiten steht. Er bevorzugt deshalb eine Insolvenzabwicklung, die vergleichbar der Liquidation schnell einen Geldzufluss verspricht. Dieses Interesses ist auch aus objektiver Sicht sinnvoll. Für die Sinnhaftigkeit dieses Interesses kommt es ausschließlich auf die wirtschaftliche Lage des Gläubigers an. Wenn nun eine Mehrheit eine lange Stundung befürwortet und der Plan trotzdem verfassungsrechtlich dem Wohle des überstimmten Gläubigers dient, spräche das Gesetz diesem Gläubiger ab, dass ein schneller Geldzufluss in seinem Interesse liege. Das ist kontrafaktisch.

Es überzeugt nicht, die Sinnhaftigkeit eines Interesses grundsätzlich vom Abstimmungsverhalten der Mehrheit abhängig zu machen. Das Interesse an einem schnellen Geldzufluss ist für einen Gläubiger in seiner konkreten Lage entweder sinnvoll oder nicht. Es ist nicht schon sinnvoll, weil sich – aus welchen Gründen auch immer – die Mehrheit der anderen Gläubiger auch einen solchen Geldzufluss wünscht. Die denkbaren Gründe für die Interessen der Gläubiger sind unendlich und müssen in keiner Weise mit den Interessen der anderen Gläubiger übereinstimmen oder verbunden sein.

Selbst wenn die Mehrheit beispielsweise die Prognose der Befriedigungsquote besser einschätzt als die Minderheit,[946] gilt dies noch nicht für subjektive Interessen. Wenn die Interessen von Gläubigern auseinander fallen, muss dies nichts mit Progno-

943 Vgl. in Bezug auf die Gläubigerautonomie im Allgemeinen *Neumann*, Gläubigerautonomie, S. 55.
944 Vgl. in Bezug auf die Gläubigerautonomie im Allgemeinen *Neumann*, Gläubigerautonomie, S. 55.
945 BT-Drs. 12/2443, S. 76, 78 f.
946 Siehe S. 89.

sen oder Entscheidungen unter Ungewissheiten zu tun haben. Die Gläubiger können auch schlicht und einfach andere Ziele verfolgen.[947]

An dieser Stelle ist auch der Vorstellung der Entwurfsbegründung eine Absage zu erteilen, die Zustimmung vieler Gläubiger beruhe auf Zugeständnissen anderer Gläubiger.[948] Damit verbindet die Entwurfsbegründung die Hoffnung, der Wille aller Gläubiger finde im Plan zumindest zu einem gewissen Anteil Berücksichtigung.[949] So nähmen Gläubiger für sich persönlich eine kleinere Befriedigungsquote hin, weil sie Interesse an dem Erhalt der Geschäftsbeziehung mit dem Schuldner hätten.[950] Das mag sein. Es trifft aber nicht für die Minderheiten zu. Ihnen hat die Mehrheit offensichtlich nicht in einem solchen Maße Zugeständnisse gemacht, welches sie zur Zustimmung des Plans bewogen hätte. Wahrscheinlicher ist deshalb ein anderer Geschehensablauf. In vielen Fällen entwirft der Insolvenzverwalter den Plan schon im Hinblick auf das erwartete Abstimmungsergebnis.[951] Ebenso berücksichtigen die Gläubiger bei ihrer Abstimmung das erwartete Abstimmungsergebnis. Zeichnet sich für einen gewissen Planinhalt eine Mehrheit ab, gibt es keinen Anreiz, auf den Willen der Minderheit Rücksicht zu nehmen.[952]

Außerdem ist es Teil der Freiheit, selbst über den eigenen wirtschaftlichen Weg zu entscheiden. Der Plan bevormundet diese Gläubiger, wenn er ihnen abspricht, selbst am besten zu wissen, was für sie der richtige Weg ist.[953] Eine solche Argumentation stünde auch im Widerspruch zur Vorstellung der Entwurfsbegründung, bei der Planabstimmung sollten sich die Gläubiger von ihrem eigenen Willen leiten lassen.[954] Denn dann ginge es nur so lange um die Verwirklichung des Willens, wie die Gläubiger einer Mehrheit angehören. Sofern die Gläubiger zur Minderheit gehören, diente der Plan ihren von den Minderheitengläubigern selbst nicht erkannten wahren Interessen.

Letztlich ist auch der Minderheitenschutz ein Indiz für die Zielrichtung des Plans. Das Schlechterstellungsverbot knüpft daran an, dass der Plan die Minderheiten im Hinblick auf ihre Forderung voraussichtlich schlechter stellt, § 251 Abs. 1 Nr. 2 InsO, § 245 Abs. 1 Nr. 1 InsO. Wenn die Minderheiten genau den gleichen Wert erhalten, wie sie ihn in der Liquidation erhielten, können die Minderheiten den Plan nicht verhindern. Das mag sachgerecht sein. Es spricht jedoch gegen die Vorstellung, der Plan

947 Siehe S. 89.
948 BT-Drs. 12/2443, S.199.
949 BT-Drs. 12/2443, S. 91; diese Vorstellung teilt *Wegener*, Minderheitenschutz, S. 75.
950 BT-Drs. 12/2443, S. 91, 199.
951 Vgl. *Neumann*, Gläubigerautonomie, S. 58 f.; für den Restrukturierungsplan *Bork*, ZRI 2021, 345 (356), der es als Stärkung der Gläubigerautonomie versteht, dass der Schuldner auf die wesentlichen Gläubiger angewiesen ist; vgl. auch zur verhaltenssteuernden Wirkung des Obstruktionsverbots: *Schiessler*, Insolvenzplan, S. 171; BeckOKInsO/*Geiwitz/von Danckelmann*, § 222, Stand: 15.01.2023, Rn. 5.
952 Vgl. *Neumann*, Gläubigerautonomie, S. 59: »Wo eindeutige Mehrheiten bestehen, existiert für diese [Mehrheit] kein vernünftiger Grund, mit der Minderheit zu verhandeln und ihre Interessen zurücktreten zu lassen.«
953 Vgl. zur ausgleichpflichtigen Inhaltsbestimmung *Kischel*, JZ 2003, 604 (610), der es zu Recht ablehnt, die Verhältnismäßigkeit eines Eingriffs davon abhängig zu machen, ob ein vernünftiger und einsichtiger Eigentümer von sich aus auf eine gewisse Nutzung seines Eigentums zugunsten des Gemeinwohls absähe.
954 Vgl. BT-Drs. 12/2443, S. 90.

diene auch den objektiven Interessen der Minderheiten. Denn ein Plan diente doch in viel höherem Maße den objektiven Interessen der Minderheit, wenn das Gesetz durch den Plan im Vergleich zur Liquidation sogar eine Besserstellung verlangte.[955] Wenn jemand bei wirtschaftlicher Betrachtung durch einen Plan weder Vorteile noch Nachteile erfährt, hat der Plan dieser Person nicht geholfen.

(3) Conterganentscheidung und das wohlverstandene Eigeninteresse

Teils schlagen Stimmen in der Literatur im Anschluss an *Madaus* vor, der richtige Maßstab für die Rechtmäßigkeit von Plänen sei das »wohl verstandene[] Eigeninteresse des Betroffenen«[956].[957]

Der Topos des »wohlverstandenen Eigeninteresses des Betroffenen« ist der Entscheidung des BVerfG zur Stiftung für contergangeschädigte Kinder angelehnt.[958] Manche contergangeschädigten Kinder und das Unternehmen Chemie Grünenthal schlossen einen Vergleich über 100 Millionen DM zugunsten der Contergangeschädigten. Dabei gab es verschiedene Bedenken im Hinblick auf die Durchsetzung der Vergleichsansprüche. Der Gesetzgeber befürchtete, die Geschädigten könnten leer ausgehen.[959] Denn der Vertrag räumte dem Unternehmen das Recht auf Rückforderung des Geldes ein, wenn jemand Ansprüche von Sozialversicherungsträgern oder Sozialhilfeträgern gegen sie geltend macht.[960] Außerdem könnten die Sozialversicherungsträger oder Sozialhilfeträger ihre eigenen Leistungen für die geschädigten Kinder soweit einstellen, wie dies vom Vergleich gedeckt ist.[961] Dadurch bliebe den Geschädigten letztendlich nicht viel vom Geld.[962] Zudem erfasste der Vergleich nicht alle geschädigten Kinder.[963] Daher entschied sich der Gesetzgeber, eine Stiftung zu gründen[964] und allen Geschädigten gesetzliche Ansprüche zukommen zu lassen.[965] Die Stiftung wurde aus den von der Firma versprochenen 100 Millionen DM finanziert.[966] Zusätzlich gab der Staat 50 Millionen DM für die Geschädigten und 50 Millionen DM für allgemeine Maßnahmen zugunsten von Menschen mit Behinderung aus.[967]

Ein Geschädigter klagte gegen das Gesetz, weil die gesetzlichen Ansprüche gegen die Stiftung mit ihren neuen Inhalten an die Stelle der bisher bestehenden Ansprüche

955 Vgl. zu einem ähnlichen Gedanken in Bezug auf vorinsolvenzliche Eingriffe *Zipperer*, ZInsO 2016, 831 (835).

956 *Madaus*, FS Wimmer, 446 (469), teils spricht *Madaus* auch vom »richtig verstandenen Eigeninteresse der Betroffenen« (461).

957 *Singer*, Restrukturierungsrahmen, S. 161.

958 BVerfGE 42, 263 – Contergan.

959 BT-Drs. VI/926, S. 6.

960 BT-Drs. VI/926, S. 6.

961 BT-Drs. VI/926, S. 6.

962 BT-Drs. VI/926, S. 6.

963 BT-Drs. VI/926, S. 6.

964 BGBl. I 1971, S. 2018.

965 BT-Drs. VI/926, S. 6.

966 BT-Drs. VI/926, S. 6.

967 BT-Drs. VI/926, S. 6.

gegen die Firma Chemie Grünenthal traten.[968] Er nahm unter anderem eine unzulässige Enteignung an.[969]

Das BVerfG nutzte das Kriterium des »recht verstandene[n] Eigeninteresse[s] der Betroffenen«[970], um eine Inhalts- und Schrankenbestimmung von einer Enteignung abzugrenzen.[971] Eine Enteignung im Sinne des Art. 14 Abs. 3 S. 1 GG setze voraus, dass das Gesetz dem Inhaber ein Recht zugunsten fremder Belange entzieht.[972] Gegen einen solchen Entzug spreche, wenn das Gesetz dem recht verstandenen Eigeninteresse diene.[973] Das Kriterium diente dazu, Ausgestaltungen privater Rechte aus dem Bereich der Enteignungen auszunehmen. Mittlerweile hat das BVerfG das Kriterium aufgegeben[974] und orientiert sich für die Abgrenzung an dem Naßauskiesungsbeschluss[975].[976]

Aus dieser Textstelle entnimmt *Madaus*, Planablehnende müssten einen Plan hinnehmen, wenn er ihren Interessen diene.[977] Ein Veto sei unberechtigt, wenn es »dem wohl verstandenen Eigeninteresse des Betroffenen«[978] widerspreche.[979]

Das BVerfG nutzte das recht verstandene Eigeninteresse des Betroffenen jedoch nie dazu, den Maßstab der Verhältnismäßigkeit einer Inhalts- und Schrankenbestimmung zu konkretisieren. Das Kriterium diente ausschließlich dazu, um eine Inhalts- und Schrankenbestimmung von einer Enteignung abzugrenzen. Nachdem das BVerfG das Vorliegen einer Enteignung ablehnte, prüfte es die Ausgestaltung des Stiftungsgesetzes. Maßstab für die Verfassungsmäßigkeit war dabei das »Prinzip der Rechtsstaatlichkeit […] und alle übrigen Verfassungsnormen, insbesondere auch das Grundrecht aus Art. 3 Abs. 1 GG […].«[980] Ziel des Gesetzes war es auch nicht, die Lage jedes konkreten Betroffenen zwingend zu verbessern, sondern eine »Verbesserung der Gesamtkonzeption«.[981]

968 BVerfGE 42, 263 (273 ff.) – Contergan.
969 BVerfGE 42, 263 (276) – Contergan.
970 BVerfGE 42, 263 (299) – Contergan.
971 BVerfGE 42, 263 (299) – Contergan: »Es wird der Rechtslage nicht gerecht, diese Rechtsumwandlung als Enteignung […] zu qualifizieren.«; vgl. sogar die ausdrückliche Beschreibung in einer anderen Entscheidung in: BVerfGE 74, 264 (284) – Boxberg: »An dieser Beurteilung vermag auch der Hinweis auf die Contergan-Entscheidung des Bundesverfassungsgerichts (BVerfGE 42, 263) nichts zu ändern. Das Bundesverfassungsgericht hat dort die Umgestaltung von Ansprüchen aus einem privatrechtlichen Vergleich in gesetzlich geregelte Leistungsansprüche nicht als Enteignung angesehen, weil es bereits an dem dafür typischen Rechtsentzug zugunsten fremder Belange fehlte […].«
972 BVerfGE 42, 263 (299) – Contergan.
973 BVerfGE 42, 263 (299) – Contergan.
974 *Haas*, NVwZ 2002, 272 (276).
975 BVerfGE 58, 300 – Naßauskiesung.
976 Vgl. für die Orientierung am Naßauskiesungsbeschluss auch BeckOKGG/*Axer*, Art. 14, Stand: 15.06.2024, Rn. 78.
977 *Madaus*, FS Wimmer, 446 (469).
978 *Madaus*, FS Wimmer, 446 (469).
979 *Madaus*, FS Wimmer, 446 (461, 469).
980 BVerfGE 42, 263 (305) – Contergan.
981 BVerfGE 42, 263 (305) – Contergan.

Das Gesetz soll den Interessen aller Contergangeschädigten dienen.[982] Das Interesse der Geschädigten ermittelt das Gesetz dabei durch eine Gesamtbetrachtung.[983] Daher entspricht das Gesetz dem Interesse eines durchschnittlichen Betroffenen.[984] Das BVerfG schließt aber nicht aus, dass das Gesetz den Interessen und dem Willen mancher Betroffener nicht entspricht.[985] Ganz im Gegenteil erkennt das BVerfG dieses Problem und löst es, indem es sich auf den Kollektivgedanken stützt.[986] Dieses Kollektiv soll zu einer erhöhten Solidarität der Beteiligten untereinander führen.[987] Auch wenn das BVerfG seine Vorgehensweise nicht ausdrücklich benennt, wägt es die Interessen der von dem Gesetz profitierenden Betroffenen mit den Interessen der von dem Gesetz Nachteile erleidenden Betroffenen ab.

Das Abwägungsergebnis des Conterganfalls ist in jedem Falle untauglich, um es einfach auf den Insolvenzplan zu übertragen. Denn das Stiftungsgesetz beruht auf einigen Erwägungen, die der Insolvenzordnung nicht zugrunde liegen. So ist »[d]as Stiftungsgesetz [...] dadurch gekennzeichnet, daß es eine Gruppe von Schadensfällen dem allgemeinen privatrechtlichen Ordnungssystem entzieht und einer gesetzlichen Sonderregelung unterstellt. Der Schadensausgleich für die contergangeschädigten Kinder wird von dem individualrechtlichen zu einem sozialrechtlichen Bereich hin verlagert.«[988] Die Entwurfsbegründung zur Insolvenzordnung hat einer sozialpolitischen Prägung der Insolvenzordnung ausdrücklich eine Absage erteilt.[989] Ebenso umfasste das Stiftungsgesetz nicht nur die Ausgleichsforderungen der Geschädigten.[990] Ziel des Stiftungsgesetzes und der zusätzlichen 50 Millionen DM war es auch, »Behinderten durch Förderung anderer Maßnahmen Hilfe [zu] gewähren, um ihre Eingliederung in die Gesellschaft zu erleichtern.«[991] Ähnliche sozialpolitische Erwägungen sind dem Insolvenzrecht und der Entwurfsbegründung der Insolvenzordnung überwiegend fremd. Zwar sind auch dem Insolvenzrecht sozialpolitische Einflüsse nicht gänzlich fremd. Das in den §§ 165 ff. SGB III geregelte Insolvenzgeld dient dem Schutz der Arbeitnehmer.[992] Es geht jedoch auch auf die Richtlinie 2008/94[993] zurück und hat damit einen europarechtlichen Hintergrund.[994] Darüber hinaus kann der Schutz von Arbeitnehmern auch im weiteren Sinne der Befriedigung der Gläubiger dienen. Beispielsweise verbietet § 4 Nr. 1 StaRUG eine Gestaltung von Arbeitnehmerforderungen, weil

982 BVerfGE 42, 263 (298) – Contergan.
983 BVerfGE 42, 263 (298) – Contergan: »Unter Berücksichtigung all dieser Gesichtspunkte«.
984 In diesem Sinne sollte der Begriff des »recht verstandene[n] Eigeninteresse[s]« verstanden werden, vgl. BVerfGE 42, 263 (299 f.) – Contergan.
985 BVerfGE 42, 263 (299 f.) – Contergan.
986 BVerfGE 42, 263 (298) – Contergan.
987 BVerfGE 42, 263 (298) – Contergan.
988 BVerfGE 42, 263 (291) – Contergan.
989 BT-Drs. 12/2443, S. 75 ff.
990 BVerfGE 42, 263 (291) – Contergan.
991 BVerfGE 42, 263 (291) – Contergan.
992 *Krumbiegel*, in: Arbeitsrecht, § 75, Rn. 66.
993 Richtlinie 2008/94/EG des europäischen Parlamentes und Rates vom 22. Oktober 2008 über den Schutz der Arbeitnehmer bei Zahlungsunfähigkeit des Arbeitgebers; ABl. EG 2008 L 283, 36.
994 *Krumbiegel*, in: Arbeitsrecht, § 75, Rn. 66.

die Fortführung eines Unternehmens einen »funktionierenden operativen Betrieb voraussetzt.«[995]

Das BVerfG nutzte daher das Kriterium des recht verstandenen Eigeninteresses nicht als Maßstab für die verfassungsrechtliche Zulässigkeit einer Inhalts- und Schrankenbestimmung. Auch für dessen ursprünglichen Zweck, die Abgrenzung zwischen einer Inhalts- und Schrankenbestimmung und einer Enteignung vorzunehmen, hat das BVerfG das Kriterium aufgegeben. *Madaus* möchte anhand des »wohl verstandenen Eigeninteresses« der überstimmten Minderheit prüfen, ob der Insolvenzplan gegen den verfassungsrechtlichen Eigentumsschutz der Minderheiten verstößt. Danach soll der Eingriff durch den Insolvenzplan gerechtfertigt sein, weil er ihren wohlverstandenen Eigeninteressen diene. Diese Argumentation bevormundet die Minderheiten. Sie unterstellt Ihnen, nicht in ihrem eigenen wahren Interesse abgestimmt zu haben.[996] Denn der Plan diene ja ihren wohlverstandenen Interessen. Dann können die Gläubiger nur gegen den Plan sein, weil sie ihre eigenen Interessen falsch verstanden haben. Ein solches Verständnis überzeugt nicht.

bb) Grundrechtskollision oder Sozialpflichtigkeit des Eigentums nach Art. 14 Abs. 2 S. 2 GG als Anforderungen an den legitimen Zweck einer Inhalts- und Schrankenbestimmung

Der Insolvenzplan dient dem Willen der Gläubiger der Abstimmungsmehrheit. Mittelbar dient das Gesetz dadurch Planlösungen, die für die Abstimmungsmehrheit wirtschaftlich sinnvoll sind.

Es bestehen Zweifel, ob es sich dabei um einen legitimen Zweck zur Einschränkung des Eigentums handelt. Nach Art. 14 Abs. 2 S. 2 GG muss der Gebrauch des Eigentums zugleich dem Wohl der Allgemeinheit dienen. Die Norm dient unstrittig als Grundlage für eine Inhalts- und Schrankenbestimmung, die das Eigentum zugunsten eines eindeutigen Allgemeinwohlzwecks einschränkt.[997] Sie könnte umgekehrt Inhalts- und Schrankenbestimmungen entgegenstehen, die keinem Allgemeinwohlzweck dienen. *Ruffert* hält Inhalts- und Schrankenbestimmungen für verfassungswidrig, wenn sie »dem Interessenausgleich zwischen zwei Privatrechtssubjekten«[998] dienen und somit nicht »gemeinwohlorientiert« [999] sind. Denn gemäß Art. 14 Abs. 2 S. 2 GG müsse eine Inhalts- und Schrankenbestimmung »im Kontext der Sozialbindung am Gemeinwohl orientiert sein«.[1000]

Eine Norm dürfe nur dann unabhängig eines Gemeinwohlzwecks den Ausgleich zwischen zwei privaten Interessen regeln, wenn die Interessen von kollidierenden

995 BT-Drs. 19/24181, S. 114.

996 Vgl. zur ausgleichpflichtigen Inhaltsbestimmung *Kischel*, JZ 2003, 604 (610), der es zu Recht ablehnt, die Verhältnismäßigkeit eines Eingriffs davon abhängig zu machen, ob ein vernünftiger und einsichtiger Eigentümer von sich aus von einer gewissen Nutzung seines Eigentums zugunsten des Gemeinwohls absähe.

997 Vgl. BVerfGE 50, 290 (339 f.) – Mitbestimmung; vgl. auch zur Genese: *Schneider*, FS von Brünneck, 67 (69 f.).

998 *Ruffert*, Vorrang, S. 383.

999 *Ruffert*, Vorrang, S. 384.

1000 *Ruffert*, Vorrang, S. 383.

Grundrechten geschützt sind.[1001] Das Eigentum unterliegt verfassungsimmanenten Schranken.[1002] Die Normen des Grundgesetzes taugen dabei untereinander als verfassungsimmanente Schranken.[1003] Daher kann die Eigentumsfreiheit des einen Grund für die Einschränkung der Eigentumsfreiheit des anderen sein. Es kommt daher auf die Anforderungen des Art. 14 Abs. 2 S. 2 GG und die Einordnung der Zwecke des Insolvenzplans als Allgemeinwohlzwecke oder private Zwecke nicht an, wenn der Insolvenzplan eine Grundrechtskollision auflöst.

(1) Art. 14 Abs. 1 GG

Der Insolvenzplan dient dem Willen der Gläubiger der Abstimmungsmehrheit. Mittelbar dient das Gesetz dadurch Planlösungen, die für die Abstimmungsmehrheit wirtschaftlich sinnvoll sind. Dabei könnte es sich um ein Interesse der begünstigten Gläubiger handeln, welches von Art. 14 Abs. 1 GG geschützt ist.[1004] Dafür spricht auch die weit verbreitete und missverständliche Vorstellung, der Plan diene der Befriedigung der Gläubiger.[1005]

Jedem Gläubiger der Abstimmungsmehrheit steht jeweils eine Forderung gegen den Schuldner zu. Die Forderung gewährt dem Gläubiger verschiedene Befugnisse. Insbesondere hat der Gläubiger grundsätzlich das Recht, die Forderung gegen den Schuldner durchzusetzen und sie zu übertragen. Die Forderung samt diesen Befugnissen unterfällt dem Schutz von Art. 14 Abs. 1 GG. Die Reichweite des Schutzes von Art. 14 GG könnte sich auf die Befugnisse der Gläubiger im Planverfahren erstrecken. Dann schützte Art. 14 Abs. 1 GG dem Grunde nach das Interesse von Gläubigern eines Schuldners, im Falle der Insolvenz andere Gläubiger zu einer Stundung oder Kürzung ihrer Forderung zwingen zu können, um den eigenen Willen durchzusetzen.

Dafür sprechen zwei Annahmen.

Art. 14 Abs. 1 GG schützt zunächst den Wert der Forderung.[1006] Durch die Sanierung kann auf die Forderung eines Gläubigers mehr Wert entfallen als es bei der unmittelbaren Verwertung des Unternehmens der Fall wäre. Wenn es also Möglichkeiten gibt, die einem Gläubiger mehr Werte auf seine Forderung zukommen lassen, könnte Art. 14 Abs. 1 GG das Interesse des Gläubigers an der Umsetzung dieser Möglichkeiten schützen.

Darüber hinaus erschöpft sich der Schutz einer Forderung durch Art. 14 Abs. 1 GG nicht darin, den Wert der Forderung zu schützen.[1007] Ebenso gewährt die Norm die

1001 *Ruffert*, Vorrang, S. 384; wohl auch in diesem Sinne *Leisner*, Sozialbindung, S. 74 ff.

1002 BVerfGE 20, 351 (361) – Tollwut; *Leisner*, in: Handbuch des Staatsrechts, § 149, Rn. 140.

1003 BVerfGE 20, 351 (361) – Tollwut, welches die entschädigungslose Tötung eines tollwutgefährdeten Tieres trotz einer spezialgesetzlichen Regelung alternativ auf die verfassungsimmanente Schranke der »öffentliche[n] Gesundheit« stützt und diese darüber hinaus mit dem Sozialstaatsprinzip und Art. 14 Abs. 2 GG verbindet.

1004 *Spetzler*, *Eingriffe*, S. 50 geht davon aus, das Interesse der Gläubiger an einer »möglichst umfassenden Realisierung ihrer Forderungen« sei durch Art. 14 GG geschützt.

1005 Siehe S. 36.

1006 Vgl. BVerfGE 14, 263 (283 f.) – Feldmühle.

1007 BVerfGE 42, 263 (294 f.) – Contergan.

Freiheit, in einem gewissen Maße durch die Forderung den eigenen Willen zu verwirklichen.[1008] Darunter fällt etwa das Recht des Gläubigers, die Forderung an einen Dritten zu übertragen. Der Schutz hängt nicht davon ab, ob der Gläubiger durch die Übertragung wertmäßig eine vernünftige Entscheidung trifft. Art. 14 Abs. 1 GG schützt damit nicht lediglich den Wert einer Eigentumsposition. Indem der Plan den Willen der Gläubiger berücksichtigt, könnte Art. 14 Abs. 1 GG auch insofern das Interesse des Gläubigers schützen.

Dies verkennt jedoch die Reichweite des Art. 14 Abs. 1 GG. Die verfassungsrechtliche Eigentumsfreiheit der Gläubiger der Abstimmungsmehrheit rechtfertigt nicht das Ziel des Insolvenzplans. Die Wirkung eines Insolvenzplans geht über die gerade geschilderten Interessen der Gläubiger hinaus. Der verfassungsrechtliche Schutz der Forderungen eines Gläubigers umfasst nicht das Interesse, andere Gläubiger eines gemeinsamen insolventen Schuldners gegen ihren Willen zu Stundungen oder Kürzungen oder jegliche weitere Änderungen zu zwingen, um den eigenen Willen zu verwirklichen.

Der Eigentumsschutz einer Forderung aus Art. 14 Abs. 1 GG erstreckt sich schon im Grundsatz nicht darauf, von Dritten die Herbeiführung bestimmter Umweltbedingungen der Forderung zu verlangen.[1009] Art. 14 Abs. 1 GG schützt »den konkreten Bestand an vermögenswerten Gütern«[1010], die dem »Rechtssubjekt bereits zustehen«,[1011] und schützt daher keine »in der Zukunft liegende Chancen und Verdienstmöglichkeiten«[1012] Der Schutz bezieht sich ausschließlich auf den rechtlichen Inhalt der Forderung. Ein Anspruch begründet gemäß § 194 Abs. 1 BGB »[d]as Recht, von einem anderen ein Tun oder Unterlassen zu verlangen«. Dritte sind nicht ohne Weiteres verpflichtet, das Tun oder Unterlassen des Schuldners zu fördern. Auch in der Solvenz eines Schuldners ist es für den Gläubiger förderlich, wenn andere Gläubiger des gleichen Schuldners sich seinem Willen entsprechend verhalten. Es liegt grundsätzlich im Interesse des Gläubigers, wenn andere Gläubiger ihre Forderungen trotz Fälligkeit nicht durchsetzen. Dadurch erhöht sich die Wahrscheinlichkeit für den Gläubiger, zum Zeitpunkt der Fälligkeit seiner Forderung noch einen solventen Schuldner zu haben. Dennoch ist dieses Interesse nicht von Art. 14 Abs. 1 GG umfasst. Um einen entsprechenden Schutz durch Art. 14 Abs. 1 GG anzunehmen, fehlt es an einer Verantwortlichkeit anderer Gläubiger für das Schicksal der eigenen Forderung.

Wären die Befugnisse der Abstimmungsmehrheit beim Insolvenzplan durch Art. 14 GG geschützt, dürfte sich das Zugriffsrecht der Abstimmungsmehrheit nicht auf die anderen Gläubiger des Schuldners beschränken. Es erstreckte sich auf alle, die die Be-

1008 BVerfGE 42, 263 (294 f.) – Contergan.

1009 Vgl. zu übertragbaren Aussagen zum Betriebseigentum: Maunz/Dürig/*Papier*/*Shirvani*, Art. 14 GG, Rn. 206, 209; *Leisner*, in: Handbuch des Staatsrechts, § 149, Rn. 61 ff., 134.

1010 BVerfGE 68, 193 (222) – Zahntechnikerinnungen; vgl. auch BVerfGE 31, 229 (239) – Schulbuchprivileg.

1011 BVerfGE 68, 193 (222) – Zahntechnikerinnungen; vgl. auch: BVerfGE 30, 292 (334 f.) – Erdölbevorratung; BVerfGE 20, 31 (34) – Ehemäklerlohn.

1012 BVerfGE 68, 193 (222) – Zahntechnikerinnungen; vgl. BVerfGE 30, 292 (335) – Erdölbevorratung; siehe auch BVerfGE 28, 119 (142) – Spielbank, mit der auf BAGE 19, 14 (23) zurückgehende Erweiterung, dass auch »Interessen« nicht durch Art. 14 GG geschützt sind.

friedigung ihrer Forderungen in irgendeiner Weise beeinträchtigen könnten. Diese Argumentation rechtfertigt keine Unterscheidung zwischen den anderen Gläubigern und sonstigen Dritten, die die Befriedigung der Forderung in irgendeiner Wiese beeinträchtigen könnten. Denn das Interesse des Gläubigers ist keines, das nur gegenüber anderen Gläubigern des gleichen Schuldners besteht. Das Interesse des Gläubigers ist es grundsätzlich, mit möglichst hoher Wahrscheinlichkeit möglichst viele Werte auf seine Forderung zu erhalten. Nicht nur eine Indienstnahme anderer Gläubiger des gleichen Schuldners dient diesem Interesse. Auch wenn ein Privater mit dem Schuldner nicht rechtlich verbunden ist, kann er dem Interesse des Gläubigers dienen. Er kann einen Vertragsschluss mit dem Schuldner unterlassen. Er kann mit dem Schuldner einen für den Schuldner guten Vertrag abschließen, der sein eigenes Vermögen schädigt. Er könnte sogar als Dritter nach § 267 Abs. 1 BGB die Forderung des Gläubigers erfüllen. Alle diese Möglichkeiten förderten die »Befriedigung« des Gläubigers. Trotzdem ist sein Interesse an ihnen nicht von Art. 14 Abs. 1 GG geschützt, weil Dritte grundsätzlich keinerlei Verantwortung für die Verwirklichung dieser Interessen tragen.

Der Insolvenzplan dient gerade nicht nur dazu, die Zahlungen auf die Forderungen der Gläubiger zu erhöhen. Er dient darüber hinaus dazu, von der Forderung unabhängige wirtschaftliche Interessen zu verwirklichen. Laut Entwurfsbegründung kann die Sanierung des Schuldners zum Beispiel einem Gläubiger dazu dienen, eine wichtige Geschäftsbeziehung nicht zu verlieren. Das mag ein nachvollziehbares wirtschaftliches Interesse sein. Es leuchtet jedoch nicht ein, warum aufgrund des Eigentumsschutzes aus Art. 14 GG der Forderung des Gläubigers andere Gläubiger zur Verwirklichung dieses Interesses beitragen sollten. Die Forderung enthält nicht einmal die Befugnis, die Erhaltung der Geschäftsbeziehung vom Schuldner verlangen zu können. Die Mehrheitsbefugnisse dienen dazu, den Willen der Abstimmungsmehrheit umzusetzen und im besten Falle dazu, das Vermögen dieser Gläubiger zu erhöhen. Dieses Interesse besteht jedoch unabhängig von der Forderung eines Gläubigers. Auch ein alter Vertragspartner ohne gegenwärtige Forderung gegen den Schuldner kann ein Interesse an einer guten Geschäftsbeziehung mit dem Schuldner haben. Das Interesse eines Gläubigers des Schuldners mit einer gegenwärtig bestehenden Forderung ist nicht bedeutsamer, nur weil noch ein Zahlungsanspruch gegen den Schuldner besteht. Denn für das Interesse an einer bestehenbleibenden Geschäftsbeziehung macht eine Forderung keinen Unterschied. Liegt das Interesse der Gläubigermehrheit an dem Plan darin, allgemein ihren Willen und ihr Vermögen zu fördern, handelt es sich um ein allgemeines, von der Forderung unabhängiges Interesse. Dieses Interesse findet keinen Geltungsgrund in der eigenen Forderung. Die eigene Forderung ist »nicht Geltungsgrund, sondern lediglich Anlass«[1013] für das Interesse des Gläubigers, auf fremdes Vermögen zuzugreifen.

In diese Annahmen fügt sich die verfassungsrechtliche Rechtfertigung des gutgläubigen Erwerbs des Eigentums an einer beweglichen Sache gemäß §§ 929 S. 1, 932 BGB nahtlos ein. Kauft ein gutgläubiger Dritter eine Sache von einem Nichtberechtigten, ist die Forderung des gutgläubigen Käufers auf Übergabe und Übereignung aus § 433 Abs. 1 S. 1 BGB von Art. 14 Abs. 1 GG geschützt.[1014] Übereignet der Nichtbe-

1013 Diese Formulierung geht auf ein Gespräch mit Professor *Kube* zurück.
1014 *Peters*, Entzug, S. 40; *Leuschner*, AcP 2005, 205 (224).

rechtigte ihm das Eigentum, erwirbt er gemäß §§ 929 S. 1, 932 BGB das Eigentum. Die verfassungsrechtliche Rechtfertigung[1015] des gutgläubigen Erwerbs stützt sich nach herrschender Meinung auf das allgemeine Verkehrsschutzinteresse des Rechtsverkehrs,[1016] das berechtigte Vertrauen eines Erwerbenden in die vermeintlich geltende Güterzuordnung nicht zu enttäuschen. Sie stützt sich verfassungsrechtlich nicht auf den eigentumsrechtlichen Schutz des Kaufvertrags.[1017] Dies ist richtig, weil den Eigentümer der Sache keine Verantwortung für die Erfüllung des Kaufvertrags durch den Nichtberechtigten trifft. Der Inhalt der Forderung des Kaufvertrags richtet sich nicht gegen ihn. Der Eigentümer ist in keiner Weise dafür verantwortlich, Umweltbedingungen zu schaffen oder zu belassen, die die Wahrscheinlichkeit auf Erfüllung der Forderung des Käufers steigern. Dies ändert sich auch dann nicht, wenn der Eigentümer wegen einer eigenen Forderung auch Gläubiger des Nichtberechtigten ist. Wäre dies anders, hätte dies weitreichende Folgen für das Verständnis des gutgläubigen Erwerbs. Rechtfertigte sich der Erwerb tatsächlich durch die schuldrechtliche Forderung des dinglich Erwerbenden gegen den Nichtberechtigten, bedürfte der gutgläubige Erwerb den guten Glauben nicht als Voraussetzung und könnte der Erwerb ausschließlich vom Vorliegen eines Verpflichtungsgeschäfts abhängig gemacht werden.[1018]

Darüber hinaus überzeugt diese Argumentation auch aus einem anderen Grund nicht. Art. 14 GG schützt nur das Erworbene und nicht den Erwerb.[1019] Der Insolvenzplan räumt der Abstimmungsmehrheit ein Zugriffsrecht auf die Forderungen der Minderheit ein. Bei den Gestaltungen handelt es sich zivilrechtlich um Verfügungen. Die verfügende Handlung ist die Abstimmung über den Plan. Zu diesem Zeitpunkt sind die Gläubiger der Abstimmungsmehrheit einfachrechtlich nicht die Inhaber der betroffenen Forderung. Die Wirksamkeit der Verfügung kann daher nicht aus der Inhaberschaft über den verfügenden Gegenstand folgen. Die Verfügungsmacht über die Forderung des Minderheitengläubigers und die für die Gläubiger aus der Gestaltung der Forderung folgenden Vorteile sind damit für die Abstimmungsmehrheit ein noch zu erwerbender Vorteil und nicht schon erworbenes Vermögen. Erneut bietet sich der gutgläubige Erwerb des Eigentums an einer beweglichen Sache nach §§ 929 S. 1, 932 BGB für einen Vergleich an. Der dort vorgesehene Eigentumsverlust greift in das Ei-

1015 *Leuschner,* AcP 2005, 205 (226 ff.); *Ruffert,* Vorrang, S. 384; vgl. mit übertragbarer Begründung zum Grundstücksverkehr: v*on Hoffmann,* Recht, S. 37; *Canaris,* AcP 1984, 201 (220, Fn. 69a).

1016 Zum Verkehrsschutz: *Baur/Stürner,* Sachenrecht, § 52, Rn. 8 ff.; vgl. *Peters,* Entzug, S. 72 ff.

1017 *Leuschner,* AcP 2005, 205 (224); dagegen sieht *Hager,* Verkehrsschutz, S. 79 f. die Rechtfertigung im verfassungsrechtlichen Schutz der schuldrechtlichen Forderung des Gutgläubigen; vgl. *Wolf,* JZ 1997, 1087 (1091), der die »verfassungsrechtlich geschützte Rechtsposition des Erwerbers […] in seinem Vermögensopfer« sieht.

1018 *Leuschner,* AcP 2005, 205 (225) hält die Anknüpfung an das schuldrechtliche Geschäft auch für verfehlt, weil es für den gutgläubigen Erwerb nicht einmal eines Verpflichtungsgeschäfts bedarf. Das ist zwar richtig. Dieser Erwerb ist dann jedoch gänzlich ohne Rechtsgrund und kondizierbar, weshalb dieses Argument nicht trägt.

1019 In Bezug auf Forderungen: BVerfGE 68, 193 (222) – Zahntechniker Innung; BVerfGE 30, 292 (334 f.) – Erdölbevorratung; BVerfGE 20, 31 (34) – Ehemäklerlohn; *Kreuter-Kirchhof,* Eigentum, S. 160.

gentumsrecht des vorherigen Inhabers aus Art. 14 Abs. 1 GG ein.[1020] Die Inhalts- und Schrankenbestimmung rechtfertigt sich nicht durch das Eigentumsrecht des Erwerbers an dem erworbenen Gegenstand aus Art. 14 Abs. 1 GG.[1021] Denn zum Zeitpunkt der verfügenden Handlungen – der Einigung und der Übergabe – ist der Erwerber einfachrechtlich noch nicht Inhaber des Eigentums. Der gutgläubige Erwerb schützt daher nicht das schon Erworbene, sondern schützt den Erwerb.

Wenn Art. 14 Abs. 1 GG das Interesse der Abstimmungsmehrheit an der Verwirklichung ihres Willens schützte, läge eine Grundrechtskollision vor. Der Eigentumsfreiheit der überstimmten Gläubiger und Gruppen stünde die Eigentumsfreiheit der Abstimmungsmehrheit gegenüber. Der Konflikt bei der Abstimmung über einen Insolvenzplan unterscheidet sich jedoch maßgeblich von einer klassischen Grundrechtskollision. Nach § 910 Abs. 1 S. 1 Alt. 1 BGB kann der Eigentümer eines Grundstücks Wurzeln eines Baumes abschneiden und behalten, die von einem Nachbargrundstück eingedrungen sind. Das gilt gemäß § 910 Abs. 2 BGB nicht, wenn die Wurzeln die Benutzung des Grundstücks nicht beeinträchtigen. Diese Norm löst einen Konflikt zwischen zwei Grundstückseigentümern auf.[1022] Die Grundstückseigentümer haben dabei kollidierende Interessen, die jeweils für sich genommen den Schutz des Art. 14 Abs. 1 GG genießen.[1023] Dem die Wurzeln abschneidenden Eigentümer steht aus Art. 14 Abs. 1 das Recht zu, keine Substanzberührung durch Dritte oder deren Gegenstände hinnehmen zu müssen. Ihm steht insoweit ein Ausschlussrecht zu. Umgekehrt steht dem Eigentümer des Grundstücks mit dem wurzelnden Baum das von Art. 14 Abs. 1 GG geschützte Recht zu, seine Bäume wurzeln zu lassen und keine Substanzberührung durch Dritte oder deren Gegenstände hinnehmen zu müssen. Auch ihm steht insoweit ein Ausschlussrecht zu. Diese beiden Ausschlussrechte widersprechen sich und bedürfen daher einer Auflösung.[1024] Bei den Inhabern von zwei Forderungen kann es nicht zu einer solchen Kollision kommen. Erst, wenn sich beide Forderungen gegen den gleichen Schuldner richten und dieser nicht beide Forderungen erfüllen kann, kommt es zu einer Kollision der Forderungen. Dieser Konflikt löst sich durch die Anwendung des Gleichbehandlungsgrundsatzes auf.[1025] Ein darüber hinausgehender Konflikt besteht nicht.

(2) Art. 2 Abs. 1 GG

Der Insolvenzplan könnte jedoch Interessen der Abstimmungsmehrheit dienen, die einen Schutz durch die allgemeine Handlungsfreiheit nach Art. 2 Abs. 1 GG genießen.

1020 *Hager,* Verkehrsschutz, S. 46 ff.

1021 *Ruffert*, Vorrang, S. 384, 296 f.

1022 Vgl. allgemein zur Kollision von Grundstücken ohne konkreten Bezug zu § 910 BGB: *Götz,* Vergütungsanspruch, S. 121 ff.

1023 Vgl. *Götz,* Vergütungsanspruch, S. 121 ff.

1024 *Götz,* Vergütungsanspruch, S. 121 ff.

1025 Vgl. zur Verfassungsmäßigkeit des Gleichbehandlungsgrundsatzes mit unterschiedlichen Begründungen: *Adam*, DZWiR 2009, 441 (442); *Lepa*, Verfassungsrecht, S. 117; *Wegener,* Minderheitenschutz, S. 96, der davon ausgeht, Art. 14 GG fordere die gemeinschaftliche Befriedigung, wobei *Wegener* damit auch die gleichmäßige Befriedigung meint; *Werres,* Grundrechtsschutz, S. 23 ff.

Die allgemeine Handlungsfreiheit schützt auch die Privatautonomie.[1026] Daher könnte sich der Schutz auf das Interesse der Abstimmungsmehrheit erstrecken, Minderheitengläubiger sollten sich dem Willen der Mehrheit beugen. Der verfassungsrechtliche Schutz der Privatautonomie richtet sich gegen den Staat.[1027] Als Abwehrrecht umfasst sie die Freiheit, mit anderen im Einvernehmen Verträge schließen zu können.[1028] Beim Insolvenzplan geht es dagegen nicht um Verträge, die der Staat trotz vorliegenden Einvernehmens der Parteien beeinträchtigt. Es geht also um die Frage, ob die Privatautonomie auch zwischen zwei Privaten wirkt und dabei das Interesse umfasst, die andere Partei zwingen zu können. Das ist abzulehnen. Die Selbstbestimmung von Privaten bezieht sich immer nur auf ihre eigene Freiheit und erfasst nicht ohne Grund die Freiheit anderer.[1029] Zwar kann ein Gesetz, ein Vertrag oder ein Hoheitsakt die Freiheit anderer einem Privaten zuweisen.[1030] Dann bedarf diese Zuweisung eines auf die konkrete Zuweisung bezogenen Geltungsgrundes. Dafür taugt nicht das allgemeine Interesse eines Privaten, Dritte sollten sich seinem Interesse beugen. Spricht ein Gesetz einem Privaten dennoch aus diesem Grund die Macht zu, andere zu Vertragsschlüssen zu zwingen, gewährt es diesem Privaten in gewisser Weise eine »überschießende Privatautonomie«[1031]. Daher erfasst Art. 2 Abs. 1 GG nicht das Interesse der Abstimmungsmehrheit, die Minderheit solle sich beugen.

(3) Hilfsweise Annahme einer Grundrechtskollision

Schützte entgegen hier vertretener Auffassung Art. 14 GG oder Art. 2 Abs. 1 GG das Interesse der Abstimmungsmehrheit, läge eine Grundrechtskollision vor. Diese wäre im Wege praktischer Konkordanz aufzulösen.[1032] Die widerstreitenden Grundrechtspositionen wären einem angemessenen Ausgleich zuzuführen, der beide Grundrechte bestmöglich verwirklicht.[1033] Die unten aufgeführten inhaltlichen Erwägungen[1034] wären ebenso bei einer Abwägung der Grundrechte zu beachten und führten zum gleichen Abwägungsergebnis. Lediglich die genaue Einkleidung der Angemessenheitsprüfung bei Grundrechtskollisionen ist umstritten.[1035] Während das BVerfG teils den Verhältnismäßigkeitsgrundsatz anwendet,[1036] wägen Teile der Literatur die sich gegenüberstehenden Grundrechte in Form einer »Angemessenheits-Verhältnismäßigkeit«

1026 BeckOKGG/*Lang*, Art. 2, Stand: 15.06.2024, Rn. 13.
1027 Maunz/Dürig/*Di Fabio*, Art. 2 Abs. 1, Rn. 106.
1028 Maunz/Dürig/*Di Fabio*, Art. 2 Abs. 1, Rn. 106.
1029 Maunz/Dürig/*Di Fabio*, Art. 2 Abs. 1, Rn. 107; *Flume*, BGB AT II, S. 7.
1030 Vgl. zur Freiheit des Gesetzgebers bei der Schaffung von Kontrahierungszwängen: *Busche*, Privatautonomie, S. 600 ff.; *Madaus*, Insolvenzplan, S. 266.
1031 Diese Formulierung geht auf ein Gespräch mit Professor *Kube* zurück.
1032 *Ruffert*, Vorrang, S. 101.
1033 *Ruffert*, Vorrang, S. 101.
1034 Siehe S. 140.
1035 Vgl. *Ruffert*, Vorrang, S. 101.
1036 Vgl. BVerfGE 78, 38 (50 f.) – Gemeinsamer Familienname, dabei knüpft das BVerfG auf Seite der Rechtfertigung an die Wertung des Art. 6 Abs. 1 GG an; vgl. auch BVerfGE 35, 202 (221, 232) – Lebach; dagegen wendet das BVerfGE den Grundsatz der Verhältnismäßigkeit nicht an in BVerfGE 30, 173 (199 f.) – Mephisto.

miteinander ab.[1037] Dabei ergeben sich in der konkreten Abwägung keine Unterschiede. Beide Maßstäbe greifen inhaltlich auf den Gedanken der praktischen Konkordanz zurück.[1038]

(4) Allgemeinwohl und Verfolgung privater Interessen

Da der Insolvenzplan keine Grundrechtskollision auflöst, kommt es auf den Gehalt von Art. 14 Abs. 2 S. 2 GG an.[1039] Wenn Inhalts- und Schrankenbestimmungen nur zugunsten eines Allgemeinwohlzwecks erlaubt wären, wäre die Verfassungsmäßigkeit des Insolvenzplans fraglich. Denn beim Willen der Abstimmungsmehrheit und den wirtschaftlichen Vorteilen der Sanierung für die Abstimmungsmehrheit handelt es sich nicht offensichtlich um Güter, die der Allgemeinheit zugute kommen. Es ist unklar, ob ein grundrechtlich nicht geschütztes privates Interesse zur Rechtfertigung einer Inhalts- und Schrankenbestimmung taugt.

Das BVerfG führt im Rahmen der verfassungsrechtlichen Anforderungen an eine Inhalts- und Schrankenbestimmung aus Art. 14 Abs. 1 S. 2 GG aus, der Gesetzgeber habe bei Ausgestaltung des Eigentums »sowohl der grundgesetzlichen Anerkennung des Privateigentums durch Art. 14 Abs. 1 Satz 1 GG als auch der Sozialpflichtigkeit des Eigentums (Art. 14 Abs. 2 GG) Rechnung zu tragen.«[1040] Dabei sei das »Wohl der Allgemeinheit, an dem sich der Gesetzgeber hierbei zu orientieren hat, [...] nicht nur Grund, sondern auch Grenze für die Beschränkung der Eigentümerbefugnisse« [1041]

Zwar legen diese Ausführungen die Auslegung nahe, eine Inhalts- und Schrankenbestimmung müsse ein Allgemeinwohlziel verfolgen. Überzeugender ist es jedoch, diese Ausführungen entgegen ihrem unmittelbaren Wortlaut auszulegen. Art. 14 Abs. 2 S. 2 GG erlaubt nach hier vertretener Auffassung, das Eigentum zugunsten anderer Interessen einzuschränken.[1042] Solche andere Interessen können Interessen der Allgemeinheit sein.[1043] Es müssen aber keine Interessen der Allgemeinheit sein.[1044] Der

1037 *Böckenförde,* Staat, S. 184; vgl. auch *Medicus*, AcP 1992, 35 (52, 62); *Ossenbühl*, FS Lerche, 151 (160).

1038 Vgl. *Ruffert,* Vorrang, S. 101.

1039 Siehe S. 120.

1040 BVerfGE 143, 246 (341) – Atomausstieg; vgl. auch BVerfGE 100, 226 (240 f.) – Denkmalschutz; BVerfGE 50, 290 (340) – Mitbestimmung.

1041 BVerfGE 143, 246 (341) – Atomausstieg; vgl. auch BVerfGE 100, 226 (240 f.) – Denkmalschutz; BVerfGE 50, 290 (340) – Mitbestimmung.

1042 Ebenso nicht ausdrücklich *Roller*, NJW 2001, 1003 (1003 f.), der von »öffentlichen Interessen oder den Interessen der Nichteigentümer« (1004) spricht und damit eine Trennung zwischen öffentlichen Interessen und Interessen anderer Privater annimmt; nach *Thormann*, Abstufungen, S. 202 steht jeder legitime gesetzgeberische Zweck mit der »Förderung des Allgemeinwohls mehr oder weniger in Zusammenhang«. Das verschiebt indes nur die Frage danach, was alles legitimer gesetzgeberischer Zweck sein kann. Vermutlich taugen für *Thormann* auch rein private Interessen zur Rechtfertigung einer Inhalts- und Schrankenbestimmung.

1043 *Leuschner,* AcP 2005, 205 (232 ff.); dagegen geht *Wolf,* JZ 1997, 1087 (1090) davon aus, im Privatrecht dürfe der Gesetzgeber nur in engen Grenzen Allgemeinwohlinteressen verfolgen.

1044 Vgl. *Roller*, NJW 2001, 1003 (1003 f.).

Gesetzgeber kann das Eigentum auch zugunsten anderer privater Interessen einschränken,[1045] die keinen grundrechtlichen Schutz genießen. Der Begriff der Sozialgebundenheit ist weit auszulegen. Wenn eine Norm das Verhältnis zwischen Privaten regelt und ausschließlich der Privatnützlichkeit der betroffenen Parteien dient, liegt kein Allgemeinwohl im klassischen Sinne vor. Es geht um das private Interesse der privaten Subjekte. Der Gesetzgeber muss solche Rechtsverhältnisse trotzdem offensichtlich gestalten können. Könnte er das Eigentumsrecht nur aufgrund klassischer Allgemeinwohlzwecke ausgestalten, könnte er das Bürgerliche Recht nicht aufgrund der dieses Gebiet prägenden tatsächlichen Interessen von Privaten regeln. Das Zivilrecht lässt sich ohne Berücksichtigung von rein privaten Interessen nicht umfassend gestalten. Daher verstößt ein Gesetz nicht gegen Art. 14 Abs. 2 S. 2 GG, wenn es privaten grundrechtlich ungeschützten Interessen dient.

Für dieses Verständnis lässt sich auch der Umgang des BVerfG mit Inhalts- und Schrankenbestimmungen in Stellung bringen. Wenn das BVerfG zum Allgemeinwohlzweck ausführt, liegt der Schwerpunkt dabei nicht in einer inhaltlichen Prüfung des Allgemeinwohlzwecks. Die Ausführungen enthalten keine Bestimmung des Begriffs:

»Der Gesetzgeber steht [...] vor der Aufgabe, den Freiheitsraum des Einzelnen im Bereich der Eigentumsordnung und die Belange der Allgemeinheit in einen gerechten Ausgleich zu bringen. [...] Er muß bei der Regelung des Eigentumsinhalts das Wohl der Allgemeinheit beachten und die Befugnisse und Pflichten des Eigentümers am Sozialstaatsprinzip orientieren. [...] Die grundlegende Wertentscheidung der Verfassung im Sinne eines sozial gebundenen Privateigentums gebietet also, bei der Regelung des Eigentumsinhaltes die Belange der Gemeinschaft und die Individualinteressen in ein ausgewogenes Verhältnis zu bringen. Das Wohl der Allgemeinheit ist Orientierungspunkt, aber auch Grenze für die Beschränkung des Eigentümers.«[1046]

Diese Ausführung setzt vom Wortlaut her voraus, ein das Eigentum einschränkendes Gesetz müsse einen Allgemeinwohlzweck verfolgen. Sie enthält jedoch keine Auseinandersetzung mit der Frage, ob die Privatnützlichkeit einer Regelung ein Allgemeinwohlzweck sein kann. Der Allgemeinwohlzweck ist immer nur Gegenpol zur eingeschränkten Eigentumsfreiheit. Diese Leitlinie hat das BVerfG darüber hinaus auch in Fällen entwickelt, in denen dem Eigentum ein klassisches Allgemeinwohlgut gegenübersteht. Beim Grundstücksverkehrsgesetz[1047] geht es um den Erhalt und die Förderung der Agrarstruktur.[1048] Beim Niedersächsischen Deichgesetz[1049] geht es um die Funktionsfähigkeit der Deiche.[1050] Bei solchen Gesetzen verfolgt der Gesetzgeber ein Interesse, welches nicht vorrangig das private Interesse eines privaten Subjekts ist.

Gestaltet der Gesetzgeber das Verhältnis zwischen zwei Privaten aus, wiederholt das BVerfG diese Ausführungen zur Sozialgebundenheit des Eigentums nicht. Im Feld-

1045 *Roller*, NJW 2001, 1003 (1003 f.).

1046 BVerfGE 25, 112 (117 f.) – Niedersächsisches Deichgesetz; vgl auch BVerfGE 21, 73 (83) – Grundstücksverkehrsgesetz; vgl. *Schneider*, FS von Brünneck, 67 (70 ff.,80), der sich gegen die Annahme des BVerfG wendet, dass Art. 14 Abs. 2 GG maßgeblich den Gesetzgeber adressiere.

1047 BVerfGE 21, 73 – Grundstücksverkehrsgesetz.

1048 BVerfGE 21, 73 (80) – Grundstücksverkehrsgesetz.

1049 BVerfGE 25, 112 – Niedersächsisches Deichgesetz.

1050 BVerfGE 25, 112 (118 ff.) – Niedersächsisches Deichgesetz.

mühle-Urteil von 1962[1051] und in der Kammerentscheidung zum aktienrechtlichen squeeze-out nach § 327a AktG[1052] geht es jeweils um das Verhältnis von Gesellschaftern zueinander. Beide Entscheidungen hatten Normen zum Gegenstand, die einer Gesellschaftermehrheit die Befugnis erteilen, eine Gesellschafterminderheit gegen Abfindung aus der Gesellschaft auszuschließen. In beiden Entscheidungen taucht Art. 14 Abs. 2 S. 2 GG bei der Maßstabsbildung nicht auf.[1053] Das spricht für eine Auslegung des Art. 14 Abs. 2 S. 2 GG, die die Norm entweder nicht inhaltlich eng fasst oder sich nicht auf alle Anwendungsfälle erstreckt.

Zwar könnten in den beiden Entscheidungen des BVerfG Ausführungen zu Art. 14 Abs. 2 S. 2 GG fehlen, weil es sich bei diesen Fällen unter Umständen um Grundrechtskollisionen handelt. Die begünstigten Gesellschafter haben das Interesse, eine Minderheit aus der Gesellschaft auszuschließen. Die Eigentumsfreiheit ihres Gesellschaftsanteils oder ihre durch Art. 2 Abs. 1 GG geschützte unternehmerische Freiheit könnten dieses Interesse grundrechtlich schützen.[1054] Insofern führten die gesellschaftsrechtlichen Normen die entgegenlaufenden Interessen von Grundrechtsträgern einem Ausgleich zu. Ob dies tatsächlich der tragende Grund für die unterschiedliche Herangehensweise des BVerfG ist, ist fraglich. In beiden Entscheidungen erfolgen keine Auseinandersetzungen zur Frage der Grundrechtskollision.[1055] Nur in der Entscheidung Feldmühle ordnet das BVerfG das Interesse der Gesellschaftermehrheit überhaupt als Grundrecht ein und gewichtet zugunsten der Regelung die unternehmerische Freiheit der Gesellschafter.[1056]

Ebenso erfolgt die Auseinandersetzung des BVerfG mit der Restschuldbefreiung in der Insolvenzordnung anhand der konkret in Rede stehenden Interessen der Gläubiger und des Schuldners.[1057] Es spricht von dem von Art. 14 GG geschützten Interesse der Gläubiger, »die Vollstreckung von Forderungen zu erleichtern«, und von dem entgegenstehenden Interesse des »Schuldnerschutz[es]«.[1058] Ausführungen zu einem Allgemeinwohlzweck erfolgen nicht.[1059] Zwar spricht das BVerfG davon, der Schuldnerschutz enthalte »Elemente sozialen Schutzes«.[1060] Dies macht das persönliche Interesse des Schuldners an seinem Schutz jedoch nicht zu einem Allgemeinwohlzweck. Es verankert nur den inhaltlichen Grund für den Schuldnerschutz in sozialen Erwägungen.

1051 BVerfGE 14, 263 – Feldmühle.
1052 BVerfGK 11, 253 – Squeeze out.
1053 BVerfGE 14, 263 (277 f. unter C.II.2.) – Feldmühle; an späterer Stelle (BVerfGE 14, 263 (282)) führt das BVerfG die »Interessen der Allgemeinheit« wiederum ohne Begründung ein, indem es die Förderung der Grundrechte der Mehrheitsaktionäre aus Art. 2 Abs. 1 GG als Interessen der Allgemeinheit versteht; und BVerfGK 11, 253 (256 ff.) – Squeeze out.
1054 So zumindest implizit in BVerfGE 14, 263 (282) – Feldmühle.
1055 Vgl. BVerfGE 14, 263 (282) – Feldmühle; BVerfGK 11, 253 (256 ff.) – Squeeze out.
1056 BVerfGE 14, 263 (282) – Feldmühle; in BVerfGK 11, 253 (257 f.) – Squeeze out, ordnet das BVerfG das Interesse der Mehrheit, ungestört unternehmerische Entscheidungen treffen zu können, rechtlich nur als legitimen Zweck – mithin nicht ausdrücklich als Allgemeinwohlzweck oder als Grundrecht – ein.
1057 Vgl. BVerfG, NJW 2004, 1233 (1234).
1058 BVerfG, NJW 2004, 1233 (1234).
1059 Vgl. BVerfG, NJW 2004, 1233 (1234).
1060 BVerfG, NJW 2004, 1233 (1234).

Auch in dieser Entscheidung findet Art. 14 Abs. 2 GG keine Erwähnung,[1061] obwohl das Gericht die Restschuldbefreiung als Schrankenbestimmung einordnet.[1062]

In einigen Entscheidungen, welche das Rechtsverhältnis von zwei Privaten zum Gegenstand haben, prüft das BVerfG zwar eine Rechtfertigung des Eingriffs durch ein Allgemeinwohl. Es stellt auf Seiten des Allgemeinwohls jedoch ausdrücklich auf private Individuen ab.[1063] So umfasse das »Postulat einer am Gemeinwohl orientierten Nutzung [...] auch das Gebot der Rücksichtnahme auf die Belange des einzelnen Rechtsgenossen, der auf die Nutzung des Eigentumsobjektes angewiesen ist.«[1064]

Gegen die strenge Auslegung des Art. 14 Abs. 2 S. 2 GG spricht darüber hinaus die Systematik des Art. 14 GG. Für eine Enteignung nach Art. 14 Abs. 3 S. 1 GG reicht ein privates Interesse – grundrechtlich geschützt oder nicht – nicht aus. Dort fordert der Wortlaut für eine Enteignung ausdrücklich, einen Allgemeinwohlzweck zu verfolgen.[1065] Eine Enteignung ist gemäß Art. 14 Abs. 3 S. 1 GG »nur zum Wohle der Allgemeinheit zulässig«. Für die Inhalts- und Schrankenbestimmung findet sich keine entsprechend strenge Formulierung. Gestaltet der Gesetzgeber das Eigentum durch eine Inhalts- und Schrankenbestimmung aus, »soll [der Gebrauch] zugleich dem Wohle der Allgemeinheit dienen«. Art. 14 Abs. 2 S. 2 GG erlaubt positiv Inhalts- und Schrankenbestimmungen zugunsten eines Allgemeinwohlzwecks. Gleichzeitig erteilt der Wortlaut Inhalts- und Schrankenbestimmungen zugunsten grundrechtlich nicht geschützter privater Interessen keine ausdrückliche Absage, die mit dem Wortlaut des Art. 14 Abs. 3 S. 1 GG vergleichbar ist. Dafür spricht auch die Annahme des BVerfG, »Art. 14 Abs. 3 GG verlangt vielmehr einen qualifizierten Enteignungszweck – das Wohl der Allgemeinheit – [...]«.[1066]

Es besteht auch kein Grund, private Interessen als mögliche Gesetzeszwecke zur Einschränkung des Eigentums auszuschließen. Denn der Eigentümer übt seine verfassungsrechtlich garantierte Eigentumsfreiheit in einem freiheitlichen Raum aus, der neben seinen Interesse noch andere Interessen kennt.[1067] Darunter fallen die Interessen des Staates, die dieser durch ein Gesetz in ein Verhältnis mit der Eigentumsfreiheit des Eigentümers setzt.[1068] Darunter fallen ebenso grundrechtlich geschützte und grundrechtlich ungeschützte Interessen anderer Privater. Soweit grundrechtlich ungeschützte

1061 Vgl. BVerfG, NJW 2004, 1233.

1062 BVerfG, NJW 2004, 1233 (1234).

1063 BVerfGE 37, 132 (140) – Vergleichsmiete I; BVerfGE 101, 54 (75) – Schuldrechtsanpassungsgesetz; BVerfGE 52, 1 (29) – Kleingarten; BVerfGE 118, 1 (23) – Begrenzung der Rechtsanwaltsvergütung.

1064 BVerfGE 37, 132 (140) – Vergleichsmiete I; vgl. auch BVerfGE 101, 54 (75) – Schuldrechtsanpassungsgesetz: »[...] Art. 14 Abs. 2 schließt die Pflicht zur Rücksichtnahme auf die Belange desjenigen ein, der konkret auf die Nutzung angewiesen ist.«; vgl. auch BVerfGE 52, 1 (29) – Kleingarten: »Der Gesetzgeber [...] muß die schutzwürdigen Interessen der Beteiligten in einen gerechten Ausgleich und ein ausgewogenes Verhältnis bringen.«

1065 Vgl. BVerfGE 74, 264 (285) – Boxberg.

1066 BVerfGE 74, 264 (285) – Boxberg.

1067 Vgl. *Roller*, NJW 2001, 1003 (1003 f.); siehe auch *Kreuter-Kirchhof*, Eigentum, S. 127 f., die die Notwendigkeit der »Mitwirkung« anderer Privater für die »wirtschaftliche[] Betätigung« des Eigentums durch »Tausch und Handel« betont.

1068 *Roller*, NJW 2001, 1003 (1003 f.).

Interessen anderer Privater Eingang in ein Gesetz finden, ist das Eigentumsrecht des Eigentümers auch zu diesen Interessen in ein geordnetes Verhältnis zu setzen. Es gibt keinen Grund, eine Inhalts- und Schrankenbestimmung nicht zugunsten grundrechtlich ungeschützter Interessen anderer Privater zuzulassen. Im Gegensatz zur Gegenauffassung erlaubt es die hier vertretene Auffassung, die einer Norm zugrundeliegende Interessenkollision präzise aufzufassen.

Denn auch das Verständnis der Gegenauffassung hält im Ergebnis Normen für verfassungsgemäß, die das Eigentum zugunsten grundrechtlich nicht geschützter Interessen einschränken.[1069] Die Gegenauffassung sucht dafür in jeder Norm lediglich nach einem vermeintlichen Gemeinwohlzweck.[1070] Damit schützt die Gegenauffassung mittelbar auch grundrechtlich ungeschützte Interessen. Ihr Schutz darf jedoch nie der erklärte Zweck des Gesetzes sein. Daher verwirklicht das Gesetz immer ein Gemeinwohl, welches gleichzeitig auch die inhaltlichen Interessen der Privaten schützt.[1071] Ein Beispiel dieses Vorgehens bildet der gutgläubige Erwerb nach den §§ 929 S. 1, 932 BGB.[1072] Der gutgläubige Erwerb nach den §§ 929 S. 1, 932 BGB rechtfertige sich nicht durch das Interesse des Erwerbers, das Eigentum zu erwerben. Stattdessen verwirkliche der gutgläubige Erwerb das »allgemeine[] Interesse an der Leichtigkeit des Rechtsverkehrs«[1073], also das »Verkehrsschutzinteresse«.[1074]

Das überzeugt nicht. Sachnäher ist es, den gutgläubigen Erwerb vor allem über die widerstreitenden Interessen der Betroffenen zu lösen.[1075] Der Eigentümer möchte sein Eigentum nicht verlieren. Der Erwerber möchte das Eigentum erwerben und kann für sich anführen, auf den Erwerb berechtigt vertraut zu haben. Der Gesetzgeber hat dem Interesse des Erwerbers durch die Normen des gutgläubigen Erwerbs den Vorzug gegeben. Für die Abwägungsentscheidung zwischen diesen beiden Interessen bedarf es nicht des Umwegs, die Lösung dieses Konflikts zu einem Allgemeinwohlzweck zu

1069 Vgl. *Leuschner*, AcP 2005, 205 (226, 234 ff.); Ruffert, Vorrang, S. 383 ff. zur Rechtfertigung des gutgläubigen Erwerbs und S. 372 für das Verhältnis von Vermieter und Mieter; *Eschenbach,* JURA 1998, 401 (403) rechtfertigt privatrechtliche Aufopferungstatbestände »zweiaktig«. Die Duldungspflicht des Eigentümers müsse sich durch einen Gemeinwohlbelang rechtfertigen. Zwar könne sich eine Privatperson zu Lasten des Eigentümers bereichern. Das sei aber eine Nebenfolge, für deren Rechtmäßigkeit es ausschließlich auf das private Verhältnis der zwei Beteiligten ankomme. Das überzeugt nicht, weil sich das vermeintliche öffentliche Interesse« im »ersten Akt bei Normen wie beispielsweise § 904 BGB darin erschöpft, das Verhältnis zwischen zwei Privaten unter ausschließlicher Berücksichtigung der privaten Interessen dieser zwei Beteiligten zu regeln. Ein eigenes öffentlich-rechtliches Interesse besteht nicht; jedoch ebenso *Wendt*, Eigentum, S. 341 f: »Doch spricht viel dafür, daß dem privaten Interesse, dem die Durchsetzung erlaubt wird, regelmäßig ein gewichtiges öffentliches Interesse *zur Seite* stehen muß.«.

1070 Vgl. *Ruffert,* Vorrang, S. 384.

1071 Vgl. *Leuschner,* AcP 2005, 205 (234 ff.); *Ruffert,* Vorrang, S 384.

1072 Vgl. *Ruffert,* Vorrang, S. 383 f.

1073 *Ruffert,* Vorrang, S. 384.

1074 *Ruffert,* Vorrang, S. 384; vgl. auch: *Canaris,* AcP 1984, 201 (220, Fn. 69a); *Leuschner,* AcP 2005, 205 (226 ff., 234 ff.).

1075 Vgl. *Westermann,* JuS 1963, 1 (1 ff., 7 f.); *Wiegand,* JuS 1978, 145 (145 f.); zur Rechtfertigung des Verkehrsschutzes über die privaten Interessen der Beteiligten und gegen das Verständnis als Allgemeinwohlziel auch: *Hoffmann,* Prioritätsgrundsatz, S. 33 f.

erklären. Es kommt darauf an, ob der Eigentumsverlust des bisherigen Inhabers in einem angemessenen Verhältnis zum Schutz des gutgläubig Erwerbenden steht.

Auch Dritte können ein Interesse am gutgläubigen Erwerb haben. Es ist das Interesse, ihrerseits nach dem Erwerb vom gutgläubig Erwerbenden als vom Berechtigten zu erwerben. Dieses Interesse ist auch bei der Abwägung zugunsten des Erwerbenden zu berücksichtigen. Es handelt sich jedoch auch bei diesem Interesse wiederum um ein privates Interesse. Zwar ist im Moment des gutgläubigen Erwerbs der konkrete dritte private Interessenträger noch nicht bekannt. Dadurch ändert sich aber nicht die Gestalt seines Interesses. Es bleibt ein privates Interesse. Es handelt sich darüber hinaus um ein abstraktes Interesse. Denn nicht nach jedem gutgläubigen Erwerb veräußert der Erwerber das Eigentum weiter. Daher überzeugt es nicht, den gutgläubigen Erwerb ausschließlich über diese abstrakten Drittinteressen zu rechtfertigen. Außerdem findet sich das Interesse dieser Dritten in übereinstimmender Form auch beim Erwerber wieder. Denn er kann das Interesse haben, nach dem gutgläubigen Erwerb das Eigentum weiter zu übertragen. Das eigene Erwerbsinteresse eines Dritten kann nicht bedeutsamer sein als das Interesse des Ersterwerbers, dem Dritten die Sache zukommen zu lassen. Daher bedarf es bei genauer Betrachtung nicht der Berücksichtigung dritter Interessen. Das »Verkehrsinteresse« ist daher nur die Summe aller denkbaren dritten Privatinteressen. Es ist nicht ersichtlich, inwieweit das Verkehrsinteresse einen zusätzlichen Gehalt enthält.

Die herrschende Auffassung droht außerdem tatsächliche Allgemeinwohlbelange mit dem abstrakt generellen Charakter von Normen zu vermischen. Wenn ein Gesetz einen privaten Interessenkonflikt löst, löst es typisiert alle privaten Interessenkonflikte dieser Art und nicht einen bestimmten Konflikt zwischen zwei konkreten Subjekten. Wenn diese Abstraktion eines konkreten privaten Konflikts reichte, um dessen Lösung zu einem Allgemeinwohlzweck zu erklären, läge abgesehen von Einzelfallgesetzen immer ein Allgemeinwohlzweck vor.[1076] Allein der abstrakt generelle Charakter einer Norm kann die Lösung des betrachteten Konflikts nicht zu einem Allgemeinwohlzweck machen.

Auch andere zivilrechtliche Normen rechtfertigen sich hauptsächlich über die privaten Interessen der Beteiligten und nicht über die höchstens abstrakt dahinterstehenden Allgemeinwohlbelange. Nach *Ruffert* beruht der gesetzliche Erwerb der §§ 946 ff. BGB auf dem Allgemeinwohlbelang der Rechtssicherheit.[1077] Das überzeugt nicht, da sich letztlich jede Norm auf die Rechtssicherheit zurückführen lässt, solange sie nur eindeutige Rechtsfolgen zeichnet. Über die gerechte Abwägung der betroffenen Interessen sagt eine rechtssichere Lösung an sich noch nichts aus.[1078] Darüber hinaus liegen den §§ 946–948 BGB Grundrechtskollisionen zugrunde. Beide Eigentümer haben das Interesse, ihr Eigentum durch das jeweilige Zusammentreffen des sachlichen Ge-

1076 Vgl. BVerfGE 13, 225 (229) – Bahnhofsapotheke Frankfurt für den Fall, dass ein konkreter Sachverhalt Anstoß für eine dann abstrakt-generelle Regelung gibt.

1077 *Ruffert,* Vorrang, S. 384.

1078 Vgl. *Puppe*, Schule, S. 257, die das Argument, eine Rechtsansicht ermögliche scharfe und klare Unterscheidungen, als Hilfsargument einordnet, welches »nur in Verbindung mit anderen Argumenten eine Rechtsansicht begründen können.«

genstands mit einem anderen Gegenstand nicht zu verlieren.[1079] Art. 14 GG schützt dieses Interesse. Daher gleichen die Normen diese Kollision aus und bedürfen keines Allgemeinwohlbelangs, um sich zu rechtfertigen. Auch § 949 BGB gleicht eine Grundrechtskollision aus. Der Inhaber des beschränkten dinglichen Rechts kann sich seinerseits auf Art. 14 GG berufen. Ausschließlich § 950 BGB löst keine Grundrechtskollision auf, da der Verarbeitende kein dingliches Recht am Gegenstand haben muss. Die Norm ist über das Interesse des Verarbeitenden zu rechtfertigen, Eigentum an der neuen Sache zu erwerben. Zwar schaffen all diese Normen auch Rechtssicherheit. Diese wirkt sich in der Abwägung auch zugunsten des jeweiligen Erwerbers aus. Auch bei der Rechtssicherheit handelt es sich gleich wie beim Verkehrsinteresse letztlich um dritte Privatinteressen. Wenn in diesen Interessen unter anderem auch ein Allgemeinwohlbelang liegt, darf dieser zumindest nicht von der maßgeblich privat geprägten Interessenlage der zwei hauptsächlich betroffenen Beteiligten ablenken.

Ebenso ist zweifelhaft, ob tatsächlich bei § 904 S. 2 BGB der Gemeinwohlbezug »offensichtlich« ist.[1080] Auch *Eschenbach* geht davon aus, § 904 BGB diene dem »gesamtwirtschaftlich sinnvollen Schutz höherwertiger Rechtsgüter«.[1081] Es überzeugt nicht, § 904 BGB auf diese Weise ein öffentliches Interesse als Zweck der Norm zuzuschreiben. § 904 S. 2 BGB löst eine Kollision zwischen den Interessen des Bedrohten und den Interessen des Eigentümers auf. Daher behandelt die Norm ein Zusammentreffen von zwei privaten Interessen. Je nach betroffenem Recht oder Rechtsgut kann sich der Betroffene auch auf ein Grundrecht berufen, weshalb in Folge eine Grundrechtskollision vorliegt und es keines Allgemeinwohls zur Rechtfertigung bedarf.

Letztlich führt die Argumentation der Gegenauffassung bei der Einordnung des Insolvenzplans ins Absurde. Denn auf den Insolvenzplan übertragen, müsste die Verwirklichung des Willens der Abstimmungsmehrheit ein Allgemeinwohlzweck sein. Dann diente das Gesetz nicht zur Durchsetzung des Willens der Abstimmungsmehrheit. Es diente dann dem Interesse der Allgemeinheit, den Willen der Abstimmungsmehrheit durchzusetzen. Indem diese Argumentation jedes private Interesse vorher in einen Gemeinwohlbelang ummünzt, verwischt das die tatsächlich vorliegende Interessenlage. Das schadet einer klaren und nachvollziehbaren Abwägung der betroffenen Interessen. Das gilt auch, wenn ein Gesetz mehrere Zwecke verfolgt. Verfolgt ein Gesetz Gemeinwohlzwecke und die Durchsetzung privater Interessen, ist es für die Abwägung der Verhältnismäßigkeit von Vorteil, die betroffenen Interessen möglichst genau zu bestimmen.

Die Rechtfertigung des Insolvenzplans kann sich aus diesen Gründen am Beispiel des gutgläubigen Erwerbs gemäß §§ 929 S. 1, 932 BGB orientieren. Der Insolvenzplan ist gleich dem gutgläubigen Erwerb hauptsächlich durch die konkret betroffenen privaten Interessen der Beteiligten zu rechtfertigen. Es bedarf keiner Rechtfertigung durch allenfalls vage vorliegende Allgemeinwohlbelange. Daher taugen grundrechtlich unge-

1079 *Götz,* Vergütungsanspruch, S. 123: »Bei §§ 946, 947 Abs. 2 und 950 beziehen sich zwei konträre Rechte – nämlich Einwirkungs- und Ausschlußrecht im Sinn von § 903 – zweier verschiedener Rechtssubjekte auf ein und dieselbe Sache i.S.v. §§ 93 ff.«

1080 *Ruffert,* Vorrang, S. 384.

1081 *Eschenbach,* JURA 1998, 401 (403 Fn. 25): vgl. *Eschenbach,* Schutz, S. 509 Fn. 199.

schützte Privatinteressen dem Grunde nach genauso wie Gemeinwohlzwecke dazu, die Eigentumsfreiheit aus Art. 14 Abs. 1 GG durch Inhalts- und Schrankenbestimmung einschränken.

b) Geeignetheit und Erforderlichkeit

Die Prüfungsschritte der Geeignetheit und Erforderlichkeit haben bei einer Norm keinen eigenen Zweck, die einen angemessenen Ausgleich zwischen zwei privaten Interessen sucht. Ein Ausgleich zwischen zwei privaten Interessen kann viele verschiedenen Gestalten annehmen. Daher verfehlt der Prüfungsschritt der »Geeignetheit« seinen Zweck, weil jeder Ausgleich geeignet ist, einen Ausgleich herzustellen. Ebenso ist jeder Ausgleich »erforderlich«, um einen Ausgleich herzustellen. Ob der vom Gesetzgeber gewählte Ausgleich im Verhältnis zu einem möglichen anderen Ausgleich der privaten Interessen erforderlich ist, ist eine nicht zu beantwortende Frage.[1082] Der Ausgleich zwischen privaten Interessen ist daher ausschließlich auf seine Angemessenheit zu überprüfen.[1083]

c) Angemessenheit

Schließlich darf eine Maßnahme das betroffene Recht nicht außer Verhältnis zum verfolgten Zweck beeinträchtigen. Im Rahmen von Art. 14 Abs. 1 S. 2 GG muss die Inhalts- und Schrankenbestimmung den Zweck in einem angemessenen Verhältnis zur Belastung des Eigentums fördern. Der Plan soll den Willen der Abstimmungsmehrheit verwirklichen, auch um die aus diesem Willen entstehenden wirtschaftlichen Vorteile freizusetzen.

Viele wissenschaftliche Stellungnahmen zur Insolvenzordnung ordnen die Verfassungsmäßigkeit des Plans als Problem ein und heben den Eingriff in das Eigentum hervor. Zur Einschätzung der Verfassungswidrigkeit ist – soweit ersichtlich – bisher keine Bearbeitung gekommen.[1084] Vielmehr rechtfertige das Interesse an einer höheren

1082 Vgl. für eine Güterverteilung im Falle der Grundrechtskollision *Ruffert,* Vorrang, S. 99 f.; vgl. auch das Sondervotum von *Henschel* in BVerfGE 78, 38 (54 f.) – Gemeinsamer Familienname: »Je stärker der mit dem Gesetz verfolgte Zweck präzisiert oder je weiter die Mittel zu seiner Umsetzung in die Zwecksetzung selbst einbezogen werden, desto geringer wird die Auswahl der zu Gebote stehenden Möglichkeiten seiner Verwirklichung.«

1083 Vgl. für eine Güterverteilung im Falle der Grundrechtskollision *Ruffert,* Vorrang, S. 101.

1084 *Bork*, ZIP 2010, 397 (410 f.); *Bork*, ZIP 2017, 1441 (1444): »Es handelt sich eher um eine Anpassung der Zahlen an die Fakten als um einen Eingriff in bestehende Rechte«; *Ganter,* FS Wimmer, 187 (203 f., 214); vgl. *Haas*, FS Kayser, 309 (318 ff.), *Lepa*, Verfassungsrecht, S. 251 ff., 255, die das Obstruktionsverbot verfassungskonform auslegen und nur bei einer Annahme des Plans durch eine echte Kopfmehrheit eingreifen lassen will; vgl. *Madaus*, FS Wimmer, 446 (460 ff.); *Madaus*, KSzW 2015, 183 (187 f.); vgl. *Madaus*, DB 2019, 592 (597); *Müller,* Verband, S. 276; vgl. *Thole,* ZIP 2017, 101 (103); *Vallender,* FS Pannen, 303 (310); *Vallender*, FS Wimmer, 537 (549 f.); *Wegener*, Minderheitenschutz, S. 110 f.

Befriedigungsquote die Gestaltungen des Plans.[1085] Außerdem schwäche das Schlechterstellungsverbot das Eingriffsgewicht ab.[1086]

Diese Vorgehensweise verkürzt in unzulässiger Weise die verfassungsrechtliche Prüfung. Der Maßstab der Angemessenheit bedarf einer Anpassung, wenn die überprüfte Norm den Ausgleich zwischen zwei privaten Belangen regelt.

aa) Maßstabsbildung

(1) Inhalts- und Schrankenbestimmung zugunsten eines Gemeinwohls

Schränkt eine Inhalts- und Schrankenbestimmung das Eigentum zugunsten des Gemeinwohls ein, ist das Grundrecht in seiner klassischen Rolle als Abwehrrecht betroffen.[1087] Dann verfolgt der Staat ein eigenes Ziel, welches er zulasten der Freiheitsrechte verfolgt. Der Staat vertritt in diesem Fall durch die Inhalts- und Schrankenbestimmung seine eigenen Interessen. Über die Zulässigkeit einer solchen Inhalts- und Schrankenbestimmung bestimmt die gängige Verhältnismäßigkeitsprüfung. Im Rahmen der Angemessenheitsprüfung ist die Schwere der Beeinträchtigung für das Eigentum des Betroffenen, das Interesse des Staates und die Effektivität des Mittels zu gewichten und miteinander abzuwägen.

(2) Inhalts- und Schrankenbestimmung zugunsten eines privaten Interesses

Diese Vorgehensweise bedarf einer Veränderung, wenn eine Inhalts- und Schrankenbestimmung das Eigentum zugunsten eines anderen privaten Interesses einschränkt.[1088] Dann tritt der Gesetzgeber nicht als Vertreter seiner eigenen Interessen auf. Er vertritt vielmehr die Interessen eines Privaten oder beider Privater. Er übernimmt eher die Rolle des »Schiedsrichter[s]«[1089]. Ist der Gegenstand einer Norm die Lösung eines privaten Konflikts zwischen zwei Beteiligten, greift der Staat nicht zugunsten eines Allgemeinwohls in die Freiheitsrechte eines Privaten ein. Es geht um die »angemesse-

1085 *Spetzler*, Eingriffe, S. 50 rechtfertigt den Eingriff in die Anteilsinhaberrechte von Gesellschaftern durch volkswirtschaftliche Interessen und durch die Gläubigerinteressen. Bei den Gläubigerinteressen stellt sie nur auf die »Realisierung ihrer Forderungen« und die »höhere Befriedigung« ab; *Wegener*, Minderheitenschutz, S. 110 f.: »Die verfassungsrechtlich gesicherte Position des Forderungsinhabers wird letztlich beschränkt, um eine optimale Haftungsverwirklichung im Interesse der Gläubigergesamtheit zu erreichen.«; *Städtler*, Grundpfandrechte, S. 321 f.

1086 Zum insoweit vergleichbaren Restrukturierungsplan: *Brinkmann*, FS Karsten Schmidt I, 153 (156): »Betont sei aber, dass die skizzierte Rechtfertigung zugleich deutlich macht, welche Bedeutung das Schlechterstellungsverbot für die Legitimität des Restrukturierungsverfahrens besitzt.«; für Sanierungsverfahren allgemein: *Geldmacher*, Sanierungsverfahren, S. 241, der die Rechtfertigung maßgeblich Schlechterstellungsverbot festmacht; ebenso in *Geldmacher*, ZInsO 2011, 353 (368 f.); *Westpfahl*, ZGR 2010, 385 (427 ff.).

1087 *Ruffert*, Vorrang, S. 88, 99; vgl. auch *Dietlein*, Lehre, S. 34.

1088 Auf Grundrechtskollisionen bezogen: *Böckenförde*, Staat, S. 183 f.; *Medicus*, AcP 1992, 35 (52, 62); *Ossenbühl*, FS Lerche, 151 (160); *Remmert*, Grundlagen, S. 3 Fn. 13.

1089 BVerfGE 31, 194 (210) – Sorgerechtsregelung.

ne, vernünftige, ausgewogene Abgrenzung dieser Freiheitssphären untereinander, gewissermaßen im »staatsfreien Raum««[1090] und darum, zwischen Privaten deren Güter zu verteilen.[1091] Es ist die »Besonderheit des Privatrechts, den Ausgleich grundsätzlich gleichwertiger Positionen zu erstreben.«[1092] Diese Besonderheit des Privatrechts ist nicht immer im gleichen Maße ausgeprägt, wenn der Staat das Verhältnis zwischen Privaten regelt. Nicht jede Regelung lässt sich entweder als klassische Eingriffsnorm des Staates gegenüber dem Bürger zum Wohle der Allgemeinheit oder als unparteiische Ausgleichsnorm eines privaten Konflikts verstehen. Nichtsdestotrotz ist der Unterscheidung dem Grunde nach Gewicht beizumessen. Der Gesetzgeber befindet sich in einer anderen Lage, wenn er vorrangig das Verhältnis von zwei privaten Subjekten zueinander ausgestaltet und einen Interessenkonflikt dieser Subjekte einem Ausgleich zuführt, als wenn er vorrangig sein eigenes Verhältnis zu einem Bürger ausgestaltet.

Diese besondere Rolle des Gesetzgebers schlägt sich auf den Maßstab nieder, an dem die Verfassungsmäßigkeit der Gesetze zu messen ist. Zumindest inhaltlich kommt es zur Anwendung einer »Angemessenheits-Verhältnismäßigkeit«[1093]. Die Norm ist verfassungsgemäß, wenn sie die widerstreitenden Interessen in einen angemessenen Ausgleich bringt.[1094] Im Gegensatz zum klassischen Verhältnismäßigkeitsmaßstab muss sich der Gesetzgeber stärker von der grundsätzlichen Gleichheit der Privaten leiten lassen.[1095] Einerseits räumt dies dem Gesetzgeber einen großen Spielraum ein,[1096] weil es unzählige Möglichkeiten gibt, verschiedene Interessen in einen angemessenen Ausgleich zu bringen. Andererseits begrenzt dieser Maßstab die Gestaltungsmacht des Gesetzgebers. Denn sie muss ihren Ausgangspunkt und ihre Rechtfertigung immer im Verhältnis der Privaten haben, welches sich durch deren grundsätzliche Gleichheit auszeichnet.

Dieser Unterschied zum klassischen Eingriff in Freiheitsrechte zugunsten eines Allgemeinwohls gilt nach der herrschenden Meinung für Grundrechtskollisionen.[1097] Ob er auch für die Kollision zwischen einem Grundrecht und einem grundrechtlich nicht geschützten Privatinteresse gilt, ist unklar. Soweit Autoren in der Auflösung eines privaten Konflikts einen Allgemeinwohlbelang sehen, stellt sich Ihnen diese Frage auch nicht.[1098] Es bestehen dagegen keine Bedenken gegen die Anwendung dieser Grundsätze auf einen Konflikt zwischen einem Grundrecht und einem grundrechtlich nicht geschützten privaten Interesse. Es ergeben sich inhaltlich keine Unterschiede in Bezug

1090 *Ruffert*, Vorrang, S.101, der dies nur auf Grundrechtskollisionen bezieht.

1091 *Schneider*, Güterabwägung, S. 203.

1092 *Ruffert*, Vorrang, S. 100 f.; *Ossenbühl*, FS Lerche, 151 (160).

1093 *Böckenförde,* Staat, S. 184; vgl. auch *Medicus*, AcP 1992, 35 (52, 62); *Ossenbühl*, FS Lerche, 151 (160).

1094 *Ruffert*, Vorrang, S. 100 f.

1095 BVerfGE 30, 173 (199) – Mephisto: »Aufgabe des bürgerlichen Rechts ist es in erster Linie, Interessenkonflikte zwischen rechtlich gleichgeordneten Rechtssubjekten möglichst sachgerecht zu lösen.« *Ruffert*, Vorrang, S. 101, der das Verhältnismäßigkeitsprinzip als Abwägungsprinzip versteht und es daher auch für Grundrechtskollisionen anwendet.

1096 *Medicus*, AcP 1992, 35 (55 ff.).

1097 *Böckenförde,* Staat, S. 183 f.; *Medicus*, AcP 1992, 35 (60); *Ossenbühl*, FS Lerche, 151 (160); Remmert, Grundlagen, S. 3 Fn. 13*;* *Ruffert*, Vorrang, S.101.

1098 Vgl. *Ruffert*, Vorrang, S. 382 ff.

auf die Auflösung des Interessenkonflikts. Stehen auf beiden Seiten Grundrechte, geht es um zwei private Interessen. Steht auf einer Seite nun stattdessen ein grundrechtlich nicht geschütztes Interesse, handelt es sich weiterhin um ein privates Interesse. Der Konflikt ist in jedem Falle ein privater.

Die Gegenauffassung rechtfertigt Eingriffe in Art. 14 GG zugunsten grundrechtlich nicht geschützter privater Interessen nicht durch das private Interesse. Stattdessen stellt sie auf einen Allgemeinwohlzweck ab. Dann ist im Wege der klassischen Verhältnismäßigkeitsprüfung zu prüfen, ob die Schwere des Eingriffs in einem angemessenen Verhältnis zum verfolgten Zweck steht. Auch dabei handelt es sich um eine Abwägung.[1099] Es überzeugt daher nicht, stattdessen die Angemessenheit eines Eingriffs in Art. 14 GG zugunsten eines Allgemeinwohlziels aufgrund der »Notwendigkeit« eines Eingriffs zugunsten des Allgemeinwohlziels zu rechtfertigen.[1100] *Ruffert* hält beispielsweise die Gutglaubensvorschriften der §§ 929 S. 1, 932 BGB zugunsten des allgemeinen Verkehrsschutzes für zulässige Inhalts- und Schrankenbestimmungen, da niemand die »Notwendigkeit einer Regelung zum Verkehrsschutz [...]in Frage«[1101] stellt. Daher beständen keine Zweifel an der »Erforderlichkeit und Angemessenheit« der Gutglaubenserwerbsvorschriften.[1102] Das Gesetz löse das Problem, indem es sich für eine denkbare Abwägungsmöglichkeit zwischen dem Eigentumsinteresse und dem Verkehrsschutz entscheide.[1103] Wenn die Angemessenheit einer Inhalts- und Schrankenbestimmung von der Notwendigkeit einer Regelung zugunsten des Allgemeinwohlzwecks abhinge, verschöbe sich die Frage dahingehend, wann eine Norm zugunsten eines Allgemeinwohlzwecks notwendig ist. Keinesfalls kann die Notwendigkeit einer Norm davon abhängen, ob sie jemand in Wissenschaft oder Rechtsprechung in Frage stellt.[1104] Die Notwendigkeit müsste ein objektives Kriterium sein.

Ein objektiver Maßstab lässt sich jedoch ebenso wenig finden. Denn bis auf ein paar wenige Grundsätze im Privatrecht, lässt sich jede Norm entbehren. Wohlgemerkt geht es hier nur um Fälle, die keine kollidierenden Grundrechte zum Gegenstand haben.[1105] Außerhalb von Grundrechtskollisionen ist es eine reine Intuition, welchen Konflikt eine Privatrechtsordnung ausdrücklich regeln soll und welche durch die Heranziehung ihrer Grundsätze zu regeln ist.

Gäbe es die §§ 932 ff. BGB nicht, löste das Privatrecht diesen Fall nichtsdestotrotz. Es setzten sich die privatrechtlichen Grundsätze durch. Grundsätzlich kann im Privatrecht nur der Inhaber verfügen,[1106] weshalb der gutgläubige Erwerb eine Ausnahme ist.

1099 *Ruffert*, Vorrang, S. 101; andere Ansicht wohl *Ossenbühl*, FS Lerche, 151 (160): »Selbst dort, wo die Grundrechte in ihrer Bedeutung als objektive Wertentscheidung über die Generalklauseln und unbestimmten Rechtsbegriffe des öffentlichen Rechts staatliches Handeln disziplinieren, verliert sich die Zweck-Mittel-Relation, so daß die rechtliche Argumentation eine andere Struktur annimmt.«

1100 *Ruffert,* Vorrang, S. 385.

1101 *Ruffert,* Vorrang, S. 385.

1102 *Ruffert,* Vorrang, S: 385.

1103 *Ruffert,* Vorrang, S. 385.

1104 So aber *Ruffert,* Vorrang, S. 385.

1105 *Ruffert,* Vorrang, S. 384.

1106 *Berger*, Verfügungsbeschränkungen, S. 10 f., *Haedicke*, JuS 2001, 966 (969 f.); *Schreiber*, Jura 2010, 599 (600).

Ohne die Normen zum gutgläubigen Erwerb gäbe es diesen nicht. Der Eigentümer behielte sein Eigentum. Die Privatrechtsordnung wüsste auch ohne die Normen zum gutgläubigen Erwerb mit dem privaten Interessenkonflikt zwischen Eigentümer und Erwerber umzugehen. Auch dann wäre der als »notwendig« zu lösende erachtete Fall gelöst. Eine Rechtfertigung für die konkrete Kodifizierung der §§ 932 ff. BGB lässt sich somit über das Kriterium der »Notwendigkeit« nicht finden. Zwar trägt der gutgläubige Erwerb unbestritten zu einem wünschenswerten Privatrecht bei. Fehlten die Normen, läge indessen kein verfassungswidriger Zustand vor.[1107] Denn es handelt sich beim Problem des gutgläubigen Erwerbs auch nach herrschender Meinung gerade nicht um eine Grundrechtskollision.

Aus dem Grund taugt das Kriteriums der Notwendigkeit ebenfalls nicht, um die Befugnisse des Insolvenzplans im Hinblick auf ihre Verfassungsmäßigkeit zu bewerten. Nach *Ruffert* wäre zu fragen, ob die aufgezwungene Gestaltung zur Durchsetzung des Willens der Mehrheit durch den Insolvenzplan notwendig sei. Jedoch besteht auch für diesen Interessenkonflikt ein privatrechtlicher Grundsatz, der ihn ohne spezielle gesetzliche Regelung löst. Das ist die Privatautonomie. Das Kriterium der »Notwendigkeit«[1108] führt daher als Maßstab für die Verfassungsmäßigkeit einer Privatrechtsnorm nicht zu überzeugenden Ergebnissen.

Es kommt erstens darauf an, ob überhaupt ein bestimmtes Interesse – Allgemeinwohlinteresse oder grundrechtlich ungeschütztes Privatinteresse – eine gesetzliche Berücksichtigung finden soll. Dies ist eine gesetzgeberisch gestaltende Entscheidung.[1109] Durch die Auswahl der Interessen, die Einzug ins Privatrecht erhalten, prägt der Gesetzgeber das Privatrecht.[1110] Hierin besteht seine größte Gestaltungsfreiheit. Umgekehrt betrachtet bestimmt der Gesetzgeber die Gestalt des Privatrechts durch all die denkbaren Interessen, denen er keinen Einzug ins Privatrecht gewährt. Dieser gesetzgeberisch freien Entscheidung folgt ein zweiter Schritt. Das ist die verfassungsrechtliche Angemessenheit der Norm. Hierbei hat der Gesetzgeber wiederum eine Freiheit. Diese Freiheit ist jedoch gebunden. Sie ist bei der Verfolgung eines Allgemeinwohlziels durch die klassische Verhältnismäßigkeitsformel gebunden. Sie ist bei der Auflösung eines privaten Konflikts durch das Gebot des angemessenen Ausgleichs gebunden.

(3) Inhaltsbestimmungen und Schrankenbestimmungen

Neben diesem Problem besteht im Rahmen von Art. 14 GG die Frage, ob sich Inhaltsbestimmung und Schrankenbestimmung unterscheiden lassen und für ihre Verfassungsmäßigkeit unterschiedliche Anforderungen an den Gesetzgeber stellen.[1111] Das

1107 *Peters*, Entzug, S. 40; *Leuschner*, AcP 2005, 205 (225).

1108 *Ruffert*, Vorrang, S. 385.

1109 Vgl. *Medicus*, AcP 1992, 35 (55).

1110 Vgl. *Leuschner*, AcP 2005, 205 (232).

1111 *Leisner*, in: Handbuch des Staatsrechts, § 149, Rn. 61 ff., 134, der der Inhaltsbestimmung der Schrankenbestimmung im Sinne der Sozialbindung aus Art. 14 Abs. 2 S. 2 GG entgegenstellt.

Problem nimmt seinen Ausgangspunkt bei normativ geprägten Grundrechten.[1112] Das sind solche, die ohne einen Staat und seine Rechtsordnung gar nicht denkbar sind.[1113] Sie brauchen den Staat und die staatliche Ordnung, um überhaupt zu bestehen.[1114] Das Eigentum kann es nur in einer staatlichen Ordnung geben.[1115] Schafft der Gesetzgeber durch eine Norm den Inhalt des Eigentums, setzt er damit zugleich dem Eigentum Grenzen.[1116] Daraus entstehen Probleme, zwischen einer Ausgestaltung und einem Eingriff zu unterscheiden. Die Unterscheidung zwischen Ausgestaltung und Eingriff ist nicht zielführend.[1117] Jede Norm, die das Grundrecht ausgestaltet, legt auch deren Grenzen fest und beschränkt es in dieser Weise.[1118] Eine Unterscheidung zwischen einer ausgestaltenden Begrenzung und einer darauffolgenden eingreifenden Beschränkung ist nicht durchführbar[1119] oder zumindest nicht zielführend,[1120] um die eigentliche Frage – nach der Reichweite des Rechts – zu beantworten.[1121]

Beispielsweise führt *Alexy* eine Trennung zwischen Ausgestaltung und Eingriff durch.[1122] Bei der Ausgestaltung der Rechtslage sei der Gesetzgeber kaum gebunden.[1123] Dabei seien die meisten Normen als Eingriffsnormen zu verstehen.[1124] Denn eine Norm greife in ein Grundrecht ein, sobald sie die Verwirklichung des hinter dem Grundrecht stehenden Prinzips hemme.[1125] Das verlagert die Frage zu dem Inhalt des hinter dem Grundrecht stehenden Prinzips. Bei Art. 14 Abs. 1 GG geht es nach *Alexy* um »ein möglichst hohes Maß an Privatnützlichkeit und Verfügungsbefugnis«.[1126] Beim Sacheigentum wären danach nur der Zuweisungsgehalt und die Ausschlussbe-

1112 *Leisner*, in: Handbuch des Staatsrechts, § 149, Rn. 66 ff., der die Unterscheidung zwischen Inhaltsbestimmung und Schrankenbestimmung aus der Notwendigkeit herleitet, erst den Inhalt mancher Rechte zu bestimmen.

1113 *Herzog*, FS Zeidler II,1415 (1417).

1114 Vgl. *Majewski*, Auslegung, S. 101 ff., der zwischen rechtserzeugten Grundrechten und Mischvarianten aus rechts- und sachgeprägten Grundrechten trennt und Art. 14 GG als eine Mischvariante einordnet.

1115 *Haas*, NVwZ 2002, 272 (276): »Damit der Einzelne von der durch Art. 14 I 1 GG gewährleisteten Freiheit im vermögensrechtlichen Bereich angemessenen Gebrauch machen kann, bedarf das Freiheitsrecht der rechtlichen Ausformung.«

1116 *Eckhoff*, Grundrechtseingriff, S. 16; vgl. *Nierhaus*, AöR 1991, 72 (79); *Pietzcker*, FS-Dürig, 345 (353); *Roth*, Eingriffe, S. 112 Fn. 41; *Rupp*, JZ 1998, 919 (923).

1117 *Lübbe-Wolff*, Eingriffsabwehrrechte, S. 60; *Eckhoff*, Grundrechtseingriff, S. 16; *Pietzcker*, FS-Dürig, 345 (353); *Rupp*, JZ 1998, 919 (923); *Ibler*, AcP 1997, 565 (573).

1118 *Eckhoff*, Grundrechtseingriff, S. 16; vgl. auch *Häberle*, Wesensgehaltsgarantie, S. 179.

1119 Vgl. *Ibler*, AcP 1997, 565 (573).

1120 *Rupp*, JZ 1998, 919 (923).

1121 So schließt beispielsweise auch *Leisner*, in: Handbuch des Staatsrechts, § 149, Rn. 136 nicht aus, die »Sozialverpflichtung bereits bei der Inhaltsbestimmung des Eigentums zu berücksichtigen«. Wenn aber die Bestimmung der inhaltlichen Reichweite einmal eine originäre Inhaltsbestimmung und einmal eine schon in der Inhaltsbestimmung verwirklichte Schranke sein kann, ist eine Trennung dergleichen lediglich durch das Setzen von Annahmen möglich.

1122 *Alexy*, Theorie, S. 306.

1123 *Alexy*, Theorie, S. 306 f.

1124 *Alexy*, Theorie, S. 306.

1125 *Alexy*, Theorie, S. 306.

1126 *Alexy*, Theorie, S. 304.

fugnis des § 903 BGB eine Ausgestaltung des Eigentums. Schon die Begrenzung des Eigentums durch Rechte Dritter wäre ein Eingriff in das Eigentum. Im Ergebnis bleibt die Unterscheidung dann vor allem eine theoretische. Sie hat keine praktische Auswirkung auf die verfassungsmäßige Prüfung von zivilrechtlichen Normen. Bis auf einen Teil des § 903 BGB müsste es sich um eingreifende Normen handeln. Für diese gelte der Verhältnismäßigkeitsgrundsatz.[1127] Nur § 903 BGB bedürfte als Ausgestaltung »gegenüber dem Grundrecht keiner Begründung mehr.«[1128] Jedoch würde sich niemand gegen § 903 BGB wehren. Denn die Ausgestaltungsnormen bei *Alexy* begrenzen das Eigentum nicht, soweit das hinter Art. 14 Abs. 1 GG bestehende Prinzip auf die Verwirklichung größtmögliche Freiheit gerichtet ist. Es kommt daher nicht darauf an, ob es sich um eine Inhaltsbestimmung oder eine Schrankenbestimmung handelt.

bb) Abwägung

Die Zwangswirkung des Insolvenzplans ist angemessen, wenn die Belastung der überstimmten Gläubiger und Gruppen in einem angemessenen Maße zu dem durch den Plan bewirkten Vorteil steht. Als Vorteile kommen vor allem die oben genannten legitimen Zwecke des Insolvenzplans in Betracht.[1129] Der Insolvenzplan zielt darauf ab, den Willen der Abstimmungsmehrheit zu verwirklichen und für sie wirtschaftliche Vorteile freizusetzen. Die Belastung der überstimmten Gläubiger und Gruppen wiederum besteht darin, über die eigene Forderung nicht mehr im Rahmen der Privatautonomie frei entscheiden zu können. Stattdessen müssen sie sich dem Mehrheitsentscheid unterwerfen. Die Beeinträchtigung ist nur angemessen, wenn die legitimen Zwecke gewichtig genug sind, um als rechtfertigende Geltungsgründe zu dienen. Sie müssen rechtfertigen, dass die Verfügung über subjektive Rechte nicht nach dem Grundsatz der Privatautonomie vom Willen der Inhaber, sondern von einem Mehrheitsbescheid abhängt.

(1) Kopfmehrheit als Geltungsgrund

(a) Kopfmehrheit als Geltungsgrund im allgemeinen Privatrecht

Geltungsgrund für die Befugnis der Mehrheit kann nicht ihre Eigenschaft als Mehrheit sein.
Im Privatrechtsverkehr hat eine Mehrzahl von Subjekten dem Grunde nach nicht die Befugnis, eine Minderheit zu einem Vertrag zu zwingen. Ein Möbelfachhaus und ein Möbelhersteller können keinen Holzlieferanten zu einem gemeinsamen Vertrag oder einer Kette von Verträgen zwingen. Das gilt selbst dann, wenn alle von den Verträgen wirtschaftlich profitierten. Ein Schuldner, ein Gläubiger 1 und ein Gläubiger 2 können nicht einen Gläubiger 3 des gemeinsamen solventen Schuldners dazu zwingen, seine fällige Forderung zu stunden. Das gilt selbst dann, wenn der Schuldner oder ein Dritter dem Gläubiger 3 nach der Stundung einen die Forderung übersteigenden Geldbetrag verspricht.

1127 *Alexy*, Theorie, S. 306.
1128 *Alexy*, Theorie, S. 306 f.
1129 Siehe S. 112.

Grund dafür ist die Privatautonomie.[1130] Die Beteiligten entscheiden selbst, mit wem sie Verträge schließen wollen.[1131] Diese Freiheit verlieren sie nicht allein, weil eine größere Anzahl von Subjekten das Interesse an einem Vertragsschluss mit ihnen hat. Die Kopfmehrheit ist für sich genommen kein legitimer Geltungsgrund, um einem Privaten Eigentum zu entziehen. Ein wirksamer Eigentumsschutz unter Privaten darf das Eigentum nicht allein deshalb neu zuordnen, weil eine Mehrheit von Subjekten es möchte.

Denkbar wäre es, die Interessen der Subjekte anhand der beteiligten Köpfe zu quantifizieren und miteinander abzuwägen. Wenn viele eine Güterzuordnung wollen, dient die Güterzuordnung mehr Subjekten als sie schadet. Dies ist jedoch kein legitimer Geltungsgrund. Die Interessen der Privaten sind alle gleichwertig und lassen sich nicht aufgrund der Anzahl der beteiligten Subjekte quantifizieren. Das Interesse vieler ist nicht mehr wert als das Interesse weniger. Art. 14 GG soll »dem Grundrechtsträger einen Freiraum im vermögensrechtlichen Bereich erhalten und dem Einzelnen damit die Entfaltung und eigenverantwortliche Gestaltung seines Lebens ermöglichen.«[1132] Die Eigentumsfreiheit aus Art. 14 GG schützt deshalb davor, ausschließlich aufgrund des privaten Interesses einer Mehrheit sein Recht aufgeben zu müssen. Dies ist unabdingbarer Kern der Eigentumsfreiheit. Ein Eigentumsgegenstand taugt nicht als Mittel zur Ausübung persönlicher Freiheit, wenn eine Mehrheit ihn aufgrund eines entsprechenden Interesses entziehen darf. Schützte Art. 14 GG nicht vor einer solchen Vergemeinschaftung zugunsten anderer Privater, verdiente die Ausgestaltung des Eigentums im Privatrecht nicht länger den Namen »Eigentum«.

Auch die Entwurfsbegründung führt aus, »das Mehrheitsprinzip [ist] nicht ein Element politischer oder verbandsrechtlicher Demokratie, sondern ein technischer Behelf zur Erleichterung der Entscheidungsfindung einer unkoordinierten Vielzahl Beteiligter.«[1133]. Zum Minderheitenschutz führt die Entwurfsbegründung sogar aus, »[d]ie Mehrheitsentscheidung einer Gruppe ist keine ausreichende Legitimation dafür, daß einem einzelnen Beteiligten gegen seinen Willen Vermögenswerte entzogen werden.«[1134] Sie sieht in der Mehrheit für sich demnach zu Recht keinen Geltungsgrund für die Mehrheitsmacht.[1135] Allerdings ist der Entwurfsbegründung nicht mehr zuzustimmen, wenn sie stattdessen im Umkehrschluss im Minderheitenschutz des Insolvenzplans einen Geltungsgrund sieht.[1136] Das Schlechterstellungsverbot soll einem Gläubiger garantieren, zumindest so viel Geld zu bekommen, wie er im Regelinsol-

1130 BVerfGE 81, 242 (254) – Handelsvertreter; *Flume,* BGB AT II, S. 6 ff.; *Bork,* BGB AT, Rn. 99; *Neuner,* BGB AT, § 10, Rn. 34.

1131 *Flume,* BGB AT II, S. 6 ff.; *Bork,* BGB AT, Rn. 99; *Neuner,* BGB AT, § 10, Rn. 34.

1132 BVerfGE 89, 1 (6) – Besitzrecht des Mieters; BVerfGE 83, 201, (208) – Bundesbergbaugesetz; etwas anderer Wortlaut in: BVerfGE 91, 294 (307) – Mietpreisbindung: »Die Eigentumsgarantie hat im Gesamtgefüge der Grundrechte den Zweck, ihrem Träger einen Freiheitsraum im Vermögensbereich zu erhalten und ihm so die materielle Grundlage seiner Persönlichkeitsentfaltung zu sichern.«

1133 BT-Drs. 12/2443, S. 79.

1134 BT-Drs. 12/2443, S. 211.

1135 BT-Drs. 12/2443, S. 211.

1136 Vgl. BT-Drs. 12/2443, S. 211.

venzverfahren bekäme.[1137] Es verbietet damit Eingriffe in sein Forderungsrecht, die in einer bestimmten Weise den Wert der Forderung berührten. Es rechtfertigt jedoch nicht den bis zu dieser Grenze erfolgten Eingriff. Der Minderheitenschutz des Insolvenzplans kann für sich genommen nie eine Rechtfertigung des Eingriffs sein.[1138] Er bestimmt nur eine Grenze des Eingriffs. Taugt der Mehrheitsentscheid nicht dazu, der Minderheit Rechte zu entziehen, rechtfertigt sich der Eingriff nicht auf einmal dadurch, dass er das Recht nur teilweise und nicht umfänglich entzieht.

Darüber hinaus lässt die gesetzgeberische Ausgestaltung der Gruppenbildung einen zustimmenden Mehrheitsentscheid zu, welcher weder die Kopf- noch die Summenmehrheit hinter sich vereint.[1139] Die Gruppenbildung nach § 222 Abs. 2 InsO und das Obstruktionsverbot des § 245 InsO erlauben die Annahme von Plänen, die nicht die Mehrheit aller Gläubiger oder die Mehrheit der Forderungsbeträge hinter sich vereinen.[1140] Diese Pläne können sich somit nicht über den Willen der tatsächlichen Mehrheit rechtfertigen.[1141] Sofern Stimmen in der Literatur die Eingriffe des Plans vor allem über den Mehrheitsentscheid rechtfertigen,[1142] fordern diese die teleologische Reduktionen oder behutsame Anwendungen des § 245 InsO.[1143]

(b) Mehrheitsbefugnisse im Gesellschaftsrecht

Im Gesellschaftsrecht gibt und gab es verschiedene Möglichkeiten für die Mehrheit von Gesellschaftern, eine Minderheit aus der Gesellschaft auszuschließen. Es ist unzulässig, von diesen Befugnissen auf die Verfassungsmäßigkeit des Insolvenzplans zu schließen.[1144]

Nach § 15 Umwandlungsgesetz in der Fassung von 1956[1145] konnten Hauptgesellschafter mit einer 75%igen Mehrheit von Gesellschaftsanteilen die Minderheit aus der Gesellschaft ausschließen, wenn sie die Form der Gesellschaft wechseln. Nach den §§ 327a ff. AktG können Gesellschafter mit einer 95%igen Mehrheit der Anteile die Minderheit aus der Gesellschaft ausschließen. Besondere »unternehmerische Gründe« braucht es dafür nicht.[1146]

Das BVerfG hält beide Mehrheitsbefugnisse für verfassungsgemäß.[1147] In der Entscheidung »Feldmühle«[1148] und der Entscheidung zum aktienrechtlichen »squeeze-

1137 Vgl. BT-Drs. 12/2443, S. 211.
1138 Siehe auch sogleich zum Schlechterstellungsverbot: S. 145.
1139 MüKoInsO/*Drukarczyk/Schüler*, § 245, Rn. 26.
1140 Vgl. MüKoInsO/*Drukarczyk/Schüler*, § 245, Rn. 26.
1141 *Madaus*, Insolvenzplan, S. 257 f.
1142 Vgl. *Smid*, FS Pawlowski, 387 (425), *Lepa*, Verfassungsrecht, S. 264; *Häsemeyer*, FS Gaul, 175 (178); dagegen: Schiessler, Insolvenzplan, S. 170.
1143 Vgl. *Smid*, FS Pawlowski, 387 (425), der die Voraussetzungen des § 76 Abs. 2 InsO in § 245 InsO hineinlesen möchte; *Lepa*, Verfassungsrecht, S. 264; *Häsemeyer*, FS Gaul, 175 (178), der von den Insolvenzgerichten einen behutsamen Umgang fordert.
1144 So jedoch *Madaus*, Insolvenzplan S. 281 f.
1145 BGBl. 1956 I S. 844.
1146 BVerfGK 11, 253 (257) – Squeeze out.
1147 BVerfGE 14, 263 (273) – Feldmühle; BVerfGK 11, 253 (256 ff.) – Squeeze out.
1148 BVerfGE 14, 263.

out«[1149] führt das Gericht aus, die Mehrheitsbefugnisse förderten die unternehmerische Freiheit der Mehrheit[1150] und schützten den Einfluss der Mehrheit auf die Unternehmensführung vor Behinderungen durch die Inhaber von Klein- und Kleinstbeteiligungen.[1151]

Die gesellschaftsrechtlichen Mehrheitsbefugnisse haben keine Bedeutung für die Zulässigkeit der Mehrheitsbefugnisse beim Insolvenzplan. Denn die gesellschaftsrechtlichen Mehrheitsbeschlüsse unterscheiden sich von der Abstimmung über einen Insolvenzplan.

Erstens besteht zwischen den Gläubigern des gemeinsamen insolventen Schuldners keine vertragliche Verbindung. Die Gläubiger ließen sich nie aufeinander ein. Sie ließen sich höchstens auf den gemeinsamen Schuldner ein. Bei unfreiwilligen Gläubigern ist nicht einmal dies der Fall.[1152] Zweitens ist beim gesellschaftsrechtlichen Ausschluss einer Minderheit ein anderes subjektives Recht Gegenstand der Abstimmung als beim Insolvenzplan. Der Gesellschaftsanteil ist ein mitgliedschaftliches Recht.[1153] Er enthält die Befugnis des Inhabers, an den Angelegenheiten der Gesellschaft Teil zu haben.[1154] Das Recht des Gesellschafters ist auf die andauernde Teilhabe an der Gesellschaft ausgerichtet. Bei den Forderungen der Gläubiger gegen den insolventen Schuldner geht es um Leistungsansprüche aus Austauschverträgen. Die Verbindung zum Schuldner bestand darin, in Bezug auf konkrete Leistungsversprechen miteinander in einen Austausch zu treten. Sie bestand nicht darin, andauernd an einem verselbstständigten rechtlichen Gebilde gemeinsam Teil zu haben. Die Begründung des BVerfG in den genannten Entscheidungen verdeutlicht dies. Bei § 327a AktG gehe es um das Interesse des Hauptaktionärs, ungestört Einfluss auf die Gesellschaft auszuüben.[1155] Diese Interessenlage ist auf den Insolvenzplan nicht übertragbar. Sie ist geprägt von den Besonderheiten der mitgliedschaftlichen Rechte, die bei den Forderungen der Gläubiger beim Insolvenzplan fehlen. Die Argumentation des BVerfG auf den Insolvenzplan übertragen, müsste es beim Mehrheitsentscheid um das Interesse gehen, ungestört durch die anderen Gläubiger über die eigene Forderung gegenüber dem Schuldner zu entscheiden. Dieses Recht steht jedem Gläubiger sowieso schon immer zu. Das subjektive Recht eines Gläubigers gegen seinen Schuldner ist nicht auf die Teilhabe einer Gesellschaft ausgerichtet, sondern auf die Zahlung eines Geldbetrages. Insofern überzeugt es nicht, die verfassungsrechtlichen Voraussetzungen der »Feldmühle«-Entscheidung und der »squeeze-out«-Entscheidung als Voraussetzungen für die Verfassungsmäßigkeit von Insolvenzplänen zu nutzen.[1156]

1149 BVerfGK 11, 253 – Squeeze out.
1150 BVerfGE 14, 263 (282) – Feldmühle.
1151 BVerfGK 11, 253 (257 f.) – Squeeze out.
1152 Vgl. *Hoffmann*, Prioritätsgrundsatz, S. 198.
1153 BVerfGE 14, 263 (278) – Feldmühle: »[D]ie [Aktie ist] sowohl Vermögensrecht wie Mitgliedschaftsrecht«.
1154 Daher erlaubt es BVerfGK 11, 253 (258), den Schutz von Minderheitenaktionären »umso niedriger zu bewerten, je geringer dessen Anteil an der Gesellschaft ausfällt.« Denn »[r]elevanten Einfluss auf die Unternehmenspolitik können Minderheitsaktionäre in der Regel nicht ausüben.«
1155 BVerfGK 11, 253 (258).
1156 So jedoch *Madaus*, Insolvenzplan, S. 281 f.

(2) Wirtschaftlicher Nutzen und Schlechterstellungsverbot als Geltungsgründe

(a) Wirtschaftlicher Nutzen als Geltungsgrund

Die Zwangswirkung des Plans rechtfertigt sich ebenfalls nicht durch wirtschaftliche Überlegungen. Der Plan greift auch dann ohne hinreichende Rechtfertigung in die Eigentumsfreiheit der überstimmten Gläubiger und Gruppen ein, wenn der Plan bei einer wirtschaftlichen Gesamtbetrachtung sinnvoll ist.

Zunächst steht nicht mit Sicherheit fest, ob der wirtschaftliche Nutzen eines Insolvenzplans für die Abstimmungsmehrheit stets den wirtschaftlichen Nachteil des Insolvenzplans für die Abstimmungsminderheit überwiegt. Es handelt sich dabei ausschließlich um eine Annahme. Denn ob der Plan wirtschaftlich sinnvoll ist, bestimmt sich nach allen unmittelbaren und mittelbaren Auswirkungen desselben. Die mittelbaren Nachteile des Plans für einige wenige Gläubiger können dabei zumindest wertmäßig die Vorteile für die Mehrheit übertreffen. Stundet der Plan die Forderung eines Minderheitengläubigers, kann dieser selbst in Zahlungsschwierigkeiten geraten. Fällt er dadurch selbst in die Insolvenz, können wiederum erhebliche Wertverluste entstehen. Auch die Entwurfsbegründung geht davon aus, dass »[i]n wirtschaftlichen Angelegenheiten [...] die Mehrheit prinzipiell nicht mehr recht als die Minderheit [hat]. Mehrheitsentscheidungen garantieren nicht das wirtschaftliche Optimum.«[1157]

Vor allem ist es jedoch ohne Bedeutung, ob die wirtschaftlichen Vorteile des Plans für die Abstimmungsmehrheit die wirtschaftlichen Nachteile des Plans für die Minderheit überwiegen. Denn im Privatrechtsverkehr trägt das einzelne Subjekt keine Verantwortung dafür, den wirtschaftlichen Nutzen anderer Subjekte durch eine Verfügung über das eigene Recht zu erhöhen. Das gilt sogar, wenn die Verfügung keine wirtschaftlichen Nachteile mit sich bringt. Das gilt umso mehr, wenn die Verfügung Nachteile für das Subjekt herbeiführt.

Rechtfertigte sich der Teilentzug der Verfügungsbefugnis ausschließlich durch eine wirtschaftliche Kosten-Nutzen-Rechnung, verlöre die Eigentumsfreiheit aus Art. 14 GG einen wichtigen Gehalt. Denn ein Zugriff auf das Eigentumsrecht ließe sich immer dann rechtfertigen, wenn dieser bei einer wirtschaftlichen Gesamtbetrachtung sinnvoll wäre. Art. 14 GG böte nur noch Schutz vor wirtschaftlich nachteilhaften Güterverschiebungen. Art 14 GG beschränkt sich jedoch nicht auf einen solchen Schutz. Denn der Zweck des Eigentums ist es nicht, mit dem Gegenstand nach Belieben zu verfahren, bis jemand ihn wirtschaftlich besser nutzen kann. Dies entkernte die Eigentumsfreiheit. Es verringerte den Schutz des Eigentums auf ein Maß, welches nicht mehr den Namen »Eigentum« verdiente.

Etwas anderes könnte bei isolierter Betrachtung für Fälle gelten, in denen die durch den Insolvenzplan bewirkte Stundung für den Gläubiger nachweislich gar keine Nachteile bewirkt. So könnte es theoretisch sein, dass die Stundung dazu führt, dass der Gläubiger wegen einer Sanierung tatsächlich schneller an sein Geld kommt, als es ihm bei Durchführung eines Regelinsolvenzverfahrens möglich wäre. Hätte er auch keine sonstigen Nachteile irgendwelcher Art wäre der durch die Stundung bewirkte Eingriff in Art 14 Abs. 1 GG angemessen. Ebenso ist das verfassungsrechtlich geschützte Eigentum der Gläubiger nicht verletzt, wenn ein Investor das Unternehmen

1157 BT-Drs, 12/2443, S. 79.

erwirbt und im Zuge dessen die Gläubiger in voller Höhe ablöst, bevor eine Verwertung der Insolvenzmasse möglich wäre. Diese Überlegungen können das Gesetz aber nicht insgesamt verhältnismäßig werden lassen, da es sich um Konstellationen handelt, deren Eintritt das Gesetz nicht sicherstellt. Die Verhältnismäßigkeit einer gesetzlichen Regelung muss durch diese selbst gewährleistet sein. Es genügt nicht, wenn es vom Zufall abhängt, ob die Regelung verhältnismäßig wirkt oder nicht. Die Verhältnismäßigkeit scheitert deshalb wegen Plänen, bei denen die Gläubiger gegen ihren Willen das Geld später erhalten, als sie es beim Regelinsolvenzverfahren erhielten.

(b) Schlechterstellungsverbot als Geltungsgrund

Umso mehr kann das Schlechterstellungsverbot des Insolvenzrechts kein Geltungsgrund für den Mehrheitsentscheid sein. Denn der Entzug einer Rechtsposition ist nicht dadurch zu rechtfertigen, dass dem Betroffenen voraussichtlich der Wert erhalten bleibt.[1158] Das Schlechterstellungsverbot schützt ausschließlich den Wert eines Rechts. Es schützt nicht den Bestand des Rechts. Ein Gesetz kann wegen Art. 14 GG jedoch nicht ohne Weiteres den Bestand oder die Form eines Rechts entziehen und den Betroffenen auf den erhaltenen Wert des Rechts verweisen.[1159] Es gilt Bestands- vor Wertschutz.[1160] Selbst wenn ein Gesetz den Werterhalt garantierte und der Betroffenen einen entschädigenden Geldbetrag unmittelbar erhielte, wäre ein Eingriff dadurch für sich genommen nicht gerechtfertigt. Das Schlechterstellungsverbot kann bei der Abwägung im Rahmen der Verhältnismäßigkeit eine Rolle spielen, um die Belastung zu lindern und dadurch die Verhältnismäßigkeit zu wahren. Es ist aber nicht selbst legitimer Zweck. Erst wenn der Zweck dem Grunde nach den Entzug des Rechts rechtfertigt, geht es um den Wert des Rechts und um die Frage, inwieweit dieser betroffen ist. Insoweit taugt das Schlechterstellungsverbot überhaupt nur dazu, einen Eingriff abzumildern. Für die Rechtfertigung bedarf es eines legitimen Zwecks. Dieser kann nicht allein darin bestehen, dass der Betroffene wertmäßig nicht schlechter stehe als vor dem Eingriff.

Außerhalb der Insolvenz eines Schuldners ist dies besonders deutlich. Man stelle sich vor, jeder könne jeden zu Verträgen zwingen, solange der Gezwungene wertmäßig nach Vollzug des Vertrages nicht schlechter steht. Folglich hätte jemand mit ausreichend Geld faktisch ungehinderten Zugriff auf das Eigentum Dritter. Das ist kein freiheitliches Verständnis von Eigentum. Ein solches System negiert die Freiheit, wie

1158 So aber für den insoweit auf den Insolvenzplan übertragbaren Restrukturierungsplan: *Brinkmann,* FS Schmidt I, 153 (156): »Betont sei aber, dass die skizzierte Rechtfertigung zugleich deutlich macht, welche Bedeutung das Schlechterstellungsverbot für die Legitimität des Restrukturierungsverfahrens besitzt.«; ebenso in diese Richtung: *Geldmacher*, Sanierungsverfahren, S. 241, der die Rechtfertigung maßgeblich Schlechterstellungsverbot festmacht; ebenso in *Geldmacher*, ZInsO 2011, 353 (368 f.); *Westpfahl*, ZGR 2010, 385 (427 ff.).

1159 In Bezug auf den insoweit vergleichbaren Fall der Ausgleichspflicht *Froese*, NJW 2017, 444 (445); *König,* DVBl 1999, 954 (957 f.).

1160 *König,* DVBl 1999, 954 (957 f.); *Maurer*, DVBl 1991, 781 (783 f.).

sie im gegenwärtigen Rechtssystem umgesetzt ist in einem so großen Maße, dass nicht mehr von Eigentumsfreiheit oder Privatautonomie zu sprechen wäre.[1161]

Die Folgen eines solchen Kontrahierungszwangs wären darüber hinaus nicht nachvollziehbar. Bis zur Wertgrenze des Gegenstands könnten sich zwei Parteien wechselseitig zum Abschluss von Verträgen über den Gegenstand zwingen. Wollten die Parteien einen Wertverlust durch das Geschäft hinnehmen, könnten sie sich sogar unendlich oft gegenseitig zu Verträgen zwingen. Denn einzige Voraussetzung des Zwangs ist es, der anderen Person den Wert des Gegenstands auszugleichen.

Das Schlechterstellungsverbot hat daher erst eine Bedeutung, wenn das Gesetz einen legitimen Zweck verfolgt. Ob und wenn ja in welchem Maße die Rechtfertigung des Eingriffs dann überhaupt auf das Schlechterstellungsverbot angewiesen ist, ist eine Frage des konkreten Eingriffs. Ein entsprechend gewichtiger Allgemeinwohlzweck ist dem Grunde nach sogar in der Lage, eine gesicherte Schlechterstellung des Betroffenen zu rechtfertigen. Die genaue Grenze hängt dabei von dem jeweiligen Eingriff und dem jeweiligen mit dem Eingriff verfolgten Zweck ab.

Aus dem gleichen Grund taugen auch andere Umstände nicht zur Rechtfertigung des Mehrheitsentscheids, die lediglich die Schwere des Eingriffs abmildern, ohne ihn zu rechtfertigen.

Beispielsweise taugt § 255 Abs. 1 S. 1 InsO nicht zur Rechtfertigung der Mehrheitsbefugnisse. Nach § 255 Abs. 1 S. 1 InsO ist die Stundung oder Kürzung einer Forderung durch einen Insolvenzplan hinfällig, wenn der Schuldner mit der Erfüllung des Insolvenzplans erheblich in Rückstand gerät. Ähnlich dem Schlechterstellungsverbot mildert die Norm den Eingriff in die Rechte von Gläubigern ab, die gegen den Insolvenzplan stimmten. Sie selbst ist jedoch kein Geltungsgrund. Darüber hinaus mildert die Norm den Eingriff nur in geringem Maße ab. Erstens ist die Norm gemäß § 255 Abs. 3 S. 1 InsO dispositiv.[1162] Zweitens ist fraglich, welchen Schutz sie tatsächlich bieten kann. Denn eine Stundung oder Kürzung ist gemäß Abs. 1 hinfällig, wenn der Schuldner mit der Erfüllung des Plans erheblich in Rückstand gerät. Zu diesem Zeitpunkt wird die Insolvenzmasse bereits weiter geschrumpft sein.

Ebenso lassen sich die Mehrheitsbefugnisse nicht mit der Überlegung rechtfertigen, in der Regel könne ein Gläubiger seine Forderung an einen Factoring-Unternehmen verkaufen und übertragen, um dadurch der Gestaltung seiner Forderung zu entgehen. Erstens hängt es vom Willen des Factoring-Unternehmens ab, ob dieses die Forderung kaufen möchte. Zweitens möchte auch das Factoring-Unternehmen ein gutes Geschäft machen, weshalb der Gläubiger vermutlich nicht den tatsächlichen Wert seiner Forderung erhält. Vor allem verschiebt dieses Argument aber in unzulässiger Weise die Anforderungen an einen zu rechtfertigenden Eingriff. Denn das Argument stellt letztlich auf die Möglichkeit des Rechtsinhabers ab, den Eingriff durch die Veräußerung des betroffenen Rechts abzuwenden. Es muss sich jedoch nicht der Rechtsinhaber vor der Rechtsordnung rechtfertigen, warum er den Eingriff in das Recht nicht durch eigene Maßnahmen abwendet. Die Rechtsordnung muss den Eingriff rechtfertigen.

1161 Vgl. *König,* DVBl 1999, 954 (957 f.), die im Verhältnis des Bürgers zum Staat eine »verfassungswidrige[] Kommerzialisierung des Eigentumsgrundrechts« (958) fürchtet.

1162 BeckOKInsO/*Stadler,* § 255, Stand: 15.01.2022, Rn. 10.

(3) Gegenseitige Verantwortung der Gläubiger als Geltungsgrund

(a) Verantwortung unverbundener Privater

Auch darüber hinaus ist eine Verantwortung[1163] der überstimmten Gläubiger für die Interessen der Abstimmungsmehrheit nicht erkennbar. Die Gläubiger treffen erst durch die Insolvenz des Schuldners aufeinander.[1164] Durch den Mangel der Haftungsmasse entsteht eine Grundrechtskollision, die der Gleichbehandlungsgrundsatz auflöst.[1165] Eine über den Gleichbehandlungsgrundsatz hinausgehende Verantwortlichkeit begründet die Insolvenz nicht.[1166] Die Gläubiger des gemeinsamen Schuldners stehen vertraglich unverbunden nebeneinander. Zwei miteinander unverbundene Privatrechtssubjekte tragen grundsätzlich keine Verantwortung dafür, den wirtschaftlichen Nutzen des anderen zu mehren. Grundlegender Inhalt ihres Verhältnisses ist die Pflicht, sich in Ruhe zu lassen und sich nicht zu schädigen.[1167]

(b) Schutz des Schwächeren

Die gesetzliche Ausgestaltung einer vertraglichen Verbindung von zwei Privaten kann darauf abzielen, ein faktisches Verhandlungsungleichgewicht auszugleichen, damit dieses keinen Einzug in den Inhalt des Vertrages findet.[1168] Es überzeugt nicht, in diesem Sinne den Insolvenzplan als eine Maßnahme zum Schutz des Schwächeren anzusehen.

Beispielweise stärkt das Gesetz die Rechte des Mieters im Wohnraummietrecht[1169] oder die Rechte des Verbrauchers[1170]. Damit bezieht es Stellung für die Interessen des Mieters und die Interessen des Verbrauchers. Im Insolvenzplan könnte das Gesetz in gleicher Art Stellung für die Interessen der Abstimmungsmehrheit beziehen. Jedoch schützt das Gesetz den Mieter und den Verbraucher,[1171] weil diese gegenüber ihrem Verhandlungs- und später ihrem Vertragspartner in einer strukturell unterlegenen Lage[1172] sind.[1173] Wohnen ist ein natürliches Bedürfnis.[1174] Dadurch entsteht eine Abhän-

1163 Das Kriterium der »Verantwortung« war auch entscheidend in der Stadionverbots-Entscheidung: BVerfGE 148, 267 (284) – Stadionverbot: »Indem ein Privater eine solche Veranstaltung ins Werk setzt, erwächst ihm von Verfassungs wegen auch eine besondere rechtliche Verantwortung.«

1164 MüKoStaRUG/*Jungmann*, Vor §§ 60–66, Rn. 42.

1165 Siehe S. 121.

1166 Vgl. S. 66.

1167 *Isensee*, in: Handbuch des Staatsrechts, § 111, Rn. 5, 128 ff., der die Reichweite der grundrechtlichen Schutzpflichten des Bürgers gegenüber dem Staat für das Privatrecht in der Umsetzung des »Neminem-laedere-Prinzip[s]« sieht (Rn. 128) und der darüber hinaus eine Pflicht der Gerichte zur Inhaltskontrolle von privaten Verträgen auf Grundlage der grundrechtlichen Schutzpflichten ablehnt.

1168 *Flume*, AT II, S. 10.

1169 Vgl. BVerfGE 89, 1 (6 ff.) – Besitzrecht des Mieters.

1170 Vgl. *Neuner*, BGB AT, § 10, Rn. 69 ff.

1171 Vgl. insoweit kritisch: *Neuner*, BGB AT, § 10, Rn. 69 ff., 73.

1172 »Strukturell ungleicher Verhandlungsstärke« ist auch Gegenstand der Entscheidung des BVerfG zu Bürgschaftsverträgen: BVerfG 89, 214 (234) – Bürgschaftsverträge.

gigkeit von den Anbietern von Wohnraum.[1175] Es besteht die Gefahr für Mieter, ihre Interessen in der Verhandlungs- und Vertragssituation nicht angemessen durchsetzen zu können.[1176] Auch der Verbraucher befindet sich gegenüber großen Unternehmen oft in einem Verhandlungsungleichgewicht.[1177] Das Gesetz schützt in diesen Fällen die unterlegene Partei. Damit stellt es in gewisser Weise die grundsätzliche Gleichheit der Parteien wieder her, die durch das faktische Machtungleichgewicht entstanden ist. Auch die Restschuldbefreiung reiht sich maßgeblich in diese Grundsätze ein und ist problemlos als Inhalts- und Schrankenbestimmung zu verstehen, die die Interessen der Gläubiger und des Schuldners in einen Ausgleich bringt.[1178] Der konkret im Gesetz gefundene Ausgleich enthält dabei »Elemente sozialen Schutzes«.[1179] Auch in der kritisierten[1180] »Handelsvertreter«-Entscheidung[1181] stützt das BVerfG die Unwirksamkeit einer vertraglichen Regel auf den Schutz einer Vertragspartei, die in den Verhandlungen einem enormen Übergewicht gegenübersteht mit der Folge, dass die vertragliche Einigung aus diesem Grund als fremdbestimmende Einwirkung auf die eigenen Interessen zu werten sei.[1182] Gerade die »strukturell ungleiche[] Verhandlungsstärke«[1183] ist auch Grund für das BVerfG in der Bürgschafts-Entscheidung,[1184] Verträgen unter gewissen Voraussetzungen die Wirksamkeit abzusprechen.[1185]

Beim Insolvenzplan liegt kein vergleichbares Ungleichgewicht vor. Die Abstimmungsminderheit ist in keiner überlegenen Lage gegenüber der Abstimmungsmehrheit.[1186] Wäre sie in einer überlegenen Lage, könnte sie einen Vertrag oder einen Insolvenzplan herbeiführen, der ihren Interessen entspricht. Zur Abstimmung steht aber gerade ein Plan, der nicht ihrem Willen entspricht. Zwar bedürfte es ohne den Insolvenzplan ihrer Zustimmung für eine Einigung. Insofern ist die Abstimmungsmehrheit abhängig von der Abstimmungsminderheit. Diese Abhängigkeit der Mehrheit vom Willen der Minderheit im Falle eines Vertragsschlusses geht jedoch nicht über die Abhängigkeit hinaus, in der sich jeder Verhandlungspartner befindet. Jeder Verhandlungspartner kann einen Vertragsschluss verweigern und hat insofern ein Monopol auf Vertragsschlüsse mit ihm. Wenn in der Verhandlungssituation über eine Sanierung

1173 Für das Mietrecht: *Flume*, AT II, S. 10.

1174 BverfGE 89, 1 (6) – Besitzrecht des Mieters: »Die Wohnung ist für jedermann Mittelpunkt seiner privaten Existenz. Der Einzelne ist auf ihren Gebrauch zur Befriedigung elementarer Lebensbedürfnisse sowie zur Freiheitssicherung und Entfaltung seiner Persönlichkeit angewiesen.«; BVerfGE 38, 348 (370) – Zweckentfremdung von Wohnraum.

1175 BVerfGE 68, 361 (370) – Eigenbedarf I: »Große Teile der Bevölkerung sind nach wie vor nicht in der Lage, aus eigener Kraft Wohnraum für sich zu schaffen, und deshalb auf Mietwohnungen unausweichlich angewiesen.«

1176 *Flume*, AT II, S. 10.

1177 *Grundmann*, JZ 2000, 1133, (1137).

1178 BVerfG, NJW 2004, 1233 (1234).

1179 BVerfG, NJW 2004, 1233 (1234).

1180 *Hillgruber*, ZRP 1995, 6 (6 ff.).

1181 BVerfGE 81, 242 – Handelsvertreter.

1182 BVerfGE 81, 242 (254 ff.) – Handelsvertreter.

1183 BVerfGE 89, 214 (234) – Bürgschaftsverträge.

1184 BVerfGE 89, 214 – Bürgschaftsverträge.

1185 BVerfGE 89, 214 (232 ff.) – Bürgschaftsverträge.

1186 Siehe auch S. 65.

eine Interessenpartei eine überlegene Stellung hat, ist dies die Abstimmungsmehrheit. Sie hat es zumindest faktisch geschafft, ihren Interessen Einzug in die zur Abstimmung stehende Einigung zu verschaffen.

Eine darüber hinausgehende Abhängigkeit der Mehrheit könnte vorliegen, wenn sie im Vergleich zur Minderheit in besonderem Maße auf den Plan angewiesen ist. Dann befände sie sich beispielsweise in einer vergleichbaren Lage wie der Mieter, der auf den Wohnraum angewiesen ist.[1187] Eine solche Abhängigkeit vom konkreten Vertragsinhalt ist nicht erkennbar. Zwar können Gläubiger auf den Plan angewiesen sein, um ihre eigene wirtschaftliche Existenz zu erhalten. Das gleiche Interesse können jedoch ebenso Gläubiger der Minderheit bei der Ablehnung des Plans haben. Außerdem schützt das Recht schon dem Grunde nach nicht das Interesse eines Rechtssubjekts, die eigene Insolvenz durch die erzwungene Mitwirkung Dritter zu vermeiden. Die Abstimmungsmehrheit kann daher keine besonders lebenswichtigen oder erhaltenswürdigen Interessen ins Feld führen. Das Machtgewicht bei der Verhandlung und Abstimmung von Insolvenzplänen zwischen Gläubigermehrheiten und Gläubigerminderheiten lässt keine Schutzbedürftigkeit der Abstimmungsmehrheit erkennen.

(c) Eigentum im Lichte seines sozialen Bezugs

Die Sozialbindung des Eigentums kann unterschiedlich stark ausfallen und entsprechend weitreichendere Eingriffe zulassen oder verbieten.[1188] Die Forderungen der Minderheitengläubiger stehen dabei nicht in einem so starken sozialen Bezug, als dass dieser die Mehrheitsbefugnisse rechtfertigen könnte.

Verfassungsrechtlich hängt die Reichweite des Eigentumsschutzes auch davon ab, inwieweit das Eigentum in seiner Sozialpflichtigkeit nach Art. 14 Abs. 2 S. 2 GG betroffen ist. Je stärker das Eigentum in einem stark sozial geprägten Raum wirkt, desto stärker wirken soziale Erwägungen auf den Schutz des Eigentums ein und erweitern die »Gestaltungsfreiheit des Gesetzgebers«[1189].[1190] Diese Leitlinie ist im Wohnraummietrecht von entscheidender Bedeutung.[1191] Beim Insolvenzplan wirkt sie in umgekehrter Form. Gläubiger können in Bezug auf ihre rein wirtschaftlichen Interessen bei Unternehmensinsolvenzen keinen starken sozialen Bezug oder sozialen Gehalt ihrer

1187 BVerfGE 68, 361 (370) – Eigenbedarf I: »Große Teile der Bevölkerung sind nach wie vor nicht in der Lage, aus eigener Kraft Wohnraum für sich zu schaffen, und deshalb auf Mietwohnungen unausweichlich angewiesen.«; BVerfGE 89, 1 (6) – Besitzrecht des Mieters: »Die Wohnung ist für jedermann Mittelpunkt seiner privaten Existenz. Der Einzelne ist auf ihren Gebrauch zur Befriedigung elementarer Lebensbedürfnisse sowie zur Freiheitssicherung und Entfaltung seiner Persönlichkeit angewiesen.«

1188 BVerfGE 100, 226 (241) – Denkmalschutz; BVerfGE 68, 361 (368) – Eigenbedarf I; BVerfGE 53, 257 (292) – Versorgungsausgleich I.

1189 BVerfGE 100, 226 (241) – Denkmalschutz.

1190 BVerfGE 100, 226 (241) – Denkmalschutz; BVerfGE 53, 257 (292) – Versorgungsausgleich I.

1191 BVerfGE 68, 361 (370) – Eigenbedarf I: »Die Sozialbindung des Eigentums von Wohnraum beruht darauf, daß dieser nicht unbeschränkt zur Verfügung steht und als Lebensmittelpunkt des Mieters anzusehen ist.«; BVerfGE 89, 1 (6) – Besitzrecht des Mieters.

Interessen vorweisen.[1192] Wenn die Insolvenz eines Schuldners stärker am Maße sozialer Interessen aufzulösen wäre, spräche dies für Regelungen, die den natürlichen Schuldner oder Arbeitnehmer schützen. Für die Gläubiger geht es zumindest in der Tendenz um »unsoziale« wirtschaftliche Interessen. Daher kann sich der freiheitliche Schutz des Eigentums der überstimmten Gläubiger oder Gruppen gänzlich entfalten.

(4) Ergebnis der Abwägung

Es sind keine durchgreifenden inhaltlichen Gründe ersichtlich, die die unfreiwillige Bindung der überstimmten Gläubiger oder Gruppen rechtfertigen. Auf die Frage, ob sie die Beeinträchtigung überwiegen, kommt es daher nicht an. Die Gläubiger stimmen über den Insolvenzplan als vertraglich unverbundene Privatrechtssubjekte ab. Die Abstimmung über den Insolvenzplan ist dabei ein stark wirtschaftlich geprägter Sachverhalt. Die Mehrheit ist dabei weder aufgrund ihrer Eigenschaft als Mehrheit noch aufgrund ihrer wirtschaftlichen Interessen oder ihrer Verhandlungsmacht schutzwürdig. Der Insolvenzplan bewirkt in gewissem Maße eine Umverteilung von subjektiven Rechten zwischen Privaten. Der Inhaber der Forderung verliert gegenüber der Mehrheit seine Verfügungsbefugnis, damit diese sie zu ihrem eigenen privaten Nutzen verwenden kann.

(5) Vorverfassungsrechtliche Anerkennung und Aufnahme in Art. 14 GG

Die Konkursordnung[1193] und die Vergleichsordnung[1194] kannten die Befugnis einer Abstimmungsmehrheit, durch einen Mehrheitsentscheid[1195] die Insolvenz des Schuldners gegen den Willen einzelner abzuwickeln.[1196] Die beiden Gesetze traten vor dem Grundgesetz in Kraft und galten[1197] nach Erlass des Grundgesetzes gemäß Art. 123 GG fort.[1198] Die Rechtsordnung hat damit vorkonstitutionelles Recht übernommen. Daraus folgt jedoch nicht die grundsätzliche verfassungsrechtliche Zulässigkeit von vergleichbaren Mehrheitsentscheiden. Wenn vorkonstitutionelles Recht fortwirkt, folgt daraus nicht dessen Verfassungsmäßigkeit.[1199] Nach Art. 123 Abs. 1 GG gilt vorkonstitutionelles Recht nur weiter, wenn es dem Grundgesetz nicht widerspricht.[1200] Daher

1192 A.A. *Tilgner,* Restrukturierung, S. 220: »Gläubigerforderungen haben sozialen Bezug. Sie richten sich gegen den Schuldner. Mit zunehmender Vermögensknappheit entsteht außerdem ein Bezug zu den anderen Gläubigern.«

1193 RGBl. 1898, S. 612.

1194 RGBl. 1935 I, S. 321.

1195 § 74 VerglO und § 182 KO.

1196 Vgl. dazu: *Madaus,* Insolvenzplan, S. 60 ff.; JaegerInsO/*Piekenbrock*, § 254, Rn. 28 ff.

1197 Vgl. die Aufhebung der Konkursordnung mit Wirkung vom. 1.1.1999 durch Art. 2 Nr. 4 G (BGBl. 1994 I, S. 2911) und die zeitgleiche Aufhebung der Vergleichsordnung durch Art. 2 Nr. 1 EGInsO vom 5.10.1994 (BGBl 1994 I, S. 2911).

1198 BeckOKGG/*Seiler,* Art. 123, Stand: 15.06.2024, Rn. 1.

1199 BeckOKGG/*Seiler,* Art. 123, Stand: 15.06.2024, Rn. 10; unklar insoweit *Peine,* FS Papier, (587) 594, der davon ausgeht, das Eigentumsverständnis des einfachen Gesetzgebers diene als »Leitbild« und der verfassungsrechtliche Eigentumsbegriff müsse dieses »berücksichtigen«.

1200 BeckOKGG/*Seiler,* Art. 123, Stand: 15.06.2024, Rn. 10.

ist das vorkonstitutionelle Recht im Lichte des Grundgesetzes zu prüfen und auszulegen.[1201]

Eine Ausnahme mag in den Fällen bestehen, in denen der Parlamentarische Rat selbst von der Fortgeltung bestimmten vorkonstitutionellen Rechts ausgegangen ist. Dann wäre die Verfassungsmäßigkeit dieses Rechts zu vermuten. Eine solche Ausnahme liegt hier – soweit ersichtlich – nicht vor. Übernimmt der Staat vorkonstitutionelles Recht, stammt dies aus dem praktischen Bedürfnis, nicht eine vollständige Rechtsordnung auf einen Schlag neu entwerfen zu müssen. Daher ist es sinnvoll, auf bestehendes Recht zurückzugreifen. Dabei greift der Gesetzgeber nicht auf Recht zurück, welches er mit Sicherheit für verfassungswidrig hält. Gleichzeitig ist der Fortgeltungsanordnung nicht beizumessen, das übernommene Recht bestimme den Inhalt des Grundgesetzes. Auch bei der Übernahme von vorkonstitutionellem Recht können Normen gegen das Grundgesetz verstoßen.[1202] Tatsächlich unterscheidet sich die Fortgeltung von vorkonstitutionellem Recht in dieser Hinsicht auch nicht von der Verabschiedung neuen Rechts. Auch wenn der Gesetzgeber nach Inkrafttreten des Grundgesetzes neues Recht schafft, hält er dieses für verfassungsgemäß. Nichtsdestotrotz kann es verfassungswidrig sein. Bei neuem Recht wäre die Behauptung fernliegend, der Gesetzgeber wolle den Inhalt des Grundgesetzes bestimmen. Die gleiche Überlegung gilt auch für vorkonstitutionelles Recht. Ohne nähere Anhaltspunkte bewirkt die Fortgeltung vorkonstitutionellen Rechts nicht, die inhaltliche Auslegung der Verfassung zu bestimmen.

Sollten entgegen hier vertretener Auffassung die Konkursordnung und die Vergleichsordnung den Inhalt von Art. 14 GG bestimmt haben, folgt daraus trotzdem noch nicht die Verfassungsmäßigkeit des gegenwärtig geltenden Insolvenzplanverfahrens. Denn die Konkurs- und die Vergleichsordnung kannten für die Wirksamkeit von Vergleichen andere Voraussetzungen als die Insolvenzordnung. Wenn die Konkursordnung und die Vergleichsordnung den Inhalt von Art. 14 GG tatsächlich bestimmt haben, wäre also ein Insolvenzplanverfahren verfassungsgemäß, welches sich inhaltlich mit den Vorgaben der Konkursordnung und der Vergleichsordnung deckt. Nach § 7 Abs. 1 VerglO mussten Vergleichsgläubiger in einem Vergleich 35 % ihrer Forderungen erhalten. Der Zwangsvergleich aus der Konkursordnung musste mit einem Gelderlös enden und war damit stärker auf die »alsbaldige[] Barbefriedigung der Gläubiger« gerichtet.[1203] Auch unterlagen der Zwangsvergleich im Konkurs und der konkursabwendende Vergleich einem anderen Mehrheitserfordernis. Gemäß § 182 Abs. 1 KO mussten eine Kopfmehrheit der anwesenden stimmberechtigten Gläubiger (Abs. 1 Nr. 1) und eine Drei-Viertel Summenmehrheit der stimmberechtigten Konkursgläubiger (Abs. 1 Nr. 2) den Plan tragen. Für den Vergleich galt gemäß § 74 Abs. 1 VerglO entsprechendes. Gemäß § 74 Abs. 3 VerglO bedurfte der Plan sogar eine Summenmehrheit von 80 %, wenn der Vergleichsvorschlag den Gläubigern nicht mindestens die Hälfte ihrer Forderungen gewährte.

1201 BeckOKGG/*Seiler*, Art. 123, Stand: 15.06.2024, Rn. 10.
1202 Vgl. dazu BVerfGE 2, 124 (129 f.) – Normenkontrolle II.
1203 *Flessner*, ZIP 1981, 1283 (1286).

(6) Vertrauensschutz

Ein weiteres verfassungsrechtliches Problem könnte sich für Forderungen ergeben, die vor Inkrafttreten der InsO-Reform begründet waren. Fällt der Schuldner solcher Forderungen nach Inkrafttreten der Insolvenzordnung in die Insolvenz und eröffnet ein Insolvenzgericht nach Inkrafttreten der Insolvenzordnung das Insolvenzverfahren, könnte die Gestaltung solcher Forderungen aus einem weiteren Grunde verfassungswidrig sein. Denn als die Beteiligten die Forderungen begründeten, galten noch die Konkurs- und Vergleichsordnung. Gelten für die Forderungen nun andere Normen, könnte dies in Art. 14 GG[1204] der betroffenen Gläubiger verletzen, weil die Änderung der Rechtslage ihr Vertrauen in die bestehende Rechtsordnung enttäuscht.[1205] Das ist der Fall, wenn das neue Gesetz das Vertrauen des Betroffenen in die bisher geltende Rechtslage im Vergleich mit dem Interesse des Staates an der neuen Rechtslage unverhältnismäßig stark belastet.[1206] Für die Insolvenzordnung ist kein dermaßen starkes Vertrauen von Gläubigern anzunehmen. Wenn die Insolvenzordnung tatsächlich das Vertrauen von Gläubigern in die Geltung der Konkursordnung oder der Vergleichsordnung enttäuschte, belastet ihn dies jedoch nicht schwerer als der eigentliche Eingriff, einen Entzug seiner Verfügungsbefugnis hinnehmen zu müssen.

4. Verfassungskonforme Auslegung

Denkbar bleibt, die Normen zum Insolvenzplan in einer verfassungskonformen Weise auszulegen. In Betracht kommt, dem Insolvenzplan ein anderes Ziel zuzuschreiben. Der Insolvenzplan könnte beispielsweise der Volkswirtschaft dienen. Dann verfolgt er nicht mehr die Durchsetzung des Willens der Abstimmungsmehrheit. Stattdessen zielt er darauf ab, zum Wohle der Allgemeinheit Unternehmen zu erhalten. Dem Grunde nach ist die Volkswirtschaft ein legitimes Ziel, welches die Einschränkung von Grundrechten rechtfertigt. Ein Beispiel dafür bildet das Wettbewerbsrecht.[1207] Gemäß § 1 Abs. 1 S. 2 UWG schützt das Gesetz neben den Interessen privater Marktteilnehmer »zugleich das Interesse der Allgemeinheit an einem unverfälschten Wettbewerb.«[1208] Um einen funktionierenden Wettbewerb zu gewährleisten, schränkt das Gesetz die

1204 Vgl. zur Anknüpfung an Art. 14 GG: BVerfGE 58, 81 (120 f.) – Ausbildungsausfallzeiten: »Prüfungsmaßstab ist Art. 14 Abs. 1 GG. In dieser Grundrechtsvorschrift hat der rechtsstaatliche Grundsatz des Vertrauensschutzes für die vermögenswerten Güter eine eigene Ausprägung und verfassungsrechtliche Ordnung erfahren.«

1205 BVerfGE 143, 246 (383) – Atomausstieg; BVerfGE 101, 239 (262) – Stichtagsregelung.

1206 BVerfGE 143, 246 (383 f.) – Atomausstieg: »Die in berechtigtem Vertrauen auf eine Gesetzeslage getätigten Investitionen ins Eigentum erfordern jedoch nach Maßgabe des Verhältnismäßigkeitsgrundsatzes sowohl hinsichtlich des Ob als auch hinsichtlich des Wie eines Ausgleichs angemessene Berücksichtigung […].«

1207 Ohly/*Sosnitza*, § 1 UWG, Rn. 31: »Der Schutz der Allgemeinheit vor unverfälschtem Wettbewerb richtet sich weitergehend vielmehr auf den Schutz des Wettbewerbs als Institution (vor Verfälschung).«

1208 Vgl. BeckOKUWG/*Alexander*, § 1, Stand: 01.10.2024, Rn. 73: »§ 1 Abs. 1 S. 2 [erweitert] den Schutzzweck des UWG auf ein öffentliches Interesse.

Grundrechte der Marktteilnehmer ein.[1209] Dabei handelt es sich grundrechtlich oft um eine Einschränkung der Berufsfreiheit aus Art. 12 GG.[1210]

Es spricht daher grundsätzlich nichts dagegen, zugunsten der Volkswirtschaft auch das Eigentum einzuschränken. Diese Annahme lässt sich durch die Wertung von Art. 15 GG stützen. Ein Gesetz kann das Eigentum eines Privaten vergesellschaften, um dieses zugunsten der staatlichen Gemeinschaft in Gemeineigentum oder in andere Formen der Gemeinwirtschaft zu überführen.[1211] Folgerichtig ist dem Grunde nach auch eine Enteignung zugunsten des Staates aus volkswirtschaftlichen Erwägungen nach Art. 14 Abs. 3 S. 1 GG zulässig.[1212]

a) Entwurfsbegründung zur Volkswirtschaft

Eine verfassungskonforme Auslegung eines Gesetzes scheidet aus, wenn »sie zu dem Wortlaut und klar erkennbaren Willen des Gesetzgebers in Widerspruch treten würde«.[1213]

Diente der Insolvenzplan der Volkswirtschaft, stünde dies nicht im Widerspruch zur Entwurfsbegründung.

Zwar betont die Entwurfsbegründung, das Gesetz solle zu marktkonformen Ergebnissen führen.[1214] Die Insolvenzordnung solle frei von sozialpolitischen Erwägungen sein.[1215] Es gehe um die Haftungsverwirklichung des schuldnerischen Vermögens zugunsten der Gläubiger.[1216] Damit spricht sich die Entwurfsbegründung deutlich für eine Auslegung der Insolvenzordnung aus, die die Verwirklichung der privaten Interessen verfolgt.[1217]

Gänzlich frei von gesamtwirtschaftlichen Erwägungen ist die Entwurfsbegründung dennoch nicht. Denn sie geht zumindest davon aus, marktkonforme Insolvenzabwicklungen dienten der Wirtschaft als Ganzer.[1218] Die Insolvenzordnung übernehme auch den marktordnenden Zweck, nicht überlebensfähige Unternehmen aus dem Markt auszuscheiden.[1219] Zumindest ein gewisser Bezug zu gesamtwirtschaftlichen Überlegungen ist daher auch der Entwurfsbegründung nicht fremd.

1209 BVerfGE 32, 311 (316 ff.) – Steinmetz.

1210 Vgl. zu Werbebeschränkungen: BVerfGE 32, 311 (316 ff.) – Steinmetz; BVerfGE 94, 372 (390 f.) – Apothekenwerbung.

1211 BeckOKGG/*Axer,* Art. 15, Stand: 15.06.2024, Rn. 10 ff.

1212 Vgl. BVerfGE 74, 264 (287 ff.) – Boxberg: In dieser Entscheidung lehnt das BVerfG eine zulässige Enteignung ab, knüpft dies jedoch nicht an den erklärten Zweck der Enteignung – der Verbesserung der regionalen Wirtschaftsstruktur und der Schaffung von Arbeitsplätzen –, sondern daran, dass »sich dem Bundesbaugesetz der hier verfolgte Enteignungszweck nicht entnehmen« läßt.

1213 BVerfGE 90, 263 (275) – Ehelichkeitsanfechtung; vgl. auch *Lüdemann,* JuS 2004, 27 (29).

1214 BT-Drs. 12/2443. S. 77 ff.

1215 BT-Drs. 12/2443. S. 76.

1216 BT-Drs. 12/2443. S. 83.

1217 Siehe S. 112.

1218 BT-Drs. 12/2443. S. 76.

1219 BT-Drs. 12/2443. S. 76 f.

Ebenso sind anderen Normenbereichen der Insolvenzordnung gesamtwirtschaftliche Überlegungen nicht unbekannt. Die Restschuldbefreiung räumt dem Schuldner als Inhalts- und Schrankenbestimmung[1220] die Möglichkeit auf einen wirtschaftlichen Neuanfang ein und bürdet ihm nicht die Last einer lebenslangen Verschuldung auf.[1221] Die Restschuldbefreiung stützt sich jedoch nicht allein auf dieses persönliche Interesse des Schuldners.[1222] Die Restschuldbefreiung habe auch einen gesamtökonomischen Vorteil.[1223] Entschuldete Schuldner könnten wieder unbelasteter am Wirtschaftsleben teilnehmen.[1224] Wenn ein Schuldner sein Leben lang verschuldet sei, habe er nur einen geringen Anreiz, wirtschaftlich viel zu erreichen[1225]. Er habe dagegen einen Anreiz, in die Schattenwirtschaft zu verschwinden und könne zur Schwarzarbeit neigen.[1226]

Vor allem betonen die Literatur und die Entwurfsbegründung den Zweck der Insolvenzordnung als ein Gesetz der Haftungsverwirklichung aus Gründen, die einer volkswirtschaftlichen Auslegung des Insolvenzplans nicht zwingend entgegen stehen. Es besteht Sorge, das Gesetz könne die Verteilung des schuldnerischen Vermögens für sozialpolitische Ziele einsetzen.[1227] Befürchtet wird, die Verteilung könnte besonders schutzwürdige Beteiligte bevorzugen. Um dem vorzubeugen, erfolgt die Betonung der Marktkonformität der Insolvenzordnung und der »Befriedigung« der Gläubiger als Zweck des Insolvenzplans.

Der Begriff der Volkswirtschaft ist in der Tat ein offener Begriff, der einer näheren Bestimmung bedürfte. Dabei können Zielsetzungen unter den Begriff der Volkswirtschaft fallen, die vorrangig auf sozialpolitischen Erwägungen beruhen. Der Insolvenzplan kann beispielsweise dazu dienen, möglichst viele Arbeitsplätze zu erhalten. Er dient dann folglich nicht vorrangig dazu, die Interessen der Gläubiger zu verwirklichen.[1228] Ebenso kann der Zweck eines Insolvenzplans sein, Unternehmen zu erhalten, die die Grundbedürfnisse der Bürger abdecken. Wenn der Insolvenzplan diesen volkswirtschaftlichen Zielen dient, bedürfen die Normen zum Insolvenzplanverfahren indes einer Reform. Denn die gegenwärtige Ausgestaltung des Insolvenzplans ist weder auf

1220 BVerfG, NJW 2004, 1233 (1234); *Wenzel,* DGVZ 1993, 81 (83); dagegen ordnet *Christmann,* DGVZ 1992, 177 (179) die Restschuldbefreiung als Administrativenteignung ein und ist der Auffassung, die Restschuldbefreiung verfolge keinen Allgemeinwohlzweck, weshalb sie verfassungswidrig sei.

1221 BT-Drs. 12/2443, S. 81; *Ahrens,* ZVI 2004, 69 (74 f.); *Döbereiner*, Restschuldbefreiung, S. 28 ff.; *Forsblad,* Restschuldbefreiung, S. 282 ff.; *Madaus,* JZ 2016, 548 (550 f.); *Wegener,* Minderheitenschutz, S. 105; vgl BVerfG, NJW 2004, 1233 (1234), welches von »Elemente[n] sozialen Schutzes« spricht; vgl. auch *Ahrens,* VuR 2000, 8 (12), der den Zweck der Restschuldbefreiung in der »Achtung vor der Person des Schuldners« und in der Stärkung der »Entfaltung seines Persönlichkeitsrechts«.

1222 BT-Drs. 12/2443, S. 81.

1223 BT-Drs. 12/2443, S. 81; *Madaus,* JZ 2016, 548 (550 f.).

1224 BT-Drs. 12/2443, S. 81.

1225 *Madaus,* JZ 2016, 548 (551).

1226 BT-Drs. 12/2443, S. 81.

1227 Vgl. BT-Drs. 12/2443, S. 76 f.; vgl. *Häsemeyer,* Insolvenzrecht, Rn. 28.66.

1228 Vgl. BT-Drs. 12/2443, S. 76: »Insbesondere dient das gerichtliche Insolvenzverfahren auch nicht dazu, das Arbeitsplatzinteresse der Arbeitnehmer gegenüber Rentabilitätsgesichtspunkten durchzusetzen.«

den Erhalt von Arbeitsplätzen noch auf den Erhalt von Unternehmen ausgerichtet,[1229] die vorrangig die Grundbedürfnisse der Bürger befriedigen. Eine entsprechende sozialpolitische Auslegung scheitert jedoch am Willen des Gesetzgebers, weil sich die Entwurfsbegründung eindeutig gegen eine entsprechende Auslegung ausspricht.[1230]

Die Wirkung des Insolvenzplans lässt sich umgekehrt grundsätzlich ohne inhaltliche Änderungen mit einer Lesart des Gesetzes vereinen, nach welcher der Insolvenzplan die Volkswirtschaft fördert. In diesem Fall muss die »Befriedigung« der Gläubiger volkswirtschaftlich sinnvoll sein. Diese Auslegung ist denkbar, weil der Begriff der »Volkswirtschaft« in einem gewissen Maße wertungsoffen ist. Unter diese lassen sich viele verschiedene gesetzliche Regelungen fassen, die der Volkswirtschaft dienen. Hält der Gesetzgeber ein soziales Insolvenzrecht für vernünftig, dient dies der Volkswirtschaft. Haben für ihn die Interessen der Gläubiger eine hohe Bedeutung, dient dies auch wiederum der Volkswirtschaft. Die Volkswirtschaft lässt sich auch deshalb nach so vielen verschiedenen Möglichkeiten deuten, weil die Verfassung dem Gesetzgeber in Bezug auf den Inhalt legitimer Ziele und in Bezug auf wirtschaftsfördernde Maßnahmen im Allgemeinen einen großen Einschätzungsspielraum zubilligt. Daher ist die Zwangswirkung des Insolvenzplans grundsätzlich einer Auslegung zugänglich, nach welcher sie der Volkswirtschaft dient.

b) Verständnis des Schlechterstellungsverbots und des Mehrheitsentscheids

Wenn Insolvenzpläne der Volkswirtschaft dienen,[1231] ändert sich das Verständnis des Insolvenzplans.

Der Insolvenzplan saniert das schuldnerische Unternehmen dann nicht mehr vorrangig, um die Befriedigungsquote und/oder die sonstigen wirtschaftlichen Vorteile der Sanierung für die Abstimmungsmehrheit herbeizuführen. Die Sanierung hat dann zum Zweck, zugunsten der ganzen Wirtschaft das Unternehmen als Ganzes zu erhalten.[1232] Dieser Zweck ist in großem Maße unbestimmt. Der Begriff »Volkswirtschaft« gibt keinen eindeutigen Aufschluss darüber, wann der Erhalt eines Unternehmens der Volkswirtschaft dient. Wenn Insolvenzpläne der Volkswirtschaft dienen, ist daher eine nähere Bestimmung der volkswirtschaftlich sinnvollen Sanierung nötig. Es ist zu bestimmen, wann genau eine Sanierung der Volkswirtschaft dient.

1229 Vgl. BT-Drs. 12/2443, S. 76 f.

1230 BT-Drs. 12/2443, S. 76 f.

1231 Siehe zu einer solchen möglichen Auslegung von Plänen: *Madaus*, FS Wimmer, 446 (461 f.): »Alternativ kann in der verhältnismäßigen Ausgestaltung eines Vertragsmechanismus inklusive eines gesetzlichen Kontrahierungszwangs eine verhältnismäßige Inhalts- und Schrankenbestimmung im Interesse des höherrangigen Allgemeininteresses an den positiven makroökonomischen Effekten eines effizienten Restrukturierungsrechts gesehen werden.« Dabei zählen Insolvenzpläne für *Madaus* zum Restrukturierungsrecht (469 f.).

1232 Vgl. dazu auch zum Restrukturierungsplan: *Brinkmann*, FS Karsten Schmidt I, 153 (155): »[...] zumal die Durchführung der Maßnahme, die er verhindern möchte, jedenfalls im Erfolgsfall zur Bewahrung oder Schaffung von Werten und Arbeitsplätzen führen würde.«

Obwohl der Zweck der Volkswirtschaft sehr unbestimmt ist, lässt er dennoch auch ohne nähere Bestimmung einzelne Schlüsse zu. Die Sanierung eines Unternehmens erfolgt dann, weil es der Gesamtwirtschaft zuträglich ist. Sie ist dann gemeinwohlorientiert. Dies unterscheidet sich vom bisher hergeleiteten Zweck der Pläne, weil sich auf Seiten der Gesamtwirtschaft andere Interessen und Wirkungen berücksichtigen lassen und zu berücksichtigen sind. Die Abwägung erfolgt dann nicht nur zugunsten der Privatnützigkeit der Abstimmungsmehrheit. Wenn etwas dem Allgemeinwohlziel der Förderung der Wirtschaft dient, geht es nicht mehr vorrangig um private Einzelinteressen. Der Insolvenzplan verfolgte damit ein Ziel, mit welchem sich die Zwangsbindung einzelner Privater vereinbaren ließe. Denn der Plan dient gar nicht mehr dem Willen oder dem Wohle der Privaten. Der Verlust des Eigentums erfolgt somit nicht zielgerichtet zur Bereicherung eines anderen Privaten. Stattdessen verfolgte der Staat ein eigenes Interesse. Dieses Interesse ist dann mit dem Interesse der betroffenen Privaten im Wege der klassischen Verhältnismäßigkeitsprüfung abzuwägen.

Im Vergleich zu allen bisher vertretenen Rechtfertigungen des Insolvenzplans, steht die Schlechterstellung einzelner Privater einem solchen Verständnis nicht entgegen. Es steht nicht im Widerspruch zur Förderung der Volkswirtschaft, wenn das Interesse eines einzelnen Gläubigers nach einem schnellen Zahlungszufluss unerfüllt bleibt. Eine solche Zwecksetzung könnte dem Grunde nach sogar rechtfertigen, wenn Gläubiger durch den Plan eine geringere Befriedigungsquote als im Liquidationsverfahren erhielten. Denn der Plan dient nicht mehr ihrem Willen oder ihrem Wohle. Auch in diesem Fall gewährt Art. 14 GG den Gläubigern einen Schutz und der genaue Inhalt dieses Schutzes wäre konkret zu bestimmen. Sofern die Förderung der Volkswirtschaft jedoch nur schwer genug wiegt, kann sie eine Einschränkung des Eigentums rechtfertigen. Die bisherigen Auffassungen zum Insolvenzplan versuchten argumentativ zumindest eine wertmäßige Schlechterstellung der Privaten auszuschließen. Denn der Plan hängt bei diesen Auffassungen immer von der Voraussetzung ab, er dürfe die Beteiligten nicht schlechter stellen. Diese Voraussetzung stammt aus der Zielsetzung, der Plan diene der Befriedigung der Gläubiger und damit den Gläubigern. Dieses Problem hat ein Rechtfertigungsansatz nicht, der die persönliche Schlechterstellung der Beteiligten zum Wohle der Volkswirtschaft bis zu einer gewissen Schmerzgrenze hinnimmt.

Wenn der Plan der Volkswirtschaft dient, ändert sich auch das Verständnis des Mehrheitsentscheids und der Schlechterstellungsprognose. Beide Voraussetzungen müssen sich als Indizien für eine volkswirtschaftlich sinnhafte Sanierung verstehen lassen.

Bei einem solchen Verständnis übernimmt das Schlechterstellungsverbot zwei Zwecke: Einmal dient es wie der Mehrheitsentscheid als Indiz für die Sinnhaftigkeit der Sanierung. Wenn die Gläubiger nicht weniger Werte als in der Liquidation des Unternehmens erhalten, spricht dies für die Sinnhaftigkeit der Sanierung. Ob die größtmögliche Steigerung der Befriedigungsquote den Interessen der Minderheiten entspricht, ist dabei wiederum ohne Bedeutung. Denn es kommt nicht mehr auf die Interessen der Minderheit an. Eine Erwirtschaftung von Gewinnen und die damit einhergehende gesteigerte Befriedigungsquote der Gläubigerforderungen lässt sich insoweit als Indiz für eine volkswirtschaftlich sinnvolle Sanierung werten.

Das Schlechterstellungsverbot übernimmt in dieser Konstellation darüber hinaus den Zweck, den durch Art. 14 GG verfassungsrechtlich garantierten wirtschaftlichen Wert des Rechts zu schützen. Welcher Wert zu welcher Wahrscheinlichkeit dem Gläubiger erhalten bleiben muss, bestimmt sich durch eine Auslegung von Art. 14 GG. Der Schutzgehalt von Art. 14 GG hängt bei einer Abwägung des Grundrechts mit dem Ziel der Volkswirtschaft davon ab, wie schwer dieses Ziel wiegt und wie sehr der Insolvenzplan dieses Ziel fördert. Nach diesem Grundsatz kann ein Insolvenzplan sogar dann verfassungsgemäß sein, wenn der Gläubiger mit Sicherheit eine wertmäßige Einbuße hinnehmen muss. Dafür muss das Ziel der Volkswirtschaft entsprechend schwer wiegen und der Plan dieses Ziel entsprechend stark fördern. Art. 14 GG garantiert nicht zwingend den vollen Wert des jeweiligen Rechts. Dennoch ist eine Wertsicherungsklausel, wie das Schlechterstellungsgebot, sinnvoll, weil sie das Gewicht des Eingriffs in Art. 14 Abs. 1 GG beschränkt.

Wenn der Mehrheitsentscheid zustimmend ausfällt, will eine Mehrheit der Gläubiger den Insolvenzplan. Daran lässt sich die Vermutung knüpfen, dass der Plan den wirtschaftlichen Interessen dieser zustimmenden Gläubiger entspricht. Wenn der Plan die wirtschaftlichen Interessen vieler Gläubiger fördert, könnte dies der Volkswirtschaft zugute kommen.

c) Geeignetheit und Erforderlichkeit

Insolvenzpläne sind auch geeignet, die Volkswirtschaft zu fördern. Ein Gesetz eignet sich nicht dazu, das vom Gesetz verfolgte Ziel zu fördern, wenn es »schlechthin ungeeignet« oder »objektiv untauglich« ist.[1233] Insolvenzpläne sind nicht schlechthin ungeeignet oder objektiv untauglich, um die Volkswirtschaft zu fördern. Ein Insolvenzplan kann dazu führen, ein Unternehmen zu erhalten. Das kann für die Volkswirtschaft vorteilhaft sein. Zwar können auch wirtschaftlich unvernünftige Sanierungen stattfinden. Ebenso können manche Sanierungen nicht zum Wohle der Volkswirtschaft, sondern zum Wohle der beteiligten Privaten stattfinden. Da Sanierungen jedoch dem Grunde nach auch der Volkswirtschaft dienen können, ist das Gesetz nicht schlechthin ungeeignet.[1234]

Das Gesetz muss auch erforderlich sein. Das ist es, »wenn der Gesetzgeber nicht ein anderes, aber gleich wirksames, aber das Grundrecht nicht oder weniger stark einschränkendes Mittel hätte wählen können«.[1235]

Es gibt zwar viele Alternativen, die in ähnlicher Weise die Volkswirtschaft fördern, indem sie Unternehmen sanieren und die für den Betroffenen milder sind. So könnte der Staat für die Sanierung Steuermittel nutzen. Das Gesetz könnte auch konkrete Tatbestände formulieren, ab wann eine Sanierung die Volkswirtschaft fördert. Das Gesetz könnte ebenso die Entscheidung über die Sanierung aus den Händen der Privaten nehmen und in die Hände einer Sanierungsbehörde legen. Das Insolvenzgericht könnte weitreichende Prüfpflichten bekommen, die die volkswirtschaftliche Sinnhaftigkeit der

1233 VerfGE 65, 116 (126) – Residenzpflicht für Patentanwälte; mit einer leicht unterschiedlichen Formulierung BVerfGE 61, 291 (313 f.) – Tierpräparatoren.

1234 Vgl. *Michaelis,* JA 2021, 573 (576): »Eine geringe oder selten erzielte Wirkung in Bezug auf die Zweckerreichung kann eher in der Angemessenheit berücksichtigt werden.«

1235 BVerfGE 90, 145 (172) – Cannabis; vgl. *Klatt/Meister*, JuS 2014, 193 (195).

Sanierung zum Gegenstand haben. Alle Alternativen sind milder. Sie sind jedoch dennoch nicht gleich geeignet, weil sie dem Staat einen Mehraufwand abfordern. Fordert ein alternatives Mittel mehr staatliche Ressourcen ist es nicht gleich geeignet.

d) Angemessenheit

Das Gesetz in Gestalt der hier untersuchten verfassungskonformen Auslegung ist dennoch nicht verhältnismäßig, da es nicht angemessen ist.

Ein Gesetz ist unangemessen, wenn sich ein Privater zur Erreichung eines öffentlichen Allgemeinwohlzwecks dem Willen anderer Privater unterwerfen muss, die sich nur durch ihre Eigenschaft ausweisen, eine Abstimmungsmehrheit zu sein. Es ist nicht zu rechtfertigen, warum zwischen einer Gruppe von Privaten, die alle gleich sind, ein Teil über die Forderungen der anderen soll entscheiden können.

Die Belastung des Betroffenen zeichnet sich in dem spezifischen Fall nicht maßgeblich durch die Art der Belastung aus, die ihm auferlegt wird. Sie zeichnet sich maßgeblich dadurch aus, wer sie ihm auferlegt. Es ist eine Sache, eine Belastung durch einen hoheitlichen Staat hinzunehmen. Es ist eine andere Sache, eine Belastung durch einen anderen Privaten hinzunehmen, der sich gerade dadurch auszeichnet, gleich zu sein.

Das Gesetz spannt private Rechtssubjekte ein, um durch die Gestaltung privater Rechtsverhältnisse mittelbar ein Gemeinwohlziel zu fördern. Dadurch ist das Gesetz zwar sehr aufwandsarm für den Staat und daher auch erforderlich. Es ist aber unangemessen.

Eine derartige Belastung ist nur angemessen, wenn ihre Voraussetzungen stärker auf das verfolgte Ziel abgestimmt sind und das Gesetz damit sicherstellt, dass die Entscheidung der Privaten tatsächlich dem Gemeinwohlziel dient.

Denn grundsätzlich handelt ein privates Subjekt zu seinem eigenen Wohl. In systematischer Hinsicht sprechen dafür auch Art. 14 Abs. 3 GG und Art. 15 GG. Art. 14 Abs. 3 S. 1 GG erlaubt eine Enteignung nur zum Wohle von Allgemeinwohlzwecken.[1236] Eine Enteignung ist unzulässig, wenn sie nur zum privaten Nutzen anderer Privater erfolgt. Zwar kann eine Enteignung das Eigentum einem anderen Privaten zuordnen, wenn diese Zuordnung einem Allgemeinwohlzweck dient.[1237] Dies muss jedoch mit Sicherheit feststehen.[1238] Denn grundsätzlich dient die Zuordnung von Eigentum zu einem Privaten dessen Willen und dessen Privatnützigkeit und gerade nicht der Allgemeinheit.[1239] Zwar handelt es sich beim Insolvenzplan eindeutig nicht um

1236 BVerfGE 74, 264 (285) – Boxberg.

1237 BVerfGE 74, 264 (284 f.) – Boxberg; BVerfGE, 66, 248 (257) – Enteignung zugunsten privatrechtlich organisierter Energieversorgungsunternehmen; zustimmend *Schmidt-Aßmann*, NJW 1987, 1587 (1588).

1238 BVerfGE 74, 264 (285 f.) – Boxberg; BVerfGE, 66, 248 (257) – Enteignung zugunsten privatrechtlich organisierter Energieversorgungsunternehmen.

1239 BVerfGE 42, 263 (294) – Contergan; BVerfGE 31, 229 (240) – Schulbuchprivileg; BVerfGE 24, 367 (389) – Hamburgisches Deichordnungsgesetz; vgl. auch BVerfGE 58, 300 (345) – Naßauskiesung; *Leisner*, in: Handbuch des Staatsrechts, § 149, Rn. 44: »Das Eigentum wird nicht »zu einem konkreten Zweck« geschützt, sondern ganz allgemein zur Privatnützigkeit für den Eigentümer«; *Kreuter-Kirchhof*, Eigentum, S. 120 f.; *Ogorek*, DÖV 2018, 465 (465): »Ein Privater wird zwar regelmäßig nicht primär das Gemeinwohl im Auge haben, wenn er das Gut eines anderen begehrt.«

eine Enteignung, sondern um eine Inhalts- und Schrankenbestimmung.[1240] Sie bewirkt jedoch eine Umverteilung zwischen Privaten, die der Privatnützigkeit anderer dient[1241] und ist in dieser Hinsicht vergleichbar mit einer Enteignung zugunsten Privater. Die gleiche Wertung enthält Art. 15 GG. Vergesellschaftet ein Gesetz Eigentum eines Privaten, muss es dieses zugunsten der Gesellschaft in Gemeineigentum oder andere Formen der Gemeinwirtschaft überführen.[1242] Eine Vergesellschaftung ist unzulässig, wenn sie nur zum privaten Nutzen anderer Privater stattfindet. Im Ergebnis dient das Insolvenzplanverfahren dazu, einen Ausgleich zwischen den privaten Interessen der Beteiligten herzustellen. Eine verfassungskonforme Auslegung kann nur dann Erfolg haben, wenn das Gesetz auch tatsächlich dem neuen Zweck dient und nicht das Gesetz unter rein formal geändertem Vorzeichen so bleibt, wie es ist. Es handelt sich sonst ausschließlich um den Austausch des auf dem Gesetz stehenden »Labels«.

Das Insolvenzplanverfahren kennt keine Voraussetzungen, die sicherstellen, dass angenommene Pläne der Volkswirtschaft dienen. Es fehlt eine Bestimmung, ab wann Pläne der Volkswirtschaft dienen. Es fehlen Prüfungspflichten des Gerichts oder des Insolvenzverwalters. § 250 InsO kennt auch nicht die Voraussetzung des § 63 Abs. 1 Nr. 3 StaRUG. Nach § 63 Abs. 1 Nr. 3 StaRUG ist die Bestätigung des Restrukturierungsplans von Amts wegen zu versagen, wenn die Ansprüche, die den Planbetroffenen durch den gestaltenden Teil des Plans zugewiesen werden, und die durch den Plan nicht berührten Ansprüche der übrigen Gläubiger offensichtlich nicht erfüllt werden können. Darüber hinaus lässt auch dieser Tatbestand im StaRUG Pläne zu, deren volkswirtschaftlicher Nutzen ungewiss ist.

Letztlich überlässt es das Insolvenzplanverfahren der Willkür der Privaten, ob eine Sanierung erfolgen soll. Ob die Privaten bei der Abstimmung ihre Entscheidung am Wohle der Volkswirtschaft ausrichten, ist höchst zweifelhaft. Das Abstimmungsverhalten beruht im Zweifel auf egoistischen Motiven. Die subjektiven Rechte der Minderheiten stehen weiterhin der Mehrheit zur Verfügung, um mit ihrer Gestaltung die eigenen Interessen zu verfolgen. Sofern ein Insolvenzplan tatsächlich die Volkswirtschaft fördert, handelt es sich um einen Reflex. Dieser Reflex ist der Entscheidung der Abstimmungsmehrheit nicht zurechenbar.

Auch der Vergleich mit dem Wettbewerbsrecht bestätigt das gefundene Ergebnis. Beim Gesetz gegen den unlauteren Wettbewerb besteht der Allgemeinwohlzweck gemäß § 1 Abs. 1 S. 2 UWG darin, einen unverfälschten Wettbewerb zu fördern.[1243] Handeln Private im eigenen Interesse, können sie nur Ansprüche gegen einen unlauter Handelnden geltend machen, wenn sie gemäß § 8 Abs. 3 Nr. 1 UWG in einem konkreten Wettbewerbsverhältnis zueinander stehen.[1244] Die Privaten, denen das Gesetz Rechte zuweist, haben Interessen, die mit dem Allgemeinwohlziel identisch sind oder

1240 Siehe S. 111.
1241 Siehe S. 140,150.
1242 BeckOKGG/*Axer*, Art. 15, Stand: 15.06.2024, Rn. 10 ff.
1243 MüKoUWG/*Sosnitza*, § 1, Rn. 35 ff.
1244 MüKoUWG/*Ottofülling*, § 8, Rn. 412.

diesem zumindest nahestehen.[1245] Daher ist der Allgemeinwohlzweck mit den Interessen der Privaten, welche das Gesetz zur Verfolgung des Allgemeinwohlzwecks mit eigenen Rechten ausstattet, deutlich stärker verflochten.[1246] Darüber hinaus enthält das Gesetz in den §§ 3 ff. UWG subsumierbare Tatbestände, die nicht vom Willen des Begünstigten, sondern vom Verhalten des Störers ausgehen.

Das Insolvenzplanverfahren kennt keine vergleichbaren Tatbestände und keine Voraussetzungen für das Verhältnis der Gläubiger untereinander. Deren Verbindung ist rein zufällig. Jeder andere Geldgeber könnte genauso gut gezwungen werden wie der betroffene Gläubiger. Im Wettbewerbsrecht bestehen Ansprüche nur gegen genau denjenigen, der sich unlauter verhält und damit das Allgemeinwohl mindert.

Ein Insolvenzplanverfahren, welches die Minderheit angemessen belastet, um die Volkswirtschaft zu fördern, dürfte sich nicht darin erschöpfen, die Entscheidung über die Sanierung Privaten aufzugeben, deren persönliches Interesse ihr einziges Entscheidungsmotiv ist.

e) Ausgleichspflichtige Inhalts- und Schrankenbestimmung

Diente der Insolvenzplan der Volkswirtschaft, stellte sich ein weiteres Problem. Denn die überstimmten Gläubiger und Gruppen verzichten in diesem Fall zumindest zeitlich auf finanzielle Mittel, um ein Unternehmen zugunsten der Volkswirtschaft zu sanieren. Der wesentliche Beitrag zur Sanierung ist also ein finanzieller Beitrag. Die Gläubiger finanzieren durch die Stundung ihrer Forderung die Sanierung. Wenn Private die Verfolgung eines Gemeinwohlziels finanzieren, wirft dies ein besonderes Problem auf.[1247] Denn grundsätzlich verfolgt der Staat seine Ziele durch Steuergelder.[1248] *Hoffmann* stellt zu Recht fest, »[d]ie Positionen der Gläubiger in einer Insolvenz sind nicht in größerem Umfang »sozialpflichtig« als die Forderungen aller anderen Gläubiger, deren Schuldner nicht insolvent sind«.[1249] Wenn Private die Verfolgung von Gemeinwohlzielen finanzieren, könnte diese Belastung ausgleichpflichtig sein.[1250]

1245 Vgl. auch BeckOKUWG/*Alexander,* § 1, Stand: 01.10.2024, Rn. 73: »Der […] Schutz der Allgemeinheit ist allerdings nur insoweit Regelungsgegenstand des UWG, als gerade das markt- und wettbewerbsbezogene Interesse an einem unverfälschten Wettbewerb betroffen ist.«

1246 MüKoUWG/*Sosnitza,* § 1, Rn. 38 ff.

1247 *Kube*, JZ 2010, 265 (266).

1248 *Kube*, JZ 2010, 265 (266 f.); *Maurer*, DVBl 1991, 781 (783 Fn. 17); *Leuschner,* AcP 2005, 205 (233) möchte im Rahmen der Verhältnismäßigkeitsprüfung bei der Erforderlichkeit einer zivilrechtlichen Regelung prüfen, ob es eine »öffentlich-rechtliche Alternative gäbe, durch die ein größeres Maß an Belastungsgerechtigkeit erzielt werden könnte«. Die Erforderlichkeitsprüfung fragt jedoch nicht umfänglich nach anderen Möglichkeiten der Lastenverteilung, sondern bezieht sich maßgeblich auf andere Möglichkeiten in Bezug auf den gleichen Betroffenen, siehe dazu *Ruffert,* Vorrang, S. 99 f.

1249 *Hoffmann,* Prioritätsgrundsatz, S. 211.

1250 *Kube*, JZ 2010, 265 (266 f.).

Nach dem BVerfG kann die Angemessenheit eines Eingriffs davon abhängen, ob die Inhalts- und Schrankenbestimmung eine finanzielle Ausgleichsregelung enthält.[1251] Eine Inhalts- und Schrankenbestimmung ist ausgleichspflichtig, wenn der Eingriff ohne die Ausgleichsregelung unzumutbar ist.[1252] Dafür betrachtet das BVerfG die Schwere des Eingriffs.[1253] Wenn der Eingriff sehr schwer wiegt, spielen Ausgleichsregelungen eine Rolle.[1254]

Hängt die Ausgleichspflichtigkeit der Insolvenzordnung von der Schwere des Eingriffs für die überstimmten Gläubiger ab, verbietet sich eine pauschale Antwort. Kann der Gläubiger eine langjährige Stundung seiner Forderung problemlos verkraften, wiegt der Eingriff für ihn nicht erdrückend. Führt die Stundung zu eigenen Zahlungsengpässen oder zur Insolvenz, wiegt der Eingriff schwer. Eine Ausgleichsregelung könnte dieser Abhängigkeit vom Einzelfall durch einen Tatbestand Rechnung tragen, der sich auf Fälle beschränkt, bei denen es um die Existenz des Betroffenen geht. Dann beruhte die Ausgleichspflicht ausschließlich auf einer Betrachtung der zumutbaren Schwere des Eingriffs, die bei der Bedrohung der Existenz des Gläubigers überschritten wäre. Ein sachlicher Geltungsgrund für die entschädigungslose Belastung der weniger stark betroffenen Gläubiger ist dies nicht. Nur weil ein Privater eine finanzielle Belastung zugunsten des Gemeinwohls tragen kann, rechtfertigt dies die Belastung nicht.[1255]

Neben der Schwere des Eingriffs hält das BVerfG für entscheidend, inwieweit der Betroffene für den Grund des Eingriffs selbst verantwortlich ist.[1256] In der Entscheidung zur 13. Novelle des Atomgesetzes führt das BVerfG im Hinblick auf eine Ausgleichspflicht aus, für die Zumutbarkeit des Eingriffs sei von »besonderer Bedeutung [...], inwieweit der Eigentümer die den Entzug des Eigentums legitimierenden Gründe

1251 BVerfGE 143, 246 (338 f.) – Atomausstieg; BVerfGE 100, 226 (244) – Denkmalschutz; BVerfGE 79, 174 (192) – Straßenverkehrslärm; BVerfGE 58, 137 (148 ff.) – Pflichtteilsexemplar.

1252 BVerfGE 143, 246 (338 f.) – Atomausstieg; BVerfGE 100, 226 (244) – Denkmalschutz; BVerfGE 79, 174 (192) – Straßenverkehrslärm; BVerfGE 58, 137 (148 ff.) – Pflichtteilsexemplar; dem BVerfG im Grundsatz zustimmend: *Hendler*, DVBl 1983, 873 (882); *Maurer*, DVBl 1991, 781 (783); wohl auch in diese Richtung: *Ossenbühl*, FS Friauf, 391 (402), der die Notwendigkeit einer Ausgleichsregelung nach den »Trias: Verhältnismäßigkeit, Gleichheit und Vertrauensschutz« bestimmen will; insgesamt kritisch: *König*, DVBl 1999, 954 (957 f.).

1253 *Froese*, NJW 2017, 444 (445).

1254 Am deutlichsten: BVerfGE 143, 246 (338) – Atomausstieg: »Entzieht der Staat aus Gründen des Gemeinwohls Eigentum, enteignet hierbei jedoch mangels Güterbeschaffung nicht, stellt sich dem Gesetzgeber stets die Frage, ob eine solche Inhalts- und Schrankenbestimmung vor Art. 14 GG nur dann Bestand haben kann, wenn angemessene Ausgleichsregelungen vorgesehen sind.«

1255 *Kube*, JZ 2010, 265 (266).

1256 BVerfGE 143, 246 (339) – Atomausstieg; vgl. auch BVerfGE 109, 64 (88 f) – Mutterschaftsgeld II: »Die Kosten des Mutterschutzes werden bei der gegenwärtigen Regelung zum Teil demjenigen auferlegt, der für die gesetzlich vermutete Gefährdung verantwortlich und damit besonders betroffen ist. Die vom jeweiligen Arbeitgeber zu tragenden Kosten lassen sich daher dem einzelnen Arbeitsverhältnis zuordnen.«

zu verantworten hat oder sie ihm jedenfalls zuzurechnen sind.«[1257] Ein ausgearbeitetes Kriterium der »Verantwortlichkeit« gibt es in der verfassungsrechtlichen Rechtsprechung jedoch nicht.[1258] *Kube* geht davon aus, die Freiheitsausübung von Bürgern in einem Staat gehe »mit der normativen, eingriffsrechtfertigenden Wertung einher, dass der individuelle Freiheitsgebrauch individuell zu verantworten ist, dass den Grundrechtsträger also eine – verfassungsrechtlich vorausgesetzte und einforderbare – Verantwortung für die Folgen seines Handelns trifft.«[1259]

Die Verantwortung für die Folgen der Freiheitsausübung sei anhand von Zurechenbarkeitskriterien anderer Rechtsgebiete herzuleiten.[1260] Eine hilfreiche Unterscheidung sei die zwischen »verhaltens- und vermögensbezogenen« Verpflichtungen.[1261] Wenn ein Bürger zur Erfüllung einer öffentlichen Aufgabe besonders geeignet ist, könne daraus eine Verantwortung erwachsen oder zumindest aus diesem Grund eine Indienstnahme zulässig sein.[1262] In diesem Fall könne die Inanspruchnahme dem Grunde nach verhältnismäßig sein.[1263] Das Gesetz nimmt den Bürger in Dienst, weil dieser die Aufgabe besser als der Staat erfüllen kann.[1264] Die Inanspruchnahme stützt sich nicht auf den Gedanken, genau dieser Bürger sei für die Erfüllung der Gemeinwohlaufgabe finanziell verantwortlich.[1265] In solchen Fällen müsse das Gesetz die finanziellen Einbußen des Betroffenen ausgleichen.[1266] Muss ein Privatrechtssubjekt im Privatrechtsverkehr eine Verfügung über seine subjektiven Rechte auf Wunsch anderer Privater zugunsten der Sanierung eines privaten Unternehmens hinnehmen, hat er die daraus folgenden finanziellen Einbußen nicht zu verantworten. Schließt ein Privater mit einem Schuldner Verträge, ist er aufgrund dieses Verhaltens nicht verantwortlich für die Krise des Unternehmens. Eine derartige Argumentation beruht auf dem Grundgedanken von *Häsemeyer*, die Gläubiger hafteten untereinander für die Insolvenz des Schuldners. Die Verantwortung eines Gläubigers für die Insolvenz eines Schuldners geht jedoch im Regelfall nicht über die Kausalität zwischen seiner Forderung und der Zahlungsunfähigkeit des Schuldners hinaus.

Es bliebe nur noch das Argument, der Zugriff auf die Rechte des Gläubigers sei besonders effizient. Es sei effizienter, das Unternehmen durch den Zugriff auf die Forderungen der Gläubiger als durch staatliche Gelder zu sanieren. Da der Beitrag der Gläubiger zur Sanierung maßgeblich ein finanzieller ist, überzeugt das nicht. Wäre es anders, liefe dies auf die Unterscheidung zwischen verhaltens- und vermögenbezogenen Pflichten hinaus. Der Zugriff auf die Gläubiger wäre als Verhaltenspflicht zulässig, dürfte sich aber nicht als vermögensbezogene Pflicht niederschlagen.

1257 BVerfGE 143, 246 (339) – Atomausstieg, mit Verweis auf BVerfGE 102, 1 (17 f.; 21) – Altlasten.
1258 Vgl. *Kube*, JZ 2010, 265 (267).
1259 *Kube*, JZ 2010, 265 (265).
1260 *Kube*, JZ 2010, 265 (267 f.).
1261 *Kube*, JZ 2010, 265 (269).
1262 *Kube*, JZ 2010, 265 (268).
1263 *Kube*, JZ 2010, 265 (268 f.).
1264 *Kube*, JZ 2010, 265 (268 f.).
1265 *Kube*, JZ 2010, 265 (268 ff.).
1266 *Kube*, JZ 2010, 265 (268 ff.).

Daher bedarf es auch nach den Kriterien von *Kube* und den Ausführungen des BVerfG zur Verantwortlichkeit des Betroffenen einer Ausgleichsregelung. Dabei ist für den Insolvenzplan zu unterscheiden. Erleiden die Gläubiger durch den Insolvenzplan nach dessen Durchführung einen Wertverlust, kann der Staat diesen an sich ausgleichen. Stunden Pläne dagegen die Forderungen der Gläubiger, ist eine Ausgleichsregelung im klassischen Sinne nicht möglich. Der finanzielle Nachteil besteht darin, die eigene Geldsumme für eine Zeit nicht nutzen zu dürfen. Die Stundung wäre daher höchstens durch ein Darlehen auszugleichen. Der Staat müsste jedem Gläubiger ein Darlehen valutieren, was zum neuen Fälligkeitszeitpunkt der Forderungen zurückzuzahlen wäre. Die Verzinsung dieses Darlehens und die Verzinsung der gestundeten Forderung wären aufeinander abzugleichen. Eine solche Ausgleichsregelung ist an sich denkbar. Sie wäre jedoch höchst unpraktisch.

III. Zusammenfassung

Die Gestaltungsbefugnisse von Insolvenzplänen sind Inhalts- und Schrankenbestimmungen.[1267] Sie sind vor dem von Art. 14 GG verfassungsrechtlich geschütztem Eigentum der Gläubiger von Forderungen zu rechtfertigen, die gegen den Plan stimmen und trotzdem die Gestaltung ihrer Forderungen hinnehmen müssen. Zweck des Insolvenzplans ist es, den Willen der Abstimmungsmehrheit zu verwirklichen und für sie wirtschaftliche Vorteile freizusetzen.

Es sind keine durchgreifenden inhaltlichen Gründe ersichtlich, die die unfreiwillige Bindung der überstimmten Gläubiger oder Gruppen rechtfertigen.[1268] Die Gläubiger sind vertraglich unverbundene Privatrechtssubjekte und sind grundsätzlich gleichwertig. Die Mehrheit ist dabei weder aufgrund ihrer Eigenschaft als Mehrheit noch aufgrund ihrer wirtschaftlichen Interessen oder ihrer Verhandlungsmacht schutzwürdig. Das Insolvenzplanverfahren erlaubt der Abstimmungsmehrheit dennoch, über die Forderungen der Minderheit zu verfügen und verteilt in diesem Sinne die subjektiven Rechte der Gläubiger zugunsten der Abstimmungsmehrheit um. Der Inhaber der Forderung verliert gegenüber der Mehrheit seine Verfügungsbefugnis, damit diese sie zu ihrem eigenen privaten Nutzen verwenden kann. Auch eine verfassungskonforme Auslegung scheidet aus.[1269]

B. Restrukturierungsplan

Ebenso wie die Gestaltungsmöglichkeiten des Insolvenzplans bedürfen die Gestaltungsmöglichkeiten des Restrukturierungsplans einer verfassungsrechtlichen Rechtfertigung.[1270] Gleich dem Insolvenzplan greift der Restrukturierungsplan auf zwei Weisen

1267 Siehe S. 111.
1268 Siehe S. 140.
1269 Siehe S. 152.
1270 *Singer*, Restrukturierungsrahmen, S. 186.

in die Eigentumsfreiheit des Forderungsinhabers ein.[1271] Die Abstimmungsmehrheit entzieht dem Inhaber einen Teil seiner Verfügungsbefugnis. Ebenso bürdet der Plan dem Inhaber damit das Risiko auf, bei einem Fehler der dem Plan zugrunde liegenden wirtschaftlichen Prognose einen Wertverlust zu erleiden.

I. Anwendung der Grundrechte der EU-Charta

Im Gegensatz zum Insolvenzplan ist beim Restrukturierungsplan nicht offensichtlich, an welchen Grundrechten die gestaltende Wirkung zu messen ist.[1272] Teilweise prüfen Autoren die rechtliche Zulässigkeit des Mehrheitsentscheids an Art. 14 GG.[1273] Dies versteht sich aber nicht von selbst, da das StaRUG[1274] auf der europarechtlichen Richtlinie 1023/19[1275] beruht.[1276] Daher könnte die Wirkung des Restrukturierungsplans an den Grundrechten der Union zu messen sein.[1277]

Die Grundrechte der Grundrechte-Charta finden vorrangig Anwendung, wenn das Unionsrecht das entscheidungserhebliche Fachrecht voll determiniert.[1278] Die Grundrechte des Grundgesetzes sind in diesem Fall grundsätzlich nicht anwendbar[1279] und kommen höchstens in ihrer sogenannten Reservefunktion zur Anwendung.[1280] Besteht dagegen für das entscheidungserhebliche Fachrecht Spielraum, kommen die Grundrechte des Grundgesetzes zur Anwendung.[1281] Wann ein derartiger Spielraum vorliegt, verstehen die Senate des BVerfG etwas unterschiedlich. Nach dem Zweiten Senat räumt das Unionsrecht dem nationalen Gesetzgeber für die Umsetzung des Unions-

1271 Siehe S. 110.

1272 Vgl. die differenzierende Herangehensweise bei *Tilgner,* Restrukturierung, S. 213 f.

1273 *Singer*, Restrukturierungsrahmen, S. 186, der auf Grundrechte der GRCh nicht eingeht; für den Richtlinienentwurf auf Art. 14 GG abstellend *Ganter*, FS Wimmer, 187 (213 ff.); ebenso das Moratorium an Art. 14 GG prüfend *Kayser*, ZIP 2017, 1393 (1398); zum Richtlinienentwurf *Müller,* ZGR 2018, 56 (63); *Müller,* ZIP 2020, 2253 (2255); *Vallender*, ZIP 2016, S082 (S084); *Vallender*, FS Wimmer, 537 (549).

1274 Das StaRUG ist Teil des Gesetzes zur Fortentwicklung des Sanierungs- und Insolvenzrechts: BGBl. I 2020, S. 3256.

1275 Richtline (EU) 2019/1023 des Europäischen Parlaments und des Rates vom 20. Juni 2019 über präventive Restrukturierungsrahmen, über Entschuldung und über Tätigkeitsverbote sowie über Maßnahmen zur Steigerung der Effizienz von Restrukturierungs-, Insolvenz- und Entschuldungsverfahren und zur Änderung der Richtlinie (EU) 2017/1132 (Richtlinie über Restrukturierung und Insolvenz) (ABl. L 172 vom 26.6.2019, S. 18–55).

1276 BT-Drs. 19/24181, S. 1.

1277 *Tilgner,* Restrukturierung, S. 115 f.; *Cranshaw/Portisch,* ZInsO 2020, 226 (227); *Fritz,* NZI-Beilage 2017, 9 (10).

1278 BVerfGE 152, 216 (229, 233) – Recht auf Vergessen II; vgl. *Tilgner,* Restrukturierung, S. 106 f.

1279 BVerfGE 152, 216 (229, 233) – Recht auf Vergessen II.

1280 BVerfGE 152, 216 (235) – Recht auf Vergessen II.

1281 EuGH, Urt. v. 26.2.2013, C-617/10, EU:C:2013:105, Rn. 29 – Åkerberg Fransson; *Callies*, JZ 2009, 113 (120); *Masing*, JZ 2015, 477 (485 f.); vgl. *Starke*, DVBl 2017, 721 (725 f.); differenzierend: *Kingreen/Störmer,* EuR 1998, 263 (281); für eine umfassende Bindung an Unionsgrundrechte ganz gleich eines gewährten Umsetzungsspielraumes: *Cirkel*, Bindungen, S. 84 f.; *Ruffert,* EuR 2004, 165 (176 f.).

rechts einen Spielraum ein, wenn das Unionsrecht das entscheidungserhebliche Fachrecht nicht vollharmonisieren will.[1282] Der Erste Senat vermeidet eine direkte Anknüpfung an die Frage der Vollharmonisierung. Nach ihm kommt es zunächst darauf an, ob das Unionsrecht Gestaltungsspielraum lässt. Wenn das Unionsrecht Gestaltungsspielraum lässt, gilt die Vermutung, das Unionsrecht lasse Grundrechtsvielfalt zu. Die Vermutung gilt nicht, wenn die alleinige Anwendung der Grundrechte des Grundgesetzes das Schutzniveau der europäischen Grundrechte nicht gewährleisten kann.[1283] Das ist der Fall, wenn das europäische Sekundärrecht für die Umsetzung mitgliedschaftlicher Gestaltungsspielräume grundrechtliche Maßgaben enthält oder der unionale Grundrechtsschutz spezifische Schutzstandards oder Grundrechte enthält, die der Grundrechtskatalog des Grundgesetzes so nicht kennt.[1284] Die Unterschiede zwischen den beiden Senaten beschränkt sich daher auf den Bereich, in dem das Unionsrecht zwar Umsetzungsspielraum lässt, diesen aber unionsrechtlich eng einschränkt. Nach dem Zweiten Senat kann hier eine Situation der Vollharmonisierung vorliegen,[1285] sodass es nur die Grundrechte der europäischen Grundrechtecharta prüft.[1286] Der Erste Senat möchte dagegen beide Grundrechtskataloge zur Anwendung bringen.[1287]

Abseits dieser geringfügigen Unterschiede entscheiden die beiden Senate inhaltlich anhand der gleichen Kriterien, ob das Unionsrecht dem nationalen Gesetzgeber einen Gestaltungsspielraum zubilligt und daher die Grundrechte des Grundgesetzes Anwendung finden. Gestaltungsspielraum liegt vereinfacht gesprochen dann vor, wenn das Unionsrecht den Erlass nationalen Rechts erwartet oder zumindest zulässt und es für die Mitgliedstaaten mehr als eine inhaltliche Möglichkeit gibt, diese Umsetzung oder Durchführung zu verwirklichen. Die Frage, »[ob] ein Gestaltungsspielraum eingeräumt sei, sei in Bezug auf die jeweilige Norm des Unionsrechts zu untersuchen, ob sie auf die Ermöglichung von Vielfalt und die Geltendmachung verschiedener Wertungen angelegt sei, oder ob sie nur dazu dienen soll, besonderen Sachgegebenheiten hinreichend flexibel Rechnung zu tragen, dabei aber von dem Ziel der gleichförmigen Rechtsanwendung getragen ist.«[1288] Dabei ist die unionsrechtliche Norm dahingehend auszulegen, ob sie Gestaltungsoffenheit zulässt.[1289] Die Norm ist dabei in ihrem Kontext zu beurteilen.[1290] Nicht entscheidend ist eine allgemeine Betrachtung des Regelungsbereichs.[1291] Die Eigenschaft als eine Gestaltungsspielraum einräumende oder nicht einräumende Norm bezieht sich immer auf einen einzelnen Umsetzungsbefehl

1282 BVerfGE 158, 1 (27) – Ökotox, welches sich damit inhaltlich orientiert an: EuGH, Urt. v. 29.7.2019, C-476/17, EU:C:2019:624, Rn. 80 f. – Pelham u.a.; ebenso EuGH, Urt. v. 29.7.2019, C-469/17; EU:C:2019:623, Rn. 33 f. – Funke Medien NRW/Deutschland.
1283 BVerfGE 152, 152 (175) – Recht auf Vergessen I.
1284 BVerfGE 152, 152 (175) – Recht auf Vergessen I.
1285 BVerfGE 158, 1 (27) – Ökotox.
1286 Der Zweite Senat geht von einem entweder-oder der Anwendung der nationalen oder der unionalen Grundrechte aus: BVerfGE 158, 1 (23) – Ökotox; ebenso BVerfGE 156, 182 (197) – Rumänien II).
1287 BVerfGE 152, 152 (169, 179 am Ende) – Recht auf Vergessen I.
1288 BVerfGE 152, 216 (248) – Recht auf Vergessen II; vgl . EuGH, Urteil vom 29. Juli 2019, Funke Medien NRW, C-469/17, EU:C:2019:623, Rn. 40 m.w.N.
1289 BVerfGE 158, 1 (27) – Ökotox.
1290 BVerfGE 152, 216 (248) – Recht auf Vergessen II.
1291 BVerfGE 152, 216 (248) – Recht auf Vergessen II.

und damit nicht auf eine Richtlinie als Ganzes.[1292] Daher kann ein und dieselbe Richtlinie gleichzeitig teil- und vollständig unionsrechtlich determinierte Rechtsakte enthalten.[1293]

Die Restrukturierungsrichtlinie lässt den nationalen Gesetzgebern an vielen Stellen Spielräume.[1294] Das gilt jedoch nicht für die Einführung eines Mehrheitsentscheides an sich.[1295] Art. 9 Abs. 1 RRL verlangt ein Recht des Schuldners, betroffenen Parteien einen Restrukturierungsplan zur Annahme vorzulegen. Art. 9 Abs. 2 RRL gibt betroffenen Parteien grundsätzlich[1296] das Recht, über die Annahme abzustimmen. Weiter fordert Art. 9 Abs. 4 RRL die Bildung von Klassen. Schließlich gilt ein Plan nach Art. 9 Abs. 6 UAbs. 1 S. 1 RRL grundsätzlich als angenommen, wenn eine Summenmehrheit der Forderungen oder Beteiligungsrechte am Schuldner vorliegt. Dabei räumt Art. 9 Abs. 6 UAbs. 1 S. 2 RRL die Möglichkeit ein, die Annahme einer Klasse zusätzlich von einer Kopfmehrheit abhängig zu machen. Die erforderliche Summen- und/oder Kopfmehrheit darf gemäß Art. 9 Abs. 6 UAbs. 2 RRL nicht über 75 % liegen. Nach Art. 10 Abs. 1 RRL bedarf ein Plan zu seiner Wirksamkeit der Bestätigung durch eine Justiz- oder Verwaltungsbehörde, wenn der Plan die Rechte ablehnender betroffener Parteien beeinträchtigt. Schließlich fordert Art. 11 Abs. 1 UAbs. 1 RRL die grundsätzliche Möglichkeit, ablehnende Gruppen von der Wirkung des Plans zu erfassen. Damit muss der nationale Gesetzgeber einen Restrukturierungsplan einführen, der bei Annahme durch die Mehrheit auch gegen den Willen von ablehnenden Gläubigern und Gruppen wirkt.[1297] Die Geltung des Mehrheitsentscheids an sich steht damit nicht im Ermessen des nationalen Gesetzgebers.[1298] Etwas anderes könnte höchstens für den gruppenübergreifenden Mehrheitsentscheid gelten. Denn für die genaue Umsetzung desselben steht den Mitgliedstaaten ein Umsetzungsspielraum zu.[1299] Die Umsetzung

1292 BVerfGE 152, 216 (248) – Recht auf Vergessen II; vgl. *Tilgner,* Restrukturierung, S. 106 f.

1293 So auch für die RRL: *Tilgner,* Restrukturierung, S. 106 f.; vgl. *Heese*, Funktion, S. 68 f.; vgl. in Bezug auf den Umsetzungsspielraum innerhalb eines Artikels: Morgen/*Tresselt,* Art. 12, Rn. 6: »Insoweit die Umsetzung von Art. 12 unionsrechtlich veranlasst ist, ist die konkrete Umsetzung einer verfassungsrechtlichen Normenkontrolle entzogen. Soweit Art. 12 jedoch dem nationalen Gesetzgeber Gestaltungsspielräume einräumt, ist deren Ausfüllung am Maßstab des GG (hier praktisch in erster Linie Art. 9, 14 GG) zu messen.«

1294 *Dahl/Linnenbrink*, NJW-Spezial 2020, 21 (21); *Freitag,* ZIP 2019, 541 (542); *Piekenbrock*, ZVglRWiss 2022, 245 (247); *Riggert/Seagon*, NZI-Beilage 2019, 5 (5); *Skauradszun*, NZG 2019, 761 (761); vgl. auch *Braegelmann/Bernsau,* ZInsO 2019, 374 (377), die von einem »breite[n] Umsetzungsspielraum der EU-Richtlinie« sprechen.

1295 *Singer*, Restrukturierungsrahmen, S. 149; *Tilgner,* Restrukturierung, S. 214, 273.

1296 Art. 9 Abs. 3 RL 1023/19 erlaubt die Einschränkung des Abstimmungsrechts gewisser Parteien.

1297 *Schäfer*, Unternehmensrestrukturierung, Vierter Teil, B.IV.3.e.bb).

1298 *Singer*, Restrukturierungsrahmen, S. 149; *Tilgner,* Restrukturierung, S. 214, 273; die Umsetzungspflicht einer gruppenübergreifenden Mehrheitsentscheidung erfährt Kritik: *Bork*, ZIP 2010, 397, (410); vgl. *Jacoby*, ZGR 2010, 359 (377); *Korch*, ZHR 182 2018, 440 (479); *Müller*, ZGR 2018, 56 (75); für den gruppenübergreifenden Mehrheitsentscheid *Goetker/Schulz*, ZIP 2016, 2095 (2105).

1299 *Tilgner,* Restrukturierung, S. 214, 273.

der sogenannten absoluten Prioritätsregel[1300] stellt aus Sicht der überstimmten Gläubiger jedoch die mildeste Umsetzungsmöglichkeit dar.[1301] Daher musste der nationale Gesetzgeber zumindest die absolute Prioritätsregel umsetzen. Auch insoweit ist kein Raum für Grundrechtsvielfalt. Ein Anhaltspunkt für die Notwendigkeit, die Grundrechte des Grundgesetzes in ihrer sogenannten Reservefunktion zu aktivieren, besteht nicht.

Etwas anderes gilt nur für die Durchbrechung der absoluten Prioritätsregel in § 28 StaRUG. Ihre Umsetzung steht den Mitgliedsstaaten frei. Damit muss sie sich grundsätzlich an nationalen Grundrechten messen lassen. Das bezieht sich jedoch nur auf die Durchbrechung der absoluten Prioritätsregel, wie sie § 28 StaRUG vorsieht. Sofern es um die Zulässigkeit des Mehrheitsentscheides an sich geht, ist dieser an den Grundrechten der Union zu prüfen.

II. Schutzbereich und Eingriff

Der Mehrheitsentscheid ist an den Unionsgrundrechten zu messen. Dafür kommen Art. 16 und Art. 17 GRCh in Betracht. Innerhalb der nationalen Grundrechte schützt die Eigentumsfreiheit aus Art. 14 GG die Verfügungsbefugnis eines Gläubigers, sofern sie sich auf einen Eigentumsgegenstand bezieht. Der Schutz des freien Willens aus Art. 2 Abs. 1 GG geht insoweit im Schutz des Eigentums auf. Bei den Unionsgrundrechten verhält es sich umgekehrt. Der Eigentumsschutz aus Art. 17 GRCh erschöpft sich darin, den Wert eines Eigentumsgegenstandes zu schützen.[1302] Sofern es um den Schutz des freien Willens geht, ist der Schutzbereich von Art. 16 GRCh eröffnet.[1303] Zwar spricht an sich kein zwingender Grund dagegen, den Schutzbereich von Art. 17 GRCh neben dem Schutzbereich von Art. 16 GRCh gleichzeitig zu eröffnen.[1304] Es ist aber nicht nötig. Denn wenn ein Plan einem den Plan ablehnenden Gläubiger weniger Wert zukommen lässt als diesem ohne Plan zukäme, ist gleichzeitig auch immer seine Verfügungsbefugnis betroffen. Soweit der Schutzgehalt von Art. 16 GRCh den Schutzgehalt von Art. 17 GRCh umfasst, unterbleibt daher eine Prüfung des Art. 17 GRCh.[1305]

1300 Im Verhältnis zu gleichrangigen Gläubigern zu Recht von einem »Besserstellungsverbot sprechend: BeckOKStaRUG/*Spahlinger*, § 28, Stand: 01.07.2024, Rn. 4; *Piekenbrock*, ZVglRWiss 2022, 245 (255); *Balz*, in: Unternehmensrestrukturierung, 71 (82 in Fn. 20) spricht von »*non-discriminnation*«.

1301 Vgl. *Tilgner*, Restrukturierung, S. 273.

1302 Vgl. Schäfer, Unternehmensrestrukturierung, Vierter Teil, B.IV.6.c), d).

1303 Meyer/Hölscheidt/*Bernsdorff*, Art. 16 GRCh, Rn. 13.

1304 Dagegen keinen Eingriff in Art. 17 GRCh annehmend Schäfer, Unternehmensrestrukturierung, Vierter Teil, B.IV.6.c).

1305 *Tilgner*, Restrukturierung, S. 227 f. prüft dagegen bei der Rechtfertigung des grundsätzlichen Mehrheitsentscheids die unternehmerische Freiheit neben dem Eigentumsrecht, verweist jedoch inhaltlich auf die Rechtfertigung zum Eigentum. Bei der Rechtfertigung des klassenübergreifenden cram-downs prüft *Tilgner*, S. 273 ff. keinen Eingriff mehr in die unternehmerische Freiheit aus Art. 16 GRCh.

III. Rechtfertigung

Eine Norm greift gerechtfertigt in die unternehmerische Freiheit aus Art. 16 GRCh ein, wenn sie die Voraussetzungen des Art. 52 Abs. 1 GRCh wahrt.[1306] Sie muss vor allem eine dem Gemeinwohl dienende Zielsetzung der EU oder den Rechten oder Freiheiten anderer dienen.[1307]

1. Keine Rechtfertigung durch die Rechte oder Freiheiten anderer

Eine Rechtfertigung des Restrukturierungsplans durch die Rechte oder Freiheiten anderer scheidet aus den inhaltlich gleichen Gründen aus, aus denen der Insolvenzplan keine Kollision von Grundrechten auflöst.[1308] Zwar schützt Art. 16 GRCh die unternehmerische Freiheit der Gläubiger, die den Plan begrüßen. Ihre unternehmerische Freiheit schützt dem Grunde nach jedoch nicht das Interesse, andere Gläubiger gegen deren Willen zu einer Veränderung von Rechten zu zwingen. Gleiches gilt für die unternehmerische Freiheit aus Art. 16 GRCh oder das Eigentumsgrundrecht aus Art. 17 GRCh des Schuldners und der Anteilsinhaber des Schuldners. Ihre Unionsgrundrechte schützen nicht das Interesse, Dritte gegen deren Willen zu zwingen, nur um den eigenen Willen durchzusetzen.

2. Keine Rechtfertigung durch ein Gemeinwohl

Jedoch könnte sich die Wirkung des Restrukturierungsplans rechtfertigen, indem dieser ein Gemeinwohlziel verfolgt.

a) Sanierung des Unternehmens zugunsten der Volkswirtschaft

Tatsächlich dient der Restrukturierungsplan im Gegensatz zum Insolvenzplan nicht vorrangig dazu, den Willen der Abstimmungsmehrheit zu verwirklichen und für sie wirtschaftliche Vorteile freizusetzen.

Zwar betont die Entwurfsbegründung zum StaRUG, das Gesetz sei kein »Ausdruck einer Hinwendung zu einer primären oder vorrangigen Ausrichtung des Insolvenzrechts auf den Erhalt von Unternehmen.«[1309] Es sei nicht »Aufgabe des Insolvenzrechts [...], ein Fortbestands- oder Sanierungsinteresse des Schuldners oder dessen Anteilsinhabern gegen die Interessen der Gläubiger durchzusetzen [...].«[1310] Die durch das StaRUG ermöglichte »Sanierung bleibt ein Instrument zur Verwirklichung der auf die Befriedigung der Gläubiger gerichteten Ziele des Insolvenzrechts.«[1311] Es gehe

1306 Callies/*Ruffert*, Art. 16 GRCh, Rn. 6.
1307 Callies/Ruffert/*Kingreen*, Art. 52 GRCh, Rn. 67.
1308 Siehe dazu oben S. 120 ff.
1309 BT-Drs. 19/24181, S. 85.
1310 BT-Drs. 19/24181, S. 85.
1311 BT-Drs. 19/24181, S. 85.

darum, »auf eine Gefährdung der vollständigen Befriedigung der Gläubiger zu reagieren und dabei die Interessen der Gläubiger zu wahren.«[1312]

Diese Wertung der Entwurfsbegründung deckt sich jedoch nicht mit dem Normtext des StaRUGs und den Erwägungsgründen der Richtlinie.[1313] Das StaRUG ist darauf ausgerichtet, Sanierungen zu ermöglichen.[1314] Dabei ist nicht in gleicher Weise wie beim Insolvenzplan eindeutig, welcher der privaten Beteiligten aus der Sanierung vorrangig den Nutzen ziehen soll.[1315]

Das StaRUG kennt keinen Programmsatz, der sich mit § 1 InsO vergleichen lässt und das Ziel des Gesetzes festschreibt.[1316] Am ehesten übernimmt § 29 Abs. 1 StaRUG diese Rolle. Der Restrukturierungsrahmen dient gemäß § 29 Abs. 1 StaRUG dazu, die drohende Zahlungsunfähigkeit des Schuldners zu beseitigen.[1317] Es geht nicht um die Befriedigung der Gläubigerforderungen, sondern darum, das Unternehmen zu sanieren.[1318]

Ebenso ist die Bestätigung des Restrukturierungsplans im StaRUG nicht lediglich Alternative zur Verwertung des schuldnerischen Unternehmens.[1319] Die Restrukturierung steht im StaRUG als Ziel für sich.[1320] Die Annahme und Bestätigung des Plans sind die wesentlichen Instrumente des Stabilisierungs- und Restrukturierungsrahmens im Sinne von § 29 Abs. 2 Nr. 1 und 4 StaRUG. Scheitert die Restrukturierung, folgt nicht zwingend die Einleitung eines Insolvenzverfahrens.[1321]

Insgesamt zeichnet sich das StaRUG dadurch aus, dem Schuldner oder der Geschäftsleitung des Schuldners viel Handlungsspielraum bei der Sanierung zu gewähren.[1322]

Der Ablauf der Restrukturierungssache liegt in der Hand des Schuldners. Der Schuldner bleibt verfügungs- und verpflichtungsbefugt.[1323] Nur er kann eine Restruk-

1312 BT-Drs. 19/24181, S. 86.
1313 *Baschnagel,* Agreements, S. 129 f.
1314 Zur Richtlinie *Albrecht*, ZInsO 2019, 1813 (1825).
1315 Vgl. *Skauradszun*, KTS 2021, 1 (21 ff.).
1316 *Bork*, ZRI 2021, 345 (346).
1317 *Kaiser,* Instrumente, S. 69 f.; *Balthasar*, NZI-Beilage 2021, 18 (18 f.).
1318 In Bezug auf die Richtlinie und die damit in gewissem Widerspruch stehende Entwurfsbegründung zum StaRUG: *Skauradszun*, KTS 2021, 1 (22 ff.); vgl. *Cranshaw,* ZIP 2020, 1269 (1270, 1280), der wegen der volks- und kreditwirtschaftlichen Erwägungen der Richtlinie davon ausgeht, die Sanierung sei nicht »Selbstzweck«; vgl. *Lau/Schwartz,* NZG 2020, 450 (450 f., 454), die die Befriedigung der Gläubiger nicht als Ziel des präventiven Restrukturierungsrahmens aufzählen und nach denen erst innerhalb eines Insolvenzverfahrens »das Recht der Gläubiger auf eine bestmögliche Befriedigung im Fall der Insolvenzreife überwiegt.« (454).
1319 BT-Drs. 19/24181, S. 163.
1320 *Baschnagel,* Agreements, S. 129 f.
1321 BT-Drs. 19/24181, S. 163.
1322 *Bork*, ZRI 2021, 345 (354); *Cranshaw/Portisch,* ZInsO 2020, 2561 (2570 f.); *Cranshaw/ Portisch,* ZInsO 2020, 2617 (2628 f.); *Skauradszun*, KTS 2021, 1 (29); *Westphal*, ZRI 2020; 157 (160): »Ein Sanierungsregime, dessen Anwendungsbereich vor der materiellen Insolvenz liegt (bzw. beginnt), muss demgegenüber die Schuldnerinteressen in den Vordergrund stellen.«
1323 *Blankenburg*, ZInsO 2017, 241 (244 f.); *Deppenkemper*, ZIP 2020, 1041 (1045); *Müller*, ZGR 2018, 56 (64 f.); *Thole*, ZIP 2017, 101 (104 f.).

turierungssache anzeigen und einen Restrukturierungsplan zur Abstimmung stellen. Zwar gibt es mit dem Restrukturierungsbeauftragten eine Person, die an den Insolvenzverwalter erinnert.[1324] Ihr steht jedoch nicht das Recht zu, einen Plan zu entwerfen und zur Abstimmung zu stellen. Daher entfällt auch die Möglichkeit nach § 217 Abs. 3 InsO für die Gläubiger, einen Plan erzwingen zu können. Dabei erlaubt die Richtlinie es sogar, ein Recht der Gläubiger einzuführen und Pläne zur Abstimmung zu stellen. Von dieser Möglichkeit hat der nationale Gesetzgeber keinen Gebrauch gemacht.

Für den natürlichen Schuldner ist die Anzeige einer Restrukturierungssache nach § 31 Abs. 3 StaRUG eine freiwillige Entscheidung.[1325] Er muss kein Restrukturierungsvorhaben anstreben. *Krüger* geht dagegen davon aus, Art. 19 RRL erfasse auch den natürlichen Schuldner.[1326] Dies verkennt den Wortlaut der Norm. Art. 19 RRL spricht von der Unternehmensleitung. Wenn die Richtlinie natürliche Schuldner meint, spricht sie von dem Unternehmer. Denn nach Art. 2 Abs. 1 Nr. 9 RRL meint Unternehmer eine natürliche Person. So richtet sich beispielweise Art. 20 RRL nur an den Unternehmer. Dort geht es um den Zugang zur Entschuldung, der Gesellschaften nicht zusteht.

Zwar ist unklar, inwieweit bei Kapitalgesellschaften die Anzeige einer Restrukturierungssache oder der Antrag auf Bestätigung eines Plans eine freiwillige Entscheidung der Unternehmensleitung ist.[1327] Für den übergeordneten Zweck des StaRUG spielt dieser Streit jedoch keine Rolle. Denn beide Auffassungen sprechen für eine Auslegung des StaRUG, die die Sanierung des Unternehmens als das Ziel des Gesetzes ansieht. Das ist offensichtlich, wenn eine Pflicht zur Sanierung besteht. Das gilt jedoch auch, wenn der Schuldner »nur« die freiwillige Möglichkeit zur Sanierung erhält. Denn dann verliert er – dem Grunde nach – nichts und hat zumindest die Möglichkeit, sich zu sanieren. Sie unterscheiden sich lediglich in dem Maße, in welchem sie dieses Ziel verfolgen.

Das StaRUG begünstigt die Sanierung von Unternehmen vor allem durch § 8 StaRUG. Er misst dem Schuldner ein Ermessen bei der Entscheidung bei, wer zur Sanierung beitragen soll.[1328] Der Restrukturierungsplan ist insoweit teilkollektiv.[1329] Ebenso genießt der Schuldner gemäß § 9 Abs. 2 S. 1 StaRUG Ermessen bei der Frage, wie er die Betroffenen anhand von ihm ausgewählten wirtschaftlichen Interessen in Gruppen

1324 *Bork*, ZRI 2021, 345 (356).

1325 In Bezug auf die Richtlinie *Müller*, ZGR 2018, 56 (64); vgl. in Bezug auf die drohende Zahlungsunfähigkeit: *Brinkmann*, NZI 2019, 921 (923): »Es geht mit anderen Worten um die Frage, ob das Unternehmen schon ins Verfahren *darf* […]. Bei der Überschuldungsprüfung und der in diesem Rahmen anzustellenden Fortführungsprognose geht es dagegen um die Frage, ob das Unternehmen ins Insolvenzverfahren *muss* […].«; ebenso *Brinkmann*, in: Überschuldung, 67 (73).

1326 *Krüger*, Pflichten, S. 49 f.

1327 Gegen das Erfordernis eines Beschlusses: *Brandes/Rabenau*, ZIP 2021, 2566 (2570); *Mulert/Steiner*, NZG 2021, 673 (677); *Skauradszun/Amort*, DB 2021, 1317 (1320 f.); für das Erfordernis: *Seibt/Bulgrin*, DB 2020, 2226 (2236); *Gehrlein*, BB 2022, 1096 (1097); *Ristelhuber*, NZI 2021, 417 (418 f.); *Wilkens*, WM 2021, 573 (574 f.); vgl. zum Ganzen mit weiteren Nachweisen *Baschnagel*, Agreements, S. 198 f.

1328 *Skauradszun/Harnack*, DZWIR 2023, 511 (520 f.); *Skauradszun*, KTS 2021, 1 (25 f.).

1329 BT-Drs. 19/24181, S. 117, 129; vgl. auch *Wilkens*, WM 2021, 573 (574 f.).

einteilt.[1330] Ebenso erfährt das Obstruktionsverbot aus den §§ 26, 27 StaRUG durch § 28 StaRUG eine weitere Durchbrechung.[1331] Dadurch schafft das StaRUG mehr Spielräume bei der inhaltlichen Gestaltung von Plänen.

Die in den Gruppen zur Annahme des Plans erforderlichen Mehrheiten unterscheiden sich in zwei Punkten vom Insolvenzplanverfahren.[1332] Erstens kommt es im StaRUG nur auf die Summenmehrheit der Forderungen an.[1333] Eine Kopfmehrheit ist nicht erforderlich.[1334] Zweitens liegt die erforderliche Mehrheit mit 75% der beteiligten Forderungen einer Gruppe über dem Mehrheitserfordernis des Insolvenzplans.[1335] Ob diese Mehrheitserfordernisse sanierungsfördernd oder hindernd wirken, hängt von dem Zusammenspiel mit den §§ 8 und 9 StaRUG ab. Der Schuldner kann die Beteiligten des Plans selbst auswählen und ist bei der Gruppenbildung sehr frei.[1336] Daher wäre es verfehlt, in den erhöhten Mehrheitserfordernissen ein Sanierungshemmnis zu sehen.[1337] Der Schuldner besitzt viel Freiheit, um die Beteiligten und Gruppen seiner Vorstellung entsprechend auszuwählen und zuzuteilen.[1338] Vor diesem Hintergrund kann das alleinige Abstellen auf eine Summenmehrheit die Sanierung gegenüber dem Erfordernis einer Kopfmehrheit deutlich fördern.[1339] Kleinere Gläubiger können über ihre Kopfzahl kein Gegengewicht zu großen Gläubigern aufbauen.[1340]

Auch der Prüfungsumfang des Gerichts beim Antrag des Schuldners auf Bestätigung des Plans spricht für eine sanierungsfreundliche Auslegung des StaRUG. Die Restrukturierungssache dient nach § 29 Abs. 1 StaRUG zur nachhaltigen Beseitigung der drohenden Zahlungsunfähigkeit.[1341] Materiell-rechtlich ist die drohende Zahlungsunfähigkeit Zugangsvoraussetzung für eine Restrukturierungssache.[1342] Dennoch prüft das Gericht nicht deren Vorliegen, wenn der Schuldner die Restrukturierungssache anzeigt.[1343] Nach § 63 Abs. 1 Nr. 1 StaRUG versagt das Gericht die Bestätigung des Plans von Amts wegen jedoch nur, wenn der Schuldner nicht drohend zahlungsunfähig ist. Aufgrund der negativen Formulierung: »versagen, wenn [...] nicht«, handelt es

1330 *Spahlinger,* NZI-Beilage 2021, 32 (32).

1331 *Klostermann,* Vorrang, S. 103 f.; *Krohn*, Cram-down, S. 271; vgl. Übersicht bei *Cranshaw/Portisch,* ZInsO 2020, 2617 (2620).

1332 Vgl. *Desch*, BB 2020, 2498 (2504).

1333 *Brinkmann,* ZIP 2020, 2361 (2362); *Desch*, BB 2020, 2498 (2504).

1334 *Desch*, BB 2020, 2498 (2504).

1335 *Desch*, BB 2020, 2498 (2504).

1336 *Skauradszun*, KTS 2021, 1 (26).

1337 *Goetker/Schulz*, ZIP 2016, 2095 (2105) gehen davon aus, Kopfmehrheiten führten bei teilkollektiven Plänen schnell zu Blockadepotentialen, weshalb es nur auf die Summenmehrheit ankommen soll. Eine Mehrheit von 75 % solle dann wiederum die Minderheiten hinreichend schützen.

1338 *Goetker/Schulz*, ZIP 2016, 2095 (2105); *Skauradszun*, KTS 2021, 1 (26).

1339 *Goetker/Schulz*, ZIP 2016, 2095 (2105).

1340 *Goetker/Schulz*, ZIP 2016, 2095 (2105), die dies als begrüßenswerten Vorteil ansehen.

1341 *Balthasar*, NZI-Beilage 2021, 18 (18 f.).

1342 *Balthasar*, NZI-Beilage 2021, 18 (18); *Brinkmann,* ZIP 2020, 2361 (2362); *Desch*, BB 2020, 2498 (2498); *Gehrlein*, BB 2021, 66 (71); *Pluta,* NZI-Beilage 2021, 22 (23); *Skauradszun*, ZRI 2020, 625 (625); *Thole*, ZIP 2020, 1985 (1990).

1343 *Vallender,* ZInsO 2020, 2579 (2583); trotz Zweifel wohl auch *Frind,* ZInsO 2020, 2241 (2243).

sich um ein Negativtatbestandsmerkmal.[1344] Daher ist zur Annahme dieses Tatbestandsmerkmals die volle Überzeugung des Richters in Bezug auf die Tatsachen notwendig, aus denen sich ergibt, dass der Schuldner nicht drohend zahlungsunfähig ist.[1345] Bleibt dies unklar, ist das Tatbestandsmerkmal nicht gegeben und die Planbestätigung darf nicht versagt werden.[1346] Zweifel gehen also zugunsten der Bestätigung aus.[1347] Die objektive Feststellungslast tragen daher die opponierenden Planbetroffenen. Die Ausgestaltung der drohenden Zahlungsunfähigkeit als negative Bestätigungsvoraussetzung steht darüber hinaus im Zusammenspiel mit der Schlechterstellungsprognose nach § 64 Abs. 1 S. 1 StaRUG. Das Gericht muss gemäß § 38 S. 1 StaRUG in Verbindung mit § 286 Abs. 1 ZPO von der Schlechterstellung des Gläubigers durch den Plan vollständig überzeugt sein.[1348] Während bei der Bestätigung des Plans Zweifel an der drohenden Zahlungsunfähigkeit zugunsten des Schuldners ausgehen und das Gericht den Plan bestätigt, gehen bei der Schlechterstellungsprognose Zweifel zu Lasten des Gläubigers aus. Darüber hinaus ist die Schlechterstellungsprognose beim Restrukturierungsplan noch stärker als beim Insolvenzplan von Unsicherheit geprägt und daher von Schätzungen abhängig.[1349] Darüber hinaus hat ein Minderheitengläubiger im Gegensatz zum Schuldner auch nicht immer Kenntnis von allen Umständen, die für die Schlechterstellung von Bedeutung sind.[1350] Der wirksame Schutz der Schlechterstellungsprognose für Minderheitengläubiger hält sich daher in Grenzen.[1351] Die Regeln zur Bestätigung des Plans und zum Minderheitenschutz begünstigen im Zweifel daher die Bestätigung eines Plans.[1352]

Insgesamt ist das StaRUG im Vergleich zum Insolvenzplan deutlich stärker auf den Erhalt von Unternehmen ausgerichtet.[1353] Dem stehen auch nicht die §§ 32 Abs. 1 S. 1,

1344 BT-Drs. 19/24181, S. 162; *Desch,* BB 2020, 2498 (2505); *Proske,* EWiR 2021, 309 (310); *Vallender,* ZInsO 2020, 2677 (2679); *Vallender,* ZRI 2021, 165 (170); wohl andere Ansicht *Bork,* NZI-Beilage 2021, 38 (39); *Deppenkemper,* ZIP 2020, 2432 (2434).

1345 Vgl. *Thole,* NZI 2021, 433 (436).

1346 *Wollenhaupt,* Amtsermittlungsgrundsatz, S. 239 f.; BeckOKStaRUG/*Kramer,* § 29, Stand: 01.07.2024, Rn. 43.

1347 BeckOKStaRUG/*Kramer,* § 29, Stand: 01.07.2024, Rn. 43.

1348 AG Hannover, ZRI 2023, 962 (967 f.), vgl. auch BeckOKStaRUG/*Skauradszun,* § 64, Stand: 01.07.2024, Rn. 73.

1349 *Brinkmann,* NZI-Beilage 2019, 27 (28).

1350 *Veil/Baumann,* ZIP 2022, 1301 (1303).

1351 *Brinkmann,* NZI-Beilage 2019, 27 (28).

1352 Vgl. *Deppenkemper,* ZIP 2020, 1041 (1043), der insgesamt die Gefahr sieht, dass Schuldner den Restrukturierungsrahmen in Anspruch nehmen, ohne in finanziellen Schwierigkeiten zu sein: »[E]ine Krise lässt sich auch inszenieren!«; diese Gefahr sieht auch die Richtlinie in Erwägungsgrund 24.

1353 *Leschke,* Geschäftsleiteropportunismus, S. 281: »Als konzeptualisiertes positives Gesamtgläubigerinteresse sollte das StaRUG sich an einer langfristigen Unternehmenswertsteigerung mit dem Ziel dauerhafter Sanierung orientieren.«; *Tilgner,* Restrukturierung, S. 273: »Der Zweck des klassenübergreifenden *cram down,* sinnvolle Sanierungsvorhaben im gesamtwirtschaftlichen Interesse nicht am Widerstand Einzelner, die partikulare Interessen verfolgen, scheitern zu lassen, ist legitim.«; *Desch,* BB 2020, 2498 (2505); *Deppenkemper,* ZIP 2020, 595 (600); *Deppenkemper,* ZIP 2020, 1041 (1043); vgl. auch grundsätzlich zu einem vorinsolvenzlichen Sanierungsverfahren *Beissenhirtz,* ZInsO 2011,

43 Abs. 1 S. 1 StaRUG entgegen. Diese geben dem Schuldner und den Leitungsorganen von ihrem Wortlaut her vor, die Interessen der Gläubigergesamtheit zu wahren.[1354] Sie sind jedoch systematisch anhand der übrigen Normen des StaRUG auszulegen.[1355] Sofern der Schuldner einen Plan vorlegt, der die übrigen Grenzen des StaRUG einhält, scheitert ein solcher nicht an den §§ 32 Abs. 1 S. 1, 43 Abs. 1 S. 1 StaRUG. Beispielsweise erlaubt das StaRUG nach Auffassung des AG Köln einen Restrukturierungsplan, der ausschließlich Rechte von Gläubigern gestaltet.[1356] Ein Restrukturierungsplan kann die Gestaltung von Anteilsinhabern des Schuldners vollständig außen vor lassen.[1357] Es ist höchst fraglich, ob ein solcher Plan tatsächlich den Interessen der Gläubigergesamtheit entspricht. Nichtsdestotrotz erlaubt das StaRUG bei hinreichenden Mehrheitsverhältnissen entsprechende Pläne. Darin zeigt sich, in welchem Maße das StaRUG auf das Zustandekommen von Restrukturierungsplänen gerichtet ist. §§ 32 Abs. 1 S. 1, 43 Abs. 1 S. 1 StaRUG führen darüber hinaus nicht zu einer anderen Auslegung des StaRUGs, weil es kein einheitliches Interesse der Gläubigergesamtheit gibt.[1358]

Die Sanierung des Unternehmens ist in hohem Maße Selbstzweck. Weder das StaRUG noch die Richtlinie oder die Erwägungsgründe der Richtlinie lassen einen bestimmten privaten Beteiligten oder eine bestimmte Gruppe von privaten Beteiligten ausmachen, die den wesentlichen Nutzen aus der Sanierung ziehen sollen.[1359] Die Richtlinie will zwar den Gesamtwert für die Gläubiger und die Anteilsinhaber erhöhen.[1360] Die Richtlinie geht jedoch an verschiedenen Stellen davon aus, die Anteils-

57 (66): »Eigenständiges und einziges Ziel [eines vorinsolvenzlichen Sanierungsverfahren sollte] die Sanierung des Unternehmens« sein; *Flöther*, ZInsO 2020, 1582 (1582 f.).

1354 *Skauradszun*, KTS 2021, 1 (21).

1355 *Thole*, BB 2021, 1347 (1351), der von »restrukturierungsrechtliche[n] Grundsätze[n]« spricht und auf den »Beurteilungsspielraum des Geschäftsleiters« hinweist; vgl. auch *Scholz*, ZIP 2021, 219 (223); *Schülke*, DStR 2021, 621 (622): »Dem Gesetzgeber ist es nicht gelungen, eine Regelung zu schaffen, die das Verhältnis widerspruchsfrei löst. Stattdessen überlässt er es Geschäftsleitern und ihren Beraten, die zutreffenden Handlungsalternativen zu ermitteln«.

1356 NZI 2021, 433 (434, Rn. 15).

1357 AG Köln, NZI 2021, 433 (434, Rn. 15); zum Referentenentwurf wohl noch andere Ansicht: *Korch*, NZG 2020, 1299 (1301).

1358 Dies übersieht *Brünkmans*, ZInsO 2021, 1 (4 f.), der im Ausgangspunkt den Anteilsinhabern und den Gläubigern parallel Interessen zuschreibt und darüber hinaus nicht zwischen verschiedenen Interessen der Gläubiger unterscheidet und in *Brünkmans*, ZInsO 2021, 125 (126) davon ausgeht, »[d]as Gesamtinteresse der Gläubiger ist in vielen identisch mit dem Interesse der Gesellschafter, nämlich Vermeidung der Insolvenz.«; *Hohenlohe*, Gläubigerinteressen, S. 29, erkennt die Interessenheterogenität der Gläubiger, doch möchte im Rahmen von § 43 StaRUG individuelle Einzelinteressen nicht berücksichtigen, weil dies »offensichtlich nicht praktikabel« sei.

1359 Vgl. *Skauradszun*, KTS 2021, 1 (21 ff., 29); vgl. *Smid*, ZInsO 2020, 266 (269), der die Richtlinie so versteht, als sei das Ziel »allein negativ auf die Verhinderung eines förmlichen Insolvenzverfahrens gerichtet«.

1360 Erwägungsgrund 2; vgl auch *Brinkmann*, FS Karsten Schmidt I, 153 (155): »[Z]umal die Durchführung der Maßnahme […] jedenfalls im Erfolgsfall zur Bewahrung oder Schaffung von Werten und Arbeitsplätzen führen würde.«

inhaber hätten Möglichkeiten, um die Sanierung zu verhindern.[1361] Diese Möglichkeiten will die Richtlinie den Anteilsinhabern nehmen.[1362] Gleiches gilt für einzelne Störer auf Seite der Gläubiger.[1363]

Insgesamt sprechen die Erwägungsgründe daher für eine Auslegung, nach der die Sanierung der Wirtschaft als Ganzes, also der Volkswirtschaft zugute kommen soll.[1364] Das lässt auch die Vielzahl an wirtschaftlichen Wirkungen erkennen, die sich die Erwägungsgründe von der Richtlinie versprechen. Es geht darum, das reibungslose Funktionieren des Binnenmarktes zu fördern,[1365] Hindernisse für die Ausübung der Grundfreiheiten abzubauen,[1366] Arbeitsplatzverluste zu vermeiden,[1367] notleidenden Krediten vorzubeugen,[1368] Verlust von »know-how« zu vermeiden,[1369] negative Auswirkungen auf den Finanzsektor abzumildern,[1370] die Widerstandsfähigkeit der europäischen Volkswirtschaften zu fördern[1371] und letztlich die Wirtschaft insgesamt[1372] zu fördern.

b) Geeignetheit und Erforderlichkeit

Dient das StaRUG der Volkswirtschaft, weil es Sanierungen ermöglicht, handelt es sich dabei um einen Gemeinwohlbelang. Denn die Sanierung eines bestandsfähigen Unternehmens erhält dieses für den Markt und dient damit der Wirtschaft als Ganzes.

Es kommt dem Gesetzgeber ein Einschätzungsspielraum bei der Frage zu, ob das StaRUG dieses Ziel in geeigneter Weise fördert. Das StaRUG ermöglicht zumindest die Gestaltung von subjektiven Rechten, die ihrerseits Wirkungen auf die finanzielle Lage des Unternehmens haben.

Zweifel an der Eignung des StaRUGs zur Beseitigung der drohenden Zahlungsunfähigkeit bestehen höchstens aufgrund des Schlechterstellungsverbotes. Sofern Beteiligte gegen den Plan stimmen, hängt die Gestaltung ihrer Rechte davon ab, ob die Gestaltung sie voraussichtlich schlechter stellt als sie ohne Plan stünden. Dafür kommt es darauf an, wie sie im nächstbesten Alternativszenario stünden. Das ist in Bezug auf die konkrete Forderung zu bestimmen. Wenn diese ursprünglich nach der prognostizierten Insolvenz fällig geworden wäre, stellt der Plan den Gläubiger in den meisten Fällen nicht schlechter. Umgekehrt verhält es sich für Forderungen, deren ursprüngliche Fälligkeit vor materieller Insolvenz liegt.[1373] Denn diese hätte der Gläubiger noch voll-

1361 Erwägungsgrund 57, 96.
1362 Erwägungsgrund 57.
1363 Erwägungsgrund 47.
1364 In diesem Sinne auch *Singer*, Restrukturierungsrahmen, S. 190; *Cranshaw,* ZIP 2020, 1269 (1270 ff., 1280); *Lau/Schwartz,* NZG 2020, 450 (450 f.); eine Verfassungsmäßigkeit im Hinblick auf Art. 14 GG bezweifelnd *Ganter*, FS Wimmer, 187 (215).
1365 Erwägungsgrund 1.
1366 Erwägungsgrund 1.
1367 Erwägungsgründe 2, 16.
1368 Erwägungsgrund 3.
1369 Erwägungsgründe 2, 16.
1370 Erwägungsgrund 3.
1371 Erwägungsgrund 8.
1372 Erwägungsgrund 3.
1373 Vgl. *Distler,* ZIP 2021, 1033 (1038).

ständig durchsetzen können. Jede Kürzung einer solchen Forderung verletzt im Zweifel das Schlechterstellungsverbot. Die Gläubiger können sich gegen eine solche Gestaltung daher wehren. Gleichzeitig muss die Sanierung die drohende Zahlungsunfähigkeit beseitigen, was allein durch die Gestaltung von Forderungen, deren ursprüngliche Fälligkeit nach der prognostizierten Insolvenz liegt, nicht möglich ist.

Jedoch gibt es neben der Kürzung einer Forderung andere Möglichkeiten, die drohende Zahlungsunfähigkeit zu beseitigen. In Bezug auf die Forderungen, die vor der prognostizierten Insolvenz fällig werden, bleibt noch die Stundung nach § 7 Abs. 2 StaRUG.[1374] Solange diese werterhaltend erfolgt, kann sie die drohende Zahlungsunfähigkeit beseitigen. Darüber hinaus kann eine neue Finanzierung die drohende Zahlungsunfähigkeit beseitigen.[1375]

Dem StaRUG lässt sich daher nicht absprechen, Möglichkeiten zur Sanierung bereit zu stellen. Es fördert die Volkswirtschaft.

Dem Gesetzgeber kommt ein Einschätzungsspielraum bei der Frage zu, ob das Gesetz zur Erreichung des Ziels erforderlich ist. Grundsätzlich ist das Mittel erforderlich, wenn es kein milderes, gleich wirksames Mittel gibt. Die Volkswirtschaft lässt sich auf verschiedene Arten stimulieren. Es muss für die Erforderlichkeit ausreichen, dass kein anderes Mittel offensichtlich gleich wirksam und milder ist. Die Vergabe von Darlehen an ablehnende Gläubiger oder die Finanzierung der Sanierung durch den Staat ist aus Sicht des Staates nicht gleich wirksam.

c) Angemessenheit

Der EuGH prüft in manchen Entscheidungen vor allem, ob die Maßnahme geeignet ist, das Allgemeinwohlziel zu erreichen.[1376] Es findet nicht immer eine Prüfung statt, ob die Maßnahme erforderlich und angemessen ist.[1377] Fände die Prüfung daher an dieser Stelle ihr Ende, wäre das StaRUG gemessen an Art. 16 GRCh unionsrechtskonform.

aa) Auswirkung der unionsrechtlichen Zulässigkeit auf die nationale Grundrechtsprüfung

Wenn der Mehrheitsentscheid unionsrechtskonform wäre, würfe dies ein weiteres Problem auf. Wegen der vielen Spielräume der Richtlinie, lässt diese dem nationalen Gesetzgeber Spielräume bei der Umsetzung. Nutzt der Gesetzgeber diese, sind die auf den Spielräumen beruhenden Normen an den Grundrechten des Grundgesetzes zu messen. Verstoßen solche Normen an sich gegen Art. 14 GG, stellt sich die Frage, ob dieses Ergebnis einer Änderung bedarf. Es könnte geboten sein, bei der Prüfung der

1374 Zur Stundung als Sanierungsmittel *Bamberger*, in: Sanierungsfinanzierung, § 24, Rn. 3.

1375 Zur Notwendigkeit von Stundungen und neuen Finanzmitteln für das Gelingen einer Sanierung *Bamberger*, in: Sanierungsfinanzierung, § 24, Rn. 3.

1376 EuGH, Urt. v. 5.10.1994, C-280/93, Slg. 1994, I-4973, Rn. 94 ff. – Deutschland/Rat; EuGH, Urt. v. 12.7.2005, C-154/04, Slg. 2005, I-6451, Rn. 129 – Alliance for Natural Health u.a.

1377 Vgl. zu dieser Einschätzung: Callies/Ruffert/*Kingreen,* Art. 52 EU-GRCharta, Rn. 71; FK-KommentarEUV/GRC/AEUV/*Pache,* Art. 52 GRC, Rn. 28, der die fehlende Prüfung der Angemessenheit betont.

Grundrechte des Grundgesetzes den unionsrechtlichen Umsetzungsbefehl zu berücksichtigen. Denn das nationale Fachrecht kann auf einer Richtlinie beruhen, die unionsrechtskonform ist und nach der auch das konkrete nationale Fachrecht unionsrechtskonform wäre, wenn das Unionsrecht dem Gesetzgeber keinen Spielraum gelassen hätte und stattdessen genau diese Umsetzung verlangt hätte. Es erscheint daher fragwürdig, wenn die Wirksamkeit einer Norm an nationalen Grundrechten scheitert, obwohl sie wirksam wäre, wenn das Unionsrecht dem nationalen Gesetzgeber keinen Spielraum gelassen und stattdessen genau die Schaffung dieser Norm verlangt hätte.

Dieses Problem ist jedoch nur die stimmige Folge der Grundrechtsvielfalt. Wenn das Unionsrecht gerade zulässt, nationale Grundrechte zur Anwendung zu bringen, müssen diese auch gelten, wenn eine Norm gegen sie verstößt. Streng und weniger streng ausgeprägte Grundrechte stehen der Grundrechtsvielfalt nicht entgegen, sondern sind ihr Inbegriff. Wenn daher die Mehrheitsentscheide des StaRUG unionsrechtskonform wären, wären dennoch alle Normen an Art. 14 GG zu prüfen, die auf einem Gestaltungsspielraum beruhen. Verstoßen diese dann gegen Art. 14 GG, gilt das Gesetz letztlich nur in dem Kern, der europarechtlich gefordert ist. Der nationale Gesetzgeber muss innerhalb des ihm vom Unionsrecht eingeräumten Spielraums die mildeste, vom Unionsrecht als mindestens umzusetzende Norm geforderte Möglichkeit wählen.

Von diesem Fall sind auch die Fälle der Inländerdiskriminierungen zu unterscheiden. Bei der Inländerdiskriminierung verbietet das EU-Recht eine Regelung für EU-Ausländer, während die gleiche Regelung für die eigenen Staatsbürger nach dem nationalen Recht zulässig ist.[1378] Dann stellt sich die Frage, ob die Rechtslage der EU sich auf die nationale Wertung auswirkt.[1379] Im Unterschied zu den Fällen der Inländerdiskriminierungen führte die Einwirkung des EU-Rechts auf die nationale Rechtsordnung im Falle des StaRUGs zu einer Freiheitseinschränkung. Bei den Inländerdiskriminierungen wirkt sich das Unionsrecht auf das nationale Recht freiheitserweiternd aus.[1380]

bb) Abwägung

Jedoch steht dieses Problem dahin, weil auch die Unionsgrundrechte eine umfassende Angemessenheitsprüfung samt Abwägung der betroffenen Grundrechte mit dem geförderten Gemeinwohlziel verlangen.[1381]

Zunächst spricht der Wortlaut von Art. 52 Abs. 1 S. 2 GRCh für diese Auslegung. Die Norm erlaubt Einschränkungen nur, »wenn sie erforderlich sind« und dem Grundsatz der Verhältnismäßigkeit entsprechen.[1382] Außerdem sollen Unionsgrundrechte dem Unionsbürger einen Raum an Freiheit bewahren, der dem Zugriff der hoheitlichen

1378 *Riese/Noll*, NVwZ 2007, 516 (516 f.).

1379 *Epiney*, Diskriminierungen, S. 375; *Fastenrath*, JZ 1987, 170 (178); *Riese/Noll*, NVwZ 2007, 516 (520).

1380 Vgl. *Epiney*, Diskriminierungen, S. 345.

1381 Jarass/*Jarass*, Art. 52, Rn. 36; Callies/Ruffert/*Kingreen*, Art. 52 GRCh, Rn. 70 f.; Meyer/Hölscheidt/*Schwerdtfeger*, Art. 52 GRCh, Rn. 37 f.

1382 Vgl. auch FK-KommentarEUV/GRC/AEUV/*Pache*, Art. 52 GRCh, Rn. 30, der bei der Verhältnismäßigkeitsprüfung des EuGH einen Wandel von einer Vertretbarkeitsprüfung zu einer strengen Verhältnismäßigkeitsprüfung beobachtet und diesen Wandel auch der Kodifizierung des Art. 52 Abs. 1 S. 2 GRCh zuschreibt.

Macht der Europäischen Union entzogen ist.[1383] Die Grundrechte schützen die Freiheit der Bürger stärker, je höher die Anforderungen an ihre Einschränkung sind. Muss sich ein Gesetz nur eignen, ein Gemeinwohlziel zu fördern, ist der Grundrechtsschutz stark beschränkt. Denn dann kann der Normgeber dem Bürger abseits der Wesensgehaltsgarantie unabhängig von den konkreten Umständen jede schwere Belastung auferlegen, solange er damit nur zumindest in irgendeiner Weide das Gemeinwohlziel fördert. Der Grundrechtsschutz würde entwertet.

Der Restrukturierungsplan ist den gleichen Bedenken ausgesetzt, denen auch der Insolvenzplan ausgesetzt ist. Er verstößt aus ähnlichen Gründen gegen Art. 16 Abs. 1 GRCh, aus denen auch der Insolvenzplan und eine verfassungskonforme Auslegung des Insolvenzplans gegen Art. 14 GG verstoßen. Im Vergleich zum Insolvenzplan verstößt der Restrukturierungsplan in verschärfter Weise gegen die Eigentumsfreiheit.[1384]

Das Grundproblem bleibt dabei die Umverteilung der Verfügungsbefugnis über die Forderungen der Minderheit. Ihre Umverteilung beruht auf dem Willen der Abstimmungsmehrheit, die dadurch ihre eigenen privaten Interessen verfolgt.[1385] Im Gegensatz zum Insolvenzplan ist die Umverteilung der Verfügungsbefugnis zur Verfolgung der privaten Interessen der Abstimmungsmehrheit nicht mehr Ziel, sondern »nur noch« unmittelbare Wirkung eines Restrukturierungsplans. Darüber hinaus erweitert sich der Kreis der möglichen Nutznießer. Während beim Insolvenzplan die Abstimmungsmehrheit den Nutzen aus dem Plan zu Lasten der Minderheit zieht, können beim Restrukturierungsplan die nicht planbetroffenen Gläubiger, der Schuldner oder dessen Anteilsinhaber einen Nutzen aus der Restrukturierung zu Lasten der Minderheit ziehen.

Dieses Grundproblem kann sich beim Restrukturierungsplan in verschiedenen Formen niederschlagen. Dabei verstoßen alle diese Fälle gegen Art. 16 GRCh. Die Verstöße haben jedoch unterschiedliche Umstände.

(1) Volkwirtschaftlich sinnvolle, bestmögliche Sanierung

Zunächst ist ein Restrukturierungsplan denkbar, durch den sich ein Unternehmen saniert. Die Sanierung an sich ist aus verschiedenen Gründen volkswirtschaftlich sinnvoll. Sie erhält Arbeitsplätze und das Unternehmen erzielt am Markt auf Dauer Gewinne. Ebenso sind die konkret gewählten Gestaltungen des Restrukturierungsplans sinnvoll. Es handelt sich volkswirtschaftlich um die beste Sanierungsalternative. Fast allen Gläubigern kommt der Plan zugute. Sie begrüßen den Erhalt des Unternehmens, um in Zukunft mit ihm Geschäftsbeziehungen zu unterhalten. Im Übrigen verspricht der Plan eine Befriedigungsquote, die über die erwartete Insolvenzquote hinausgeht. Ausschließlich ein Lieferant wehrt sich gegen den Plan. Die Stundung seiner Forderung bringt ihn voraussichtlich selbst in Zahlungsschwierigkeiten. Seine Gruppe überstimmt ihn.

Eine solche Sanierung verfolgt und erreicht die Sanierung des Unternehmens. Dies ist gut für die Wirtschaft als Ganzes. Sie erreicht damit ihr Allgemeinwohlziel. Sie

1383 Vgl. FK-KommentarEUV/GRC/AEUV/*Pache*, Art. 52 GRC, Rn. 28 ff.

1384 Dagegen siehe unten S. 176, 182.

1385 Vgl. für Beispiele, in denen sich die Interessen besonderer Gruppen auf strategische Art und Weise mit Hilfe eines Restrukturierungsrahmens durchsetzen lassen: *Balthasar*, ZHR 183 2019, 662 (685 ff.).

erreicht ihr Ziel jedoch auf dem Rücken eines Privaten, der die Lasten trägt.[1386] Nun tragen auch die anderen Gläubiger zur Sanierung bei. Für sie überwiegen jedoch die Vorteile, die ihnen durch die Sanierung zukommen. Allein wegen dieser Vorteile begrüßen sie die Sanierung.

Es überzeugt nicht, ein Allgemeinwohlziel einseitig zu Lasten eines Privaten zu verfolgen.[1387] Vor allem stimmen die anderen Gläubiger nicht für den Plan, weil sie das Gemeinwohlziel erreichen wollen. Sie stimmen für den Plan, weil er ihnen selbst nützt. Tatsächlich verliert der Minderheitengläubiger[1388] seine Verfügungsbefugnis nicht, weil die Sanierung die Volkswirtschaft fördert. Er verliert sie, weil die anderen Gläubiger ihren eigenen privaten Nutzen steigern. Das ergibt sich auch aus einer Gegenprobe. Denkbar ist eine Sanierung, die insgesamt volkswirtschaftlich sinnvoll ist. Das Unternehmen bliebe erhalten und erwirtschaftete Gewinne. Aber die maßgeblichen Gläubiger sind ebenso an einem Konkurrenzunternehmen beteiligt oder unterhalten zu ihm Beziehungen. Aus diesem Grund wollen sie das drohend zahlungsunfähige Unternehmen nicht sanieren. Dann scheitert der Restrukturierungsplan, obwohl er volkswirtschaftlich sinnvoll wäre. Die Abstimmungsmehrheit hat es folglich immer in der Hand, ihre private Bereicherung zur notwendigen Bedingung für die Annahme eines Restrukturierungsplans zu machen. Das eigentliche Gemeinwohlziel ist daher nicht treibende Kraft für dessen eigenen Eintritt.

(2) Volkwirtschaftlich sinnvolle Sanierung bei Auswahl zwischen zwei Möglichkeiten

Der erste Fall zeigt auf, in welchem Verhältnis die Verfolgung des Allgemeinwohlziels zum Nutzen und zu den Lasten der privaten Beteiligten steht.

Der Fall lässt sich verschärfen. Denn in dem gerade gebildeten Beispiel ist die konkrete Sanierung aus volkswirtschaftlicher Perspektive die beste. Zumindest von der Warte des Allgemeinwohlziels aus ist es daher eindeutig, diese Sanierungsmöglichkeit auszuwählen. Nun kann es jedoch auch Unternehmen geben, bei denen verschiedene Sanierungsmöglichkeiten in Betracht kommen. Volkswirtschaftlich können diese Möglichkeiten gleich sinnvoll sein. Sie unterscheiden sich jedoch dahingehend, welcher private Beteiligte den Nutzen zieht. So verhält es sich zum Beispiel, wenn zwei Gläubiger jeweils durch einen debt-equity-swap ihre Forderungen in Gesellschaftsanteile umwandeln lassen möchten. Beide Gläubiger sind mit den gleichen Bedingungen einverstanden, sie wollen jedoch jeweils ausschließlich Alleininhaber werden. Eine Zusammenarbeit mit dem jeweils anderen Gläubiger schließen sie wegen persönlicher Streitigkeiten untereinander aus. In diesem Beispiel kann der Planersteller für die Auswahl des zukünftigen Alleininhabers kein wirtschaftliches Unterscheidungsmerkmal heranziehen. Seine Auswahl erfolgt entweder durch einen Zufallsentscheid oder

1386 Aus diesem Grund eine Verfassungswidrigkeit wegen eines Verstoßes gegen Art. 14 GG andenkend *Ganter*, FS Wimmer, 187 (215), der den Verstoß jedoch nicht vom konkreten Zeitpunkt, sondern von der verfahrensrechtlichen Einkleidung abhängig macht (214 f.).

1387 Vgl. *Hoffmann*, Prioritätsgrundsatz, S. 211.

1388 *Ganter*, FS Wimmer, 187 (217) sieht dabei vor allem die ungesicherten Gläubiger in einer benachteiligten Lage.

aufgrund persönlicher Vorliebe des Planerstellers. Dabei ist die zweite Variante die Wahrscheinlichere.

Der Fall mag nicht besonders realistisch sein. Er zeigt dennoch ein Problem des Planerstellers auf. In vielen Fällen kann es verschiedene Möglichkeiten für die Sanierung eines Unternehmens geben. Je nach Auswahlmöglichkeit ziehen andere Private ihren Nutzen und andere Private tragen die Lasten. Wenn diese Auswahlmöglichkeiten volkswirtschaftlich vergleichbar sinnvoll sind, entscheidet im besten Falle der Zufall über das Schicksal der Privaten. Im schlimmsten Fall entscheidet die persönliche Vorliebe des Planerstellers.

Das Problem stellt sich auch nicht ausschließlich bei Planerstellern, die aufgrund persönlicher Vorlieben den Plan zugunsten des einen Gläubigers und nicht zugunsten des anderen ausfallen lassen. Denn das dahinterliegende Problem ist die Handlungspflicht des Planerstellers. Es gibt keine eindeutige und klare Handlungspflicht des Planerstellers. Zwischen vergleichbar volkswirtschaftlich sinnvollen Alternativen gibt das Gesetz ihm keine Pflicht auf, welche Sanierungsvariante er wählen soll.

Dieses Problem besteht für den Insolvenzverwalter bei Erstellung des Insolvenzplans. Dienen verschiedene mögliche Insolvenzpläne unterschiedlichen privaten Interessen, gibt es kein angemessenes Auswahlkriterium. Beim Insolvenzplan entsteht dieses Problem aus dem Zweck des Plans, der Befriedigung der Gläubiger zu dienen. Da Befriedigung beim Insolvenzplan neben der Befriedigungsquote auch sonstige wirtschaftliche Vorteile meint, kann es unterschiedliche Pläne geben, die unterschiedliche Vorteile für unterschiedliche Beteiligte versprechen. Jede Auswahl zwischen diesen kann sich nicht rechtfertigen. Der Insolvenzverwalter obliegt damit keiner bestimmbaren Handlungspflicht. Er ist in Bezug auf die Handlung – zu der er verpflichtet ist – orientierungslos.[1389]

Beim Restrukturierungsplan ist dieses Problem größer.[1390] Erstens führt der Insolvenzverwalter ein Amt aus. Die unklare Pflichtenbindung des Verwalters führt damit vermutlich »nur« zur willkürlichen Auswahl eines Insolvenzplans unter verschiedenen Auswahlmöglichkeiten. Die konkrete Auswahl des Insolvenzplans erfolgt also mehr oder weniger zufällig. Wenn die Gläubigerversammlung ihn gemäß § 157 S. 2 InsO zur Ausarbeitung eines Plans beauftragt, muss der Verwalter »eben« irgendeinen Plan auswählen und zur Wahl stellen. Er hat dabei jedoch im Zweifel keine persönliche Vorliebe, welcher Private unter mehreren möglichen seinen Nutzen ziehen soll. Beim Restrukturierungsplan führt der Planersteller jedoch kein vergleichbares Amt aus. Der Planersteller ist entweder der Schuldner selbst oder das Leitungsorgan des Schuldners. Diese Personen haben eigene private Interessen, von denen sie sich leiten lassen.[1391]

1389 Vgl. zum Problem der »too many masters«: *Kuntz,* ZIP 2020, 2423 (2423); ebenso *Jungmann,* ZRI 2021, 209 (222).

1390 Vgl. zur Gefahr einer unklaren Pflichtenbindung *Jungmann,* ZRI 2021, 209 (220 ff.).

1391 Leschke, Geschäftsleiteropportunismus, S. 254; vgl. in dieser Richtung auch *Thole,* ZIP 2017, 101 (103), der »Missbrauch und ein jedenfalls zweckwidrige[n] Einsatz des Restrukturierungsverfahrens zum Zwecke der eigenen Enthaftung« für möglich hält; vgl. *Bulgrin,* Insolvenz, S. 16 f., der die strategische Insolvenz grundsätzlich für zulässig erachtet; ebenso *Brosent,* Insolvenzen, S. 166, die ein Insolvenzverfahren für rechtsmissbräuchlich ansieht, wenn es ausschließlich der gesellschaftsrechtlichen Umstrukturierung dient; vgl. auch *Frind,* ZRI 2024, 410 (410 f.).

Die Entscheidung zwischen vergleichbaren Möglichkeiten ist dann also im Zweifel nicht mehr »nur« willkürlich.[1392] Sie beruht auf eigenen Interessen des Planerstellers.[1393]

Darüber hinaus vergrößert das StaRUG im Vergleich zur Insolvenzordnung den Entscheidungsspielraum des Planerstellers. Das StaRUG bietet damit deutlich mehr Möglichkeiten für den Planersteller, über den Nutzen eines Plans für konkrete Beteiligte zu entscheiden.[1394]

Den größten Freiraum verschafft § 8 StaRUG dem Planersteller.[1395] So sind Fälle denkbar, bei denen die Einbeziehung aller Gläubiger unwirtschaftlich ist. Denn die Einbeziehung von Gläubigern verursacht Kosten. Der Schuldner muss die Gläubiger benachrichtigen und mit Ihnen in Verhandlungen eintreten. Dann kann es wirtschaftlich sein, nicht auf alle gleichrangigen Gläubiger zuzukommen. Gesteht das Gesetz dem Schuldner bei der Auswahl der Gläubiger in solchen Fällen einen Spielraum zu, welche Gläubiger er unter mehreren denkbaren Varianten konkret auswählt, ist dieser Spielraum ein Raum, in dem die Pflichtenbindung für den Planersteller unklar ist und den dieser ebenso aufgrund eigener persönlicher Interessen nutzen kann.

Dieser Spielraum vergrößert sich durch § 29 Abs. 1 StaRUG. Das Ziel der Sanierung ist die nachhaltige Beseitigung der drohenden Zahlungsunfähigkeit. Es geht daher nicht nur um die Beseitigung der gegenwärtigen drohenden Zahlungsunfähigkeit. Die Sanierung soll die drohende Zahlungsunfähigkeit des Unternehmens auch zumindest für eine gewisse Dauer für die Zukunft bannen. Es besteht keine gesetzlich eindeutige Bestimmung, wann die drohende Zahlungsunfähigkeit nachhaltig beseitigt ist. Aus § 33 Abs. 2 S. 3 StaRUG lässt sich der Zeitraum etwas eingrenzen. Die Literatur geht davon aus, ein Unternehmen dürfe in der Regel für 3 Jahre nach der Bestätigung des Plans nicht drohend zahlungsunfähig werden.[1396] Daher ist es an sich nachvollziehbar, wenn der Plan noch nicht fällige Forderungen gestaltet. Auch wenn Forderungen erst nach Eintritt der Zahlungsunfähigkeit fällig würden, verhindert ihre Stundung oder Kürzung das Wiederkehren der drohenden Zahlungsunfähigkeit und dient damit der nachhaltigen Beseitigung der drohenden Zahlungsunfähigkeit. Diese Ausweitung des Ziels der Sanierung weist dem Planersteller jedoch wiederum einen Spielraum zu.

1392 Vgl. *Landfermann*, FS Wimmer, 408 (428), der in Bezug auf den Richtlinienentwurf die »Eingriffsmöglichkeiten als sehr weitgehend und als missbrauchsanfällig« erachtet; vgl. *Geiwitz/Heidenfelder*, NZI-Beilage 2017, 22 (22).

1393 Leschke, Geschäftsleiteropportunismus, S. 254; *Frind*, ZRI 2025, 445 (452) spricht von »manipulative[r] Gruppenbildung«; vgl. auch *Frind*, ZRI 2024, 410 (410 f.); vgl. in Bezug auf die Unsicherheit der Prognose im Rahmen der drohenden Zahlungsunfähigkeit: *Hommel*, ZfB 1998, 297 (301), der von »manipulationsanfällige[n] Kalküle[n]« spricht; *Neuberger*, ZIP 2019, 1549 (1550) »Deshalb bieten Prognosen Spielräume, und wenn Spielräume bestehen, werden diese genutzt.«; siehe auch in Bezug auf Manipulationsmöglichkeiten im Rahmen des Insolvenzplanverfahrens *Frind*, NZI 2007, 374 (374 ff.).

1394 *Kuntz*, ZIP 2020, 2423 (2423); ebenso *Jungmann*, ZRI 2021, 209 (222), der bei einer unklaren Pflichtenbindung die Gefahr sieht, dass »Geschäftsleiter ohne Haftungsrisiken agieren könnten, weil sich immer argumentieren ließe, für die Bevorzugung irgendwelcher Interessen habe es einen sachgerechten Grund gegeben.«

1395 Den Freiraum bezeichnet in Bezug auf den Richtlinienentwurf *Ganter*, FS Wimmer, 187 (217) als »[s]chwer hinnehmbar«.

1396 BeckOKStaRUG/*Kramer*, § 33, Stand: 01.07.2024, Rn. 49.

Denn er entscheidet in einem gewissen Rahmen, welche Gestaltungen von Forderungen für die nachhaltige Beseitigung notwendig sind und welche nicht. Je weiter die ursprüngliche Fälligkeit solcher Forderungen in der Zukunft liegt, desto weniger verlässlich lässt sich die Zukunft vorhersagen.[1397] Daher beruht die Gestaltung solcher Forderungen stark auf dem Willen des Planerstellers.[1398] Dieser muss sich wiederum nicht immer von Gemeinwohlerwägungen, sondern von seinen eigenen Interessen leiten lassen.

Das Ermessen des Schuldners ist dabei im Zusammenhang mit den Regeln zur absoluten Priorität nach §§ 27 Abs. 1, 28 Abs. 1 StaRUG zu sehen. Die §§ 26 ff. StaRUG sollen gleich dem Obstruktionsverbot gemäß § 245 InsO dem Schutz von Gruppen dienen, die den Plan ablehnen. Dieser Schutz bezieht sich sowieso nur auf den Wert des Rechts und nicht auf die Interessen der Gläubiger. Sogar dieser Wertschutz erfährt jedoch Durchbrechungen. Zunächst betrifft dies das Verhältnis von Gläubigern zu Gläubigern, die in der Insolvenz den gleichen Befriedigungsrang teilen. Sie dürfen gemäß § 27 Abs. 1 Nr. 3 StaRUG grundsätzlich keine Besserstellung gegenüber den Gläubigern der überstimmten Gruppe erfahren. In diesem Verhältnis ist für § 27 Abs. 1 Nr. 3 StaRUG richtiger Weise vom Besserstellungsverbot zu sprechen. Dieses Besserstellungsverbot erfährt im Verhältnis zu gleichrangigen planbetroffenen Gläubigern durch § 28 Abs. 1 StaRUG eine Durchbrechung.[1399] Damit ist es an sich möglich, gleichrangigen Gläubigern ungleiche Werte zukommen zu lassen. Dieser Spielraum macht es erneut möglich, privaten Interessen zur Durchsetzung zu verhelfen. Die Durchbrechung des Besserstellungsverbots findet dabei auch durch das Ermessen in § 8 StaRUG statt.

Der Schutz überstimmter Gläubiger gilt darüber hinaus auch gegenüber nachrangigen Beteiligten nicht uneingeschränkt. Im Fall des AG Köln aus dem Jahr 2021 gestaltete ein Restrukturierungsplan ausschließlich die Gläubiger eines Konsortialkredits.[1400] Die Anteilsrechte der Anteilsinhaber blieben unberührt. Das Gericht wertete dies als sachgerecht im Sinne des § 8 StaRUG.[1401]

All dies schafft Spielräume, die der Planersteller nutzen kann. Dienen verschiedene mögliche Restrukturierungspläne in vergleichbarem Maße der Sanierung des Unternehmens, gibt der Zweck des Gesetzes dem Planersteller keine eindeutige Anweisung, welchen Plan er zur Abstimmung vorlegen soll.[1402] In solchen Fällen ist die Auswahl eines Plans willkürlich und nicht durch den Gesetzeszweck gerechtfertigt. Im schlimmsten Fall entscheidet der Planersteller aufgrund eigener privater Interessen.

1397 Vgl. *Ganter*, FS Wimmer, 187 (216).

1398 Vgl. zur Gefahr der Erstellung einer Prognose, die den eigenen Interessen dient: *Goette*, DStR 2016, 1752 (1752): »[D]ie Beteiligten [dürfen] sich nicht von Wunschvorstellungen leiten lassen […].«

1399 *Klostermann*, Vorrang, S. 103 f.

1400 AG Köln, NZI 2021, 433.

1401 AG Köln, NZI 2021, 433 (434, Rn. 15).

1402 Aus diesem Grund überzeugt es auch nicht, nach *Bulgrin*, Insolvenz, S. 17 Umverteilungen im Rahmen eines Plans als rechtmissbräuchlich anzusehen, sofern sie nicht die bestmögliche Befriedigung zum Zweck haben. Denn die bestmögliche Befriedigung ist kein bestimmbares Kriterium, S. 112 ff.

(3) Wahl der volkswirtschaftlich nicht optimalen Sanierung innerhalb der Grenzen des StaRUG

Dieser Spielraum für den Einfluss privater Interessen besteht jedoch nicht nur in Fällen, in denen verschiedene volkswirtschaftlich gleich sinnvolle Sanierungsmöglichkeiten zur Auswahl stehen. Der Spielraum besteht auch, wenn der Planersteller bewusst oder unbewusst nicht die volkswirtschaftlich sinnvollste Sanierungsmöglichkeit wählt.

Denn das StaRUG kennt keine Normen, die die bestmögliche Sanierung zugunsten der Volkswirtschaft sicherstellen. Daher scheitern Pläne auch in den Fällen nicht, in denen es sinnvollere Möglichkeiten zur Sanierung gab. Sie scheitern nur innerhalb der Grenzen der §§ 63, 64 StaRUG. Bekanntlich gibt es keinen Anspruch auf einen besseren Plan.

Dies zeigt, was für eine geringe Bedeutung das Allgemeinwohlziel in der tatsächlichen Ausgestaltung des StaRUG hat. Das Gesetz soll ein Unternehmen zugunsten der Volkswirtschaft erhalten. Tatsächlich ermächtigt es jedoch einen privaten Planersteller und eine private Abstimmungsmehrheit innerhalb eines gewissen Rahmens, ihre Interessen zu Lasten einer Abstimmungsminderheit durchzusetzen.[1403] Die Abstimmungsminderheit verliert die Verfügungsbefugnis über ihre Forderung.

(4) Eingriffsschwere im Vergleich zum Insolvenzplan

Aus diesen Gründen leuchtet es auch nicht ein, wenn *Madaus*[1404] und ihm folgend *Singer*[1405] dem StaRUG oder zumindest der Stundungsmöglichkeit im Rahmen eines Vertragshilfemodells zuschreiben, weniger intensiv in die Eigentumsfreiheit der Gläubiger einzugreifen.[1406] Ein teilkollektiver Restrukturierungsrahmen verzichte auf Eingriffe in die Rechte aller Gläubiger und beschränke sich auf einige wenige notwendige Gestaltungen.[1407] Zwar mögen in der Tat durch einen Restrukturierungsplan zahlenmäßig weniger Eingriffe als durch den Insolvenzplan erfolgen. Für die betroffenen Gläubiger führen das Auswahlermessen des Schuldners und die Teilkollektivität des Restrukturierungsplan jedoch nicht zu einer geringeren Belastung.[1408] Das Gegenteil ist der Fall.[1409]

1403 Vgl. auch in diesem Sinne *Korch*, ZHR 182 2018, 440 (479): »Zusammenfassend verhindert der Vorschlag eine wirksame Kontrolle der Sanierungswürdigkeit im Wege der Gläubigerentscheidung.«

1404 Zum Vertragshilfenmodell: *Madaus*, DB 2019, 592 (597).

1405 *Singer*, Restrukturierungsrahmen, S. 191.

1406 *Brinkmann*, FS Karsten Schmidt I, 153 (155): »Vor diesem Hintergrund kann von einer übermäßigen oder unverhältnismäßigen Belastung des Gläubigers nicht die Rede sein«; Wegen der Teilkollektivität des Plans eine höhere Rechtfertigungslast annehmend: *Westpfahl*, ZRI 2020, 157 (161).

1407 *Flöther*, ZInsO 2019, 1582 (1584 ff.); *Fritz/Scholtis*, BB 2019, 2051, (2053); *Hoegen/Kranz*, NZI-Beilage 2019, 53 (54 f.); *Hölzle*, ZIP 2020, 585 (586); *Madaus*, DB 2019, 592 (594 f.); *Skauradszun*, KTS 2019, 161 (192); *Haarmeyer/Lissner/Rombach*, ZInsO 2021, 368 (372 f.) empfinden die Instrumente als nicht weitgehend genug.

1408 Vgl. wohl auch in diese Richtung: *Eckelt*, Restrukturierungsrahmen, S. 810 f.

1409 Auch *Zipperer*, ZInsO 2016, 831 (835) hat erhebliche Bedenken bezüglich der Verhältnismäßigkeit; keine wesentlichen Unterschiede ausmachend: *Bork*, ZRI 2021, 345 (358): »Im Ergebnis wird man daher sagen können, dass das Schutzniveau für das Restrukturierungsplanverfahren in etwa dem des Insolvenzverfahrens entspricht, dass es aber einige Abweichungen gibt, die den Gläubigerschutz insgesamt ein klein wenig reduzieren.«

Denn erstens kann sich der zu leistende Beitrag erhöhen, wenn der Restrukturierungsplan die notwendigen Kürzungen auf einige wenige Gläubiger aufteilt.[1410] Dies mag zwar bei einer Gesamtbetrachtung wirtschaftlich sein, weil der Schuldner sich so andere Kosten spart. Der Schuldner muss die ausgesparten Gläubiger nicht kontaktieren und sich mit ihnen nicht auseinandersetzen. Dadurch kann es wirtschaftlich sein, sich im Restrukturierungsplan auf die Gestaltung weniger zentraler Gläubiger zu beschränken. Für diese kann dadurch jedoch der Beitrag steigen.

Zweitens entsteht dadurch eine Ungleichheit. Manche Gläubiger müssen eine Gestaltung ihres Anspruchs zur Sanierung des Schuldners hinnehmen. Andere müssen das nicht.[1411] Dadurch bleiben nicht nur ihre Forderungen verschont. Denn die Sanierung fördert die Zahlungsfähigkeit des Schuldners. Die verschonten Gläubiger haben nach der Sanierung also zusätzlich eine höhere Wahrscheinlichkeit auf die vollständige Erfüllung ihrer Forderung.[1412]

Drittens findet die Sanierung unter Umweltbedingungen statt, die im Vergleich zum Insolvenzplan die Intensität des Eingriffs erhöhen. Materielle Voraussetzung des Restrukturierungsplans ist die drohende Zahlungsunfähigkeit. Zu diesem Zeitpunkt ist der Schuldner noch vermögender als zu den Zeitpunkten der Überschuldung oder der Zahlungsunfähigkeit.[1413] Im Vergleich zu Plänen zu diesen Zeitpunkten wirkt der Eingriff daher schwerer.

Dieses Argument trägt auch gegenüber Insolvenzplänen, die ihrerseits zum Zeitpunkt der drohenden Zahlungsunfähigkeit entstehen. Der Restrukturierungsplan unterscheidet sich auch von solchen Insolvenzplänen in zweierlei Hinsicht. Erstens prüft das Gericht beim Insolvenzplan die drohende Zahlungsunfähigkeit vollumfänglich.[1414] Nach § 63 Abs. 1 Nr. 1 StaRUG versagt das Gericht die Bestätigung eines Restrukturierungsplans, wenn der Schuldner nicht drohend zahlungsunfähig ist. Zumindest bei der Bestätigung des Plans geht es also zugunsten der Bestätigung des Plans aus, wenn der Schuldner nicht mit Sicherheit drohend zahlungsunfähig ist. Zweitens unterscheidet sich beim Restrukturierungsplan die Kenntnis der Gläubiger und der beteiligten Subjekte über das Vermögen des Schuldners von der Kenntnis über das Vermögen des Schuldners in einem Insolvenzverfahren. Denn im Insolvenzverfahren hat ein Insolvenzverwalter das Vermögen gesichtet. Die Verwertung liegt als zwingende Alternative näher und entsprechend prüft der Verwalter den Wert des Vermögens. Beim Restrukturierungsplan findet eine entsprechende Prüfung und Einschätzung der Liquidation nicht in gleicher Tiefe statt.[1415] Bei Insolvenzverfahren in Eigenverwal-

1410 *Distler*, ZIP 2021, 1033 (1039).

1411 *Westpfahl*, ZRI 2020, 157 (161).

1412 *Distler*, ZIP 2021, 1033 (1039).

1413 Vgl. auch *Schäfer*, ZIP 2020, 2164 (2166), der in Bezug auf den Eingriff in Gesellschaftsanteile anzweifelt, ob im Zeitpunkt der drohenden Zahlungsunfähigkeit von einer Entwertung der Anteile ausgegangen werden kann; ebenso *Proske/Streit*, NZI 2020, 969 (970).

1414 *Zipperer*, ZInsO 2016, 831 (835) stellt auch auf die gerichtliche Feststellung der drohenden Zahlungsunfähigkeit als einen wesentlichen Aspekt für die Rechtfertigung von Eingriffen in die Gläubigerrechte ab.

1415 Vgl. *Ganter*, FS Wimmer, 187 (214 ff.), der die Rechtfertigung von Eingriffen von der verfahrensrechtlichen Einkleidung und Prüfung abhängig macht.

tung oder der Bestellung eines Restrukturierungsbeauftragten in einer Restrukturierungssache verringern sich zwar diese Unterschiede.[1416] Nichtsdestotrotz müssen umso strengere Anforderungen für einen Plan gelten, je weiter zeitlich entfernt die Liquidation und je uneinsichtiger die Wertentwicklung der Forderung für den Fall der Liquidation ist.[1417]

Darüber hinaus wäre es widersprüchlich, die Eingriffe des Restrukturierungsplans mit den Eingriffen eines Insolvenzplans zum Zeitpunkt der drohenden Zahlungsunfähigkeit zu begründen. Denn die Sanierung durch einen Restrukturierungsplan bezweckt für den Schuldner gerade, kein Insolvenzverfahren in Anspruch nehmen zu müssen. Wenn es der Vermeidung eines Insolvenzverfahrens dient, überzeugt es nicht, dieses als Alternative heranzuziehen.

1416 Vgl. *Desch,* BB 2020, 2498 (2509 f.): Der Beauftragte könne »letztlich das Profil eines Sachwalters in Eigenverwaltungsverfahren« haben.

1417 *Ganter*, FS Wimmer, 187 (216); vgl. *Schäfer,* ZIP 2020, 2164 (2166 f.).

Zusammenfassung

Insolvenz- und Restrukturierungspläne können die Forderungen von Gläubigern gestalten. Stunden sie die Forderungen der Gläubiger, weisen sie damit den betroffenen Gläubigern ihre subjektiven Rechte neu zu. Sie bestimmen, welches Recht ein Gläubiger gegenüber dem Schuldner hat. Entscheidende Voraussetzung dafür ist, dass eine Abstimmungsmehrheit den Plan begrüßt und für ihn stimmt. Insolvenz- und Restrukturierungspläne entfalten ihre Wirkung auch dann, wenn ein einzelner Minderheitengläubiger oder eine überstimmte Gläubigergruppe dies nicht will und die Gestaltung ablehnt. Diese Wirkung von Insolvenz- und Restrukturierungsplänen lässt sich nicht stimmig in das geltende Privatrecht einfügen und verstößt gegen Grundrechte.

Bei der Stundung einer Forderung handelt es sich um eine Verfügung über diese. Der Plan entfaltet seine Wirkung nur, wenn eine Abstimmungsmehrheit ihn annimmt. Daher verfügt die Abstimmungsmehrheit über die Forderungen der Abstimmungsminderheit. Es findet sich im geltenden Privatrecht kein Geltungsgrund, auf dem diese Befugnis der Abstimmungsmehrheit aufbaut.

Der Mehrheitsentscheid rechtfertigt sich nicht durch die Insolvenz des Schuldners. Die Insolvenz des Schuldners führt zur Geltung des Gleichbehandlungsgrundsatzes. Der Gleichbehandlungsgrundsatz ordnet die anteilige Erfüllung von Forderungen an. Er weist dadurch den Gläubigern ihre Forderungen in Bezug auf die Höhe neu zu. Der Gleichbehandlungsgrundsatz rechtfertigt sich ausschließlich durch die grundsätzliche Gleichheit der Privatrechtssubjekte.

Der Gleichbehandlungsgrundsatz übernimmt damit in einem Regelinsolvenzverfahren die gleiche Rolle wie die Pläne in einem Insolvenzplanverfahren und in einer Restrukturierungssache. Es geht jeweils darum, welche subjektiven Rechte die Rechtsordnung den Gläubigern zuweist. Dabei unterscheiden sich der Gleichbehandlungsgrundsatz und die Pläne jedoch in ihrer Wirkung[1418] und ihrem Geltungsgrund.[1419]

Der Gleichbehandlungsgrundsatz weist den Gläubigern ihre Forderungen in einer neuen Höhe zu. Er erschöpft sich darin, die Haftungsmasse anteilig aufzuteilen, sodass die fälligen Forderungen die Haftungsmasse nicht übersteigen. Der schonende und wirtschaftliche Umgang mit der Haftungsmasse beruht nicht auf dem Gleichbehandlungsgrundsatz. Der schonende und wirtschaftliche Umgang ist Zweck des Verfahrensrechts der Insolvenzordnung. Der Gleichbehandlungsgrundsatz bestimmt nur die Höhe der Forderungen. Das Verfahrensrecht dient dann der Verwirklichung der Forderungen, indem der Insolvenzverwalter das Vermögen des Schuldners verwertet und mit dem Erlös die Forderungen der Gläubiger im Sinne von § 362 Abs. 1 BGB bewirkt und erfüllt. Ein Plan hat nicht die gleiche Wirkung. Zum einen lassen die Gestaltungsmöglichkeiten der Pläne in deutlich höherem Maße als der Gleichbehandlungsgrundsatz die unterschiedliche Behandlung von Forderungen zu. Außerdem passt ein Plan nicht nur die Höhe der Forderungen an die bestehende Haftungsmasse anteilig zu

1418 Siehe S. 32, 34.
1419 Siehe S. 36.

den anderen Forderungen an. Er kann die Forderung gestalten, zum Beispiel stunden. Stundet ein Plan eine Forderung, zum Beispiel um dadurch das Unternehmen sanieren zu können, bewirkt dies nicht die Forderung. Es kommt nicht zu einer Bewirkung des geschuldeten Leistungserfolgs im Sinne von § 362 Abs. 1 BGB, sondern zu einer inhaltlichen Änderung der Forderung, indem der Plan den Fälligkeitszeitpunkt verändert. Die Stundung einer Forderung ist nicht deren Erfüllung. Daher ist auch die Vorstellung abzulehnen, beide Verfahren dienten der Verwirklichung der Vermögenshaftung und seien nur zwei gleichwertige Formen der Verwertung. Die Auswahl zwischen ihnen sei nur eine Frage der wirtschaftlichen Effizienz. Die Verfahren führen zu anderen Wirkungen. Das Regelinsolvenzverfahren führt zur Bewirkung der Forderungen. Ein Planverfahren führt zur Verfügung über die Forderungen.

Die unterschiedlichen Wirkungen beruhen auf unterschiedlichen Geltungsgründen, denen die Zuweisungsmaßstäbe der jeweiligen Verfahren dienen. Der Gleichbehandlungsgrundsatz rechtfertigt sich ausschließlich durch die grundsätzliche Gleichheit der Privatrechtssubjekte. Sein Zweck besteht nicht darin, die Haftungsmasse zu mehren. Er beruht in keiner Weise auf wirtschaftlichen Erwägungen. Darin unterscheiden sich der Gleichbehandlungsgrundsatz und die Gestaltungsmöglichkeiten der Pläne. Die Pläne weisen den Gläubigern ihre Forderungen deshalb neu zu, weil die Abstimmungsmehrheit diesen Plan will und für ihn stimmt. Im Zweifel will die Abstimmungsmehrheit einen Plan, weil er für die Gläubiger der Abstimmungsmehrheit bei einer Gesamtbetrachtung ihrer wirtschaftlichen Lage vorteilhaft ist. Sie versprechen sich zum Beispiel von dem Plan, auf Dauer insgesamt einen höheren Geldzufluss als ohne Plan zu erhalten oder von sonstigen wirtschaftlichen Vorteilen einen Nutzen zu ziehen, wie beispielsweise dem Erhalt einer Geschäftsbeziehung. Der inhaltliche Geltungsgrund für die Veränderung der Gläubigerforderungen ist daher aber – anders als für den Gleichbehandlungsgrundsatz – nicht die Gleichheit der Gläubiger. Der inhaltliche Geltungsgrund ist der Wille der Abstimmungsmehrheit, der im Zweifel auf wirtschaftlichen Erwägungen beruht. Der Gleichbehandlungsgrundsatz weist die Forderungen nur in Bezug auf die Höhe neu zu, weil nur dies nötig ist, um die Gleichheit der Gläubiger im Hinblick auf die nicht ausreichende Haftungsmasse wieder herzustellen. Stundet der Plan eine Forderung, um dadurch das Unternehmen zu sanieren, bezweckt dies nicht, die Gleichheit der Gläubiger zu wahren.

Die Befugnis der Abstimmungsmehrheit ergibt sich auch nicht aus dem Recht der Bruchteilsgemeinschaft.[1420] Zwar überzeugt die Annahme eines gemeinschaftlichen Verwertungs- und Befriedigungsrechts der Gläubiger am Vermögen des Schuldners. Dieses steht der Bruchteilsgemeinschaft der Gläubiger gemeinsam zu und kann die Mehrheitsentscheide des Regelinsolvenzverfahrens schlüssig erklären. Die Mehrheitsentscheide sind besondere Ausprägungen des Mehrheitsentscheids aus § 745 Abs. 1 S. 1 BGB und regeln Fragen der Benutzung und Verwaltung des gemeinsamen Gegenstandes. Gleiches gilt nicht für den Insolvenzplan. Über den Insolvenzplan stimmten die Gläubiger in Gruppen und innerhalb der Gruppen nach Kopf- und Summenmehrheit ab. § 745 Abs. 1 S. 1 BGB kennt solche Abstimmungsmodalitäten nicht. Außerdem bleibt bei einer Bruchteilsgemeinschaft grundsätzlich das Recht jeden Teilhabers unberührt, die Aufhebung der Gemeinschaft nach den §§ 749 ff. BGB zu ver-

1420 Siehe S. 43.

langen. Steht eine Forderung der Gemeinschaft zu, ist die Forderung grundsätzlich einzuziehen. Übertragen auf ein Verwertungsrecht, ist bei der Aufhebung der Gemeinschaft das Verwertungsrecht zu verwirklichen, indem es zur Verwertung des Haftungsgegenstands kommt. Stundet der Insolvenzplan die Forderungen der Gläubiger, kommt es nicht zur Verwertung des schuldnerischen Vermögens. Daher weicht der Insolvenzplan in einem zu hohen Maße von den Regeln der Bruchteilsgemeinschaft ab, um ihn als Ausdruck der Bruchteilsgemeinschaft zu verstehen.

Die unfreiwillige Bindung von Gläubigern an einen Insolvenz- oder Restrukturierungsplan rechtfertigt sich ebenfalls nicht durch das allgemeine Vertrags- oder Privatrecht.

Die unfreiwillige Bindung einer Gruppe von Gläubigern erklärt sich nicht durch einen Kontrahierungszwang, der auf einer wirtschaftlich unvernünftigen und daher rechtsmissbräuchlichen Abstimmung der Gruppe beruht.[1421] Eine Gruppe kann einen Insolvenzplan aus unzähligen Interessen ablehnen, die wirtschaftlich sinnvoll sind. Darunter fällt zum Beispiel das Interesse, schnell liquide Zahlungsmittel zu erhalten. Wenn eine Gruppe von Gläubigern aus diesem Grund einen langatmigen Insolvenzplan ablehnt, ist dies wirtschaftlich sinnvoll. Außerdem überzeugt es nicht, wirtschaftlich unvernünftiges Handeln als rechtsmissbräuchlich einzustufen. Die Privatautonomie gewährt den Privaten die Freiheit, selbst über den Abschluss von Verträgen zu entscheiden. Sie müssen sich dabei nicht wirtschaftlich sinnvoll verhalten. Dadurch sichert die Privatautonomie einen Raum der Freiheit, indem die Privaten ihren Willen selbstbestimmt verwirklichen können. Wäre wirtschaftlich unvernünftiges Handeln rechtsmissbräuchlich, schützte die Privatautonomie nur noch wirtschaftlich sinnvolles Handeln. Dann wäre auch ein allgemeiner Kontrahierungszwang gerechtfertigt, nach dem der Vertragswillige den Vertragsunwilligen zu einem Vertragsschluss zwingen kann, solange der Gezwungene durch den Vertrag vom wirtschaftlichen Wert her nicht schlechter steht als ohne den Vertrag. Sofern jemand genug Geld hat, hätte diese Person dann ungehinderten Zugriff auf das Eigentum anderer.

Aus ähnlichen Gründen erklärt sich auch die unfreiwillige Bindung eines Minderheitengläubigers nicht durch einen Kontrahierungszwang.[1422] So enthalte der mehrheitliche Willen einer zustimmenden Gruppe eine objektive Richtigkeitsgewähr. Denn die Mitglieder einer Gruppe teilten die gleichen wirtschaftlichen Interessen. Wenn eine Gruppe mehrheitlich einen Plan befürworte, sei dieser Inhalt daher auch einem den Plan ablehnenden Gläubiger zumutbar oder sogar für ihn richtig. Das überzeugt nicht, weil sich die Interessen der Mitglieder einer Gruppe unterscheiden können. Das gilt eindeutig, wenn der Planersteller die Gruppen gemäß § 222 Abs. 1 InsO anhand der Klassen der Gläubiger bildet. Es gilt jedoch auch, wenn der Planersteller die Gruppen gemäß § 222 Abs. 2 InsO anhand der wirtschaftlichen Interessen der Gläubiger bildet. Denn dann schreibt der Planersteller dem Gläubiger ein wirtschaftliches Interesse zu. Dies muss nicht mit dem tatsächlichen Interesse des Gläubigers übereinstimmen. Daher lässt sich nicht vom Willen der Mehrheit auf den objektiv richtigen Inhalt eines Vertrags für die Minderheit schließen. Darüber hinaus überzeugt es auch nicht, einen Kontrahierungszwang auf eine objektive Richtigkeitsgewähr zu stützen. Verträge gelten,

1421 Siehe S. 56.
1422 Siehe S. 69.

weil die Parteien ihn wollen. Zwar führen Gerichte an Verträgen Inhaltskontrollen durch und versagen Verträgen aufgrund ihrer Inhalte die Geltung. Sie begründen jedoch nicht die Geltung von vermeintlich gerechten Verträgen, wenn eine freie Einigung der Parteien fehlt. Wäre dies anders, ließe sich wiederum auch ein allgemeiner Kontrahierungszwang für Verträge rechtfertigen, die eine objektive Richtigkeitsgewähr bieten, weil sie voraussichtlich einer gerichtlichen Inhaltskontrolle standhielten. Auch dann schützte die Privatautonomie keinen Raum mehr, innerhalb dessen die Privaten frei über die Rechtsverhältnisse entscheiden.

Die Bindung von Insolvenz- und Restrukturierungsplänen lässt sich auch nicht über eine gesellschaftsähnliche Verbindung der Gläubiger[1423] oder eine Aufopferungspflicht[1424] derselben herleiten. Eine gesellschaftsähnliche Verbindung scheidet aus, weil die Gläubiger kein gemeinsames Interesse teilen, welches diese zu einer Gemeinschaft verbindet. Wenn sie ein solches Interesse teilten, führte dies außerdem höchstens zur Anwendung der §§ 745 ff. BGB. Es ließen sich keine gesellschaftsähnlichen Treuepflichten herleiten. Ebenso reicht die Einwirkungsmacht auf Interessen anderer nicht dazu aus, diese Interessen achten zu müssen. Daher ist eine Aufopferungspflicht abzulehnen, die sich auf die Einwirkungsmacht eines Gläubigers auf fremde Interessen stützt.

Der Restrukturierungsplan lässt sich nicht als besondere Ausprägung von § 313 BGB verstehen.[1425] § 313 BGB betrifft das Verhältnis zwischen Schuldner und Gläubiger. § 313 BGB kann keine Erklärung dafür liefern, warum die Gestaltung der Forderung beim Plan von dem Willen Dritter abhängt. Ebenso hat § 313 BGB die Verteilung der Leistungsrisiken innerhalb eines Vertrages zum Gegenstand. Der Restrukturierungsplan lässt gemäß § 3 Abs. 2 StaRUG nur die Gestaltung von Forderungen zu, bei denen der Gläubiger seine Leistung schon erbracht hat. Bei diesen Forderungen verwirklicht sich für den Schuldner jedoch gar kein Risiko. Er hat seine Leistung schon erlangt. Wenn jemand aufgrund des zu tragenden Risikos die Anpassung des Vertrags fordern dürfte, wäre dies der Gläubiger gegenüber dem Schuldner.

Die unfreiwillige Bindung von Gläubigern an einen Plan findet im deutschen Privatrecht keinen Rückhalt und fügt sich nicht stimmig in dieses ein.

Für die verfassungsrechtliche Zulässigkeit der Pläne ist zwischen Insolvenzplänen und Restrukturierungsplänen zu unterscheiden. Sie müssen sich an unterschiedlichen Grundrechten messen lassen.

Die Wirkung des Insolvenzplans ist nicht mit Art. 14 GG vereinbar. Bei den Gestaltungsmöglichkeiten des Insolvenzplans handelt es sich um Inhalts- und Schrankenbestimmungen.[1426] Der Insolvenzplan führt die Eigentumsfreiheit der überstimmten Gläubiger und Gläubigergruppen aus Art. 14 GG mit den privaten Interessen[1427] der Abstimmungsmehrheit einem Ausgleich zu. Der Plan soll den Willen der Abstimmungsmehrheit verwirklichen, auch um die aus diesem Willen entstehenden wirtschaftlichen Vorteile freizusetzen.[1428] Die Belastung der überstimmten Gläubiger und

1423 Siehe S. 75.
1424 Siehe S. 77.
1425 Siehe S. 96.
1426 Siehe S. 111.
1427 Siehe S. 120.
1428 Siehe S.112.

Gruppen besteht darin, über die eigene Forderung nicht mehr im Rahmen der Privatautonomie frei entscheiden zu können. Stattdessen müssen sie sich dem Mehrheitsentscheid unterwerfen. Es sind keine durchgreifenden Gründe ersichtlich, die die Befugnis der Abstimmungsmehrheit rechtfertigen.[1429] Die Befugnis der Abstimmungsmehrheit rechtfertigt sich nicht über die Eigenschaft derselben, Mehrheit zu sein. Die Eigentumsfreiheit schützt davor, aufgrund des Willens von zahlenmäßig überlegenen Subjekten die Verfügungsbefugnis über das eigene Recht zu verlieren. Ebenso taugen wirtschaftliche Überlegungen nicht dazu, die Befugnis der Mehrheit zu rechtfertigen. Private tragen dem Grundsatz nach keine Verantwortung dafür, das Vermögen anderer zu steigern. Die wirtschaftliche Sinnhaftigkeit einer Güterverschiebung ist für sich genommen kein hinreichender Geltungsgrund, um sie zu rechtfertigen. Auch das Schlechterstellungsverbot rechtfertigt die Befugnis der Abstimmungsmehrheit nicht. Als Grenze des Eingriffs mildert es die Belastung des Betroffenen auch nur ab. Sie kann kein eigener Geltungsgrund sein. Letztlich tragen die Gläubiger keine Verantwortung füreinander. Sie ließen sich nie vertraglich aufeinander ein. Die Abstimmungsmehrheit ist im Vergleich zur Abstimmungsminderheit in keiner unterlegenen Verhandlungslage, die den Schutz der Abstimmungsmehrheit erforderte. Darüber hinaus treffen die Gläubiger des insolventen Schuldners in einem wirtschaftlich geprägten Umfeld aufeinander, weshalb kein gesteigerter sozialer Bezug der Forderungen auszumachen ist.

Eine verfassungskonforme Auslegung des Insolvenzplanverfahrens ist ausgeschlossen.[1430] Zwar ließe sich der Insolvenzplan als eine Maßnahme deuten, die der Volkswirtschaft und damit einem Allgemeinwohlzweck im Sinne von Art. 14 Abs. 2 S. 2 GG diente. Das Gesetz wäre dennoch nicht angemessen. Die Angemessenheit scheitert daran, dass sich ein Privater zur Erreichung eines öffentlichen Allgemeinwohlzwecks dem Willen anderer Privater unterwerfen muss, die sich nur durch ihre Eigenschaft ausweisen, eine Abstimmungsmehrheit zu sein. Es ist nicht zu erklären, warum zwischen einer Gruppe von Privaten, die alle gleich sind, ein Teil über die Forderungen der anderen soll entscheiden können. Möchte der Gesetzgeber zur Erreichung eines öffentlichen Allgemeinwohlzwecks Privaten Befugnisse geben, über die Rechte anderer Privater zu bestimmen, müssen diese Befugnisse stimmig auf die Erreichung des öffentlichen Zwecks zugeschnitten sein, um die Betroffenen nicht unangemessen zu belasten.

Die Wirkung des Restrukturierungsplans ist nicht an Art. 14 GG, sondern vor allem an Art. 16 GRCh zu messen.[1431] Sie verstößt jedoch aus ähnlichen Gründen gegen die unternehmerische Freiheit aus Art. 16 GRCh, aus denen der Insolvenzplan gegen Art. 14 GG verstößt.[1432] Auch der Restrukturierungsplan kann nicht rechtfertigen, warum eine Minderheit aufgrund des Willens einer Abstimmungsmehrheit die Verfügungsbefugnis über ihre subjektiven Rechte verliert. Im Gegensatz zum Insolvenzplan dient der Restrukturierungsplan aufgrund der Restrukturierungsrichtlinie dazu, Unternehmen zugunsten der Volkswirtschaft zu erhalten. Das StaRUG verfolgt damit in höherem Maße einen Allgemeinwohlzweck als das Insolvenzplanverfahren. Aber auch

1429 Siehe S. 140.
1430 Siehe S. 152.
1431 Siehe S. 167.
1432 Siehe S. 176.

der Restrukturierungsplan erlaubt es der Abstimmungsmehrheit, zugunsten der eigenen Interessen die Forderungen der Minderheit einzusetzen. Dabei tritt beim Restrukturierungsplan aufgrund der vielen Handlungsspielräume des Planerstellers ein weiteres Problem auf. Das Gesetz räumt dem Planersteller Handlungsspielräume ein, um zugunsten der Volkswirtschaft ein Unternehmen zu sanieren. Jedoch gibt es unzählige Möglichkeiten, ein Unternehmen zu sanieren. Dabei kann es sogar mehrere Möglichkeiten geben, die volkswirtschaftlich betrachtet gleichwertig sind. Je nach Sanierung ziehen aber ganz unterschiedliche Private ihren Nutzen daraus. Dadurch entsteht erstens das Problem, dass der Planersteller in vielen Fällen keine bestimmte Handlungspflicht hat und insoweit orientierungslos ist. Das Gesetz gibt ihm nicht vor, welcher Privater maßgeblich den Nutzen aus der Sanierung ziehen darf. Zweitens genießt der Planersteller Handlungsspielräume, die er eigennützig und nach eigener Vorliebe zugunsten sich selbst und zugunsten bestimmter privater Beteiligter nutzt.

Abkürzungen

a.A.	anderer Ansicht
ABl.	Arbeitsblatt
Abs.	Absatz
AcP	Archiv für die civilistische Praxis
AG	Die Aktiengesellschaft (Zeitschrift)
Alt.	Alternative
AöR	Anstalt des öffentlichen Rechts
Art.	Artikel
AT	Allgemeiner Teil
Aufl.	Auflage
BB	Betriebs-Berater
Begr.	Begründer
BFuP	Betriebswirtschaftliche Forschung und Praxis (Zeitschrift)
BGB	Bürgerliches Gesetzbuch
BGBl.	Bundesgesetzblatt
BGH	Bundesgerichtshof
BGHZ	Entscheidungen des Bundesgerichtshofs in Zivilsachen
BRJ	Bonner Rechtsjournal (Zeitschrift)
BT-Drs.	Bundestagsdrucksache
BVerfG	Bundesverfassungsgericht
BVerfGE	Entscheidungen des Bundesverfassungsgerichts
BVerfGK	Kammerentscheidungen des Bundesverfassungsgerichts
DB	Der Betrieb (Zeitschrift)
DGVZ	Deutsche Gerichtsvollzieher Zeitung
DÖV	Die Öffentliche Verwaltung (Zeitschrift)
DstR	Deutsches Steuerrecht (Zeitschrift)
DVBl	Deutsches Verwaltungsblatt
DZWiR	Deutsche Zeitschrift für Wirtschafts- und Insolvenzrecht
EBOLR	European Business Organization Law Review (Zeitschrift)
ESUG	Gesetz zur weiteren Erleichterung der Sanerung von Unternehmen
EuGH	Europäischer Gerichtshof
EuR	Europarecht (Zeitschrift)
EU	Europäische Union
e.V.	eingetragener Verein
EWiR	Entscheidungen zum Wirtschaftsrecht
f.	folgende(r/s)
ff.	Folgende
Fn.	Fußnote
FS	Festschrift
GG	Grundgesetz
GmbHR	Zeitschrift für Gesellschaftsrecht, Unternehmensrecht und Steuerrecht

GRCh	Charta der Grundrechte der Europäischen Union
Hrsg.	Herausgeber(in)
InsO	Insolvenzordnung
i.S.v.	im Sinne von
JA	Juristische Arbeitsblätter (Zeitschrift)
JURA	Juristische Ausbildung
JuS	Juristische Schulung (Zeitschrift)
JZ	JuristenZeitung
KO	Konkursordnung
KSzW	Kölner Schrift zum Wirtschaftsrecht
KTS	Konkurs, Treuhand, Sanierung. Zeitschrift für Insolvenzrecht
MedR	Medizinrecht (Zeitschrift)
MüKo	Münchener Kommentar
m.w.N.	mit weiteren Nachweisen
n.F.	neue Fassung
NJW	Neue Juristische Wochenschrift
No.	Nummer
NRW	Nordrhein-Westfalen
NVwZ	Neue Zeitschrift für Verwaltungsrecht
NZG	Neue Zeitschrift für Gesellschaftsrecht
NZI	Neue Zeitschrift für Insolvenz- und Sanierungsrecht
RGZ	Entscheidungen des Reichsgericht in Zivilsachen
Rn.	Randnummer(n)
S.	Seite
SanInsFog	Gesetz zur Fortentwicklung des Sanierungs- und Insolvenzrechts
SJZ	Schweizerische Juristenzeitung
StaRUG	Unternehmensstabilisierungs- und -restrukturierungsgesetz
u.a.	unter anderem
Urt.	Urteil
UWG	Gesetz gegen den unlauteren Wettbewerb
v.	vom
Var.	Variante
Verf.	Verfasser(in)
vgl.	vergleiche
VerglO	Vergleichsordnung
VuR	Verbraucher und Recht (Zeitschrift)
WEG	Wohnungseigentumsgesetz
WKSchG	Wohnraumkündigungsschutzgesetz
WM	Wertpapier-Mitteilungen
WuB	Entscheidungsanmerkungen zum Wirtschafts- und Bankrecht

ZfB	Zeitschrift für Betriebswirtschaft
ZfPW	Zeitschrift für die gesamte Privatrechtswissenschaft
ZGR	Zeitschrift für Unternehmens- und Gesellschaftsrecht
ZHR	Zeitschrift für das gesamte Handelsrecht und Wirtschaftsrecht
ZInsO	Zeitschrift für das gesamte Insolvenzrecht
ZIP	Zeitschrift für Wirtschaftsrecht
ZPO	Zivilprozessordnung
ZRI	Zeitschrift für Restrukturierung und Insolvenz
ZRP	Zeitschrift für Rechtspolitik
ZVglRWiss	Zeitschrift für Vergleichende Rechtswissenschaft
ZVI	Zeitschrift für Verbraucher-, Privat- und Nachlassinsolvenz
ZZP	Zeitschrift für Zivilprozess

Literatur

Adam, Roman F. Insolvenzrecht und Grundgesetz, DZWiR 2009, 441.

Ahrens, Martin Gestaltungsspielräume im Insolvenzrecht – Überlegungen zum Beschluss des BVerfG vom 14.1.2004 – BvL 8/03, ZVI 2004, 69.

Ahrens, Martin Zur Funktion des § 1 Satz 2 InsO, VuR 2000, 8.

Albrecht, Achim Die EU-Restrukturierungsrichtlinie schafft den Rahmen für frühzeitige Unternehmenssanierungen – ein Überblick, ZInsO 2019, 1813.

Alexy, Robert Theorie der Grundrechte, Baden-Baden 1985.

Anton, Thomas Fortführungsquoten im neuen Insolvenzrecht – Bewertung und Ausblick, ZInsO 2009, 506.

Balthasar, Helmut Allgemeine Zugangsvoraussetzungen zu den Restrukturierungsinstrumenten, NZI-Beilage/2021, 18.

Balthasar, Stephan Unternehmenssanierungen nach dem Schuldverschreibungsgesetz und der Restrukturierungsrichtlinie: eine kritische Analyse, ZHR 183 2019, 662.

Balz, Manfred Aufgabe und Struktur des künftigen einheitlichen Insolvenzverfahrens, ZIP 1988, 273.

Balz, Manfred Insolvency Proceedings and Preventive Frameworks, in: Ebke, Werner/Seagon, Christopher/Blatz, Michael (Hrsg.), Unternehmensrestrukturierung im Umbruch?, Europäische und internationale Herausforderungen, Baden-Baden 2017, 71.

Balz, Manfred Logik und Grenzen des Insolvenzrechts, ZIP 1988, 1438.

Bamberger, Heinz-Georg Mitwirkungspflichten, in: Knops, Kai-Oliver/Bamberger, Heinz-Georg/Lieser, Jens (Hrsg.), Recht der Sanierungsfinanzierung, 2. Auflage, Berlin 2019, § 24, 709.

Baschnagel, Markus Restructuring Support Agreements, Ein taugliches Mittel, das StaRUG-Verfahren zu organisieren?, Berlin 2023.

Basty, Gregor Die Interessen der Gläubiger in einem künftigen Sanierungs-, Reorganisationsverfahren, München 1988.

Bauer, Joachim Die schleichende Wiedereinführung von Insolvenzvorrechten zugunsten des Fiskus und der Sozialkassen schreitet voran – § 28e Abs. 1 Satz 2 SGB IV n.F. als jüngstes Beispiel für Verstöße gegen den Gläubigergleichbehandlungsgrundsatz, ZInsO 2008, 119.

Bauer, Joachim Insolvenzgläubiger als Einnahmequelle des Fiskus und der Sozialversicherungen?, ZInsO 2010, 1917.

Bauer, Joachim — Ungleichbehandlung der Gläubiger im geltenden Insolvenzrecht, Zugleich zur Dogmatik gesetzlich geschaffener Gläubigerprivilegien am Beispiel des Paragraph 32 DepotG, Paragraph 13c UStG und des Entwurfs der (vorigen) Bundesregierung eines Gesetzes zum Pfändungsschutz der Altersvorsorge und zur Anpassung des Rechts der Insolvenzanfechtung vom 10. August 2005, Berlin 2007.

Bauer, Joachim — Unzulässigkeit der Wiedereinführung eines Fiskusvorrechts im Insolvenzverfahren, ZInsO 2010, 1432.

Baur, Jürgen/ Stürner, Rolf — Sachenrecht, 18. Auflage, München 2009.

Beck, Lukas — Gesetzesauslegung aus methodentheoretischer Sicht, Jura 2018, 330.

Beckhaus, Gesa Kim — Die Rechtsnatur der Erfüllung, Tübingen 2013.

Behmer, Rüdiger — Der außergerichtliche Sanierungsvergleich – Rechtsnatur und Stellung der Beteiligten, Würzburg 1983.

Beissenhirtz, Volker — Plädoyer für ein Gesetz zur vorinsolvenzlichen Sanierung von Unternehmen, ZInsO 2011, 57.

Berger, Christian — Haftungsrechtliche Verteilungsprinzipien an der Schnittstelle von Einzelzwangsvollstreckung und Insolvenz, ZZP 121 2008, 407.

Berger, Christian — Rechtsgeschäftliche Verfügungsbeschränkungen, Tübingen 1998.

Berges, August Maria — Der Konkurs als Aufgabe treuhänderischer Rechtspflege. Die Grundzüge des deutschen Konkursrechts, KTS 1960, 1.

Berges, August Maria — Die rechtlichen Grundlagen der Gläubigergleichbehandlung im Konkurs, KTS 1957, 49.

Berges, August Maria — Exekution, Liquidation und Reorganisation, Der Konkurs als arbitrale Institution kommerziellen Kredits, BB 1985, 673.

Berges, August Maria — Konkurssteuerrecht, KTS 1961, 161.

Berges, August Maria — Vergleich und Konkurs in der Evolution der Marktwirtschaft, in: Uhlenbruck, Wilhelm/Klasmeyer, Bernd/Kübler, Bruno (Hrsg.), Einhundert Jahre Konkursordnung 1877–1977, Festschrift des Arbeitskreises für Insolvenz- und Schiedsgerichtswesen e.V. Köln zum einhundertjährigen Bestehen der Konkursordnung vom 10. Februar 1877, 363.

Bitter, Georg — Sanierung in der Insolvenz – Der Beitrag von Treue- und Aufopferungspflichten zum Sanierungserfolg, ZGR 2010, 147.

Bitter, Georg/ Laspeyres, Anne — Rechtsträgerspezifische Berechtigungen als Hindernis übertragender Sanierung, ZIP 2010, 1157.

Blankenburg, Daniel — Umsetzungsbedarf aufgrund des Entwurfs zur Restrukturierungsrichtlinie, ZInsO 2017, 241.

Böckenförde, Ernst-Wolfgang — Staat, Verfassung, Demokratie, Studien zur Verfassungstheorie und zum Verfassungsrecht, Frankfurt am Main 1991.

Bork, Reinhard Allgemeiner Teil des Bürgerlichen Gesetzbuchs, 4. Auflage, Tübingen 2016.

Bork, Reinhard Grundfragen des Restrukturierungsrechts, ZIP 2010, 397.

Bork, Reinhard Instrumente des Stabilisierungs- und Restrukturierungsrahmens nach § 29 StaRUG, NZI-Beilage 2021, 38.

Bork, Reinhard Neue Grundfragen des Restrukturierungsrechts, ZRI 2021, 345.

Bork, Reinhard Präventive Restrukturierungsrahmen: »Komödie der Irrungen« oder »Ende gut, alles gut«?, ZIP 2017, 1441.

Bork, Reinhard Zum Stand der Diskussion um den Überschuldungstatbestand und zum Vorschlag einer Rückkehr zum Überschuldungstatbestand von 1999, ZIP 2019, S1.

Braegelmann, Tom/ Bernsau, Georg Restrukturierung als Chance, ohne Stigma der Insolvenz, ZInsO 2019, 374.

Brandes, Stephan/ Rabenau, Ela Früherkennung und Bewältigung bestandsgefährdender Risiken im Unternehmen, ZIP 2021, 2566.

Braun, Eberhard Eingriff in Anteilseignerrechte im Insolvenzplanverfahren, Das U.S.-amerikanische Konzept in Chapter 11 Bankruptcy Code und seine deutsche Entsprechung, in: Ganter, Hans Gerhard/ Gottwald, Peter/Lwowski, Hans-Jürgen (Hrsg.), Haftung und Insolvenz, Festschrift für Gero Fischer zum 65. Geburtstag, München 2008, 53.

Braun, Tobias Die Grenzen der Gläubigerautonomie im Insolvenzplanverfahren, Köln 2020.

Brecher, Fritz Vertragsübergang, Betriebsnachfolge und Arbeitsverhältnis, in: Rechts- und Staatswissenschaftliche Fakultät der Rheinischen Friedrich Wilhelms-Universität Bonn (Hrsg.), Festschrift zum 70. Geburtstag von Walter Schmidt-Rimpler, Karlsruhe 1957, 181.

Bremen, Michael Das Leitbild des sanierten Unternehmens im Schutzschirmverfahren, NZI 2014, 137.

Brinkmann, Moritz Der präventive Restrukturierungsrahmen als trojanisches Pferd für Finanzinvestoren, Zur Richtlinie (EU) 2019/1023 des Europäischen Parlaments und des Rates v. 20.6.2019, NZI-Beilage 2019, 27.

Brinkmann, Moritz Der strategische Eigenantrag – Missbrauch oder kunstgerechte Handhabung des Insolvenzverfahrens?, ZIP 2014, 197.

Brinkmann, Moritz Die Antragspflicht bei Überschuldung – ein notwendiges Korrelat der beschränkten Haftung!, in: Ebke, Werner F./Seagon, Christopher/Piekenbrock, Andreas (Hrsg.), Überschuldung: Quo vadis?, Baden-Baden 2020, 67.

Brinkmann, Moritz Die Antragspflicht bei Überschuldung – ein notwendiges Korrelat der beschränkten Haftung, NZI 2019, 921.

Brinkmann, Moritz Die Haftung der Geschäftsleiter in der Krise nach dem Gesetz zur Fortentwicklung des Sanierungs- und Insolvenzrechts (SanInsFoG), ZIP 2020, 2361.

Brinkmann, Moritz Die Rolle der drohenden Zahlungsunfähigkeit im künftigen Restrukturierungsverfahren – oder: erwacht Dornröschen als Emanze?, in: Boele-Woelki, Katharina/Faust, Florian/Jacobs, Matthias/ Kuntz, Thilo/Röthel, Anne/Thorn, Karsten/ Weitemeyer, Birgit, Festschrift für Karsten Schmidt zum 80. Geburstag, Band I, München 2019.

Brinkmann, Moritz Kreditsicherheiten an beweglichen Sachen und Forderungen – Eine materiell-, insolvenz- und kollisionsrechtliche Studie des Rechts der Mobiliarsicherheiten vor dem Hintergrund internationaler und europäischer Entwicklungen, Tübingen 2011.

Brinkmann, Moritz Wege aus der Insolvenz eines Unternehmens – oder: Die Gesellschafter als Sanierungshindernis, WM 2011, 97.

Brinkmann, Moritz/ Zipperer, Helmut Die Eigenverwaltung nach dem ESZG aus Sicht von Wissenschaft und Praxis, ZIP 2011, 1337.

Brocke, Fabian Mitwirkungs- und Kooperationspflichten von Anteilsinhabern und Gläubigern von Kapitalgesellschaften in vorinsolvenzlichen Sanierungsverfahren, Zugleich eine Analyse von Eingriffsrechten in Mitgliedsrechte der Anteilsinhaber in der Krise der Gesellschaft, Berlin 2020.

Brosent, Nora Strategische Insolvenzen, Grenzen der Instrumentalisierung des Insolvenzplanverfahrens zur Lösung von Gesellschafterkonflikten, Berlin 2019.

Brox, Hans Die Einschränkung der Irrtumsanfechtung, ein Beitrag zur Lehre von der Willenserklärung und deren Auslegung, Karlsruhe 1960.

Brox, Hans Fragen der rechtsgeschäftlichen Privatautonomie, JZ 1966, 761.

Brünkmans, Christian Geschäftsleiterpflichten und Geschäftsleiterhaftung nach dem StaRUG und SaInsFoG – Nachtrag zu ZInsO 2021, 1–21, ZInsO 2021, 125.

Brünkmans, Christian Geschäftsleiterpflichten und Geschäftsleiterhaftung nach dem StaRUG und SaInsFoG, ZInsO 2021, 1.

Brünkmans, Christian/ Uebele, Sebastian Rechtsschutz gegen missbräuchliche Insolvenzanträge und insolvenzzweckwidrige Insolvenzpläne?, ZInsO 2014, 265.

Buchalik, Robert § 1 InsO – der Erhalt des Unternehmens als Ziel des Insolvenzverfahrens nach Inkrafttreten des ESUG?, ZInsO 2015, 484.

Buck-Heeb, Petra Kreditvergabe nach dem Finanzaufsichtsrechtsergänzungsgesetz, WM 2017, 1329.

Bülck, Hartwig Vom Kontrahierungszwang zur Abschlusspflicht, Untersuchungen zum Begriffswandel der Vertragsfreiheit, Heide i. Holstein 1940.

Bulgrin, Gerrit Die strategische Insolvenz, Zwischen Missbrauch und kunstgerechter Handhabung des Insolvenzplanverfahrens als gesellschaftsrechtliches Gestaltungsinstrument, Tübingen 2020.

Busche, Jan — Privatautonomie und Kontrahierungszwang, Tübingen 1999.

Bydlinski, Franz — Zu den dogmatischen Grundfragen des Kontrahierungszwangs, AcP 1980, 1.

Callies, Christian — Europäische Gesetzgebung und nationale Grundrechte – Divergenzen in der aktuellen Rechtsprechung von EuGH und BVerfG?, JZ 2009, 113.

Callies, Christian/ Ruffert, Matthias (Hrsg.) — EUV/AEUV, Das Verfassungsrecht der Europäischen Union mit Europäischer Grundrechtecharta, Kommentar, 6. Auflage, München 2022.

von Campe, Moritz — Insolvenzanfechtung in Deutschland und Frankreich, Köln 1996.

Canaris, Claus-Wilhelm — Die Vertrauenshaftung im deutschen Privatrecht, München 1971.

Canaris, Claus-Wilhelm — Grundrechte und Privatrecht, AcP 1984, 201.

Canaris, Claus-Wilhelm — Kreditwürdigkeit und -verweigerung gegenüber sanierungsbedürftigen Bankkunden, ZHR 143 1979, 113.

Christmann, Günter — Zur Verfassungsmäßigkeit der Restschuldbefreiung nach der Insolvenzordnung, DGVZ 1992, 177.

Cirkel, Johannes — Die Bindungen der Mitgliedsstaaten an die Gemeinschaftsgrundrechte, Baden-Baden 2000.

Claussen, Carsten — Kapitalersetzende Darlehen und Sanierungen durch Kreditinstitute, ZHR 147 1983, 195.

Cranshaw, Friedrich — Rechtsgrundlagen und Grundprinzipien der Richtlinie: Zu Nr. 2 des Richtlinienvorschlags der Europäischen Kommission vom 22.11.2016, COM(2016) 723 final, NZI-Beilage 2017, 7.

Cranshaw, Friedrich — Schnittstellen zwischen präventivem Restrukturierungsrahmen, Bankenaufsicht und außergerichtlicher Sanierung, ZIP 2020, 1269.

Cranshaw, Friedrich/ Portisch, Wolfgang — Paradigmen des Unternehmensstabilisierungs- und -restrukturierungsgesetzes (StaRUG) nach dem Regierungsentwurf aus Gläubigersicht – Teil 1: Ein wegweisender Entwurf?, ZInsO 2020, 2561.

Cranshaw, Friedrich/ Portisch, Wolfgang — Paradigmen des Unternehmensstabilisierungs- und -restrukturierungsgesetzes (StaRUG) nach dem Regierungsentwurf aus Gläubigersicht – Teil 2: Ein wegweisender Entwurf?, ZInsO 2020, 2617.

Cranshaw, Friedrich/ Portisch, Wolfgang — Präventiver Restrukturierungsrahmen in Konkurrenz zu bisherigen »Verfahrensweisen« der Sanierung, ZInsO 2020, 226.

Curtze, Karl-Friedrich — Der strategische Einsatz des Insolvenzplanverfahrens durch den Vorstand der Aktiengesellschaft, Köln 2016.

Dahl, Michael/ Linnenbrink, Frank — Die Europäische Restrukturierungsrichtlinie – ein Überblick, NJW-Spezial 2020, 21.

Dahl, Michael/ Linnenbrink, Frank — Die Umsetzung der EU-Richtlinie durch den deutschen Gesetzgeber: Zur Richtlinie (EU) 2019/1023 des Europäischen Parlaments und des Rates v. 20.6.2019, NZI-Beilage 2019, 45.

Deppenkemper, Gunter	Der präventive Restrukturierungsrahmen: Schweizer Taschenmesser oder zahnloser Tiger?, ZIP 2020, 595.
Deppenkemper, Gunter	Heute an morgen denken – der Restrukturierungsbeauftragte kommt!, ZIP 2020, 1041.
Deppenkemper, Gunter	Ziel erreicht? Außergerichtliche Sanierung bereits ab 1.1.2021!, ZIP 2020, 2432.
Desch, Wolfram	Der neue Stabilisierungs- und Restrukturierungsrahmen nach dem Regierungsentwurf StaRUG in der Praxis, BB 2020, 2498.
Dieckmann, Albrecht	Zur Behandlung des »Neuerwerbs«, in: Leipold, Dieter (Hrsg.), Insolvenzrecht im Umbruch, Köln 1991, 127.
Dietlein, Johannes	Die Lehre von den grundrechtlichen Schutzpflichten, 2. Auflage, Berlin 2005.
Distler, Wolfram	Das Schlechterstellungsverbot gemäß § 26 Abs. 1 Nr. 1 StaRUG in Theorie und Praxis, ZIP 2021, 1033.
Döbereiner, Stephan	Die Restschuldbefreiung nach der Insolvenzordnung, Bielefeld, 1997.
Dorndorf, Eberhard	Kreditsicherungsrecht und Wirtschaftsordnung, zur materiell- und konkursrechtlichen Dogmatik der Mobiliarsicherungsrechte, Heidelberg 1986.
Drukarczyk, Jochen	Kreditverträge, Mobiliarsicherheiten und Vorschläge zu ihrer Reform im Konkursrecht, KTS 1983, 183.
Ebenroth, Carsten/ Grasshoff, Dietrich	Die Bindung des Akkordstörers an den außergerichtlichen Sanierungsvergleich, BB 1992, 865.
Eckelt, Florian	Der präventive Restrukturierungsrahmen, Baden-Baden 2020.
Eckhoff, Rolf	Der Grundrechtseingriff, Köln, Berlin, Bonn, München 1992.
Ehlers, Harald	Der Eröffnungsgrund der drohenden Zahlungsunfähigkeit, – auch ein Haftungsproblem –, ZInsO 2005, 169.
Eichberger, Christian	Die besondere Konkursanfechtung, Analyse der geltenden Bestimmungen und der Reformentwürfe, Regensburg 1990.
Eichhorn, Peter/ Merk, Joachim	Das Prinzip Wirtschaftlichkeit, Basiswissen der Betriebswirtschaftslehre, 4. Auflage, Wiesbaden 2016.
Eidenmüller, Horst	Die Banken im Gefangenendilemma: Kooperationspflichten und Akkordstörungsverbot im Sanierungsrecht, ZHR 160 1996, 343.
Eidenmüller, Horst	Finanzkrise, Wirtschaftskrise, und das deutsche Insolvenzrecht, Berlin 2009.
Eidenmüller, Horst	Leveraged Buyouts und die Effizienz des deutschen Restrukturierungsrechts, ZIP 2007, 1729.
Eidenmüller, Horst	Privatisierung der Insolvenzabwicklung: Workouts, Covenants, Mediation – Modelle für den Insolvenzstandort Deutschland?, ZZP 121 2008, 273.
Eidenmüller, Horst	Reformperspektiven im Restrukturierungsrecht, ZIP 2010, 649.

Eidenmüller, Horst Unternehmenssanierung zwischen Markt und Gesetz, Mechanismen der Unternehmensreorganisation und Kooperationspflichten im Reorganisationsrecht, Köln 1999.

Eidenmüller, Horst Verfahrenskoordination bei Konzerninsolvenzen, ZHR 169 2005, 528.

Eidenmüller, Horst Was ist ein Insolvenzverfahren?, ZIP 2016, 145.

Eidenmüller, Horst/ Engert, Andreas Reformperspektiven einer Umwandlung von Fremd- in Eigenkapital (Debt-Equity-Swap) im Insolvenzplanverfahren, ZIP 2009, 541.

Eismann, Patrik Der Bereicherungsanspruch im Insolvenzverfahren, zum Grundsatz gleichmäßiger Befriedigung in der Insolvenz unter Berücksichtigung des Verhältnisses von Zuordnung und Haftung, Bielefeld 2005.

Engert, Andreas Die Haftung für drittschädigende Kreditgewährung, München 2005.

Epiney, Astrid Umgekehrte Diskriminierungen, Köln, Berlin, Bonn, München 1995.

Epping, Volker/ Hillgruber, Christian (Hrsg.) BeckOK Grundgesetz, 58. Edition, München 2024.

Ernst, Wolfgang Die Zahlung fälliger Schuld als Fall der paulinischen Anfechtung, SJZ 2010, 389.

Eschenbach, Jürgen Der verfassungsrechtliche Schutz des Eigentums, Berlin 1996.

Eschenbach, Jürgen Die ausgleichspflichtige Inhaltsbestimmung, JURA 1998, 401.

Fastenrath, Ulrich Inländerdiskriminierung, – Zum Gleichbehandlungsgebot beim Zusammenwirken mehrerer (Teil)rechtsordnungen im vertikal gegliederten und international integrierten Staat –, JZ 1987, 170.

Fennel, Lee Anne Commons, Anticommons, Semicommons, John M. Olin Program in Law and Economics Working Paper No. 457, 2009, 1.

Finkenauer, Thomas Ergänzende Auslegung bei Individualabreden, AcP 2013, 619.

Flessner, Axel Insolvenzverfahren ohne Insolvenz? Vorteile und Nachteile eines vorinsolvenzlichen Reorganisationsverfahrens nach französischem Vorbild, KTS 2010, 127.

Flessner, Axel Das rechtspolitische Für und Wider eines Sanierungsverfahrens, ZIP 1981, 1283.

Flöther, Lucas Anregungen zur Umsetzung der EU-Richtlinie über präventive Restrukturierungsrahmen, ZInsO 2020, 1582.

Flöther, Lucas Die Ziele des präventiven Restrukturierungsrahmens,– Kontinuität und Wandel –, in: Bork, Reinhard/Grupp, Dietmar/Kübler, Bruno (Hrsg.), Festschrift zu Ehren von Godehard Kayser, Köln 2019, 215.

Flume, Werner Allgemeiner Teil des bürgerlichen Rechts, Band 2 (Das Rechtsgeschäft), 3. Auflage, Berlin, Heidelberg 1979.

Forsblad, Kirsten	Restschuldbefreiung und Verbraucherinsolvenz im künftigen deutschen Insolvenzrecht, Frankfurt a.M., New York 1997.
Fraenkel, Michael	Tatbestand und Zurechnung bei § 823 Abs. 1 BGB, Berlin 1979.
Freitag, Robert	Grundfragen der Richtlinie über präventive Restrukturierungsrahmen und ihrer Umsetzung in das deutsche Recht, ZIP 2019, 541.
Fridgen, Alexander/ Geiwitz, Arndt/ Göpfert, Burkard (Hrsg.)	BeckOK Insolvenzrecht, InsO, EGInsO, SanInsKG, InsVV, EuInsVO, Spezialthemen und Länderberichte, 35. Edition, München 2024.
Frind, Frank	Zur »StaRUG-Evaluation« – Sanieren um welchen Preis?, Welche Änderungen sind notwendig?, ZRI 2025, 445.
Frind, Frank	Ist »Waffengleichheit« zwischen den Planbetroffenen im StaRUG-Verfahren notwendig und herstellbar?, ZRI 2024, 410.
Frind, Frank	Überreguliert statt saniert?, Zum RefE eines »StaRUG«, ZInsO 2020, 2241.
Frind, Frank	EU-Restrukturierungsrichtlinie: Der insolvenzrechtliche Überschuldungstatbestand als notwendiges »Frühwarnsystem« bei der nationalen Umsetzung, BB 2019, 2381.
Frind, Frank	Die Grenze zwischen Gestaltung und Manipulation im Insolvenzplanverfahren, NZI 2007, 374.
Fritz, Daniel	Die Ergebnisse von Evaluation und Folgenabschätzung – Grundlegende Überlegungen zum vorbeugenden Sanierungsverfahren: Zu Nr. 3 des Richtlinienvorschlags der Europäischen Kommission vom 22.11.2016, COM(2016) 723 final, NZI-Beilage 2017, 9.
Fritz, Daniel/ Schlotis, Lorenz	Anregungen für eine mutige und praxistaugliche Umsetzung der Restrukturierungsrichtlinie, BB 2019, 2051.
Fritzsche, Jörg/ Münker, Reiner/ Stollwerck, Christoph (Hrsg.)	BeckOK UWG, 26. Edition, Stand: 01.10.2024, München 2025.
Fritzsche, Matthias	Die juristische Konstruktion des Insolvenzplans als Vertrag, Tübingen 2017.
Froese, Judith	Der Eigentumsentzug ohne Güterbeschaffung als Enteignung light?, NJW 2017, 444.
Funke, Rainer	Der Insolvenzplan des Entwurfs der Insolvenzordnung im Lichte der Erfahrungen mit dem amerikanischen Reorganisations- und Schuldenregulierungsrecht, in: Letzgus, Klaus (Hrsg.) Für Recht und Staat, Festschrift für Herbert Helmrich zum 60. Geburtstag, München 1994, 627.
Funke, Rainer	Die bestmögliche Befriedigung der Gläubiger als Hauptziel des Insolvenzverfahrens, BFuP 1995, 26.

Ganter, Hans Gerhard — Von der Beständigkeit rechtspolitischer Richtungsentscheidungen – Der Kampf für und gegen ein vorinsolvenzliches Sanierungsverfahren, in: Paulus, Christoph/Wimmer-Amend, Angelika (Hrsg.), Festschrift für Dr. Klaus Wimmer, Baden-Baden 2017, 187.

Gaul, Hans Friedhelm — Rechtsverwirklichung durch Zwangsvollstreckung aus rechtsgrundsätzlicher und rechtsdogmatischer Sicht, ZZP 112 1999, 135.

Gaul, Hans Friedhelm — Zur Frage nach dem Zweck des Zivilprozesses, AcP 1968, 27.

Gehrlein, Markus — Banken – vom Kreditgeber zum Gesellschafter – neue Haftungsfallen, NZI 2012, 257.

Gehrlein, Markus — Das Gesetz über den Stabilisierungs- und Restrukturierungsrahmen für Unternehmen (StaRUG) – ein Überblick, BB 2021, 66.

Gehrlein, Markus — Rechte der Gesellschafter im Restrukturierungsverfahren, BB 2022, 1096.

Geißler, Markus — Die drohenden Zahlungsunfähigkeit (§ 18) in der Entscheidungsverantwortung des GmbH-Geschäftsführers, ZInsO 2013, 919.

Geiwitz, Arndt/ Heidenfelder, Petra — Aussetzung einzelner Vollstreckungshandlungen – Stand Still und Vollstreckungsschutz, Zu Art. 6 und 7 des Richtlinienvorschlags der Europäischen Kommission vom 22.11.2016, COM(2016) 723 final, NZI-Beilage 2017, 22.

Geldmacher, Christoph — Das präventive Sanierungsverfahren als Teil eines reformierten Insolvenz- und Sanierungsrechts in Deutschland, Köln 2012.

Geldmacher, Christoph — Das präventive Sanierungsverfahren: Ein detaillierter Vorschlag, Nach dem Referentenentwurf zum ESUG – Warum ein Gesetz zur präventiven Unternehmenssanierung weiterhin notwendig ist, und wie es aussehen kann, ZInsO 2011, 353.

Gerster, Erwin — Insolvenzplan, »das unbekannte Wesen« oder »der Maßanzug des Insolvenzrechts«?, ZInsO 2008, 437.

Goebel, Joachim — Gläubigerobstruktion, Gläubigerstimmrecht und Beschlussstimmrecht im Insolvenzverfahren über Unternehmen, Eine Untersuchung zu insolvenzrechtlichen Stimmverboten und zur Inhaltskontrolle nach § 78 InsO, KTS 2002, 615.

Goetker, Uwe/ Schulz, Benedikt — Vorinsolvenzliches Sanierungsverfahren – Warum braucht die Praxis ein solches und wie könnte es aussehen?, ZIP 2016, 2095.

Goette, Wulf — Zur Frage, welche Anforderungen an die Geschäftsleitung und ihre Berater bei der Fertigung einer Fortführungsprognose zu stellen sind (Teil II), DStR 2016, 1752.

Gottwald, Peter — Die Interessengemeinschaft der Gläubiger eines insolventen Schuldners, in: Habscheid, Walter/Hoffmann-Nowotny, Hans-Joachim/Linder, Willy/Meier-Hayoz, Arthur (Hrsg.), Freiheit und Zwang, Rechtliche, wirtschaftliche und gesellschaftliche Aspekte, Festschrift zum 60. Geburtstag von Professor Dr. iur. Dr. phil. Hans Giger, Bern 1989, 195.

Gottwald, Peter/ Haas, Ulrich (Hrsg.) Insolvenzrechts-Handbuch, 6. Auflage, München 2020.

Götz, Peter Der Vergütungsanspruch gemäß § 951 Abs. 1 S. 1 BGB, Ein Beitrag zum Bereicherungs- und Aufopferungsrecht, Berlin 1975.

Grundmann, Stefan Privatautonomie im Binnenmarkt, Informationsregeln als Instrument, JZ 2000, 1133.

Grunewald, Barbara Vereinsaufnahme und Kontrahierungszwang, AcP 1982, 181.

Grünewald, Philipp Mehrheitsherrschaft und insolvenzrechtliche Vorauswirkung in der Unternehmenssanierung, Tübingen 2015.

Gsell, Beate/ Krüger, Wolfgang/ Lorenz, Stephan/ Reymann, Christoph (Hrsg.) beck-online.GROSSKOMMENTAR, Zivilrecht, München.

Guski, Roman Sittenwidrigkeit und Gläubigerbenachteiligung – Zu den Schranken von Kreditsicherheiten unter Berücksichtigung gemeinschafts- und kollisionsrechtlicher Bezüge, Berlin 2007.

Haarmeyer, Hans/ Lissner, Stefan/ Rombach, Rolf Neues Sanierungsrecht in Deutschland – Fortschritt oder vertane Chance?, ZInsO 2021, 368.

Haas, Evelyn Die Baulandumlegung – Inhalts- und Schrankenbestimmung des Eigentums, NVwZ 2002, 272.

Haas, Ulrich Eigenkapitalersetzende Gesellschafterdarlehen und Feststellung der Überschuldung oder Zahlungsunfähigkeit, NZI 1999, 209.

Haas, Ulrich Umsetzung des präventiven Restrukturierungsrahmens an der Schnittstelle zwischen Insolvenz- und Gesellschaftsrecht, in: Bork, Reinhard/Grupp, Dietmar/Kübler, Bruno (Hrsg.), Festschrift zu Ehren von Godehard Kayser, Köln 2019, 309.

Haas, Volker Kausalität und Rechtsverletzung, ein Beitrag zu den Grundlagen strafrechtlicher Erfolgshaftung am Beispiel des Abbruchs rettender Kausalverläufe, Berlin 2002.

Häberle, Peter Die Wesensgehaltsgarantie des Art. 19 Abs. 2 Grundgesetz, Zugleich ein Beitrag zum institutionellen Verständnis der Grundrechte und zur Lehre vom Gesetzesvorbehalt, 3. Auflage, Heidelberg 1983.

Habscheid, Walther Zur rechtlichen Problematik des außergerichtlichen Sanierungsvergleichs, in: Baltzer, Johannes (Hrsg.), Gedächtnisschrift für Rudolf Bruns, München 1980, 253.

Hackl, Karl Vertragsfreiheit und Kontrahierungszwang im deutschen, im österreichischen und italienischen Recht, eine rechtsvergleichende Studie zum Privat- und Wirtschaftsrecht, Berlin 1980.

Haedick, Maximilian Der bürgerlich-rechtliche Verfügungsbegriff, JuS 2001, 966.

Hager, Johannes Verkehrsschutz durch redlichen Erwerb, München 1990.

Hahn, Carl (Hrsg.) Die gesammten Materialien zu den Reichs-Jusitzgesetzen, Band 4, Materialien zur Konkursordnung, Berlin 1881.

Hanau, Hans Der Grundsatz der Verhältnismäßigkeit als Schranke privater Gestaltungsmacht, zu Herleitung und Struktur einer Angemessenheitskontrolle von Verfassungs wegen, Tübingen 2004.

Häsemeyer, Ludwig Der Insolvenzplan als vermögens- und haftungsrechtlicher Vertrag, in: Schilken, Eberhard/ Becker-Eberhard, Ekkehard/ Gerhardt, Walter (Hrsg.), Festschrift für Hans Friedrich Gaul zum 70. Geburstag, Bielefeld 1997, 175.

Häsemeyer, Ludwig Die Gleichbehandlung der Konkursgläubiger, KTS 1982, 507.

Häsemeyer, Ludwig Insolvenzrecht, 4. Auflage, Köln, Berlin, Bonn, München 2007.

Häsemeyer, Ludwig Prozeßrechtliche Rahmenbedingungen für die Entwicklung des materiellen Privatrechts – Zur Unvertauschbarkeit materieller und formeller Rechtssätze, AcP 1988, 140.

Hau, Wolfgang/ Poseck, Roman (Hrsg.) BeckOK BGB, 70. Edition, München 2024.

Heermann, Peter/ Schlingloff, Jochen Münchener Kommentar zum Lauterkeitsrecht, Band 1 (Grundlagen, Kommentierung), 3. Auflage, München 2020.

Heermann, Peter/ Schlingloff, Jochen Münchener Kommentar zum Lauterkeitsrecht, Band 2 (Besondere Fallgruppen und Rechtsgebiete, §§ 7a–20 UWG), 3. Auflage, München 2022.

Heese, Michael Die Funktion des Insolvenzrechts im Wettbewerb der Rechtsordnungen, Baden-Baden 2018.

Heller, Michael A. The Tragedy of the Anticommons: Property in the Transition from Marx to Marktets, Harvard Law Review 111, no. 3 1998, 621.

Henckel, Wolfram Deregulierung im Insolvenzverfahren?, KTS 1989, 477.

Henckel, Wolfram Die ergänzende Vertragsauslegung, AcP 169 1960/1961, 106.

Henckel, Wolfram Insolvenzrechtsreform zwischen Vollstreckungsrecht und Unternehmensrecht, in: Gerhardt, Walter/Henckel, Wolfram/Kilger, Joachim/Kreft, Gerhart (Hrsg.), Festschrift für Franz Merz zum 65. Geburtstag am 3. Februar 1992, Köln 1992, 197.

Henckel, Wolfram Prozessrecht und materielles Recht, Göttingen 1970.

Henckel, Wolfram Wert und Unwert juristischer Konstruktion im Konkursrecht, in: Bökelmann, Erhard (Hrsg.), Festschrift für Friedrich Weber zum 70. Geburtstag am 19. Mai 1975, Berlin, New York 1975, 237.

Henckel, Wolfram/ Gerhardt, Walter (Hrsg.) Jaeger Insolvenzordnung, Großkommentar, Siebter Band (§§ 217–285), Berlin 2019.

Henckel, Wolfram/ Gerhardt, Walter (Hrsg.) Jaeger Insolvenzordnung, Großkommentar, Erster Band (§§ 1–55), Berlin 2004.

Hendler, Reinhard Zur bundesverfassungsgerichtlichen Konzeption der grundgesetzlichen Eigentumsgarantie, DVBl 1983, 873.

Herzog, Roman — Grundrechte aus der Hand des Gesetzgebers, in: Fürst, Walther/Herzog, Roman/Umbach, Dieter (Hrsg.), Festschrift für Wolfgang Zeidler, Band 2, Berlin 1987, 1415.

Hillgruber, Christian — Abschied von der Privatautonomie, ZRP 1995, 6.

Hirte, Heribert/Vallender, Heinz (Hrsg.) — Uhlenbruck Insolvenzordnung Kommentar, Band 1, 15. Auflage, München 2019.

Hirte, Heribert/Vallender, Heinz (Hrsg.) — Uhlenbruck Insolvenzordnung Kommentar, Band 2 (EuInsVO, SanInsKG (früher COVInsAG), StaRUG), 16. Auflage, München 2023.

Hoegen, Peter/Kranz, Christopher — Die Auswirkungen des präventiven Restrukturierungsrahmens auf die außergerichtliche Unternehmenssanierung – droht die Bedeutungslosigkeit?, Zur Richtlinie (EU) 2019/1023 des Europäischen Parlaments und des Rates v. 20.6.2019, NZI-Beilage 2019, 53.

von Hoffmann, Bernd — Das Recht des Grundstückskaufs, Eine rechtsvergleichende Untersuchung, Tübingen 1982.

Hoffmann, Jan Felix — Prioritätsgrundsatz und Gläubigergleichbehandlung, Tübingen 2016.

Hoffmann, Jan Felix — Zession und Rechtszuweisung, Tübingen 2012.

Hohenlohe, Justus Leander — Die Pflicht zur Wahrung von Gläubigerinteressen nach § 43 Absatz 1 Satz 1 StaRUG, Baden-Baden 2025.

Hölzle, Gerrit — Präventiver Restrukturierungsrahmen – Beitrag zu einer Verbesserung der Restrukturierungskultur in Europa und ergänzende Sanierungsoption oder »Schlachtbank« für die Motive des ESUG?, ZIP 2017, 1307.

Hölzle, Gerrit — Unternehmenssanierung außerhalb der Insolvenz – Überlegungen zu einem Sanierungsvergleichsgesetz, NZI 2010, 207.

Hölzle, Gerrit — Zur Umsetzung des präventiven Restrukturierungsrahmens in Deutschland, Ein GEsetz zur BEreitstellung eines Restrukturierungsverfahrens (GeBeR) – Wie ein Name zum Programm werden kann, ZIP 2020, 585.

Hommel, Michael — Überschuldungsmessung nach neuem Insolvenzrecht: Probleme und Lösungen, ZfB 1998, 297.

Hubmann, Heinrich — Der bürgerrechtliche Aufopferungsanspruch, JZ 1958, 489.

Hubmann, Heinrich — Grundsätze der Interessenabwägung, AcP 1956, 85.

Hueck, Götz — Der Grundsatz der gleichmäßigen Behandlung im Privatrecht, München, Berlin 1958.

Ibler, Martin — Die Eigentumsdogmatik und die Inhalts- und Schrankenbestimmung i.S.v. Art. 14 Abs. 1 S. 2 GG im Mietrecht, AcP 1997, 565.

Isensee Josef — Das Grundrecht als Abwehrrecht und als staatliche Schutzpflicht, in: Isensee, Josef/Kirchhof, Paulus (Hrsg.), Handbuch des Staatsrechts, der Bundesrepublik Deutschland, Band V (Allgemeine Grundrechtslehren), 2. Auflage, Heidelberg 2000, § 111, 143.

Jackson, Thomas The Logic and Limits of Bankruptcy Law, Washington 1986.

Jacobi, Christoph Alexander Insolvenzplan als Qualitätsmerkmal, ZInsO 2010, 2316.

Jacobi, Christoph Alexander Tagungsbericht zur Veranstaltung der IHK zu Leipzig v. 16.2.2011: »Neue gesetzliche Regelungen für Unternehmenssanierungen«, ZInsO 2011, 807.

Jacoby, Florian Vorinsolvenzliches Sanierungsverfahren, ZGR 2010, 359.

Jarass, Hans Charta der Grundrechte der Europäischen Union, unter Einbeziehung der sonstigen Grundrechtsregelungen des Primärrechts und der EMRK, Kommentar, 4. Auflage, München 2021.

Jauernig, Othmar Materielles Recht und Prozeßrecht, JuS 1971, 329.

Jelinek, Wolfgang Kompetenzverteilung zwischen Insolvenzverwalter und Insolvenzgläubigern, in: Leipold, Dieter (Hrsg.), Insolvenzrecht im Umbruch, Köln 1991, 21.

Jeremias, Christoph Internationale Insolvenzaufrechnung, Tübingen 2005.

Jungmann, Carsten Die Ausrichtung der Pflichten von Gesellschaftsorganen an den Interessen der Residualberechtigten, ZRI 2021, 209.

Jungmann, Carsten Grundpfandgläubiger und Unternehmensinsolvenz, Deutschland – England – Schottland, Köln, Berlin, München 2004.

Jungmann, Carsten Nicht fällige Forderungen in (und nach) der Insolvenz, Unterschiede zwischen verzinslichen und unverzinslichen Forderungen und Wege zur Beseitigung derselben, KTS 2024, 163.

Kaiser, Max Die Instrumente des § 29 StaRUG, Lehren aus den präventiven Restrukturierungsverfahren Englands und der U.S.A. für eine Reform des deutschen Rechts, Baden-Baden 2024.

Kayser, Godehard Eingriffe des Richtlinienvorschlags der Europäischen Union in das deutsche Vertrags-, Insolvenz- und Gesellschaftsrecht, ZIP 2017, 1393.

Kayser, Godehard/ Thole, Christoph (Hrsg.) Insolvenzordnung, Heidelberger-Kommentar, 9. Auflage, Heidelberg 2018.

Kern, Christoph Die Eintrittsvoraussetzungen in das Verfahren, Zur Richtlinie (EU) 2019/1023 des Europäischen Parlaments und des Rates v. 20.6.2019, NZI-Beilage 2019, 18.

Kiel, Heinrich/ Link, Stefan/ Oetker, Hartmut, (Hrsg.) Münchener Handbuch zum Arbeitsrecht, Band 1 (Individualarbeitsrecht 1), 6. Auflage, München 2024.

Kilger, Joachim Die Reformbedürftigkeit des Konkurs- und Vergleichsrechts, ZRP 1976, 190.

Kilian, Wolfgang Kontrahierungszwang und Zivilrechtssystem, AcP 1980, 47.

Killinger, Johann Insolvenzanfechtung gegen Insider, Berlin 1991.

Kingreen, Thorsten/ Poscher, Ralf Grundrechte Staatsrecht II, 38. Auflage, Heidelberg 2022.

Kingreen, Thorsten/ Störmer, Rainer Die subjektiv-öffentlichen Rechte des primären Gemeinschaftsrechts, EuR 1998, 263.

Kischel, Uwe	Wann ist die Inhaltsbestimmung ausgleichspflichtig?, Schwellenkriterien vs. Verhältnismäßigkeit, JZ 2003, 604.
Klatt, Matthias/ Meister, Moritz	Der Grundsatz der Verhältnismäßigkeit, Ein Strukturelement des globalen Konstitutionalismus, JuS 2014, 193.
Klinck, Fabian	Die Grundlagen der besonderen Insolvenzanfechtung, Gläubiger- und Vertrauensschutz im Übergang vom Prioritäts- zum Gleichbehandlungsgrundsatz, Berlin/Boston 2011.
Klockenbrink, Ulrich	Die Gläubigerstellung unter dem Einfluss der EuInsVO und des deutschen internationalen Insolvenzrechts, Berlin 2008.
Klose, Martin/ Straub, Marvin	Kontrahierungszwang im Arztvertragsrecht, MedR 2017, 935.
Klosternmann, Michael	Die absolute und relative Vorrangregel im Recht der Unternehmensreorganisation, Köln 2022.
Knospe, Armin	Die Insolvenzanfechtung von Sozialversicherungsbeiträgen im Spannungsfeld zwischen öffentlichem und Privatrecht, Berlin 2014.
Knospe, Armin	Scharfes Schwert oder harmlose Gerechtigkeitsregel? – Die insolvenzrechtliche Monstranz der Gläubigergleichbehandlung, ZInsO 2014, 861.
Knütel, Rolf	Verteilungsgerechtigkeit, in: Haarmeyer, Hans/ Hirte, Heribert / Kirchhof, Hans-Peter/Graf von Westphalen, Friedrich (Hrsg.), Verschulden, Haftung, Vollstreckung, Insolvenz – Festschrift für Gerhart Kreft zum 65. Geburtstag, Recklinghausen 2004, 3.
Kohler, Josef	Leitfaden des Deutschen Konkursrechts, 2. Auflage, Stuttgart 1903.
König, Ruth	Kriterien für die Begründung der Ausgleichspflicht bei Inhalts- und Schrankenbestimmungen des Eigentums, DVBl 1999, 954.
Korch, Stefan	Insolvenzrecht und Marktgesetze: Eine Standortbestimmung im Angesicht des EU-Kommissionsvorschlags für einen präventiven Restrukturierungsrahmen, ZHR 182 2018, 440.
Korch, Stefan	Restrukturierungsgesellschaftsrecht – Zur Überformung des Gesellschaftsrechts durch den StaRUG-Regierungsentwurf, NZG 2020, 1299.
Körner, Sandra	Der Schuldbefreiungsanspruch in der Insolvenz des Befreiungsgläubigers, Köln 2012.
Koziol, Helmut	Grundlagen und Streitfragen der Gläubigeranfechtung, Wien u.a. 1991.
Kreuter-Kirchhof, Charlotte	Personales Eigentum im Wandel, Tübingen 2017.
Krohn, Axel	Cram-down und Vorrangregel, Baden-Baden 2024.
Kröpelin, Andrea	Die massearme Insolvenz, Köln 2003.
Krüger, Helge	Insolvenzbezogene Pflichten von Unternehmensleitung und Beratern nach der sog. Restrukturierungsrichtlinie RL (EU) 2019–1023 und dem StaRUG, Berlin 2023.

Kube, Hanno Der eingriffsrechtfertigende Konnex – Zu Inhalt und Grenzen freiheitsbegleitender Verantwortung, JZ 2010, 265.

Künne, Karl Außergerichtliche Vergleichsordnung, Richtlinien zur für die Bearbeitung außergerichtlicher Vergleiche mit Musterformularen und einem Gesetzesanhang, 6. Auflage, München 1955.

Kuntz, Thilo §§ 2, 3 StaRUG-E: Gesetzlich verordnete bad corporate governance, ZIP 2020, 2432.

Landfermann, Hans Georg Das neue Unternehmenssanierungsgesetz (ESUG), WM 2012, 821.

Landfermann, Hans Georg Der Ablauf des künftigen Insolvenzverfahrens, BB 1995, 1649.

Landfermann, Hans Georg Die Befriedigung der Gläubiger im Insolvenzverfahren – bestmöglich und gleichmäßig!, in: Paulus, Christoph/Wimmer-Amend, Angelika (Hrsg.), Festschrift für Dr. Klaus Wimmer, Baden-Baden 2017, 408.

Landfermann, Hans Georg Rezension von Ludwig Häsemeyer, Insolvenzrecht, ZZP 107 1994, 127.

Lange, Christian/ Swierczok, Artur Neues aus Brüssel: Der finale Text der Restrukturierungsrichtlinie lässt grüßen!, BB 2019, 514.

Langenbucher, Katja Die Entwicklung und Auslegung von Richterrecht – Eine methodologische Untersuchung zur richterlichen Rechtsfortbildung im deutschen Zivilrecht, München 1996.

Larenz, Karl Lehrbuch des Schuldrechts, Band 1 (Allgemeiner Teil), 12. Auflage, München 1979.

Lau, Bero-Alexander/ Schwartz, Daniel Richtlinie für ein präventives Restrukturierungsverfahren – Analyse und Umsetzungsempfehlungen, NZG 2020, 450.

Leinekugel, Rolf/ Skauradszun, Dominik Geschäftsführerhaftung bei eigenmächtig gestelltem Insolvenzantrag wegen bloß drohender Zahlungsunfähigkeit, GmbHR 2011, 1121.

Leisner, Walter Eigentum, in: Isensee, Josef/Kirchhof, Paul (Hrsg.), Handbuch des Staatsrechts, der Bundesrepublik Deutschland, Band VI (Freiheitsrechte), 2. Auflage, Heidelberg 2001, § 149, 1023.

Leisner, Walter Sozialbindung des Eigentums, Berlin 1972.

Lepa, Brita Insolvenzordnung und Verfassungsrecht, Berlin 2002.

Leschke, Julian Regulierung von Geschäftsleiteropportunismus zulasten der Gläubiger in der Krise, Ökonomische und rechtsvergleichende Einsichten vor dem Hintergrund des StaRUG, Baden-Baden 2025.

Leuschner, Lars Die Bedeutung von Allgemeinwohlinteressen bei der verfassungsrechtlichen Rechtfertigung privatrechtlicher Regelungen am Beispiel der §§ 932 ff. BGB, AcP 2005, 205.

Lieder, Jan Die rechtsgeschäftliche Sukzession, Eine methodenpluralistische Grundlagenuntersuchung zum deutschen Zivilrecht und Zivilprozessrecht sowie zum Internationalen und Europäischen Privatrecht, Tübingen 2015.

Liedl, Florian Absoluter oder relativer Vorrang von Gläubigerklassen im Restrukturierungsrecht, Berlin 2022.

Löser, Arne Außergerichtliche Umsetzung, in: Knops, Kai-Oliver/Bamberger, Heinz-Georg/Lieser, Jens (Hrsg.), Recht der Sanierungsfinanzierung, 2. Auflage, Berlin 2019, § 25, 803.

Lübbe-Wolff, Gertrude Die Grundrechte als Eingriffsabwehrrechte, Struktur und Reichweite der Eingriffsdogmatik im Bereich staatlicher Leistungen, Baden-Baden 1988.

Lüdemann, Jörn Die verfassungskonforme Auslegung von Gesetzen, JuS 2004, 27.

Madaus, Stephan Der Insolvenzplan, Von seiner dogmatischen Deutung als Vertrag und seiner Fortentwicklung in eine Bestätigungsinsolvenz, Tübingen 2011.

Madaus, Stephan Die Bruchteilsgemeinschaft als Gemeinschaft von Vollrechtsinhabern, AcP 2012, 251.

Madaus, Stephan Die Vorgaben der EU-Richtlinie über präventive Restrukturierungsrahmen an den deutschen Gesetzgeber – Handlungsspielräume und -grenzen, DB 2019, 592.

Madaus, Stephan Insolvenzrechtliche Prinzipien für Restrukturierungshilfen?, Eine kritische Betrachtung der dogmatischen Grundannahmen des StaRUG, in: Tölle, Antje/Bendict, Jörg/Koch, Harald/Klawitter, Stephan/Paulus, Christoph/Preetz, Friedrich (Hrsg.), Selbstbestimmung: Freiheit und Grenzen, Festschrift für Reinhard Singer zum 70. Geburtstag, 415.

Madaus, Stephan Keine Reorganisation ohne die Gesellschafter, ZGR 2011, 749.

Madaus, Stephan Leaving the Shadows of US Bankruptcy Law: A Proposal to Divide the Realms of Insolvency and Restructuring Law, European Business Organization Law Review (EBOLR) 2018 (19), 615.

Madaus, Stephan Restrukturierungsverfahren mit Insolvenzprinzipien und Insolvenzverfahren mit Restrukturierungsziel? Eine Betrachtung der Grundannahmen des Insolvenz- und Restrukturierungsrechts, in: Paulus, Christoph/Wimmer-Amend, Angelika (Hrsg.), Festschrift für Dr. Klaus Wimmer, Baden-Baden 2017, 446.

Madaus, Stephan Schulden, Entschuldung, Jubeljahre – vom Wandel der Funktion des Insolvenzrechts, JZ 2016, 548.

Madaus, Stephan Vom Wert der rechtsdogmatischen Verankerung spezialgesetzlicher Rechtsinstitute – und über die Auslegung von Insolvenzplänen, NZI 2020, 545.

Madaus, Stephan Vorinsolvenzliche Sanierungsverfahren – Perspektiven einer europäisch geprägten Rechtsentwicklung, KSzW 2015, 183.

Majewski, Otto Auslegung der Grundrechte durch einfaches Gesetzesrecht?, Zur Problematik der sogenannten Gesetzmäßigkeit der Verfassung, Berlin 1971.

Marotzke, Wolfgang Zweck und praktische Handhabung des § 3 Abs. 2 StaRUG, ZInsO 2022, 2504.

Masing, Johannes Einheit und Vielfalt des Europäischen Grundrechtsschutzes, JZ 2015, 477.

Maultzsch, Felix Zivilrechtliche Aufopferungsansprüche und faktische Duldungszwänge, Eine Untersuchung zu den §§ 904, 906 Abs. 2 BGB, Berlin 2006.

Maunz, Theodor/ Dürig, Günter (Begr.)/ Herzog, Roman/ Scholz, Rupert/ Herdegen, Matthias/ Klein, Hans (Hrsg.) Grundgesetz Kommentar, Band II (Art. 6–16a), München Loseblatt Lfg. 103 Januar 2024.

Maunz, Theodor/ Dürig, Günter (Begr.)/ Herzog, Roman/ Scholz, Rupert/ Herdegen, Matthias/ Klein, Hans (Hrsg.) Grundgesetz Kommentar, Band I (Art. 1–5), , München Loseblatt Lfg. 103 Januar 2024.

Maurer, Hartmut Der enteignende Eingriff und die ausgleichspflichtige Inhaltsbestimmung des Eigentums, DVBl 1991, 781.

Medicus, Dieter Der Grundsatz der Verhältnismäßigkeit im Privatrecht, AcP 1992, 35.

Medicus, Dieter Vertragsauslegung und Geschäftsgrundlage, in: Jakobs, Horst Heinrich/Knobbe-Keuk, Brigitte/Picker, Eduard/Wilhelm, Jan (Hrsg.), Festschrift für Werner Flume zum 70. Geburtstag, Band I, Köln 1978.

Meyer, Jürgen/ Hölscheidt, Sven (Hrsg.) Charta der Grundrechte der Europäischen Union, 5. Auflage, Baden-Baden 2019.

Meyer-Haberhauer, Stefanie Entscheidung über den Insolvenzplan: eine betriebswirtschaftliche Analyse, Frankfurt am Main, Berlin, Bern, Wien u.a. 2000.

Michaelis, Lars Oliver Der Grundsatz der Verhältnismäßigkeit – Gebrauchsanweisung für die Waage der Justitia, JA 2021, 573.

Morgen, Christoph (Hrsg.) Präventive Restrukturierung, Kommentar und Handbuch zur Richtlinie über präventive Restrukturierungsrahmen, Köln 2019.

Morgen, Christoph (Hrsg.) StaRUG, Kommentar zum Gesetz über den Stabilisierungs- und Restrukturierungsrahmen für Unternehmen, Köln 2022.

Möschel, Wernhard Privatisierung, Deregulierung und Wettbewerbsordnung, JZ 1988, 885.

Müller, Hans-Friedrich Der Verband in der Insolvenz, Köln 2002.

Müller, Hans-Friedrich Die Umsetzung der EU-Richtlinie über präventive Restrukturierungsrahmen, Kritische Anmerkungen zum StaRUG-RegE, ZIP 2020, 2253.

Müller, Hans-Friedrich	Sanierung nach der geplanten EU-Restrukturierungs-Richtlinie, – Eine Analyse aus gesellschaftsrechtlicher Perspektive –, ZGR 2018, 56.
Mullert, Martin/ Steiner, Mark	Gesellschaftsrechtlich zulässige Regelungen im Insolvenz- und Restrukturierungsplan, NZG 2021, 673.
Muthorst, Olaf	Bedingt, befristet, betagt – Sonderfälle der Forderung im Spiegel des Insolvenzrechts, ZIP 2009, 1794.
Nachtmann, Andrea	Das Fiskusvorrecht im deutschen Insolvenzrecht, Eine Untersuchung der aktuellen Entwicklung, des aktuellen Stands und der Verfassungsmäßigkeit des Fiskusvorrechts im geltenden Insolvenzrecht, Frankfurt a.M. 2014.
Neuberger, Jürgen	Überschuldung abschaffen? Überschuldung stärken! Warum und wie der Überschuldungstatbestand beibehalten werden sollte, ZIP 2019, 1549.
Neuhof, Rudolf	Sanierungsrisiken der Banken: Die Vor-Sanierungsphase, NJW 1998, 3225.
Neumann, Friedrich	Die Gläubigerautonomie in einem künftigen Insolvenzverfahren, Bielefeld 1995.
Neuner, Jörg	Allgemeiner Teil des Bürgerlichen Rechts, 12. Auflage, München 2020.
Neuner, Jörg	Privatrecht und Sozialstaat, München 1999.
Niemeyer, Christoph	Gläubigerbeteiligung im Regelinsolvenzverfahren, Eine rechtsvergleichende Untersuchung zum deutschen und italienischen Recht, Köln 2008.
Nierhaus, Michael	Grundrechte aus der Hand des Gesetzgebers? – Ein Beitrag zur Dogmatik des Art. 1 Abs. 3 GG –, AöR 1991, 72.
Nipperdey, Hans Carl	Kontrahierungszwang und diktierter Vertrag, Jena 1920.
Oelrichs, Carsten	Gläubigermitwirkung und Stimmverbote im neuen Insolvenzverfahren, Köln, Berlin u.a. 1999.
Ogorek, Markus	Eigentum und Gemeinwohl, Überlegungen zu den Voraussetzungen einer Enteignung zugunsten Privater, DÖV 2018, 465.
Ohly, Ansgar/ Sosnitza, Olaf	Gesetz gegen den unlauteren Wettbewerb, mit Geschäftsgeheimnisgesetz (Auszug) und Preisgabenverordnung, Kommentar, 8. Auflage, München 2023.
Ossenbühl, Fritz	Ausgleichspflichtige Inhaltsbestimmungen des Eigentums, in: Wendt, Rudolf/Höfling, Wolfram/Karpen, Ulrich/Oldiges, Martin (Hrsg.), Staat, Wirtschaft, Steuern, Festschrift für Karl Heinrich Friauf zum 65. Geburtstag, Heidelberg 1996, 391.
Ossenbühl, Fritz	Maßhalten mit dem Übermaßverbot, in: Badura, Peter/Scholz, Rupert, Wege und Verfahren des Verfassungslebens, Festschrift für Peter Lerche zum 65. Geburtstag, München 1993, 151.
Ostrom, Elinor	Die Verfassung der Allmende, Jenseits von Staat und Markt, Tübingen 1999.

Paulus, Christoph § 1 InsO und sein Insolvenzmodell, NZI 2015, 1001.

Paulus, Christoph Die »Aufgabe« des Insolvenzrechts, ZRI 2022, 45.

Pawlowski, Hans-Martin Aufgabe des Zivilprozesses, ZZP 80 1967, 345.

Pechstein, Matthias/ Nowak, Carsten/ Häde, Ulrich (Hrsg.) Frankfurter Kommentar zu EUV, GRC und AEUV, Band 1 (EUV und GRC), 2. Auflage, Tübingen 2023.

Peine, Franz-Joseph Inhalt und Schranken des Eigentums, Die Ausgestaltungsgarantie und die Beschränkung der Bodennutzung, in: Durner, Wolfgang/Peine, Franz-Joseph/ Shirvani, Foroud (Hrsg.), Freiheit und Sicherheit in Deutschland und Europa, Festschrift für Hans-Jürgen Papier zum 70. Geburtstag, Berlin 2013, 587.

Peters, Frank Der Entzug des Eigentums an beweglichen Sachen durch gutgläubigen Erwerb, Tübingen, 1991.

Peukert, Alexander Güterzuordnung als Rechtsprinzip, Tübingen 2008.

Pfefferle, Roland Konkursanfechtung und Rückschlagsperre, Überlegungen zum geltenden Recht und zu dessen Reform anhand der derzeitigen Ungleichbehandlung der Geld- und Naturalansprüche, Heidelberg 1982.

Picker, Eduard Das Deliktsrecht im Zivilrechtssystem, – Eine Studie am Beispiel des Fleet-Falls BGHZ 55, 153 – , ZfPW 2015, 385.

Picker, Eduard Positive Forderungsverletzung und culpa in contrahendo – Zur Problematik der Haftungen »zwischen« Vertrag und Delikt, AcP 1983, 369.

Picker, Eduard Vertragliche und deliktische Schadenshaftung – Überlegungen zu einer Neustrukturierung der Haftungssysteme –, JZ 1987, 1041.

Piekenbrock, Andreas Die Umsetzung der EU-Richtlinie über Insolvenz und Sanierung in Deutschland, ZVglRWiss 121 (2022), 245.

Piekenbrock, Andreas Die Zukunft der Überschuldung als Insolvenzeröffnungsgrund und beim präventiven Restrukturierungsrahmen, NZI-Beilage, 2019, 47.

Piekenbrock, Andreas Die Zukunft der Überschuldung als Insolvenzeröffnungsgrund und beim präventiven Restrukturierungsrahmen, in: Ebke, Werner F./Seagon, Christopher/Piekenbrock, Andreas (Hrsg.), Überschuldung, Quo vadis?, Baden-Baden 2020, 13.

Piekenbrock, Andreas Grundlagen des Insolvenzrechts, BRJ 2021, 6.

Piekenbrock, Andreas Zivilrechtliche Dogmatik und Insolvenzrecht, in: Lobinger, Thomas/ Piekenbrock, Andreas/Stoffels, Markus (Hrsg.), Zur Integrationskraft zivilrechtlicher Dogmatik, Tübingen 2014, 51.

Piekenbrock, Dirk Gabler-Kompakt-Lexikon Volkswirtschaftslehre, 3. Auflage, Wiesbaden 2009.

Pietzcker, Jost Drittwirkung – Schutzpflicht – Eingriff, in: Maurer, Hartmut, Das akzeptierte Grundgesetz, Festschrift für Günter Dürig zum 70. Geburtstag, München 1990, 345.

Pluta, Maximilian	Insolvenzaufrechnung und der Grundsatz der par conditio creditorum, Bielefeld 2009.
Pluta, Michael	Insolvenzgründe im Kontext von StaRUG und InsO, NZI-Beilage 2021, 22.
Proske, Stefan	Zur Beweislast betreffend die drohende Zahlungsunfähigkeit in § 63 Abs. 1 Nr. 1 StaRUG, EWiR 2021, 309.
Proske, Stefan/ Streit, Georg	Rettende Restrukturierung durch Rechtsrahmen? Lob und Kritik zum Regierungsentwurf des StaRUG, NZI 2020, 969.
Puppe, Ingeborg	Kleine Schule des juristischen Denkens, 3. Auflage, Göttingen/Bristol 2014.
Raiser, Ludwig	Der Gleichheitsgrundsatz im Privatrecht, ZHR 111 1948, 75.
Rauscher, Thomas/ Krüger, Wolfgang (Hrsg.)	Münchener Kommentar zur Zivilprozessordnung mit Gerichtsverfassungsgesetz und Nebengesetzen, Band 2 (§§ 355–945b ZPO, 6. Auflage, München 2020.
Rawls, John	A Theory of Justice, Oxford 1999.
Remmert, Barbara	Verfassungs- und verwaltungsgeschichtliche Grundlagen des Übermaßverbotes, Heidelberg 1995.
Riese, Christoph/ Noll, Paul	Europarechtliche und verfassungsrechtliche Aspekte der Inländerdiskriminierung, NVwZ 2007, 516.
Riggert, Rainer/ Seagon, Christopher	Sanierungshilfe!, NZI-Beilage 2019, 5.
Ristelhuber, Johannes	Gläubigerinteresse versus Gesellschafterweisung, Das Weisungsrecht der Gesellschafter nach § 73 I GmbHG im Lichte der Regelungen des StaRUG, NZI 2021, 417.
Roller, Gerhard	Enteignung, ausgleichspflichtige Inhaltsbestimmung und salvatorische Klauseln, Eine Bestandsaufnahme im Lichte der neuen Judikatur des BVerfG, NJW 2001, 1003.
Römermann, Volker (Hrsg.)	Kommentar, Insolvenzordnung (InsO), München 49. Ergänzungslieferung Stand 2024.
Römermann, Volker (Hrsg.)	Münchener Anwalts Handbuch GmbH Recht, 5. Auflage, München 2023.
Roth, Wolfgang	Faktische Eingriffe in Freiheit und Eigentum, Struktur und Dogmatik des Grundrechtstatbestandes und der Eingriffsrechtfertigung, Berlin 1994.
Ruffert, Matthias	Schlüsselfragen der Europäischen Verfassung der Zukunft – Grundrechte – Institutionen – Kompetenzen – Ratifizierung, EuR 2004, 165.
Ruffert, Matthias	Vorrang der Verfassung und Eigenständigkeit des Privatrechts, Eine verfassungsrechtliche Untersuchung zur Privatrechtswirkung des Grundgesetzes, Tübingen 2001.
Rupp, Hans Heinrich	Methodenkritische Bemerkungen zum Verhältnis von tarifvertraglicher Rechtssetzung und parlamentarischer Gesetzgebungskompetenz, JZ 1998, 919.

Ruzik, Andy Finanzmarktintegration durch Insolvenzrechtsharmonisierung, der europäische Rechtsrahmen für Abwicklungssysteme, Finanzsicherheiten und internationale Bankeninsolvenzen und seine Umsetzung in das deutsche Recht, Baden-Baden 2010.

Säcker, Franz Jürgen/ Rixecker, Roland/ Oetker, Hartmut/ Limperg, Bettina (Hrsg.) Münchener Kommentar zum Bürgerlichen Gesetzbuch, Band 3 (Schuldrecht – Allgemeiner Teil II), 9. Auflage, München 2022.

Säcker, Franz Jürgen/ Rixecker, Roland/ Oetker, Hartmut/ Limperg, Bettina (Hrsg.) Münchener Kommentar zum Bürgerlichen Gesetzbuch, Band 4/2 (Schuldrecht – Besonderer Teil I/2, §§ 481–534, Finanzierungsleasing), 9. Auflage, München 2023.

Säcker, Franz Jürgen/ Rixecker, Roland/ Oetker, Hartmut/ Limperg, Bettina (Hrsg.) Münchener Kommentar zum Bürgerlichen Gesetzbuch, Band 7 (Schuldrecht – Besonderer Teil IV (§§ 705–853, Partnerschaftsgesellschaftsgesetz, Produkthaftungsgesetz)), 9. Auflage, München 2024.

Sax, Stefan/ Ponseck, Joachim/ Swierczok, Artur Ein vorinsolvenzliches Restrukturierungsverfahren für europäische Unternehmen, BB 2017, 323.

Schäfer, Carsten Zur Einbeziehung der Gesellschafter in ein vorinsolvenzliches Restrukturierungsverfahren nach dem Regierungsentwurf eines »StaRUG«, ZIP 2020, 2164.

Schäfer, Hans-Bernd/ Ott, Claus Lehrbuch der ökonomischen Analyse des Zivilrechts, 6. Auflage, Berlin 2021.

Schäfer, Peter Präventive Unternehmensrestrukturierung und Vertragsfreiheit, Dissertation im Erscheinen Heidelberg 2022.

Schellhammer, Kurt Zivilprozess, Gesetz – Praxis – Fälle, 16. Auflage, Heidelberg 2020.

Schiessler, Wolfram Der Insolvenzplan, Bielefeld 1997.

Schmidt, Karsten (Hrsg.) Insolvenzordnung Kommentar, InsO mit EuInsVO, 20. Auflage, München 2023.

Schmidt, Reinhard Ökonomische Analyse des Insolvenzrechts, Wiesbaden 1980.

Schmidt-Aßmann Bemerkungen zum Boxberg-Urteil des BVerfG, NJW 1987, 1587.

Schneider, Hans-Peter Eigentum verpflichtet. – Zur Entstehung von Artikel 14 Absatz 2 Grundgesetz, in: Peine, Franz-Joseph/Wolff, Heinrich Amadeus (Hrsg.), Nachdenken über Eigentum, Festschrift für Alexander v. Brünneck zur Vollendung seines siebzigsten Lebensjahres, Baden-Baden 2011, 67.

Schneider, Harald Die Güterabwägung des Bundesverfassungsgerichts bei Grundrechtskonflikten, Empirische Studie zu Methode und Kritik eines Konfliktlösungsmodells, Baden-Baden 1979.

Scholz, Philipp Die Krisenpflichten von Geschäftsleitern nach Inkrafttreten des StaRUG, ZIP 2021, 219.

Schönfelder, Matthias	Die Bedeutung der Fortführungsprognose für das StaRUG-Verfahren – auf tosenden Wellen zwischen Skylla und Charybdis?, NZI 2022, 49.
Schreiber, Werner/ Herbst, Christoph	Insolvenzplanverfahren mit Hürden, ZInsO 2008, 435.
Schülke, Thilo	Überwindung der Krise: Die Restrukturierung mit dem neuen StaRUG – ein Überblick, DStR 2021, 621.
Schulz, Dirk	Treuepflichten unter Insolvenzgläubigern, Köln 2003.
Seagon, Christopher	Die Regelungen der Richtlinie im Überblick, Zu Nr. 5 des Richtlinienvorschlags der Europäischen Kommission vom 22.11.2016, COM(2016) 723 final, NZI-Beilage 2017, 12.
Seibt, Christoph/ Bulgrin, Gerrit	Entwurf zum Unternehmensstabilisierungs- und Restrukturierungsgesetz (StaRUG) – Kritische Analyse aus gesellschaftsrechtlicher Sicht, DB 2020, 2226.
Seibt, Christoph/ von Treuenfeld, Antonia	Gesellschafts- und kapitalmarktrechtliche Aspekte der EU-Restrukturierungsrichtlinie, DB 2019, 1190.
Seppelt, Michael	Bilanzrestrukturierung – Erweitert der präventive Restrukturierungsrahmen die Toolbox?, BB 2020, 1392.
Servatius, Wolfgang	Gläubigereinfluß durch Covenants – hybride Finanzierungsinstrumente im Spannungsfeld von Fremd- und Eigenfinanzierung, Tübingen 2008.
Siebert, Peter	Das Prioritätsprinzip in der Einzelzwangsvollstreckung, Göttingen 1988.
Singer, Jan	Vorinsolvenzlicher Restrukturierungsrahmen für Deutschland unter dem Einfluss der EU-Restrukturierungsrichtlinie, das StaRUG und ein Alternativkonzept für einen echten Präventivrahmen, Baden-Baden 2022.
Skauradszun, Dominik	Anteilsinhaberrechte im präventiven Restrukturierungsrahmen, NZG 2019, 761.
Skauradszun, Dominik	Ein Umsetzungskonzept für den präventiven Restrukturierungsrahmen, KTS 2019, 161.
Skauradszun, Dominik	Grundfragen zum StaRUG – Ziele, Rechtsnatur, Rechtfertigung, Schutzinstrumente, KTS 2021, 1.
Skauradszun, Dominik	Neuausrichtung der Verwaltung in der vollrechtsfähigen WEG, ZRP 2020, 34.
Skauradszun, Dominik	Neuralgische Punkte der Restrukturierungsverfahren nach dem StaRUG, ZRI 2020, 625.
Skauradszun, Dominik/ Amort, Matthias	Krisenfrüherkennung und -management, Organkompetenzen und die Frage nach der Restrukturierungsverschleppungshaftung, DB 2021, 1317.
Skauradszun, Dominik/ Fridgen, Alexander (Hrsg,)	BeckOK StaRUG, 13. Edition, München 2024.

Skauradszun, Dominik/ Harnack, Alana Julia	Prüfungsumfang des Restrukturierungsgerichts bei Anzeigen und Aufhebungen nach §§ 31, 33 StaRUG (Besprechung von AG Hamburg, Beschluss vom 17.3.2023 – 61c RES 1/23, DZWIR 2023, 545 sowie LG Hamburg, Beschluss vom 20.4.2023 – 304 T 15/23, DZWIR 2023, 544), DZWIR 2023, 511.
Smid, Stefan	Gerichtliche Bestätigung des Insolvenzplans trotz Versagung seiner Annahme durch Abstimmungsgruppen von Gläubigern – Zur Reichweite des sogenannten Obstruktionsverbots gem. § 245 InsO, Zugleich ein Beitrag zu den Maßstäben der »Obstruktionsentscheidung« des Insolvenzgerichts gem. § 245 InsO nach künftigen Recht – , in: Smid, Stefan/Fehl, Norbert (Hrsg.), Recht und Pluralismus, Hans-Martin Pawloski zum 65. Geburtstag, Berlin 1997, 387.
Smid, Stefan	Innen- und Außenhaftung des Geschäftsleiters bei Inanspruchnahme des Restrukturierungsrahmens durch die schuldnerische Gesellschaft nach § 43 StaRUG, ZInsO 2021, 117.
Smid, Stefan	Strukturvorgaben der Restrukturierungsrichtlinie für den »Bestätigten Restrukturierungsplan« und seine Umsetzung im deutschen Recht, ZInsO 2020, 266.
Spahlinger, Andreas	Gruppen, Stimmrechte und erforderliche Mehrheiten, NZI-Beilage 2021, 32.
Spetzler, Sophie	Eingriffe in die Rechte von Anteilseignern im Insolvenzverfahren, Köln 2011.
Spiekermann, Olaf	Die Implementierung des EU-Restrukturierungsverfahrens – eine Renaissance der Vergleichsordnung?, ZInsO 2019, 429.
Spielberger, Karl	Kauf von Krisenunternehmen – Bewertung und Übernahmetechnik, Wiesbaden 1996.
Spindler, Gerald	Prognosen im Unternehmensrecht, AG 2006, 677.
Städtler, Hans Jörg	Grundpfandrechte in der Insolvenz, Tübingen 1998.
Stapper, Florian	Die Praxis der Arbeit mit Insolvenzplänen oder die Insuffizienz des Insolvenzplans: Diagnose und Therapie, ZInsO 2009, 2361.
Starke, Christian Paul	Die Anwendbarkeit der Europäischen Grundrechtecharta auf rein nationale Gesetzgebungsakte, DVBl 2017, 721.
Staudinger, Julius von (Begr.)	J. von Staudingers Kommentar zum Bürgerlichen Gesetzbuch mit Einführungsgesetz und Nebengesetzen, Buch 1: Allgemeiner Teil, §§ 90–124, 130–133 (Sachbegriff, Geschäftsfähigkeit, Willenserklärung, Anfechtung, Auslegung), Berlin 2021.
Staudinger, Julius von (Begr.)	J. von Staudingers Kommentar zum Bürgerlichen Gesetzbuch mit Einführungsgesetz und Nebengesetzen, Buch 1: Allgemeiner Teil, §§ 139–163 (Teilnichtigkeit, Anfechtung, Vertrag, Bedingung und Zeitbestimmung), Berlin 2020.
Staudinger, Julius von (Begr.)	J. von Staudingers Kommentar zum Bürgerlichen Gesetzbuch mit Einführungsgesetz und Nebengesetzen, Buch 1: Allgemeiner Teil, §§ 164–240 (Stellvertretung, Zustimmung, Fristen, Verjährung, Selbsthilfe, Sicherheitsleistung), Berlin 2019.

Staudinger, Julius von (Begr.) J. von Staudingers Kommentar zum Bürgerlichen Gesetzbuch mit Einführungsgesetz und Nebengesetzen, Buch 2: Recht der Schuldverhältnisse, Leistungsstörungsrecht 2 (§§ 315–326); Neubearbeitung 2020, Berlin 2020.

Staudinger, Julius von (Begr.) J. von Staudingers Kommentar zum Bürgerlichen Gesetzbuch mit Einführungsgesetz und Nebengesetzen, Buch 2: Recht der Schuldverhältnisse, §§ 741–764 (Gemeinschaft, Leibrente, Spiel), Berlin 2021.

Staudinger, Julius von (Begr.) J. von Staudingers Kommentar zum Bürgerlichen Gesetzbuch mit Einführungsgesetz und Nebengesetzen, Buch 2: Recht der Schuldverhältnisse, § 823 A-D (Unerlaubte Handlungen 1 – Rechtsgüter und Rechte, Persönlichkeitsrecht, Gewerbebetrieb), Berlin 2017.

Staudinger, Julius von (Begr.) J. von Staudingers Kommentar zum Bürgerlichen Gesetzbuch mit Einführungsgesetz und Nebengesetzen, Buch 2: Recht der Schuldverhältnisse, § 826–829; ProdHaftG (Vorsätzliche sittenwidrige Schädigung, Unzurechnungsfähigkeit und Produkthaftung), Berlin 2021.

Staudinger, Julius von (Begr.) J. von Staudingers Kommentar zum Bürgerlichen Gesetzbuch mit Einführungsgesetz und Nebengesetzen, Buch 2: Recht der Schuldverhältnisse, § 830–838 (Haftung mehrerer Schädiger, Tierhalter-, Gebäudehaftung), Berlin 2022.

Stohrer, Katrin Der Gläubigerschutz im präventiven Restrukturierungsrahmen, ZInsO 2018, 660.

Stüer, Bernhard/ Thorand, Nadine Abschied von salvatorischen Klauseln im Denkmal- und Naturschutzrecht, NJW 2000, 3737.

Stürner, Rolf Aufstellung und Bestätigung des Insolvenzplans, in: Leipold, Dieter (Hrsg.), Insolvenzrecht im Umbruch, Köln 1991, 41.

Stürner, Rolf/ Eidenmüller, Horst/ Schoppmeyer, Heinrich (Hrsg.) Münchener Kommentar zur Insolvenzordnung, Band 1 (§§ 1–79 InsO, Insolvenzrechtliche Vergütungsordnung, InsVV), 4. Auflage, München 2019.

Stürner, Rolf/ Eidenmüller, Horst/ Schoppmeyer, Heinrich (Hrsg.) Münchener Kommentar zur Insolvenzordnung, Band 2 (§§ 80–216 InsO), 4. Auflage, München 2019.

Stürner, Rolf/ Eidenmüller, Horst/ Schoppmeyer, Heinrich (Hrsg.) Münchener Kommentar zur Insolvenzordnung, Band 3 (§§ 217–359 InsO (mit Art. 103a–110 EGInsO), Insolvenzsteuerrecht), 4. Auflage, München 2020.

Stürner, Rolf/ Eidenmüller, Horst/ Schoppmeyer, Heinrich/ Madaus, Stephan (Hrsg.) Münchener Kommentar StaRUG, §§ 1–102 StaRUG, Anhänge, München 2023.

Tetzlaff, Christian Drohende Zahlungsunfähigkeit – Geschäftsführer und Gesellschafter in der Zwickmühle?, Zu Haftungsrisiken für den Geschäftsführer bei Stellung eines Insolvenzantrags wegen drohender Zahlungsunfähigkeit, oder: Sind die Gesellschafter einem böswilligen Fremdgeschäftsführer ausgeliefert, ZInsO 2008, 137.

Thole, Christoph Anmerkung zu: AG Köln, Beschluss vom 3.3.2021 – 83 RES 1/21, NZI 2021, 433.

Thole, Christoph Der Entwurf des Unternehmensstabilisierungs- und restrukturierungsgesetzes (StaRUG-RefE), ZIP 2020, 1985.

Thole, Christoph Der Richtlinienvorschlag zum präventiven Restrukturierungsrahmen, ZIP 2017, 101.

Thole, Christoph Die Geschäftsleiterhaftung im StaRUG und nach § 15b InsO nF., BB 2021, 1347.

Thole, Christoph Gläubigerschutz durch Insolvenzrecht, Anfechtung und verwandte Regelungsinstrumente in der Unternehmensinsolvenz, Tübingen 2010.

Thole, Christoph Quo vadis Überschuldungstatbestand?, Bestandsaufnahme und Perspektiven im Lichte des präventiven Restrukturierungsrahmens, ZInsO 2019, 1622.

Thomale, Chris Leistung als Freiheit – Erfüllungsautonomie im Bereicherungsrecht, Tübingen, 2012.

Thöne, Meik Die Rechtsnatur des Insolvenzplans – Plädoyer für ein verfahrensrechtliches Verständnis, KTS 2018, 151.

Thormann, Martin Abstufungen in der Sozialbindung des Eigentums, Zur Bestimmung von Inhalt und Schranken des Eigentums nach Art. 14 Absatz 1 Satz 2 GG im Spannungsfeld von Eigentumsfreiheit und Gemeinwohl, Stuttgart 1996.

Tiedtke, Klaus Kurzkommentar zu BGH Urteil vom 12.12.1991 – IX ZR 178/91, BGHZ 161, 319, EWIR 1992, 255.

Tilgner, Britta Restrukturierung und Grundrechte, Hamburg 2021.

Tollenaar, Nicolaes Pre-Insolvency Proceedings, A Normative Foundation and Framework, Oxford 2019.

Uhlenbruck, Wilhelm Das neue Insolvenzrecht als Herausforderung für die Beratungspraxis, BB 1998, 2009.

Uhlenbruck, Wilhelm Das neue Insolvenzrecht. Insolvenzordnung und Einführungsgesetz zur Insolvenzordnung, Herne 1994.

Uhlenbruck, Wilhelm Gerichtliche oder außergerichtliche Sanierung? – Eine Schicksalsfrage Not leidender Unternehmen, BB 2001, 1641.

Vallender, Heinz Aufgaben und Befugnisse des Restrukturierungsgerichts nach dem Gesetz über den Stabilisierungs- und Restrukturierungsrahmen für Unternehmen (Teil 1), ZInsO 2020, 2579.

Vallender, Heinz Aufgaben und Befugnisse des Restrukturierungsgerichts nach dem Gesetz über den Stabilisierungs- und Restrukturierungsrahmen für Unternehmen (Teil 2), ZInsO 2020, 2677.

Vallender, Heinz	Das vorgerichtliche Sanierungsverfahren – muss Deutschland sich bewegen?, ZIP 2016, S082.
Vallender, Heinz	Die Amtsermittlungspflicht nach dem StaRUG, ZRI 2021, 165.
Vallender, Heinz	Harmonisierung des Insolvenzrechts in der EU schreitet voran – Zum Kommissionsentwurf einer Richtlinie für ein vorinsolvenzliches Sanierungsverfahren, in: Paulus, Christoph/Wimmer-Amend, Angelika (Hrsg.), Festschrift für Dr. Klaus Wimmer, Baden-Baden 2017, 537.
Vallender, Heinz	Ist die Zeit reif für ein vorinsolvenzliches Sanierungsverfahren?, in: Kayser, Godehard/Smid, Stefan/Riedemann, Susanne (Hrsg.), Festschrift für Klaus Pannen zum 65. Geburtstag, Nichts ist beständiger als der Wandel, München 2017, 303.
Veil, Rüdiger/ Baumann, Cornelius	Informationsasymmetrien bei der Restrukturierung nach dem StaRUG, ZIP 2022. 1301.
Verse, Dirk	Anteilseigner im Insolvenzverfahren, ZGR 2010, 299.
Völker, Alexander	Gleichbehandlung im StaRUG, ZRI 2024, 1098.
Vuia, Mihai	Die Verantwortlichkeit von Banken in der Krise von Unternehmen, Berlin 2007.
Watrin, Christian	Zur Diskussion um das Problem der Marktkonformität, Zeitschrift für Wirtschaftspolitik 1957, 47.
Wegener, Constantin Alexander	Der Minderheitenschutz im Insolvenzplanverfahren, Zwischen verfassungsrechtlicher Notwendigkeit und Sanierungsgefährdung, Berlin 2020.
Weidmüller, Juliane	Die Rückschlagsperre als Instrument zur gemeinschaftlichen Haftungsverwirklichung, Eine Analyse im Spannungsfeld zwischen Einzel- und Gesamtvollstreckung, Baden-Baden 2012.
de Weijs, Rolef	Too Big to Fail as a Game of Chicken with the State: What Insolvency Law Theory Has to Say About TBTF and Vice Versa, European Business Organization Law Review (EBOLR) 2013 (14), 201.
Weiland, Stefan	Par condicio creditorum, Der insolvenzrechtliche Gleichbehandlungsgrundsatz und seine Durchbrechungen zugunsten öffentlich-rechtlicher Gläubiger, Frankfurt, M., Berlin, Bern, Bruxelles, New York, NY, Oxford, Wien 2010.
Welbers, Hartwig	Vollstreckungsrechtliches Prioritätsprinzip und verfassungsrechtlicher Gleichheitssatz, Bonn 1991.
Wendt, Rudolf	Eigentum und Gesetzgebung, Hamburg 1985.
Wenzel, Frank	Die Verfassungsmäßigkeit der Restschuldbefreiung, DGVZ 1993, 81.
Werres, Stefan	Grundrechtsschutz in der Insolvenz, Berlin 2007.
Wertenbruch, Johannes	Gesellschafterbeschluss für Insolvenzantrag bei drohender Zahlungsunfähigkeit?, DB 2013, 1592.
Westermann, Harry	Die Grundlagen des Gutglaubensschutzes, JuS 1963, 1.

Westpfahl, Lars Vorinsolvenzliche Sanierungsverfahren, ZGR 2010, 385.

Westpfahl, Lars Wesentliche Elemente eines vorinsolvenzlichen Sanierungsregimes für Deutschland, ZRI 2020, 157.

Wiegand, Wolfgang Rechtsableitung vom Nichtberechtigten, Rechtsschein und Vertrauensschutz bei Verfügungsgeschäften, JuS 1978, 145.

Wilkens, Jochen Der präventive Restrukturierungsrahmen, Eine Bestandsaufnahme aus Sicht der Finanzgläubiger, WM 2021, 573.

von Wilmowsky, Peter Aufrechnung in der Insolvenz, NZG 1998, 481.

von Wilmowsky, Peter Europäisches Kreditsicherungsrecht, Sachenrecht und Insolvenzrecht unter dem EG-Vertrag, Tübingen 1996.

von Wilmowsky, Peter Internationales Insolvenzrecht, – Plädoyer für eine Neuorientierung –, WM 1997, 1461.

Wimmer, Klaus (Hrsg.) Frankfurter Kommentar zur Insolvenzordnung, 9. Auflage, Köln 2018.

Windel, Peter Axel Der insolvenzrechtliche Gleichbehandlungsgrundsatz und seine Auswirkungen auf die Abwicklung schwebender Austauschverträge, JURA 2002, 230.

Winkelmann, Thomas Der Anspruch, Funktion, Entstehung, Anknüpfungen, Tübingen 2021.

Wiórek, Piotr Marcin Das Prinzip der Gläubigergleichbehandlung in europäischen Insolvenzrecht, Baden-Baden 2005.

Wiringer-Seiler, Ulrike Das Anfechtungsrecht im Konkurs, ein geeignetes Mittel zur Beseitigung der Masseauszehrung durch besitzlose Mobiliarsicherheiten?, München 1988.

Wolf, Christian Übertriebener Verkehrsschutz – Zur subjektiven bzw. objektiven Theorie im Rahmen von § 1365 BGB, JZ 1997, 1087.

Wolf, Manfred Gleichbehandlungsgrundsatz und privatrechtliches Teilhaberecht, in: Baur, Fritz/Esser, Josef/Kübler, Friedrich/Steindorf, Ernst (Hrsg.), Funktionswandel der Privatrechtsinstitutionen, Festschrift für Ludwig Raiser zum 70. Geburtstag, Tübingen 1974, 597.

Wollenhaupt, Maximilian Der Amtsermittlungsgrundsatz des Restrukturierungsgerichts nach dem StaRUG, Baden-Baden 2024.

Wortberg, Sven Holzmüller und die Stellung eines Insolvenzantrages wegen drohender Zahlungsunfähigkeit, ZInsO 2004, 707.

Würdinger, Hans Theorie der schlichten Interessengemeinschaft, Stuttgart, 1934.

Wüst, Günther Der außergerichtliche Sanierungsvergleich als realisierte Interessengemeinschaft der Gläubiger, in: Hanau, Peter/Lorenz, Egon/Matthes, Hans C. (Hrsg.), Festschrift für Günter Wiese zum 70. Geburtstag, München 1998, 649.

Wüst, Günther Die Interessengemeinschaft, Ein Ordnungsprinzip des Privatrechts, Frankfurt am Main 1958.

Zipperer, Helmut Der präventive Restrukturierungsrahmen – ein flankierendes Projekt der Kommission zur Effektivierung der EuInsVO, ZInsO 2016, 831.

Zipperer, Helmut Ist der Grundsatz der par conditio creditorum gerecht?, in: Graf-Schlicker, Marie Luise/Prütting, Hanns/Uhlenbruck, Wilhelm (Hrsg.), Festschrift für Heinz Vallender zum 65. Geburtstag, Köln 2015, 843.

Sachregister

KTS Schriften zum Insolvenzrecht

Herausgegeben von
Reinhard Bork und Rolf Stürner

Band 1
Insolvenzrecht im Umbruch
Analysen und Alternativen
Würzburger Arbeitstagung der Vereinigung der Zivilprozeßrechtslehrer zum Referentenentwurf einer Insolvenzordnung
Herausgegeben von Professor Dr. Dieter Leipold
1991. VIII, 287 Seiten. Kart. ISBN 3-452-21894-5

Band 2
Vertragliche Mobiliarsicherheiten im internationalen Insolvenzrecht
Von Dr. Daniela Favoccia
1991. XVI, 181 Seiten. Kart. ISBN 3-452-22196-2

Band 3
Betriebsveräußerungen im Konkurs
Von Dr. Rainer Laux
1993. XXII, 114 Seiten. Kart. ISBN 3-452-22510-0

Band 4
Hypothekenpfandbriefe und Beleihung in Frankreich
Von Professor Dr. Rolf Stürner
1994. XII, 80 Seiten. Kart. ISBN 3-452-22840-1

Band 5
Insolvenzanfechtung in Deutschland und Frankreich
Das neue Sach- und Kollisionsrecht (InsO und Loi n° 85-98)
Von Dr. Moritz v. Campe
1995. XXVIII, 468 Seiten. Kart. ISBN 3-452-23323-5

Band 6

Gegenseitige Verträge im internationalen Insolvenzrecht

Von Dr. Eberhard Schollmeyer, LL.M. (Emory Univ., Atlanta)

1997. XII, 249 Seiten. Kart. ISBN 3-452-23736-2

Band 7

Der Verbraucherkonkurs

Von Dr. Peter Krug

1997. X, 220 Seiten. Kart. ISBN 3-452-23927-6

Band 8

Der Ausgleich von Verteilungsfehlern in der Insolvenz

Von Dr. Peter Mohrbutter

1998. XIII, 204 Seiten. Kart. ISBN 3-452-23960-8

Band 9

Gläubigermitwirkung und Stimmverbote im neuen Insolvenzrecht

Von Dr. Carsten Pay Oelrichs

1999. XI, 140 Seiten. Kart. ISBN 3-452-24275-7

Band 10

Auswirkungen des inländischen Insolvenzverfahrens auf Schiedsverfahren und Schiedsabrede

Von Dr. Lucas F. Flöther

2001. X, 146 Seiten. Kart. ISBN 3-452-24861-5

Band 11

Das englische Insolvenzarbeitsrecht

Ein Vorbild für die deutsche Rechtsentwicklung?

Von Dr. Robert Schumacher

2001. XVII, 336 Seiten. Kart. ISBN 3-452-24919-0

Band 12

Die Bedeutung der §§ 92, 93 InsO für den Umfang der Insolvenz- und Sanierungsmasse

Von Dr. iur. Moritz Brinkmann

2002. XII, 213 Seiten. Kart. ISBN 3-452-25174-8

Band 13

Probleme der Nichtteilnahme am und im Insolvenzverfahren

Von Dr. iur. Ulf Birkenhauer

2002. X, 167 Seiten. Kart. ISBN 3-452-25183-7

Band 14

Litispendenz im Europäischen Insolvenzrecht

Von Dr. iur. Dr. phil. Sven Rugullis

2002. XI, 183 Seiten. Kart. ISBN 3-452-25186-1

Band 15

Die Haftung des vorläufigen Insolvenzverwalters

Von Dr. iur. Stefan Meyer

2003. XVI, 258 Seiten. Kart. ISBN 3-452-25479-8

Band 16

Die GmbH-Stammeinlageforderung in der Insolvenz

Unter besonderer Berücksichtigung der Reduzierbarkeit in Insolvenz- und Insolvenzplanverfahren

Von Dr. iur. Thilo Walker

2004. XII, 244 Seiten. Kart. ISBN 3-452-25649-9

Band 17

Die Rechtsnatur des Insolvenzplans

Von Dr. iur. Eike Happe

2004. XVII, 298 Seiten. Kart. ISBN 3-452-25662-6

Band 18

Grundpfandgläubiger und Unternehmensinsolvenz

Deutschland – England – Schottland

Von Dr. iur. Carsten Jungmann, LL.M. (Yale)

2004. XXIV, 464 Seiten. Kart. ISBN 3-452-25712-6

Band 19

Fortgesetzte Vermögensbewirtschaftung in der Insolvenz

Von Dr. iur. Karl Pobuda

2004. XIV, 368 Seiten. Kart. ISBN 3-452-25780-0

Band 20

Die Anordnung der Eigenverwaltung durch das Insolvenzgericht im Eröffnungsbeschluss

Von Dr. Volker Gulde

2005. XIV, 214 Seiten. Kart. ISBN 3-452-25543-3

Band 21

Die internationale Zuständigkeit im europäischen Insolvenzrecht

Von Dr. Nis Carstens

2005. X, 162 Seiten. Kart. ISBN 3-452-25967-6

Band 22

Die Insolvenz des Girokontoinhabers

Von Dr. Norbert Peschke

2005. XVIII, 304 Seiten. Kart. ISBN 3-452-25899-8

Band 23

Die Doppeltreuhand in der Insolvenz und Zwangsvollstreckung

Von Dr. Helge Hirschberger

2005. XII, 222 Seiten. Kart. ISBN 3-452-25987-0

Band 24

Der Insolvenzverwalter und die Überwindung der Massearmut

Von Dr. Dörte Busch

2005. XVIII, 228 Seiten. Kart. ISBN 3-452-25847-5

Band 25

Kollisionsrecht der Insolvenzanfechtung

Eine kritische Betrachtung der internationalprivatrechtlichen Lösungen des deutschen und des EG-Gesetzgebers

Von Dr. Jan Peter Klumb

2005. XVIII, 244 Seiten. Kart. ISBN 3-452-26121-2

Band 26

Europäische Insolvenzverwalter in Deutschland

Von Dr. Oliver Rossbach

2006. XX, 290 Seiten. Kart. ISBN 3-452-26122-O

Band 27

Die Auswahl und Bestellung des Insolvenzverwalters

Von Dr. Claus-Peter Kruth

2006. XVII, 331 Seiten. Kart. ISBN 3-452-26227-8

Band 28

Urheberrechtliche Nutzungsrechte in der Insolvenz

Von Dr. Andreas Klauze

2006. XV, 260 Seiten. Kart. ISBN 3-452-26226-X

Band 29

Aufrechnung durch das Finanzamt in der Insolvenz des Steuerpflichtigen

Von Dr. Enno Kinski

2006. XIV, 212 Seiten. Kart. ISBN 3-452-3-26371-1

Band 30

Die Lebensversicherung in der Insolvenz des Arbeitgebers

Zugleich ein Beitrag zur Erfüllungswahl und Erfüllungsablehnung

Von Dr. Godehard Kayser

2006. XI, 94 Seiten. Kart. ISBN 3-452-3-26409-2

Band 31

Sicherheitenpools der Lieferanten und Banken im Insolvenzverfahren

Von Dr. Susanne Berner

2006. XII, 182 Seiten. Kart. ISBN 3-452-3-26192-1

Band 32

Realisierung von Absonderungsrechten an Forderungen aus nichterfüllten Verträgen

Von Dr. Jörg Grau

2006. IX, 176 Seiten. Kart. ISBN 3-452-26482-3

Band 33

Die Stellung des Vollstreckungsgläubigers bei grenzüberschreitenden Insolvenzen in der EU

Dargestellt am Beispiel England – Deutschland

Von Dr. Stefan Stehle

2006. XVII, 383 Seiten. Kart. ISBN 3-452-26573-0

Band 34

Einwirkung des Insolvenzverfahrens auf schwebende Prozesse

Von Dr. Susann Rückert, LL.M.

2007. XII, 194 Seiten. Kart. ISBN 3-452-26681-1

Band 35

Die Bewältigung von Massenschäden nach U.S.-amerikanischem und deutschem Insolvenzrecht

Von Dr. Stephan Bauer

2007. XIII, 207 Seiten. Kart. ISBN 978-3-452-26685-9

Band 36

Vertragliche und umsatzsteuerliche Neuverbindlichkeiten des Schuldners in der Insolvenz

Von Dr. Ute Wagenknecht-Hose

2008. XVIII, 286 Seiten. Kart. ISBN 978-3-452-26989-8

Band 37

Der Sonderinsolvenzverwalter

Von Marc Schäfer

2009. XIV, 218 Seiten. Kart. ISBN 978-3-452-27059-7

Band 38

Wechselwirkungen bei der Insolvenz von Gesellschaft, Gesellschafter und Organwalter

Von Torsten Göcke

2009. XIV, 338 Seiten. Kart. ISBN 978-3-452-27121-1

Band 39

Die Insolvenzanfechtung im Dreieck

Von Ann-Kathrin Burchard

2009. XX, 364 Seiten. Kart. ISBN 978-3-452-27176-1

Band 40

Das Erbbaurecht in der Insolvenz

Von Kristina Pfennig

2010. XII, 248 Seiten. Kart. ISBN 978-3-452-27320-8

Band 41

Eingriffe in die Rechte von Anteilseignern im Insolvenzverfahren

Ausgliederung als Alternative zum Debt-Equity-Swap

Von Sophie Spetzler

2011. XI, 178 Seiten. Kart. ISBN 978-3-452-27617-9

Band 42

Die Konzerninsolvenz

Eine Lanze für ein modernes Insolvenzrecht

Von Alexander Verhoeven

2011. XI, 348 Seiten. Kart. ISBN 978-3-452-27598-1

Band 43

Das präventive Sanierungsverfahren als Teil eines reformierten Insolvenz- und Sanierungsrechts in Deutschland

Von Christoph Geldmacher

2012. XV, 366 Seiten. Kart. ISBN 978-3-452-27778-7

Band 44

Die Feststellung der Zahlungsunfähigkeit

Von Robert Brahmstaedt

2012. XVI, 242 Seiten. Kart. ISBN 978-3-452-27849-4

Band 45

Informationsansprüche des Insolvenzverwalters gegenüber der Finanzverwaltung

Von Simon Schaake

2014. XVI, 167 Seiten. Kart. ISBN 978-3-452-28177-7

Band 46

Die Anerkennung des Scheme of Arrangement in Deutschland

Von Carolin Kusche

2014. XV, 221 Seiten. Kart. ISBN 978-3-452-28200-2

Band 47

Nationale und internationale Aspekte des Restschuldbefreiungs-Tourismus

Eine Untersuchung der Hintergründe dieses Phänomens und der Rechtsfragen im Zusammenhang mit der Anerkennung einer ausländischen Restschuldbefreiung – Zugleich ein Beitrag zur Bestimmung des Mittelpunktes der hauptsächlichen Interessen natürlicher Personen, zum Umgang mit »forum shopping« im Europäischen Insolvenzrecht und zur ordre-public-Kontrolle im Internationalen Insolvenzrecht

Von Felix Fuchs

2015. XXXIV, 866 Seiten. Kart. ISBN 978-3-452-28220-0

Band 48

Die gesicherte Rechtsposition im Rahmen des § 91 InsO

Von Nicola Haller

2016. XV, 230 Seiten. Kart. ISBN 978-3-452-28688-8

Band 49

Der strategische Einsatz des Insolvenzplanverfahrens durch den Vorstand der Aktiengesellschaft

Von Karl-Friedrich Curtze

2016. XII, 126 Seiten. Kart. ISBN 978-3-452-28707-6

Band 50

Sanktion schuldnerseitiger Insolvenzverursachung durch Vermögensdispositionen

unter besonderer Berücksichtigung der §§ 283 Abs. 2, Abs. 4 Nr. 2, Abs. 5 Nr. 2 StGB, 823 Abs. 2, 826 BGB

Von Friedrich Graf von Spee

2016. XX, 334 Seiten. Kart. ISBN 978-3-452-28708-3

Band 51

Die Haftung der GmbH und ihres Geschäftsführers in der Eigenverwaltung

Von Ferdinand Cadmus

2016. XIII, 183 Seiten. Kart. ISBN 978-3-452-28733-5

Band 52

Die kalte Zwangsverwaltung

Von Johann-Friedrich Fleisch

2017. XIV, 166 Seiten. Kart. ISBN 978-3-452-28849-3

Band 53

Die Rescue Culture in Großbritannien

Eine ökonomische, vergleichende und internationalprivatrechtliche Analyse des Rechts der Unternehmenssanierung in Großbritannien und Deutschland

Von Christopher Kranz

2017. XV, 366 Seiten. Kart. ISBN 978-3-452-28848-6

Band 54

Schutz der Anteilsinhaber im Insolvenz- bzw. Insolvenzplanverfahren

Von Maximilian C. Schmetzer

2017. XIX, 328 Seiten. Kart. ISBN 978-3-452-28870-7

Band 55

Der gemeinsame Vertreter der Anleihegläubiger in der Krise des Emittenten

Von Marlene Ruf

2018. XVI, 234 Seiten. Kart. ISBN 978-3-452-29089-2

Band 56

Interessenkonflikte der Amtswalter im Gesellschaftsinsolvenzverfahren

Von Jan-Philipp Praß

2018. XV, 255 Seiten. Kart. ISBN 978-3-452-29087-8

Band 57

Die Haftung des Insolvenzverwalters

Zur Frage der Regelung des § 93 Abs. 1 S. 2 AktG als Grundlage einer Insolvency Judgement Rule

Von Johannes Kirschey

2018. XVII, 234 Seiten. Kart. ISBN 978-3-452-29182-0

Band 58

Sicherungsübertragungen und besitzlose Pfandrechte im europäischen Insolvenzrecht

Unter besonderer Berücksichtigung des deutschen, englischen und französischen Rechts

Von Philipp Hartmann

2019. XIX, 284 Seiten. Kart. ISBN 978-3-452-29268-1

Band 59

Die Attraktivgerichtsstände des europäischen Insolvenzrechts

Eine Untersuchung der Regelungen des Art. 6 EuInsVO

Von Daniela U. J. Bramkamp

2019. XX, 533 Seiten. Kart. ISBN 978-3-452-29300-8

Band 60

Die Überschuldung der Personengesellschaft

Der Insolvenzgrund der Überschuldung und weshalb er für alle Gesellschaften gelten sollte

Von Karl-Thomas Stopp

2019. XIV, 222 Seiten. Kart. ISBN 978-3-452-29303-9

Band 61

Schiffsfonds in der Insolvenz

Unter besonderer Berücksichtigung des Internationalen Privatrechts, des Internationalen Insolvenzrechts und der Europäischen Insolvenzverordnung

Von Melina Agnes Kandziora

2019. XXII, 454 Seiten. Kart. ISBN 978-3-452-29318-3

Band 62

§§ 103 ff. InsO in der Doppelinsolvenz

Von Sebastian Zeyns

2019. XVI, 212 Seiten. Kart. ISBN 978-3-452-29496-8

Band 63

Das Zahlungsverbot und die Ersatzpflicht nach § 64 Satz 1 GmbHG

Von Nicolas Otte

2019. XIV, 218 Seiten. Kart. ISBN 978-3-452-29497-5

Band 64

Die Insolvenz der Arztpraxis

Von Leonie Sievers

2020. XIV, 202 Seiten. Kart. ISBN 978-3-452-29583-5

Band 65

Pre-Packaged Deals

Die Regulierung vorgeplanter, vorzeitiger Unternehmensverkäufe in der Insolvenz in England und Deutschland

Von Jasper Bothe

2020. XVI, 248 Seiten. Kart. ISBN 978-3-452-29687-0

Band 66

Einziehung, Abfindung und Haftung im Rahmen von § 34 GmbHG

Eine Analyse unter Berücksichtigung der insolvenzrechtlichen Perspektive

Von Barbara Quante

2020. XIV, 288 Seiten. Kart. ISBN 978-3-452-29688-7

Band 67

Die Bindung des Insolvenzverwalters an Schiedsvereinbarungen des Insolvenzschuldners im Rahmen nationaler Insolvenzverfahren

Anschluss oder Abkehr vom Dogma einer weitgehenden Bindung?

Von Kathrin Edingloh

2022. XII, 222 Seiten. Kart. ISBN 978-3-452-30117-8

Band 68

Die Suspektperioden des Art. 3 Abs. 1 EuInsVO 2015

Analyse und Bewertung der Neuregelung zur Verhinderung von betrügerischem und missbräuchlichem *forum shopping*

Von Charlotte Gremme

2022. XIV, 244 Seiten. Kart. ISBN 978-3-452-30176-5

Band 69

Insider im Insolvenzanfechtungsrecht

Von Bodo Pfündl

2023. XIV, 188 Seiten. Kart. ISBN 978-3-452-30310-3

Band 70

Grenzüberschreitende Insolvenzanfechtung der Rückgewähr eines Gesellschafterdarlehens

Von Shaya Stender

2024. XV, 198 Seiten. Kart. ISBN 978-3-452-30411-7

Band 71

Die Erfüllung und Sicherung von Altverbindlichkeiten in der Insolvenz

Von Florian Doster, LL.B.

2025. XVI, 228 Seiten. Kart. ISBN 978-3-452-30478-0

Band 72

Die Bargeschäftsausnahme gemäß § 142 InsO und die Vorsatzanfechtung

Von Stephan M. Schubert

2025. XIX, 481 Seiten. Kart. ISBN 978-3-452-30539-8

Band 73

Dauerschuldverhältnisse in der Insolvenz

Von Tobias David Hölzer

2025. XVIII, 317 Seiten. Kart. ISBN 978-3-452-30540-4

Band 74

Beeinträchtigung von Gläubigerforderungen durch Insolvenz- und Restrukturierungspläne

Von Philipp Schade

2025. XIII, 224 Seiten. Kart. ISBN 978-3-452-30618-0

Carl Heymanns Verlag